JUST PUB

文明之光

第四册

Civilizations and
Enlightenments

吴军 著

人民邮电出版社
北京

谨以此书献给我的家人。

前言

人总是要有些理想和信仰。

当人们问起我的理想时，我就给他们讲贝多芬晚年的一个故事。有一天，贝多芬的老朋友维格勒来看他，贝多芬回忆起他们年轻时的理想，那时他们一起读着席勒的《自由颂》，追求自由的理想。贝多芬说他要写一部交响曲，告诉全世界他那"人类团结成兄弟"的理想，在这样的背景下，他写出了不朽的《第九（合唱）交响曲》。一百多年后，法国著名作家罗曼·罗兰再次提到贝多芬和席勒那样的理想，他写下了《巨人三传》和《约翰·克利斯朵夫》。在后一本书中，罗曼·罗兰寄托了他希望德国和法国两个世仇民族能够团结成兄弟的理想。今天，罗曼·罗兰的这个理想已经实现了。我自己也一直有着贝多芬和罗曼·罗兰那样的信念，相信最终人类能够团结成兄弟。我相信，即使今天不完美，将来终究会变得美好，而实现这一切则是要依靠文明的力量。

我们每个人或多或少都会遇到一些不如意的事情，看到或者听到这样那样的丑恶现象。我们有时会抱怨社会，对未来产生怀疑。我们时常听到这样的抱怨："都二十一世纪了……"，仿佛在今天的文明程度下，一切事情都必须是合情合理的。其实人类几千年的文明史和地球的历史相比，实在是太短暂了，大约相当于几分钟和一年的关系。虽然我们今天的社会比农业文明时期已经高度发达了，但与它所能达到的文明程度相比，还是非常初级的。因此，我们遇到各种缺憾也就没有什么好抱怨的了，因为我们人类还"太年轻"了，人类已经走过的路，相比今后要走的漫漫长路，只能算是刚刚起步。幸运的是，如果跳出一个个具体事件，站在历史的高度去看，我们会发现人类是向着美好的方向发展的。对于人类遇到的问题，最终我们会发现答案比问题更多。

在历史上，人和人之间，民族和民族之间，以及人类和自然之间遇到过很多的矛盾和问题，人类甚至不知道解决这些矛盾和问题最好的方法是什么，因此，杀戮和战争成为了常态。人类学会尊重每一个人，学会通过协商解决问题，还只是近代的事情。在历史上，人类对强者的崇拜、对权力的兴趣比对文明的兴趣更大。翻开世界各国尤其是中国的历史教科书，基本上都是在讲述王侯将相攻城略地的丰功伟业，帝国的扩展和兴衰，很少讲述世界各地区对文明的贡献。时过境迁，人们会发现，经过历史的涤荡，这些王侯将相其实剩不下什么影响，虽然他们的故事很好听，很好看。

为了说明这一点，我们不妨看看欧洲历史上的一段纠纷。法国的阿尔萨斯和洛林，是中国中学生所知道的为数不多的法国省份的名称，这一切要归功于初中语文课本入选的一篇短篇小说《最后一课》。学过这篇课文的中学生都知道，这个地方自古就属于法国，在普法战争中被德国人占领了，这篇很短的小说曾经激发了很多法国人的爱国热情。但是这个地区的归属问题在历史上并非那么简单，而围绕它的历史又会引出无数关于王侯将相的生动故事，包括路易十三的首相红衣主教黎塞留、路易十四、拿破仑三世、德国皇帝威廉一世、军事家毛奇、铁血首相俾斯麦等，它还涉及欧洲三十年宗教战争、普法战争、第一次世界大战和第二次世界大战等诸多历史事件。但是，今天如果让法、德这两个国家的人谈谈这些历史，他们的兴趣都不大，远不如他们对当下欧债危机和各国就业情况的关注。这些地区虽然在过去的五百年里争来争去，可人们的生活基本上还是老样子，并没有因为归属法国，或者独立，或者属于德国而有什么改善。倒是在过去的五百年里，法国启蒙作家的著作、拿破仑和法学家们留下的《拿破仑法典》，以及德国工程师贡献的多项工业发明对当下世界的影响更大。真正影响到我们的是那些文明的成果，包括经济的、技术的和人文的，而这些文明的成就恰恰容易被历史所忽略。我们今天无法得知在美索不达米亚地区是谁发明了轮子，无从知晓是中国哪个地方的农民最早采用了垄耕种植法，可是，这两项发明对人类文明进步的贡献可能比从亚历山大到拿破仑那样的十个军事家更大。

那么为什么很多人还在对那些王侯将相的故事津津乐道呢？这本身就说明人类还很年轻，依然崇尚权力。但是另一方面，那些故事常常富有戏剧性，很好听，很好看。而如果讲述普通人的故事，讲述文明的发展就未必能如此吸引人了。因此，我从很久以前就萌生了一个想法，这些过去被忽略的、听起来可能枯燥的故事，是否也能讲得生动有趣呢？我不知道自己能否做到这一点，但是我希望挑战一下自己，尝试一番。

在为《文明之光》选择题材时，有关王侯将相的赫赫战功基本上没有选，虽然有时可能会提上一两句，因为我们是讲文明的故事，而不是讲战争史。对大家熟知的很多内容，比如关于古希腊的艺术、罗马的城市文明、中国的四大发明和法国大革命等，我也没有选。这并不代表它们不重要，而是因为这方面的书籍已经很多了，各种观点相互争鸣已经足以为读者提供思考这些问题的全面视角了。

我选择题材的原则有这样几条。首先是挑选一些对人类文明产生了重大影响，却常常被忽略的人和事，这样算是对大家熟知的内容提供一些补充（比如中国的垄耕种植法）。第二，所选的题材必须是我所熟悉的，因此优先选择那些我见到过实物的题材（比如关于瓷器）和在我所去过的地方发生的事情（比如文艺复兴）。第三，也是非常重要的，就是这套书中的题材是我有深刻体会和认识的，因为写书最重要的目的是和读者交流，既然是交流，作者就必须有话可说，有感可发。我选择了人类文明史上的几十个片段来讲述我对文明的理解，虽然这些片段远不足以概括人类文明的进程，但是将它们有机地拼接起来，我认为是能够看到文明发展的脉络的。在人类的文明进程中，还有很多重要而有意思的事件在书中暂时没有提及，不过今后如果还有机会，我希望能将它们补上，这样可以将人类文明的历史描绘得更完整一些。

这四册书创作的素材，很多来自于我十几年来在世界各地的所见所闻，并参考了我阅读的大量论文、书籍和收集的实物。当然，写文明故事本身回避不了历史，并且涉及对历史事件的评述，在这方面我一般采用通行的看法。比如关于人类的起源，我选择了同源说（即现代人源于东非），虽然大部分印第安人不同意，中国的一些学者也不同意。对于宇宙的构成，我选择了标准模型（即按照目前的理解分到夸克为止，虽然一些辩证哲学家一定要说夸克也可分）。有关经济学和金融领域的一些看法，我主要参考了斯坦福大学夏普教授和普林斯顿大学麦基尔教授在 Google 授课时阐述的观点。这些观点，很多是值得讨论和争鸣的，但是我并非写学术专著，未必一定要让读者接受其中的一种，我会尽可能采用最新、最流行的观点。如果读者不同意其中的一些观点，也没关系，因为透过这些具体的事例了解文明的重要性才是本套书的目的。写书的目的是抛砖引玉，引起读者的思考，而不只是为了灌输内容。

为了方便大家阅读，共享我的见闻，我在书中加入了大量的图片，这些图片我尽可能地使用自己在世界各地拍摄的，以及我的两个女儿绘制的。对于我没有也暂时无法去拍摄的，我一律采用了维基媒体图片。

本套书的内容基本上是按照时间顺序来组织的。第一册讲述从人类文明开始到近代大航海共八个专题；第二册讲述了从近代科学兴起到原子能的应用的另外八个专题；第三册介绍了直到二十世纪的音乐、艺术和一些科技进步，尤其重点介绍了以计算机为核心的信息革命，并且在最后引出我们当下必须关注的环境和发展问题；第四册介绍了影响近代文明发展的科技、艺术和政治领域的重要进步，并重点介绍了从 1 到 N 的发明创新过程。由于各章内容差异较大，可能不是所有的读者都对全部的内容感兴趣。好在每一章都是独立的，读者可以挑着读。为了方便读者选择，我对各章大致进行了以下分类。

　　历史：第一、二、七、八、十一、十三、十四、十五、十六、二十、二十六章。

　　科技：第三、四、六、九、十二—十六、十九、二十一—二十三、二十五、二十九和三十二章。

　　艺术：第一、二、六、七、十七、十八和三十一章。

　　政治：第五、十、十一、十五、十六、二十、二十四、二十七、二十八和三十章。

在本书构思和创作的过程中，我就一些专题特地与不少专家做了交流和探讨，以保证书中内容的正确性。第四册涉及生物学领域的内容，我请了我的合伙人、生物学博士徐霄羽女士把关。另外，热心读者郝宇晓、左林和刘洋等朋友受邀参与审读第四册的部分章节，并提供了中肯的修订建议，在此感谢他们，也感谢《文明之光》读者微信群的朋友们长期给予我的热情鼓励与支持。

在本套书的写作和出版过程中，特别要感谢 JUSTPUB 的周筠女士、李琳骁先生和胡文佳女士，作为本套书的主要编辑、排版校对和审阅者，他们花了大量的心血和时间修改完善这套书。万科企业股份有限公司董事会主席王石先生和著名物理学家张首晟教授在百忙中为本套书写了序言（见本套书第一册），在此向他们表示衷心的感谢。另外，我还要感谢人民邮电出版社信息技术分社的刘涛社长和俞彬副社长，感谢他们为本套书的出版所做的大量烦琐细致的工作。同时感谢为本套书题写书名的著名书法家、瀚海置业的王汉光董事长，以及精心设计本书封面的陈航峰先生带领的设计团队。

最后，感谢张彦女士为本套书做了最初的校对，并感谢吴梦华和吴梦馨为本套书绘制了很多插图。

人类文明还在不断地发展，人们的认识也在不断地提高，加上本人学识有限，书中不免有这样或那样的错误，还请读者指正，也请读者原谅。

吴军

2017 年 2 月于硅谷

目 录

第二十五章　知识使人自由

印刷术的发明及影响

印刷术被视为人类文明史上最重要的发明之一，它被认为是在上千年里传承知识和文化最重要的手段，带来了人类文明的巨大进步。当然，这种看法成立的前提是，除物质外，知识和文化是人类文明发展最重要的因素，这个观点我无疑是赞同的。

人类和其他动物的一个本质区别在于，我们有着超乎寻常的通信能力，而且整个社会的存在和发展都依赖于通信。今天的人们除了吃饭和睡觉，其实都是在以某种方式通信，打电话、开会、聊天和看电视自不消说，就是读书学习，也可以说是在和作者通信。

我们的祖先是在何时、何地、以何种方式把类似猿猴的叫声变成一种语言的，尚无任何考古证据和古生物学证据给出解释。语言的出现，一开始还只是出于日常生活的需要，比如或许是为了共同狩猎的需要，或许是为了迁徙的需要，或许是为了表达爱慕、求偶和传宗接代的需要。总之，他们用几十或者一百多种基本而简单的声音表达想要传达的信息，这就形成了最古老的语言。直到今天，世界上的大部分语言都只有数量很少的元音和辅音（音素，phoneme），这一方面与人类发音的生理结构有关；另一方面从信息论的角度来讲，用少量音素表达信息是足够的。

但是，随着人类智力的发展，人们开始有一些知识和经验要传递给后代，这时语言的作用便超出了日常生活的需要，又有了它的第二个用途，那就是传承知识和经验。当一代一代人之间的口口相传已经无法不失真地传递这些信息时，当一个族群所知道的信息多到个人的大脑难以容纳时，文字的记载就成为必需，文字也因此而产生。很多自然史学家和人类学家都在他们的著作中不断强调这样一个事实，在人类发明语言和文字之前，自然界信息的传递主要是靠 DNA 完成的，但是在此之后，出现了另一个平行的信息传递方式，就是通过语言和文字。前者是大自然几十亿年演化的结果，而后者则是人类的发明。有了这个发明，在过去几千年里人类活动对地球外表变化的影响超过了第四纪[1] 以来直到人类出现这几百万年间自然本身变化的影响。

当然，文字需要载体，从美索不达米亚的泥板到古埃及的纸莎草纸，再到中国的龟甲兽骨和青铜器，这些都曾经是文字的重要载体。写在载体上的文字带来了信息传播的一大方便之处，那就是可以复制这些信息。而早期复制的方法，就是抄写，讲印刷术先要从抄书说起。

第一节　抄书的历史

在古希腊文中，书一词 biblion 源自 biblos，即古希腊人对古埃及纸莎草纸（papyrus）的称呼，当然这个词后来又衍生出一个我们熟知的词 Bible，即经卷的意思。对于基督教徒来讲，它通常又是圣经 Holy Bible 的简称。纸莎草是一种生长在热带和亚热带浅泽的植物，最高可以长到四五米

图 25.1　纸莎草植物

1
第四纪是最近的一个地质时代，从 258 万年前至今。

图 25.2 古埃及人制作纸莎草纸的过程

图 25.3 20 世纪 50 年代在美索不达米亚地区出土的 3400 年前的泥板，上面记录了乐谱，但这个泥板并不是给大众使用的

高，如今很多地方拿它作为装饰性植物。不过，在几千年以前，它只生长在非洲。纸莎草纸不同于今天的纸张，尽管名称里有个纸字，但它更有点像中国古代编织的芦席。

古埃及人在制作纸莎草纸时，先将纸莎草切成薄片，接着将薄片粘成一大张，然后将两层这样的大张再粘成一张，最后压紧磨光，就制成了一大张可以写字的"纸"。这种纸莎草纸长可达数米，以卷轴（script）的方式记录信息和用于绘图。

但是，有了纸莎草纸并不意味着很快就能出现书。在人类文明早期，识字的人很少，而且相比当时的物价，纸莎草纸极其昂贵，一般只能用于记录重大事件和书写经卷，以把这些重要信息传递给后人。当时的物质条件不允许人们用珍贵的纸莎草纸书写，以供大众（哪怕是僧侣和贵族）阅读。事实上，古埃及或古希腊人在使用纸莎草纸书写卷轴时，都需要先打草稿，然后誊抄，以免浪费。中国古代没有纸莎草纸，最早记录大事件的除了个别龟壳兽骨[2]外，主要是靠铸在青铜器上的钟鼎文。和纸莎草纸类似，它们所起的作用只是将信息一代代地传递给后人。正是有了这样的记载，我们对古埃及 5000 年前发生的事情，或对中国 3400 年前发生的事情，比

2
甲骨文记载的大多是占卜的结果，其他大事件记载得较少。

对 500 年前的印第安人的历史了解得还要多。

接下来，随着文明的不断发展，书写的载体慢慢变得便宜且容易获得。埃及的纸莎草纸虽然还很昂贵，但是僧侣和贵族们都还用得起。在东方，竹简和木简既便宜又随处可得，也很快得到了普及。这么一来，人们记载的内容越来越多，除了有记载历史事件、宗教的经卷外，还记录了歌曲、戏剧等文艺创作，这些载体的使用者也不仅仅是祭司和史官，也包括贵族、诗人，甚至是歌手或演员们。但是，那时候把一部戏剧抄写 10 份供贵族们阅读，仍然是一件不可想象的事情，这不仅成本过高，而且在文明发展的那个阶段，即便是知识阶层，也未必能拿出多少闲暇来享受阅读。用今天的话来讲，就是社会上没有读书的风气。

到了公元前 5 世纪左右，甚至更早，具有现代意义的书籍开始在古希腊出现。据生活在公元前 5 世纪到公元前 4 世纪的古希腊著名剧作家阿里斯托芬讲，当时自认为有高度文化修养的人日益增多，开始阅读经卷、戏剧和哲学家们的著作。起初，这些有钱的上层人士会训练出一些识字的奴隶，让他们抄写"书籍"。也就是说，精英阶层读书的风气是在那个时代开始逐渐形成的。在中国的春秋战国时期，刻在竹简（或木简）上供大众阅读的书（主要是经卷）也慢慢开始出现。

书籍的出现算得上是文明史上的一件大事。在此之前，那些经卷和典籍，或刻在石头和青铜器上的文字记载，通常只能以很低的速度让知识和信息在少数人中慢慢地传播，这明显有碍文明的发展。由于掌握知识或信息的人很少，客观上形成了信息的不对称，这种危害就不用多做解释了。在传播过程中，每一个人都是关键节点，只要他有意或无意地修改了经典中的内容，后面的人便很难恢复原貌。当可供大众阅读的书籍出现后，知识和信息才能并行、快速地在许多人中间传播，这不仅带来了文化的繁荣，而且让社会逐渐变得透明和公正。

在古希腊这样的商业社会中，只要社会产生一个需求，很快便能形成一个市场。于是，图书行业就在很短的时间里迅速发展起来了。当精英阶层有闲暇开始读书时，很快就有人开始让奴隶们从事专职抄书的工作，然后将图书拿到市场上出售。到了柏拉图的年代（前427—前347），雅典已经能够买到手抄的图书了。也就是说，图书作为商品的历史，至少有2400年。

在古希腊的文化中，统治者和上流社会对书本的喜爱到了痴狂的地步。亚里士多德就藏书很多，他死后把那些书留给了自己的学生亚历山大大帝和泰奥弗拉斯托斯（Theophrastus，约前371—约前287）[3]等人。后来亚历山大征服了他所能抵达的已知地区，并且把西方科学文化的中心从雅典搬到了埃及的亚历山大城。他的部将托勒密一世虽然是个暴君，却对艺术和科学有着浓厚兴趣，他在亚历山大城建立起了古代历史上最著名、也是最大的图书馆 —— 亚历山大图书馆，亚里士多德的那批藏书辗转运送到了这里。托勒密的子孙们对图书的痴迷不亚于他本人，托勒密三世甚至强征到亚历山大做生意的商人们的书籍，留下原本，送还抄本。

到了罗马时期，在地中海周边，以弗所（Ephesus）是仅次于亚历山大和罗马的第三大城市，那里出了一位罗马的元老塞尔瑟斯（Tiberius Julius Celsus Polemaeanus），他的儿子为了纪念他，修建了塞尔瑟斯图书馆，藏书多达12万册，与亚历山大图书馆不相上下。可以说，在整个古希腊罗马时期，知识和文化得到了相当的普及，很多奴隶干的并不是粗笨的体力活，而是在做账房先生、乐师、家庭教师等需要有文化才能从事的工作，而图书市场也相当繁荣。

3
柏拉图和亚里士多德的学生，继承了亚里士多德的衣钵，作品有《植物志》和《人物志》等。泰奥弗拉斯托斯并非其本名，亚里士多德因其口才出众给他起了这个名字。

图 25.4　以弗所的塞尔瑟斯图书馆遗迹（在今土耳其境内）

讲到这里，大家可能会有一个疑问，这么多的书是怎样生产出来的？如前所述，办法很简单——抄书！在印刷术诞生之前，中国虽然也有人抄书，但那大多是为了自己学习读书，而不是为了卖书。在古希腊时期，虽然有人组织奴隶抄书挣钱，但那毕竟还只是个人行为，而到了古罗马时期，则出现了专业抄书的作坊。

抄书作坊的主人，相当于今天的出版商，他们会雇佣一批受过专门训练的，甚至可以说很有学问的奴隶，将经典或当下流行的新作品，抄录成书。抄录的方法可以是一个人直接从原本抄录，但更常见的是由一个人朗读，多人同时抄录，这样不仅能大幅提高效率，还可以将不同抄录者誊抄的版本进行比对，加以校正，减少抄写错误。在古罗马流传下来的经卷中，还能看到修改错误或者注明遗漏之处的痕迹，可见当时的书籍抄录业务和今天的出版业已有一些相似之处了。与今天印制而成的图书的另一点相似之处是，古罗马誊抄的图书已经有了排版的概念，奴隶们不是光把书的内容抄下来就可以了，还要将图书版式规划得整齐漂亮，甚至加上插图。图 25.5

所示的是保存在巴黎圣德尼（St Denis）教堂[4]的古罗马诗人维吉尔（Virgil，前70—前19）的著作的手抄本。从图中我们可以看出，这个手抄本的排版相当漂亮。维吉尔是奥古斯都大帝时期古罗马著名的诗人，但丁在他的《神曲·地狱篇》中，由维吉尔出任引导员。

图25.5　古罗马诗人维吉尔著作的手抄本

在今天意大利的古罗马决斗场附近，人们发现了一家公元前后抄书作坊的遗址，前面是卖书的店面，后面则是奴隶们抄书的作坊。古罗马的抄书行业已经形成了产业，当时，一本书通常可以被复制500—1000个，甚至更多个拷贝，如此力度的知识传播，大大地加速了古罗马的文明进程。据《纽约时报》的一篇文章估计，在古罗马城的100万市民中，会读写的人数超过10万[5]，这个比例在古代文明中是非常高的。

不过，虽然古罗马的抄书业颇为发达，但是当时既没有版税制度，也没有版权保护法规，因此发财的是书商，而很多作家却常常穷困潦倒。像恺撒、西塞罗[6]（前106—前43）和普鲁塔克[7]（约46—120）等人身为贵族，著书不是为了挣钱，而是为了立说和流芳百世，有没有版税收入自然没有关系。但是那些生活贫困的作家，因为写书不挣钱，常常只能靠富人的资助为生。当然，他们还有一条出路，就是争取让自己的戏剧和诗歌被市政府选上，从而获得不菲的报酬——在古罗马，市政府都有支持文化事业的预算。

由于没有版权保护，而图书又是个相当挣钱的行当，因此古罗马的图书盗版成风，到了公元2世纪末，书商们终于意识到再这样下去

4
另一说法是保存在梵蒂冈博物馆。

5
http://www.nytimes.com/2009/04/19/books/review/Beard-t.html?_r=0.

6
罗马共和国晚期的哲学家、政治家、律师、作家、雄辩家。

7
生活于罗马时代的希腊作家，以《比较列传》（*oi βίοι παράλληλοι*；又称为《希腊罗马名人传》或《希腊罗马英豪列传》）一书留名后世。他的作品在文艺复兴时期大受欢迎，蒙田对他推崇备至，莎士比亚的不少剧作都取材于他的记载。

整个出版业就会被毁掉，于是他们在 3 世纪初的 207 年成立了行业协会，这应该是世界上最早的出版协会了。

到了中世纪，基督教以反对异端学说为名，大肆毁坏古希腊和古罗马留下的各种图书，令欧洲又重新回到了图书流行以前的蒙昧时代。在中世纪，因为缺乏图书，不仅知识难以传播，而且信息不对称的问题又开始变得严重起来，即便是"上帝"的话，传到下面也都走了样。

不过，有趣的是，教会一方面在毁坏书籍，另一方面却把抄书的行业保留了下来，加以发扬光大。在中世纪留下的肖像画中，许多都是表现抄书人的形象，这些肖像画不仅成为我们了解当时抄书人生活的史料，而且不同时期的肖像画反映出了抄书方式的进化。最初，抄书人是将书本放在膝盖上抄写，到后来使用略有斜面的课桌，在这种课桌上写字比在完全水平的写字台上更舒服一些，我在清华读书时，在清华学堂的绘图教室还使用过那样的课桌。

从抄书人的肖像画中（如图 25.6 所示）还可以看出，早期誊抄书籍不只是拷贝正文的内容，渐渐加入的插图和注释越来越多，而且字体也开始有变化了。在古罗马时期，书籍主要是用那些见棱见角的大写字母抄写，但是到了 4—9 世纪，则开始流行以弧线为主的小写字母抄写，不仅美观，而且容易阅读。在 9 世纪之后，大写字母就只出现在书名、章节名称或者目录中了。

图 25.6　中世纪的抄书人

在中世纪主导抄书工作的不再是商人，而是教会，而抄书也不再是为了盈利，而是为了让教士们阅读《圣经》、宗教法规、教士们的作品（各种心得和忏悔录）和圣徒们（比如圣方济各）的生平。抄书人不再是

图 25.7　中世纪的羊皮纸抄本，字体抄写相当整洁，破损处用线缝补

奴隶或者受过教育的贫民，而是修道院里的僧侣和修道士，他们怀着对上帝的崇敬之情，日复一日、年复一年地在羊皮纸上抄写着今天看来颇为无趣的文字。他们不仅抄写文字，还兼作美工，绘制精美的插图，设计并制作封面，然后装订成一本本漂亮的图书。到后来，修道院拥有了从生产羊皮纸，到制作出成品书这一完整的抄书生产线。抄书的速度很慢，为了把每一本书抄得尽善尽美，工作量特别大。到了后来，教士们已经来不及制作手抄书了，于是在 12 世纪时，一些受过教育的妇女开始加入抄书的行列中，她们负责绘制书中的彩色花饰。

中世纪的图书种类非常有限，被抄写得最多的是《新约全书》，其次便是赞美诗。而古罗马时期那种藏书上万卷的图书馆在中世纪是找不到的。一般修道院的图书馆藏书不会超过三百本，意大利著名的博比奥修道院历经三个世纪的收藏，也不过藏书六百多本而已。更具讽刺意义的是，由于宗教对思想的禁锢，尽管抄书的僧侣们和色彩花饰女工们不遗余力，到了中世纪末（13 世纪），欧洲修道院里的藏书总量却比中世纪初不增反减。所幸的是，当时的僧侣们为了研究上帝创造世界的伟大之处，在修道院里还多少研究点科学，

因此虽然大部分古代希腊和罗马的著作被焚毁了，但是一些版本却在修道院里得以保存下来，比如希波克拉底、毕达哥拉斯、欧几里得、阿基米德和伽图等人的著作。而更多的欧洲经典则传到了阿拉伯地区，在中世纪欧洲一片黑暗时，阿拉伯的文化和科技却相当繁荣，很多欧洲著作后来反而是从阿拉伯语翻译回欧洲语言的。

就在中世纪的欧洲陷入文化的黑暗时，东方的科技和文化一片欣欣向荣，而在知识和文化的传播上，中国的造纸和印刷术起到了关键性的作用。

第二节 印刷的时代

图 25.8 中国伟大的发明家、造纸术发明人蔡伦

要介绍印刷术，先要谈谈造纸术。中国人早在公元 1 世纪时就掌握了用廉价材料造纸的方法，而欧洲人掌握这项技术是一千年以后的事情。发明这项技术的是东汉一位叫作蔡伦的宦官，在日本人写的介绍中国宦官的一本书中，蔡伦被认为是在中国伟大的宦官中排名第一位的人物，著名航海家郑和排在他的后面。蔡伦发明造纸术，在中国可谓无人不知，没有太多可说的，可是偏偏有一些具有质疑精神的时代新人（质疑本身是好的），他们不仅对此事提出疑问，甚至质疑到中国所发明的纸张的历史作用，因此在介绍印刷术之前，倒是值得追本溯源，为蔡伦造纸正正名。

今天对蔡伦质疑最多的，聚焦于他究竟是不是发明纸张的第一人。

在反对者看来，证据似乎很是确凿——考古学家发现了西汉的纸张，时间显然比蔡伦早很多，于是简单得出结论——"纸并不是蔡伦发明的"。注意，这个质疑首先偷换了一个概念——把纸张的发明和造纸术的发明混为一谈。蔡伦发明的是一整套采用便宜原料大量制作纸张的工艺，并不是说在他之前没有纸，这是其一。其二，能造出一张纸，和能够形成一个造纸产业是两回事。其三，在蔡伦之前确实有用来垫着油灯的纸，作用相当于抹布，而不是用于书写，并不在我们讨论的文字载体之列。有时候，一定要追究一项发明的第一人是没有意义的，因为只要有时间考古，常常能找到更早发明的证据，但是越往前追溯，便会发现找到的那些发明雏形与后面真正改变世界的那个伟大发明相比，越来越不是一回事。不管大家喜欢与否，在历史上发明的荣誉常常是给最后一个发明者，而不是第一个。从某种意义上讲，蔡伦既是造纸术的第一个发明者，也是纸张最后的发明者，他的贡献是发明了一种通用的书写载体，而这件事在蔡伦之前没有发生，但是由于他的杰出工作，传承文化的廉价载体首次出现了。

对蔡伦的第二个质疑是，"因为蔡侯纸质量太差，中国在使用纸张记录信息之后，反而找不到历史的原件了"。质疑者所说的当然也是事实，因为在中国历史上反而是用竹简甚至甲骨留存的历史档案时间更持久（美索不达米亚的泥板和古埃及石刻则更有利于保留档案）。但是，不要说蔡伦当年的纸张，就是今天的纸张，要想保留上千年也不太可能（大部分纸张含有酸，很难保留太长时间，在美国，重要文件的原文要求用很贵的无酸纸打印或书写）。以能否保存信息达到上千年来质疑蔡伦的历史作用，似乎过于苛刻。蔡伦发明造纸术的目的是制造大量的、便宜的书写工具，用来传播信息和知识，而非保存档案，没有留下历史档案这个罪名安不到蔡伦头上。

蔡伦代表的中国造纸术，历史作用首先在于将书写载体变得"便宜、轻便和易于使用"，相比之下，西方的纸莎草纸或者羊皮纸，都非常昂贵；从东汉末年到隋唐，虽然战乱不断，中华文化却在不断发展，其中纸张的贡献不可低估。8 世纪阿拉伯人学会了中国的造纸术（他们在打败了唐军后，俘获了一批工匠），造纸术传到了大马士革和巴格达（正值阿拉伯帝国崛起），然后进入摩洛哥，在 11 世纪和 12 世纪经过西班牙和意大利传进欧洲。造纸术每到一处，当地文化就得到很大的发展。1150 年欧洲的第一个造纸作坊出现在西班牙。一百多年后，意大利出现了第一个造纸厂[8]，当时正是但丁生活的年代，很快文艺复兴就开始了。又过了一个世纪，法国成立了第一个造纸厂，然后欧洲各国（其实当时国家的概念还不强）逐渐有了自己的造纸业（恰好又在宗教改革之前）。1575 年，西班牙殖民者将造纸术传到了美洲，在墨西哥建立了一家造纸厂。而美国（北美殖民地）的第一家造纸厂于 1690 年才在费城附近诞生（早于北美独立运动）。造纸业的发展，和西方国家的文明进程（和经济发展）有着很强的相关性（而且一般都先于重大历史事件）。这也并不奇怪，文明的进程常常和知识的启蒙、普及有关，而知识的普及离不开廉价的载体——纸张。

当然，纸张的发明并未让书变得便宜和普及，因为制造书的瓶颈在于抄写。抄书不仅工作量大，而且经常会抄错。大家可以算一算，如果每次抄错千分之五，那么抄 20 次下来，累积误差就有大约百分之十，这也不难理解，很多唐诗传到今天有不止一个版本。在印刷术发明之前，为了防止累积误差的出现，无论是中国还是其他文明，都曾经把一些重要的经文和法律文件刻在石头上，作为标准版本，供大家比对。抄书的另一个瓶颈是需要大量识字的人，而训练识字的人又需要书，于是又陷入先有鸡还是先有蛋的困境。就在人类对知识的强烈渴望和需求下，印刷术应运而生。

每当我们讲到印刷术时，总要提及四大发明中的活字印刷术。虽然活字印刷术最早是中国人发明的，但是对中华文明的直接贡献并不大，因为中国人自己并没有好好使用它。在与书有关的发明中，对中华文明乃至世界文明贡献最大的，除了纸张的发明，就要数广义上的印刷术了。

今天要找出世界上第一个发明印刷术的人已经不可能了，甚至很多地区还在争它的发明权。比如一些学者把中国秦汉时期的石碑拓片说成是印刷，试图证明中国的印刷术历史非常悠久，这其实没有什么实际意义。按照这个逻辑，美索不达米亚地区就可以把公元前3000 年当地人发明的滚筒印章印刷作为更早的印刷术，但是这和我们说的印刷图书的技术完全是两回事。真正发明实用印刷术的应该是中国唐代甚至更早一点的隋代的某个工匠，当然更可能是一大批工匠。他们发明了雕版印刷术。

所谓雕版印刷，是将文稿反转过来摊在平整的大木板上，固定好后，让工匠在木板上雕刻绘画，然后再在木板上刷上墨，经纸张压在雕版上，形成印刷品，一套雕版一般可以印几百张，这样书籍就能批量生产了。对于雕版印刷出现的时间，今天的大部分学者都认为印刷术出现在唐初，因为沈括在《梦溪笔谈》的《技艺》篇中有明确的记载："板印书籍，唐人尚未盛为之。"也就是说唐朝有了，但还未普及。唐朝有了，但唐朝以前呢？这是一个比较有争议的问题，一些学者认为可能已经有了。一个根据是，19 世纪末的日本学者岛田虔次 [9] 认为中国在 6 世纪的南北朝时就有了雕版印刷，他的依据是北齐颜之推的《颜氏家训》中有"书本"一词，当然质疑者认为这可能是指翻页书，而非指印刷。支持雕版印刷术出现在隋代的证据是，明朝陆深在《河汾燕闲录》的《俨山外集》中说："隋文帝开皇十三年十二月（公元 593 年）敕，废像遗经，悉令雕撰。"然后他又说道："此印书之始。"如果陆深说的没错，那么在隋代就应该有雕版印刷的图书，接下来的问题就是寻找考古证据。遗憾的

9
日本汉学家，《中国思想史研究》一书的作者。

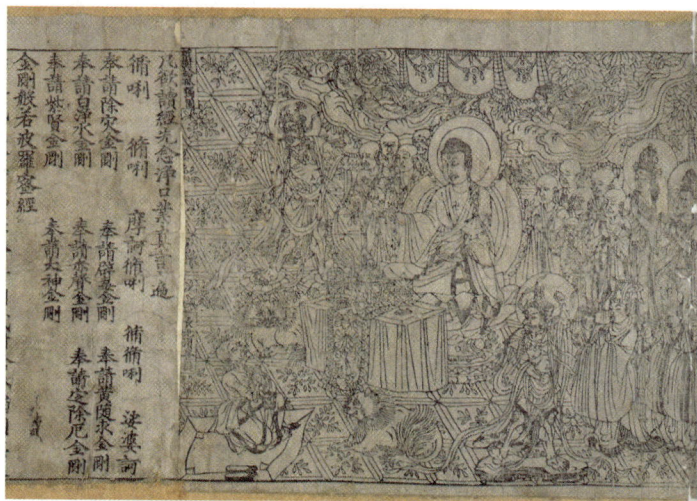

图 25.9　收藏于大英博物馆的唐代末年的《金刚经》

是，迄今为止尚未发现隋代的图书，目前发现最早的雕版印刷图书是唐代武则天时期，即 1906 年在新疆吐鲁番出土的 690—699 年印刷的《妙法莲华经》，现藏于日本。除此之外，在韩国也发现了武则天时期的中国雕版印刷佛经。今天大家可以看到的早期雕版印制的图书是收藏于大英博物馆的唐朝末年的《金刚经》。

雕版印刷术出现后，知识得以在中国开始普及，也让中国在很长的时间里文化和经济都走在世界前列。不过，雕版印刷的木版不耐用，印制过程中很容易损坏，需要经常更换，这就限制了大量印刷的可能性。此外，雕版的刻制比较困难，刻错一个字，整板就要重新刻制，成本很高。大部分时候，刻制都要交给有经验的工匠来完成，只有使用比较便宜的木头或雕刻不太重要的部分时，工作才会交给经验较少的工匠。

虽然早在宋朝就发明了胶泥活字印刷术，但是这种方法在中国并未普及开来。至于为什么没有普及，有很多的原因，比如无论是胶泥还是木刻的活字都容易损坏，即使全用活字排版，印不了几张纸就要换掉一些损毁的活字，另外那些材料制成的活字很难做到大小一致，排版不如雕版美观。因此，直到清朝，中国依然主要采用雕版印刷技术。在中国，采用雕版印制图书的作坊，既有朝廷官办的，也有民间商人为了牟利兴建的，还有个人为了出版书稿请工匠到家里来工作的，它们分别被称作官刻、坊刻和私刻（又称为家刻）。其中官刻的质量最高，其印刷品不仅是图书典籍，还包括朝廷的文告和资料文献。比如在宋朝，有国子监刻书，印制的多为经史子集。另有校正医书局，这个机构的成立是我国医政史上的一个创举，它集中人力、物力对古典医籍进行了较为系统的校正和刊刻印行，对医学知识的传播贡献很大。而同为官刻的司天监刻书，印制的则是天文地理资料。宋朝崇文而不尚武，朝廷对收集和印制图书很有兴趣，据《续资治通鉴》记载，宋朝初年朝廷还只有 4000 部书版，开国 40 年后，居然有多达 10 多万部，可谓是"经史正义皆具……书版大备"[10]。足见宋代官刻图书之盛。

由于官刻图书是皇家的生意，不以赢利为目的，因此大部分雕版刻制完成后，印上少量的几本，就丢在一边了。不过在宋代，商品经济非常发达，官家也不例外，可以通融，将官刻雕版借出去挣钱。一些士大夫在得到官家许可后，也可以用那些雕版自己出钱再印一份，史书记载"例许士人纳纸墨钱自印"。不过，一些工具性图书也有官家印制后公开出售的，比如今天能够看到的宋本《说文解字》，就有雍熙三年中书门下牒徐铉等校订的官刻版本，这个版本当时由国子监公开出售[11]。不过总的来讲，官刻图书并非为了赢利。

然而，坊刻图书的作坊就不同了，它的主人是以赢利为目的的书商。坊刻要赢利，就要追求发行量，因此当时的通俗读物就成了坊刻图书的主流产品。北宋的汴梁和南宋的临安，都曾经是当时世界上最大的图书出版中心。在福建的建阳，出现了当时的书商一条街。建阳刻印的"建本"，与浙江临安的"浙本"、四川成都的"蜀

10
《续资治通鉴》记载，"（景德二年，即公元 1005 年）五月，戊申朔，（真宗）幸国子监阅书库，问祭酒邢昺，'书版几何？'昺曰，'国出不及四千，今十余万，经史正义皆具。臣少时业儒，每见学徒不能具经疏，盖传写不给。今版本大备，士庶家皆有之，斯乃儒者逢时之幸也。'"

11
史梅岑，《中国印刷发展史》，（台湾）商务印书馆。

本"齐名。宋代著名理学家朱熹在《建宁府建阳县学藏书记》中写道："建阳版本书籍，行四方者，无远不至。"建阳书坊为朱熹及师友印刷书籍颇多，除《近思录》《南轩集》《二程集》《二程外书》等，还出版过不少其他儒学、理学著作。另外，朱熹与弟子注释的古代文献也在建阳刻印出版，成为建阳考亭书院生员的教材。

注释经典，就是朝着通俗化、大众化的方向前进。这是继孔子编纂六经，孜孜于将找回散失的上古文化并通过教育传下去之后，又一次意义甚伟的文化运动，它使文化的广泛传播和更多人受教育成为可能。建阳因之"书院林立，讲帷相望"，盛况有甚于春秋曲阜阙里。来此读书的非止建阳子弟，而是四方学子负笈来学。两宋进士以福建为最，福建进士以大武夷文化圈为最，仅建阳、建瓯、浦城三地宋代进士多达一千二百九十四人。这促进了建本刻书业的繁荣，天下书商贩者往来如织，建本因数量多、成就高、影响大，令建阳享有天下"图书之府"的盛名。

造就这业绩的不只是学者，更有民众。以建阳书坊镇为例，其时雕坊比屋连檐，人口会集约三万，私家出版业前店后厂，书市"逢一六集"，即十日两墟。这种常态化的书市，对中华文化持续、切实的传播，有甚于如今大都市里年度性的展览式书市。为了让运载书籍的苦力在休息时也能翻看书，中国最早的连环画在建阳诞生，且是为促销而设的赠本。延至明清，那些讲造反的书在京都难以刻梓出版，遂使《水浒全传》《三国演义》首先在建阳刻印问世。

除了官刻和坊刻，宋代家刻图书也非常普遍。在中国古代，文人学士的理想除了"戴一顶（乌纱）帽，娶一房小"之外，就是"刻一部稿"了。很多文人，如陆游、范成大、杨万里等人，都在家里请工匠来刻印自己的书稿。家刻图书和官刻、坊刻都不同，目的是为了显示自己的身份和学术成就，并不以赢利为目的。从效果来看，家刻图书保存和传承了文化传统。

从宋代直到清代之前，中国古代的出版业都相当发达。尤其值得一提的是，与出版业同样发达的古罗马不同，中国在清代之前没有出版审核制度，而古罗马是有的。中国的家刻图书有点像现在的自费出版，但并不需要今天的出版执照或书号，只要有钱就可以出书。这项宽容的举措，让中国在相当长的时间里在文化上领先于世界。虽然每过几十到几百年就会来一次改朝换代，很多建筑会被焚毁，但是大量的书籍还是流传了下来，而且新书也在不断产生。到了清朝，由于清政府大兴文字狱，以及朝廷借编纂《四库全书》之际大肆删改毁坏图书，中国的图书产业才开始停滞不前。

雕版印刷技术很快传到了朝鲜和日本，并且在日本发展出了一种特殊的艺术形式——浮世绘。浮世绘实际上是基于雕版印刷的彩色套印，雕版师在原画木板上雕刻出图形，再在木板上着色，将图案转印到纸上，要上多少色就必须刻多少板。随着日本商品经济的发展，浮世绘被印在茶叶和瓷器的包装纸上，并且在 19 世纪传到了

图 25.10　葛氏北斋的《神奈川冲浪里》，俗称《大浪》，这也是乔布斯最喜欢的作品

欧洲。其风格对当时的印象派画家们产生了巨大的影响，比如梵高就临摹过很多幅浮世绘，他的成名作《星空》被认为是参考了葛氏北斋的《神奈川冲浪里》。今天，虽然世界上不再有人用中国的雕版印刷技术制作图书，但是它作为一种艺术形式依然存在，从这个侧面也能反映出中华文明对世界的贡献。

就在宋代的中国人享受阅读各种图书时，欧洲人还在抄书，就连《圣经》也不是每个人都能读到的。不过，就在欧洲处于蒙昧年代之时，一位德意志地区的发明家开始改写欧洲的历史了，这个人就是大名鼎鼎的约翰内斯·古腾堡（Johannes Gutenberg，约 1398—1468）。

第三节 古腾堡的贡献

图 25.11 在欧洲发明印刷术的古腾堡

要介绍古腾堡，先要讲讲毕昇的贡献。

中国历史上的发明创造并不少，但是这些发明家的姓名留存至今的却不多，这可能和工匠在中国古代不受重视有关，在士农工商四民中，工仅排第三。不过，发明活字印刷术的毕昇是幸运的，因为当时有个士大夫沈括在《梦溪笔谈》中记载了他的事迹和发明的详细情况。

根据《梦溪笔谈》记载，毕昇发明的是胶泥活字印刷术，书中介绍了毕昇为什么不用木活字（因为木头吸水后形状会改变）。按照沈括的记载，印制大量不同的书，毕昇活字印刷术的效率要比雕版印刷高，但具体高多少不得而知。应该说，毕昇的发明相当先进，甚至有些超越时代。遗憾的是，他发明的技术一直没有成为中国印刷业的主流，其中的原因很多，我们就不做具体分析了。从结果上讲，活字印刷术对中国文化的发展影响不是很大，不过它却改变了欧洲的历史，而促成这件事的人就是约翰内斯·古腾堡。

2005 年德国评选了历史上最有影响力的德国人，古腾堡排第八，在巴赫和歌德之后，俾斯麦和爱因斯坦之前。为什么大家对古腾堡的评价如此之高呢？首先他发明（或者说再发明）的不仅仅是一种采用活字印刷的方法，而是一整套印刷设备，以及可以快速批量印刷图书的生产工艺流程。其次，古腾堡还带出了一大批徒弟，他们作为印书商将印刷术推广到了全欧洲，这不仅让图书的数量迅速增加，而且开启了欧洲重新走向文明的道路，并最终摧毁了一个在文化上封闭、技术上停滞不前的旧世界。

就在佛罗伦萨的大文豪但丁完成他的巨著《神曲》后大约一百年，印刷和推广这部巨著的人 —— 古腾堡于 1398 年 [12] 出生在德意志美因茨地区一个制作金银器的商人家庭。古腾堡的父亲曾供职于教会的造币厂，因此古腾堡从小就对造币技术了如指掌。造币，首先需要制作一块钢质模板，然后再将其印在金币或银币上。通过这项技术，人们可以清楚地了解铸造的类型。今天，我们对古腾堡早年的生活了解甚少，甚至古腾堡也不是这个家族原来的姓氏，而应该是他们祖先的居住地。后来美因茨发生暴乱，古腾堡一家搬到了埃尔特菲莱（Eltville am Rhein）。古腾堡年轻时（可能于 1418 年）在埃尔夫特大学（University of Erfurt）学习过，但是这件事谁也说不准，因为历史学家使用的证据是那所大学有一个叫"从阿尔塔维拉来的约翰内斯"（Johannes de Altavilla）的学生，而阿尔塔维拉（Altavilla）在拉丁语里就是埃尔特菲莱的意思。当然，这条证据是否充分，读者朋友可以自行判断。

12
古腾堡的出生年份至今找不到非常确凿的记录，但是大部分历史学家认为他应该出生在1398 年。

接下来，古腾堡就失踪了长达 15 年之久，没有人知道他到底去了哪里，有了什么奇遇，以至于后来掌握了印刷术。直到后来找到了他在 1434 年的书信，从中可以断定他来到了德意志的名城、后来莫扎特的故乡斯特拉斯堡，在那里他从事金银器的制作，尤其是生产镜子。在接下来的六年里，古腾堡的职业生涯依然是个谜，从当时他和合伙人 [13] 打官司的一份档案中大致可以猜出，他在摆弄压力机和铅板印刷（有点像中国的雕版印刷）。根据古腾堡自己的说法，他的活字印刷术想法基本上就是在那个时期形成的。遗憾的是，法庭档案的原件已在 1870 年的一场大火中被焚毁，今天只有誊抄的副本，因此后人对这段历史记录的可信度评价不一。古腾堡在斯特拉斯堡生活到 1444 年，而接下来的四年又没有人知道他在哪里了。1448 年古腾堡再次回到出生地美因茨，而这时他已经完成了活字印刷术的发明，并且开始印刷拉丁文的语法书和历书了。由于古腾堡的生平缺少足够多的记载，以至于今天无法找到确凿的资料证明活字印刷术是他独自发明的还是从某个渠道学习到的。欧洲人一般将近代印刷术的发明归功于古腾堡，但是也有人认为在他履历中出现空白的那些年里，他可能外出从欧洲的其他地方学到了活字印刷术，或者受到了来自东方的启发。当然，这桩公案现在无法讲得清了。但不管怎样，利用活字印刷术发明了近代印刷术，并让书籍得以在欧洲普及，这是古腾堡的功劳。

13
他的两个合伙人是安德烈亚斯·德瑞岑（Andreas Dritzehn）和安德烈亚斯·海尔曼（Andreas Heilmann）。

图 25.12　古腾堡字母库

古腾堡的第一个发明是所谓的"古腾堡字母库"。受父亲的职业影响，古腾堡少时便对造币铸造技术十分熟悉，后来他在制造镜子的过程中进一步研究出了用于铸造拉丁文字母活字的合金 —— 铅锡合金和相应的铸造法。古腾堡先是在非常坚硬的合金上刻出外凸的字母，再把这种坚硬的金属字母压到软一点的金属上，这样就形成了字母的模具，然后再将铅锡合金浇注到模具中，就得到了所谓的"铅字"。拉丁文只有几十个字母加上少许的数字和符号，并不需要做很多字母模具，一个模具可以制造出大量的铅字，这样就可以印制任何一部拉丁文书籍了，并保证书中同一个字母一定是一样的。此外，古腾堡还发明了一套被称为"古腾堡字体"的拉丁文字库，非常古朴美观，在很长时间里一直被欧洲人广泛使用。这也是一项巨大的技术成就，称得上是古腾堡最有意义的发明之一。

除了发明（或者说再发明）铅锡活字，古腾堡还发明了一种手摇印刷机。这种印刷机能重复垂直和水平两个方向上的运动，具体操作方法是这样的：工人将排好的模板固定在光滑的大理石面上，字面朝上，抹上油墨；然后通过螺杆调节好相应的位置；印刷每一张纸的时候，要将纸张浸湿放在模板上面，然后拉动摇杆，将顶部的对称机件缓缓压下，这样在纸上就印出了文章。这种机械原理，也见于古罗马人发明的榨橄榄油和葡萄汁的机器，而古腾堡恰恰是受了它们的启发。由于早期的顶部对称机件是木质的，压力不是很大，因此有时需要压两次才能印出颜色足够深的书页。为了便于铅字印刷，古腾堡还发明了专门的油墨。

古腾堡不仅是个发明家，也是个好的作坊工场主，他制定出了一整套的印刷工艺流程。第一道工序是排字，当时的工人需要先把要被印刷的书籍（或手稿）的

图 25.13　后人复制的古腾堡印刷机

装订线拆开，放到排字盘中，由排字工对照着排好版。这部分工作对工人文化水平的要求不高。第二道工序是校对，这是纯粹的技术活了，书的质量在很大程度上取决于这一步。第三道工序是装版，即把校对好的铅板装到印刷机上。完成这些工序之后，就可以印刷了。

古腾堡在欧洲发明的活字印刷术，让整个欧洲跳过了雕版印刷阶段，直接进入活字印刷，这使得欧洲人的印刷机从被发明的一开始，劳动生产率就大大超过了中国的雕版印刷设备。古腾堡的印刷术不仅排版速度比雕刻模板快得多，而且印刷时只需要两个人配合工作，一人上墨，另一人印刷。这样流水线式的工作，印刷效率比中国的雕版印刷高出很多，一小时能够印刷 240 张。

古腾堡发明印刷术的目的是印书挣钱，最初他印刷的是日历和拉丁文语法书，但是他知道在那个年代里读者群最大、阅读内容最多的书就是《圣经》，于是决定印刷这部绝世经典。整本《圣经》一共有 78 万字，是一部篇幅相当大的大部头。印刷《圣经》的投入非常大，这不是古腾堡自己负担得起的，于是他决定去找赞助人。在 1449—1450 年前后，他终于说服了银行家约翰·弗斯特（Johann Fust，1400—1466）来投资他的伟大项目。就这样，由古腾堡出技术，弗斯特出钱，他们开始了印刷《圣经》的巨大工程。

弗斯特本人不仅出资，还深度参与了印刷术的改进工作，因为他和古腾堡发现，印刷《圣经》这样的巨著和印刷日历遇到的困难是完全不同的。从 1450 年到 1455 年，古腾堡和弗斯特花了四年多时间，终于完成了世界上第一套印制版的《圣经》这项巨大的工程。1455 年也就成了欧洲文明史上的一个里程碑。古腾堡印制的这套《圣经》，有 335 万个字符，上下两卷共 1282 页。全书的印刷使用了各种字母符号和数字，加在一起近 300 个字符，远多于一般的拉丁文书籍。这一批《圣经》印了160—180部，包括30本精装本，不算排版，光是印刷就用了两年。不过这个速度也比抄书要快得多，当时抄写《圣经》，每部需要抄写一到两年时间。

古腾堡印制的这批《圣经》，每页有四十二行，又称为四十二行本《圣经》，其制作质量和美感，完全可以匹敌当时最好的手抄本，因此当时的教皇庇护二世曾经写信，夸赞了该书的印刷质量。当时一部古腾堡《圣经》的售价大致相当于一个普通职员三年的工资，但这也远比手抄本《圣经》便宜，因为在印刷术发明之前，欧洲的书籍是非常昂贵的。相传当时一个封建主抓住了一个替古腾堡卖书的小书贩，理由是他身上的背包里居然有5部《圣经》。四十二行本《圣经》今天有48部传世，其中13部在德国，11部在美国，8部在英国，其他分布在法国、梵蒂冈、俄罗斯等国。每一本都价值连城，按照拍卖行的估价，一部这样的《圣经》，足以换来一个大型现代化图书馆。剑桥、牛津、哈佛、耶鲁、普林斯顿、莱比锡和法兰克福等大学，无不以藏有这样一部《圣经》而感到自豪。今天在耶鲁大学的珍本图书馆里，大家可以看到这版《圣经》的影像，或在纽约市立图书馆看到它的展示。

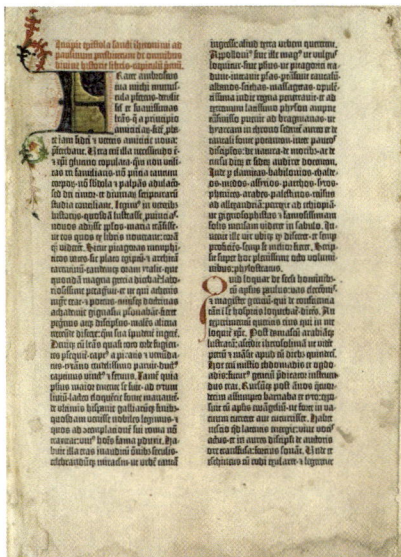

图 25.14　古腾堡印刷的四十二行《圣经》

活字印刷术的发明和四十二行本《圣经》的印制，给古腾堡带来了不朽的英名，但是印刷《圣经》这件事，不仅让古腾堡破了产，而且让他失去了发明印刷术的专属权。原来，虽然古腾堡和弗斯特印出了一百多部《圣经》，但是生意依然亏本了。于是弗斯特把古腾堡告上了法庭，并且赢了官司，获得了印刷术的发明权。获得印刷术发明权的弗斯特后来又和别人合作印刷了不少图书，而古腾堡则跑到欧洲其他地方继续做他的印刷生意。从此，一个欧洲的新时代开始了。

在本节的最后，我们不妨对比一下毕昇和古腾堡对历史和文明的贡献。毫无疑问，毕昇发明活字印刷术比古腾堡早了 400 多年，但是，真正把活字印刷术应用到文化传播上的是古腾堡。毕昇发明了活字术之后，基本上就没有了下文，而古腾堡不仅发明了活字印刷术，还发明了一整套印刷设备和生产工艺流程，而且将印刷术真正用于印制经典著作和其他图书，这才使得活字印刷术在欧洲乃至世界上普及开来。鸦片战争之后，活字印刷术又从欧洲传回中国，它在终结了中国上千年雕版印刷历史的同时，也加快了中国近代化的步伐。

那么古腾堡和他的伙伴们又是怎样改变欧洲的呢？

第四节　近代出版业的诞生

印刷术的出现，除了有利于传播知识，还促使欧洲出版业蓬勃兴起，并且造就了书商、排字工人和作家这三个职业。

欧洲第一位具有近代商业意识的书商是与古腾堡合作过的弗斯特。当年弗斯特因为没有挣到钱，一气之下把古腾堡告上了法庭，当然古腾堡也没有东西可以赔偿他，只好让弗斯特把印刷术的发明权拿走了。弗斯特是个商人，没有流芳百世的远大理想。他获得印刷术后，就和另一个商人舍费尔合作印了一堆日历、赞美诗等通俗读物，终于赚到了钱。这就如同今天的出版业，经典著作常常没有通俗著作赚钱一样。弗斯特和舍费尔一辈子印了 30 多种书，给后人做出了通过出版业挣钱的榜样。

不过，在印刷术传播的过程中，古腾堡的徒弟们起的作用远比弗斯特和舍费尔要大得多。古腾堡在输掉官司后，一度被流放，晚年他在贝施达芬塞（Bechtermünze）兄弟的印刷厂当顾问。古腾堡晚年的一个合作伙伴纽梅斯特（Johann Neumeister，？—1522）希望通过出版名著而名垂青史，他选择了另一本大部头的著作——但丁的《神曲》。和当年的古腾堡、弗斯特一样，纽梅斯特也赔了钱，还被债主送进了监狱。出狱后他来到了法国，后来又去了维也纳，随后定居在法国，并一路传播印刷术。

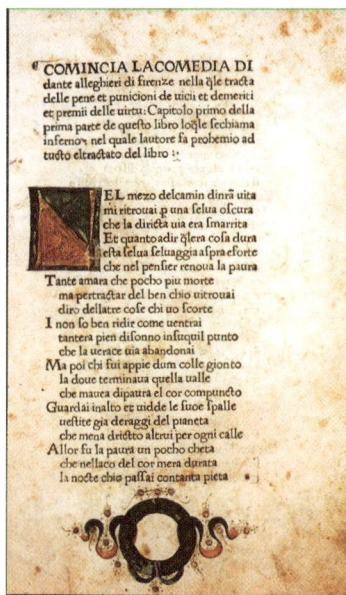

图 25.15　纽梅斯特印刷的《神曲》

古腾堡并非孤军奋战，他培养的一大批徒弟在古腾堡的生意破产后带着技术和印刷机，加入推广印刷术的伟大事业中了。这些年轻人义无反顾地走向欧洲各个城市，他们虽然没什么钱，却一路走一路寻找投资，印刷当时数量有限的图书。于是在德国迅速出现了一大批印刷商人，在欧洲印刷术发明后的头十年，今天的德国地区无疑是当时欧洲出版业的中心。接下来，这批工匠和出版商人又从德国出发，去了欧洲各地。这些人在推动印刷术走向普及的商业活动中，不仅给欧洲各地带去了技术，而且表现出一种强烈的敬业精神，无论是印制宗教经典还是通俗的读物，他们都会把图书做得尽善尽美。正是靠着这一大批印刷工人和印刷商人在欧洲开拓市场，印刷术不到 20 年就在欧洲迅速传播开来。历史上很多新技术的普及，都离不开大批人的共同努力，而不是简简单单靠一两个发明家就能完成。

德意志地区的斯特拉斯堡是美因茨之后第二个图书中心，在那里一位叫门泰林（Johannes Mentelin，1410—1478）的出版商开始把目光转向大众市场。他发现古腾堡四十二行本的《圣经》虽好，但是一来太贵大家买不起，二来是拉丁文版的，普通德国教士读不懂，于是他开始印刷小开本压缩版的德文和其他语言版本的《圣经》。由于价格低廉和方便德语地区的人阅读，门泰林版本的《圣经》成了宗教改革前最流行的版本。此外，门泰林还印刷了很多贤哲和圣徒如阿奎那、亚里士多德、圣伊西多尔（Saint Isidore of Seville）的著作，以及不少通俗读物。

几年之后，德意志北部的科隆和南部的纽伦堡成了新的出版业中心。在德意志北部，当时一些学者参与到印刷业的发展中，他们给出版商担任顾问。比如著名的出版商阿梅巴赫（Johann Amerbach，1440—1513）就聘请了一大批学者做顾问，他还发明了今天西方报纸和图书常用的罗马字体（Roman Fonts）以取代传统的哥特式字体。在南部，大出版商科贝尔格（Anton Koberger）在欧洲各地先后创办了多达 24 家印刷厂，他也是德国著名画家丢勒的教父，不仅印刷图书，还大量印制绘画作品。

在从中世纪走向文艺复兴的过程中，欧洲南部意大利地区的艺术和北部德意志地区的印刷术起到了关键作用，并且相辅相成。1463 年，也就是在古腾堡发明铅字印刷术 13 年后，这项技术就传到了意大利。到了 15 世纪末，仅威尼斯共和国就有了 150 家印刷厂。印刷术与意大利科学和艺术的碰撞对社会的影响巨大。当时佛罗伦萨正逢美第奇家族的豪华者洛伦佐·美第奇当政，这位一手扶持了文艺复兴的富商对文化艺术的酷爱达到了痴迷的程度。他从世界各地大量收集图书，而印刷术的传入也使古代贤哲的著作得以重新和大众见面。当时，不仅意大利的上流社会和知识阶层开始读书，而且很多年轻人不远千里跑到当时文艺复兴的中心佛罗伦萨，学习那些从古希腊和古罗马时期留下来的、一度失传了的科学知识和哲学思想。印刷术也对随后而来的科学研究成果的发表和传播起到了关键性作用，这些力量汇集在一起，帮助欧洲走出了中世纪的蒙昧停滞阶段。

1470 年，印刷术传到了法国，1476 年又跨过英吉利海峡传到了英国，第二年英国出版了第一部英语版著作，即当时著名作家乔叟的《坎特伯雷故事集》，这距离古腾堡发明印刷术还不到 30 年。

欧洲印刷的图书数量

图书册数

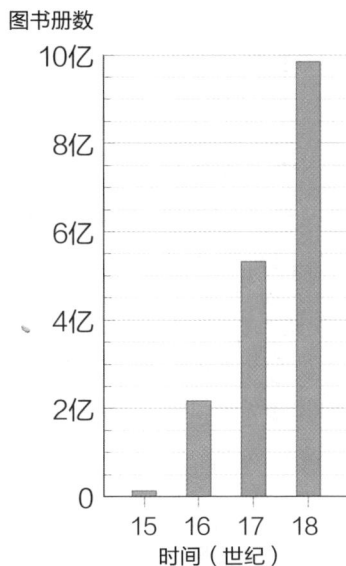

图 25.16　在古腾堡发明印刷术后，欧洲的图书量剧增

* 不包括南欧（奥斯曼土耳其地区）和俄罗斯

为印刷术早期普及做出重大贡献的，除了德国的书商，还有教会，因为当时教会一来有需求，二来有资金。早期的印刷物很多都是宗教读物，除了《圣经》，更多的是各种赞美诗。于是很多教会的上层人物干脆自己当起了书商。书商一多，两种人就成了稀缺资源 —— 排字工人和写书的作家。

大量书商的出现和各种图书的印制，需要大量的排字工人和校对工人。这些工人与过去的很多工匠不同，他们需要识字，更重要的是做事要格外认真仔细，他们的工作在当时可谓技术含量很高，不是一般人所能胜任的。也正因如此，这两份工作的收入也很高，当时很多年轻人都愿意学习排字，只要当上排字工就衣食无忧了。根据参考文献 [1] 介绍，到了 19 世纪排字工人和校对工人的工资要占到整本书成本的一半左右。

欧洲早期印刷的图书除了《圣经》和宗教读物，就是古代贤哲们的
著作了，这些书籍都不需要支付版税。但是，随着大量书商的涌
入，这个市场很快就饱和了，出版商们不得不寻找新的畅销书。而
为了鼓励有创作能力的作家写书，书商们常常会事先垫付给写书人
一些报酬，这就诞生了"约稿"这种商业模式，当然，更多的书商
是通过支付版税的形式给予写书人以报酬。不论是哪一种形式，印
刷术的出现都促生了"作家"这个职业，同时也就出现了后来所谓
的著作权。不过，在当时欧洲主要的君主制国家里，出版图书是要
经过严格审查的，很多新书通不过审查，内容却大受读者喜爱，于
是书商们就悄悄出版或拿到国外出版，而作者常常托以假名，这也
就是后来笔名的由来。

14
以当时英国女王安娜的名字命名。

15
该公约的全称是《保护文学和艺术作品伯尔尼公约》，最早的签约国是英国、法国、德国等欧洲国家和海地、突尼斯。美国虽然参加了那次大会，却没有签约，而是在后来的一百年里按照自己（更严格）的法律保护版权，1989 年美国才加入伯尔尼联盟。

图书的盗版现象几乎是从一开始就有。为了让职业作家能够靠版税
生活，以便继续写书，也为了保护出版人的权益，罗马教皇在 1501
年、法国国王在 1507 年、英国国王在 1534 年就颁布过禁止他人随
意翻印书籍的敕令。但是，盗版事件依然非常普遍，直到 1709 年
英国下议院通过了《安娜法令》[14]，作者和出版商的权益才算是真
正地被纳入法律保护之下。而第一个在全球范围内保护版权的公约
《伯尔尼公约》直到 1886 年才由十国签署[15]，这时距离古腾堡发明

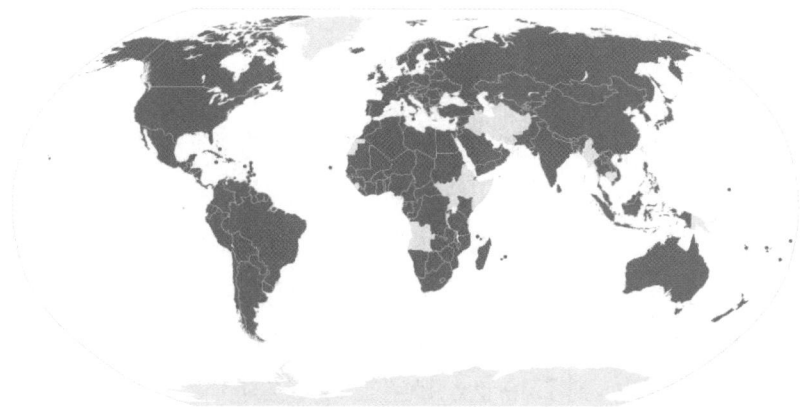

图 25.17　现已签署《伯尔尼公约》的国家和地区，占了全球国家的大多数

印刷术已经过去 400 多年了。

印刷术对欧洲的影响力不只造就了出版业和催生了大批从业人员，更重要的是改变了欧洲人的思想。

第五节　知识使人自由

印刷术对欧洲的宗教、思想和社会产生了重大的影响。除了文艺复兴，印刷术直接导致了欧洲的宗教改革，同时也间接地帮助欧洲许多民族拥有了自己的语言文字和文化传统，至于它对普及教育的贡献，则更是功不可没。我们不妨透过宗教改革来看看印刷术的影响力。

宗教改革是欧洲历史上最重要的事件之一，它不仅催生了今天全球十多亿的新教徒，彻底改变了欧洲的政治和国家格局，而且间接导致了部分英国人、爱尔兰人和荷兰人向北美移民，从而催生了今日的美国。

宗教改革为什么没有首先发生在与罗马教廷关系更生疏的英国，或王权相对强大的法国，而是出现在德国呢？这里面有很多原因，比如当时名义上统治德意志地区的神圣罗马帝国皇帝和罗马教皇的积怨由来已久，再比如北欧人的生活方式和对宗教的态度与南欧意大利人不同，等等。但是，最令人信服的理由是，印刷术的出现导致了《圣经》在德国地区的相对普及，这样罗马教廷和各个教堂在教徒中的权威便远不如在其他地区那么高。我们不妨来看看这次宗教改革的过程，并且将其与先前那些世俗力量反对罗马教廷却失败了的事件做对比，就能看出知识普及带来的作用了。

公元 1500 年是个很容易记住的年份，这一年不仅是古腾堡发明印刷术 50 周年的纪念年份，也是宗教改革的一个重要当事人、神圣罗马帝国皇帝查理五世出生的年份。这一年也正值意大利文艺复兴的高潮期，受佛罗伦萨的影响，当时和随后的几任罗马教皇都是充满人文精神的享乐主义者，他们不仅热衷于兴建大教堂、宫殿和陵墓，而且把大部分时间都花在生活享乐和与艺术家们的交流上。红衣主教们也效仿教皇的模样，常常只用十分之一的时间处理教务，而其余时间都花在欣赏古罗马艺术和古希腊文物上。只有贫穷的乡村神父和教士们依然忠于职守。基督教在它上千年的历史里最大的一次危机就在这看似繁荣的背后潜伏着，而这次危机不是来自外部，而是源于内部。

1500 年发生的另外一件看似无足轻重的小事，是北欧地区的一位神父伊拉斯谟（Erasmus von Rotterdam）去英国拜访了后来被称为空想社会主义家的托马斯·摩尔爵士。伊拉斯谟是个虔诚的天主教徒，精通拉丁语，并且曾经将希腊文的《新约》翻译成拉丁文。同时，伊拉斯谟又是一个人文主义者，他相信无论什么权威也无法阻止人们"唇边带着微笑地弘扬真理"。在英国期间，伊拉斯谟开始写一本《愚人颂》，严厉指责教会和贵族的腐败，嘲笑经验哲学家和僧侣们愚昧无知的空谈。搁 50 年前，这本书或许掀不起什么波澜，但是在印刷术开始普及之后，这本笔调诙谐幽默、内容妙趣横生的小册子不仅一下成了畅销书，开始在基督教世界流传，而且它里面宣扬的主张也被德意志地区的底层民众所接受。这些主张包括对教会实行改革、呼吁人文精神，以及和他一起参与到复兴基督教的伟大使命中。不过，伊拉斯谟还只是一位思想家，并非行动家，但是他的一个读者却是一位坚定果敢的实干家，即宗教改革的主角马丁·路德（Martin Luther，1483—1546）。

马丁·路德出身于德意志北部一个普通农民之家，他不仅才智非凡，获得了博士学位，是萨克森地区多明我教派的灵魂人物，而且敢作敢当，勇气超人。在求学期间，他曾经短暂地去过罗马，对当时把

图 25.18 宗教改革家马丁·路德

精力花在打仗和大兴土木上的教皇朱利叶斯二世（Julius Ⅱ）并无好感。回到北德意志的维滕贝格地区后，马丁·路德在向农民们传教时，仔细研读了《圣经》，很快他发现教皇和主教们的话与《圣经》上所说的并不相同，他认为人们应该通过《圣经》直接和上帝对话，而不是听从罗马教廷。在 1513 到 1516 年间，马丁·路德将整个基督教的教义总结为"义人必因信得生"这样一句简单的话，并终生信奉。这句话今天成为整个路德派神学观的基石，而在当时则是马丁·路德否定罗马教廷赎罪券的根据，并且让他最终与罗马教会分道扬镳。

就在马丁·路德研习《圣经》时，远在罗马的朱利叶斯二世教皇去世了，美第奇家族的成员、豪华者洛伦佐·美第奇之子利奥十世继任了教皇的职位。这位出身名门、充满人文精神的教皇，一方面加速当时世界上最大的工程——圣彼得教堂的建设，另一方面将各地图书收集到梵蒂冈的图书馆。这些浩大的工程无疑让已经入不敷出的罗马教廷雪上加霜。不得已之下，利奥十世恢复了一项古老的敛财方法，即出售"赎罪券"。所谓赎罪券，就

图 25.19 宗教改革时期的教皇利奥十世（画像收藏于乌菲兹博物馆）

是一张羊皮纸，承诺减少罪人死后待在炼狱里的时间。当然，它要用钱来购买。这件事在中世纪做起来完全没有问题，因为教会讲它有权赦免那些死前忏悔的人，或者减短其灵魂在炼狱里赎罪的时间。但是，在人人可以读《圣经》的文艺复兴时期，这件事就没那么好办了。

当萨克森地区的僧侣开始强行推销赎罪券时，其行为大大激怒了当地虔诚的居民，而马丁·路德则站出来为他们出头了。马丁·路德将他的反对意见总结成九十五条，这就是后来被称为著名的《九十五条论纲》的《关于赎罪券的意义及效果的见解》。马丁·路德原本并不想把这种关乎宗教的争论在老百姓中扩大化，因而选择用拉丁文书写这份宣言。但是，在那个文化已经开始普及的年代，马上就有人将它翻译成了德文，并通过印刷术大量印刷发行，结果马丁·路德的"九十五条论纲"立刻不胫而走，传遍德意志和整个欧洲，这时全欧洲的每个人都不得不表明立场，是支持罗马教廷的观点，还是支持萨克森那个尚默默无名的小教士马丁·路德的意见。

图 25.20 当年马丁·路德将他的"九十五条论纲"张贴在维滕贝格教堂的大门上

罗马教廷得知这个消息后大为震惊，立即派人招马丁·路德到罗马教廷来训话。聪明的马丁·路德知道一百年前捷克一位反对卖赎罪券的教士扬·胡斯（Jan Hus，1371—1415）后来被教廷处以火刑，于是拒绝前往。1520年，罗马教皇开除了他的教籍，这是罗马教廷能够给予教徒最重的处罚，因为据说被开除教籍的人死后将陷入万劫不复的地狱。当年神圣罗马帝国皇帝亨利四世（Henry IV，1050—1106）因为得罪了教皇格列高利七世（Saint Gregory VII，1020—1085）被剥夺了教籍，不得不在卡洛莎城堡外的冰天雪地里赤足站了三天三夜，才获得教皇的宽恕，重新获得教籍[16]。很多人都奇怪手握重兵的亨利四世为什么不得不向教皇服软，那是因为他不这么做，就得不到民众的任何支持。

但是，这一次马丁·路德的情况不一样了，他当着众多支持者的面把教皇的敕令给烧了。这样，路德无意中成了反对罗马教廷的基督教徒们的领袖，周围各地的教徒害怕他像一百年前的胡斯一样被抓走，都纷纷来保护他，而当地萨克森的选帝侯[17]也表示，只要路德留在自己的辖区，教皇就动他不得。

这时，前面提到的查理五世登场了，当时他只有 20 岁，对罗马教廷一向言听计从。他在一个叫作沃尔姆斯的地方召集教士们开了一次宗教大会，讨论路德的问题。在得到了民众的支持后，路德这回大胆地参加了这次宗教大会，虽然在会上他被宣布剥夺了公民权，但是他仍得以全身而退，并且北德意志居民认为对路德的裁判并不公平，唾弃了大会的判决。路德从此安全地待在萨克森的城堡里，把拉丁文的《圣经》翻译成德文，以便每一个德国人都能直接听到上帝的话，而不是经教皇和主教们转述。

接下来的事情就不只是宗教内部的争议了。首先德意志爆发了农民起义，接下来支持路德的领主们和支持罗马教廷的查理五世进行了长达 10 年的战争，在遭到一系列军事上的失利后，1555 年这位皇帝不得不与德意志的诸侯们签订了《奥格斯堡宗教和约》，允许路德新教和天主教在德意志领土上并存。不过，这时马丁·路德已经去世 9 年了。

马丁·路德之所以能够成功开启宗教改革，很大程度上靠的是印刷

16

这件事在历史上被称为卡洛莎事件。它意味着罗马教廷权力达到顶峰，但也是亨利四世一个成功的策略，后来他带着军队来到罗马，废黜了格列高利七世，立克雷芒三世为新教皇。

17

神圣罗马帝国中有资格当选为皇帝或者罗马人民国王的诸侯，都称为选帝侯。

术。在马丁·路德活动的一百年前，捷克地区的扬·胡斯所做的事情与马丁·路德几乎同出一辙，结果却遭火刑处死。当罗马教廷的人来抓他时，没有人出来保护他，虽然他反对教会出售赎罪券是为了保护当地教民的利益。我们可以说当时民智尚未开化，原因是教民们连《圣经》也看不到，他们获得信息的唯一途径是教皇和主教们，教皇的话甚至主教们的话就是法律。在那个年代，不要指望老百姓能有什么科学和理性的思想，更不要指望他们破除迷信。马丁·路德所做的事情恰恰是利用老百姓对上帝的信仰，用《圣经》本身破除了他们对罗马教廷权威的信仰。与其说是马丁·路德有力量，不如说是知识有力量。

在马丁·路德之前，另一位与罗马教廷作对的人是亨利四世皇帝，他靠的是武力或说是蛮力。他有过在教皇城堡外的雪地里站了三天三夜的耻辱，但是最终他依靠军队废黜了教皇格列高利七世，并且逼迫后者死于流亡途中。不过，即便如此，亨利四世和教皇之争也不过是两败俱伤而已，他依然改变不了当时欧洲的格局，更不要说动摇梵蒂冈的威信了。马丁·路德则不同，他就是靠九十五条的一篇檄文，靠着将《圣经》从拉丁文翻译成德语，分发给大家，就颠覆了罗马教廷从圣彼得以来1500年左右的统治地位。可以想象，当德意志地区那些朴实的农民、虔诚的教徒读不到《圣经》时，教廷可以利用信息不对称的优势，随心所欲按照自己的利益解释上帝的话，那些梵蒂冈的圣职人员可以在普通教民面前将自己和上帝画上等号。而当那些下层民众能够读到用德语（而不是他们永远看不懂的拉丁语）所写的《圣经》时，他们发现书中的主张和他们敬畏的主教们所说的完全是两回事，那些高高在上的教皇、主教们和上帝也是两回事，最终结果是：上帝依然存在，但是教皇则威信扫地了。

马丁·路德曾经这样评价印刷术的作用——"上帝至高无上的恩赐，使得福音更能传扬"。马丁·路德的原始动机只是纠正教会的弊端，具体来说就是停止赎罪券的出售。没有印刷术，他所代表的新教的主张最多限于某些地区，而不会形成为一场影响波及全欧洲的运动。但是有了印刷术，他无意中做到了欧洲历代君主想做都做不到的事情——脱离梵蒂冈的控制。今天，全世界有 13 亿左右的新教徒，而传统的天主教徒只有 4 亿多。不得不说，世界上比武力更强大的是真相和知识，而知识的传播需要依靠印刷术。

教会包括教皇在印刷术的推广过程中起了相当大的推进作用，因为一开始他们就觉得这是传播上帝福音最好的方式。但是，当每一个人都可以阅读《圣经》并且按照自己的思考去理解上帝的旨意时，罗马教廷的权威就丧失了。在路德之后，全世界大大小小的教派及分支有上百种，它们之间的差异就在于对《圣经》理解的不同，从此在基督教世界内部出现了百家争鸣的局面。与此同时，在整个西方世界里，人们破除了对权威的盲从，恢复了在古希腊和古罗马时期就有的思辨能力，这对后来哲学和科学的发展产生了深远的影响。从那时起，德意志地区便成为全世界出现大哲学家、大思想家、大音乐家和大科学家最多的地区。如今德国人做事情严谨求真的态度，也是从那个时期开始养成的。

在那个年代，教士们在传播上帝福音的同时，研究上帝创造世界的奥秘成为一种风尚，这就不难理解为什么像莱布尼茨、达尔文和孟德尔这样的大科学家其实都是神学家。哈佛、耶鲁和普林斯顿等美国名校早期都是教会学校，教授的课程主要是拉丁文，旨在让学生们能够读懂拉丁文所写的《圣经》，以便发现上帝创造世界的奥秘。哈佛大学以"知识（Veritas）"作为校训是有其历史渊源和深意的。约翰·霍普金斯大学和加州理工学院等大学的校训则说得更直白——"知识使人自由（Veritas vos liberabit）"，而知识的传播需要依靠印刷术。近代文明的每一步进展，或多或少都与印刷术的应用和传播有一定关联，直到今天，还有很多学者在细致研究和分

图 25.21 约翰·霍普金斯大学的校徽，上书"知识使人自由"

析这里面的关联性。

印刷术刚出现时，印刷的书籍主要是拉丁文的，但是它的出现却最终终结了拉丁文在西方世界的统治地位。在书籍普及以前，能读书的人非常少，可供阅读的书也非常少，读书人都阅读拉丁文著作没有什么不妥。当时各个民族都有自己的文字，用这些文字写的书籍却非常少。印刷术的出现，导致大量阅读人口的出现。为了方便大众阅读，作家们开始使用本国的文字来表达他们的思想，出版商为了扩大读者市场，也印刷用本国语言写作的书籍，这使得欧洲的很多国家在语言、词汇和语法上开始走向正规化，英语、德语和法语都是从那以后逐渐定型为今天的样子。而一度成为国际语言的拉丁文反而日渐式微，终于成为死的语言。

印刷术还间接地改变了欧洲的社会结构。与中国古代不同，欧洲在封建时期，下层民众除了通过打仗立下战功得到升迁，平时是没有上升通道的。印刷术出现后，排字工人成了第一批富起来的工匠，他们中的很多人因为接触到图书而开始读书了，这影响了他们的人生观和世界观。他们中的不少人后来自己成了作坊主，进而发现印制书籍可以名利双收，于是进一步想方设法扩大市场，同时也致力于提高自己的阅读和书写能力。这些出身低微的工匠借助印刷术提高了自己的社会地位。到德国发生宗教改革时，很多教士和牧师就出身于工匠家庭，这说明印刷术在潜移默化地慢慢改变着欧洲的社会结构。

16 世纪末，葡萄牙人将铅字印刷术带回印刷术的发明地中国，1590 年（万历十八年），葡萄牙的耶稣会传教士在澳门用拉丁文出版了《日本派赴罗马使节》一书，这是在中国使用铅字出版印刷的第一本书。但由于没有中文铅活字，在接下来的两个世纪里欧洲的铅字印刷术对中国没有产生什么影响，中国依然采用传统的雕版印刷。

19 世纪初，为了配合传教士到中国传教和商人到中国做生意，欧美工业国家开始研制中文铅活字，而在首先采用铅活字印刷中文图书这件事情上，一位毅力坚韧的传教士起到了非常大的作用。

1807 年，英国传教士马礼逊（Robert Morrison，1782—1834）到中国传教经商，并且待了一年时间。马礼逊这一次在中国的经历是彻头彻尾的失败，传教失败，经商被骗，自己还大病一场。不过，在中国将近一年的时间里他学会了一些粤语和普通话，他决定编写一本汉英词典，帮助欧洲人学习中文。接下来的一年中，没有收入的马礼逊生活非常艰难，只能租住一个窄小的阁楼，后来房东涨租金，连这个阁楼都住

图 25.22　最早编写《中国语文词典》并采用铅活字印刷汉字的传教士马礼逊

不起了，只好流落街头。即便如此，他也依然没有放弃编写字典的事业。到了 1809 年，马礼逊被英国东印度公司聘为翻译，算是有了稳定的收入和正当出入中国的身份。

在接下来的十多年间，马礼逊来往于澳门和广州，他的主要工作不再是传教，而是翻译《圣经》和编写一套大型字典——《中国语文词典》（*A Dictionary of the Chinese Language*，也译作《华英字典》），该字典共三大部分六大卷，近 5000 页，从 1815 年出版第一卷到 1823 年最后一卷出齐，历时 8 年之久。其中英文字体太小，无法使用雕版印刷，故采用铅活字排版印刷，具体工作由另一位传教士汤姆斯（Peter Perring Thoms，？—1851）负责。工程如此浩大的工具书，显然不是这两个人能够完成的，他们在澳门和广州雇用了大量中国人刻制铅字[18]、排字、审稿、校对和印刷。据估计，为了印刷这套字典，仅刻制的中文铅活字就多达 10 万枚左右。这项工作颇具历史意义，但参与其中的大部分中国工匠都没有留下姓名，除了马礼逊和汤姆斯培养的一位名叫梁发的助手。梁发之所以能在历史上留下名字，倒不是因为印刷《中国语文词典》，而是后来作为传教士写了本《圣经》通俗读物《劝世良言》，并把它发给了一个落榜的学子洪秀全。再后面的故事估计大家都知道。

18
当时没有中文铅字的模具，全部铅字都是用刻刀刻制的。

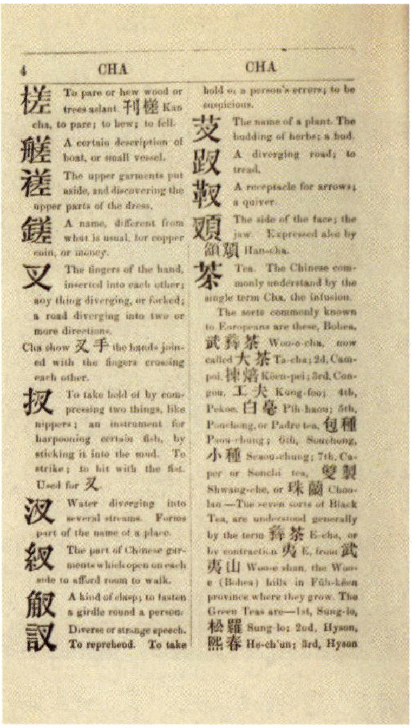
4 CHA | CHA

槎 To pare or hew wood or trees aslant. 刊槎 Kan cha, to pare; to hew; to fell.
艖 A certain description of boat, or small vessel.
褨 The upper garments put aside, and discovering the upper parts of the dress.
鎈 A name, different from what is usual, for copper coin, or money.
叉 The fingers of the hand, inserted into each other; any thing diverging, or forked; a road diverging into two or more directions.
Cha show 叉手 the hands joined with the fingers crossing each other.
扠 To take hold of by compressing two things, like nippers; an instrument for harpooning certain fish, by sticking it into the mud. To strike; to hit with the fist. Used for 叉.
汊 Water diverging into several streams. Forms part of the name of a place.
衩 The part of Chinese garments which open on each side to afford room to walk.
艌 A kind of clasp; to fasten a girdle round a person.
詉 Diverse or strange speech. To reprehend. To take hold o a person's errors; to be suspicious.
芆 The name of a plant. The budding of herbs; a bud.
䟕 A diverging road; to tread.
靫 A receptacle for arrows; a quiver.
䪕 The side of the face; the jaw. Expressed also by 頷䪕 Han-cha.
茶 Tea. The Chinese commonly understand by the single term Cha, the infusion.
The sorts commonly known to Europeans are these, Bohea, 武彝茶 Woo-e-cha, now called 大茶 Ta-cha; 2d, Campoi, 揀焙 Këen-pei; 3rd, Congou, 工夫 Kung-foo; 4th, Pekoe, 白毫 Pih-haou; 5th, Pouchong, or Padre tea, 包種 Paou-chung; 6th, Souchong, 小種 Seaou-chung; 7th, Caper or Sonchi tea, 雙製 Shwang-che, or 珠蘭 Choo-lan—The seven sorts of Black Tea, are understood generally by the term 彝茶 E-cha, or by contraction 夷 E, from 武夷山 Woo-e shan, the Woo-e (Bohea) hills in Fŭh-këen province where they grow. The Green Teas are—1st, Sung-lo, 松羅 Sung-lo; 2nd, Hyson, 熙春 He-ch'un; 3rd, Hyson

图 25.23 最早采用铅字印刷的中文图书《中国语文词典》

马礼逊后来致力于在南洋和香港办学，教育当地华侨，创办中文月刊《察世俗每月统记传》（*Chinese Monthly Magazine*），介绍西方的科学、文化和民俗。他还写了很多书，将中国的社会和文化介绍给西方。最后，他和他的夫人都葬在了澳门。今天，在香港仍有不少场所以他的名字命名（有些起名为摩利臣）。

鸦片战争以后，西方势力开始进入中国，开办报纸和印刷厂，顺带也发展了中国的铅字印刷技术，其中对中国后来印刷业影响最大的是美国传教士姜别利（William Gamble，1830—1886）。他于1858年到美国在上海开办的美华书馆工作，1859年发明了用电镀法制作汉字铅活字铜模的方法，他制作的铅字被称为"美华字"，有1—7号大小的7种宋体，这是今天中文排版字体大小的规范。此外，他还发明了元宝式排字架，将汉字铅字按使用频率分类，并按照《康熙字典》中的部首排列，由此提升了排版取字的效率，成为此后百余年间中文字架的雏形。

铅字印刷进入中国后，催生出中国近代的出版业。到了清末民初，商务印书馆、中华书局、世界书局等著名的出版机构先后诞生，《申报》等近代报纸也出现了。这些文化机构的出现，促进了中国新文化在社会各阶层的传播，对中国迅速走向近代化起到了巨大的作用。

结束语

通过语言和文字承载信息，是人类创造力的结晶。依靠着它们，人类的知识才得以持续不断地快速积累和传播，人类文明才得以迅速发展。

书籍的出现在文明发展的进程中具有划时代的意义，它让知识和文化得以广泛地普及和传播，大大加速了文明发展的进程。而造纸术的发明、印刷术的发明、图书市场的出现，则从技术和商业两方面进一步加快了知识通过书籍产生和传播的速度。在这个过程中，蔡伦、毕昇、古腾堡等发明家固然起到了巨大的作用，但是大量知名度不高甚至不知名的工匠、出版商、作家和抄书人的贡献也不可低估。他们都在为人类的文明添砖加瓦。

知识的产生和传播，帮助社会不断地进步，知识给每一个人都带来了自由。

附录　与印刷有关的历史时间表

公元前 30 世纪	古埃及人发明了纸莎草纸，同时期的美索不达米亚人开始在泥板上书写。
公元前 13 世纪	中国商朝人在动物的甲骨上书写文字。
公元前 5 世纪	希腊人开始使用羊皮纸。
公元 1 世纪	蔡伦发明造纸术。
公元 7 世纪	中国人发明雕版印刷术。
公元 11 世纪	毕昇发明活字印刷术。
1448 年	古腾堡发明铅活字印刷术。
1455 年	古腾堡用他的印刷术印制了四十二行本的《圣经》。
1517 年	马丁·路德发表了"九十五条论纲"，借着之前出现的印刷术，它被从拉丁文翻译成德语后迅速传遍欧洲，欧洲的宗教改革开始。
1751—1772 年	狄德罗等人主编的《百科全书》出版，催生了法国的启蒙运动。
1815 年	第一本采用铅活字印刷的中文图书《中国语文词典》出版。
1886 年	保护著作权的《伯尔尼公约》签署。

参考文献

[1] 崔瑞德，鲁唯一. 剑桥中国秦汉史. 杨品泉，译. 北京：中国社会科学出版社，1992.

[2] 赫拉利. 人类简史. 林俊宏，译. 北京：中信出版社，2014.

[3] 马礼逊夫人. 马礼逊回忆录. 顾长声，等译. 南宁：广西师范大学出版社，2004.

[4] 寺尾善雄. 话说太监. 黄伟民，余藻，译. 上海：上海文化出版社，1987.

[5] 房龙. 人类的故事. 刘缘子，等译. 生活·读书·新知三联书店，1997.

[6] Johnathan Rose，The Skilled Compositor, 1850—1914: An Aristocrat among Working Men (review)，Victorian Studies，Vol 45 Nr 1， 2002

[7] John Man. 古腾堡革命：印刷术是如何改变历史进程的 (The Gutenberg Revolution: How Printing Changed the Course of History).Transworld Publishers， 2010.

[8] Peter Marshall. 宗教改革简介 (The Reformation: A Very Short Introduction).Oxford University Press， 2010.

第二十六章　新时代的曙光

启蒙运动

如果说印刷术给欧洲大陆政治格局所带来的第一次冲击是 50 年后的宗教改革，那么 300 年后启蒙运动则是对欧洲的第二次也是更大的一次冲击。宗教改革带来的剧烈震动遍及整个欧洲，尤其是随之而来的 30 年宗教战争。启蒙运动的表现形式则完全不同，它是在和风细雨中不知不觉进行的，以至于当时无论是统治者，还是启蒙运动的学者们都低估了它的威力 —— 启蒙运动不仅颠覆了整个欧洲君主制的基础，而且从此将人类带入民主时代。

启蒙运动在时间和空间上可以有两个不同的含义。广义上讲，启蒙运动可以包括从 17 世纪末牛顿所倡导的理性主义开始，经过洛克、康德等人的发展，直到法国的伏尔泰（Voltaire，1694—1778）、孟德斯鸠（Charles de Secondat，1689—1755）、卢梭（Jean-Jacques Rousseau，1712—1778）和狄德罗（Denis Diderot，1713—1784）等人将它推向高潮，最后以富兰克林和杰弗逊等人完成对美国宪政体制的设计为终结，前后 100 年西方的历史；也可以特指在 18 世纪中期路易十五（Louis XV，1710—1774）当政的法国所发生的事情。我们这里要谈论的是后者，它是前者的一个局部，但却是启蒙运动的高潮。

作为启蒙运动的纵容者甚至是间接的赞助者，路易十五可能做梦也没有想到，文人们在沙龙里的清谈和写的几本书，最后导致他的孙子[1]上了断头台。而这一切则要从他的曾祖路易十四说起。

第一节　专制下的自由

1600 年，很好记的一个年份，佛罗伦萨美第奇家族的玛丽·德·美第奇（Maria de Medici，1575—1642）嫁到法国，成为这个欧洲最显赫的家族里的第二位法国王后。她不仅给法国宫廷带来了奢靡享受的生活，也为波旁家族留下了一个了不起的孙子，他就是后来的太阳王路易十四（Louis XIV，1638—1715）。

路易十四生活的年代和早年生平与中国的康熙大帝都有几分相似。他生于 1638 年，比康熙早出生 16 年，5 岁就当上了国王，比康熙登基时的年纪[2]还小一点。登基之初，由他的母亲奥地利公主安娜（来自另一个民族）摄政，由当时的宰相红衣主教马萨林辅政，直到 18 年后马萨林去世，路易十四才开始亲政，那是 1661 年，他 23 岁。康熙皇帝早年则是由出身蒙古族的祖母孝庄太皇太后（也是来自于另一个民族）指导，由权臣鳌拜辅政，到 14 岁时除鳌拜后开始亲政，那是 1669 年。

路易十四后来的经历也和康熙皇帝十分相似。康熙对内对外战功赫赫，建立了一个疆域空前的大一统帝国；路易十四也是不断地通过战争开疆拓土，他和欧洲几乎所有领土与法国接壤的君主都打过仗，而且胜多负少，从此赢得了"太阳王"的威名。同时他也完成了法国的君主集权，法国成为当时欧洲少有的中央集权的王国。在内政上，康熙开创了康乾盛世。路易十四实行重商主义，令法国国力大增，成为当时欧洲最富庶的国家。和康熙皇帝类似，路易十四也是个会享受的人，他建造了直到今天都被认为是世界上最奢靡的

1
路易十六是路易十五的孙子，而不是儿子。

2
康熙继承帝位时是 8 岁（虚岁）。

图 26.1 "太阳王"路易十四 [伯纳德·达格西博物馆 (Musée Bernard d'Agesci)]

宫殿 —— 凡尔赛宫。而同期的康熙则开始建造圆明园。

路易十四还完善了欧洲上流社会的礼仪，并且让法语成为欧洲最优雅的语言。直到 20 世纪初，包括沙皇俄国在内的欧洲一些宫廷里依然以讲法语为优雅的象征。

纵观路易十四的一生，可以用辉煌二字来形容。直到今天，路易十四在法国依然是地位仅次于拿破仑的历史人物，因为他为国家和自己赢得了荣誉。他不仅为法国留下了许多华美的建筑和荣耀的丰碑，而且确立了典雅的文化和崇高的理念。在政治上，他建立了欧洲自封建时代以来最强大的集权王国。法国地方上的封建堡垒在路易十四的强权下土崩瓦解，旧式的贵族在交出了他们的行政权力之后，被集中到了巴黎和凡尔赛供养起来。这些贵族所热衷的事情，也是王朝允许做的事情，就是每天开沙龙，谈论政事、艺术、八卦和科学。由于被（变相）剥夺了行政权，而又有足够的收入维持体面的生活，一些贵族（如孟德斯鸠和后来的拉瓦锡）干脆投身思想和科学研究，甚至成为思想家和科学家。今天历史教科书在评论路易十四时，常常会用专制一词来形容他，但是他的专制要比东方的专制宽容得多。

最后，路易十四和康熙还有一点非常相似，那就是他们都活得特别长，在位时间也特别长。路易十四活了 77 岁，在位 72 年，是世界历史上真正拥有君主权力的国君里统治时间最长的。不幸的是，由于活得太长，很会享受，又好大喜功，路易十四和康熙一样，生前留下的国家表面繁荣，其实背后财务危机重重。

但是，路易十四在两件事情上与康熙颇为不同。路易十四虽在权力上开创了法国专制之始，但是在思想上却是开放的，是所谓开明专制。路易十四鼓励发展科学、文化和艺术，创办了法兰西油画雕塑学院、文学院、戏剧院，以及法兰西科学院，并且资助了孟德斯鸠和伏尔泰这样的学者及芒萨尔、勒布朗等艺术家，这使得法国在整个 18 世纪获得了科学、文化和艺术上的全面繁荣。直到今天，全世界对法国的文化和艺术依然肃然起敬，不得不说这里头路易十四的功劳很大。而康熙皇帝则相反，他一方面是所谓的明君，相比他的继任者雍正皇帝，康熙对大臣们十分宽容甚至是过分宽容，但是他却开创了文字狱。康熙皇帝虽然自己十分痴迷于科学，却不提倡鼓励其他人研习科学，甚至反对它的传播。在他看来，治国还是要靠儒家之道，而不是依靠西洋的奇技淫巧，中国在科学和技术上落后于西方自清初开始。

不过，康熙皇帝在另一件事情上比路易十四幸运得多，他留下了一批成年的儿子可以替他收拾身后事。而路易十四因为活得太长了，不仅熬死了他全部的儿子，而且熬死了他所有的孙子，最后只留下一个年仅 5 岁的曾孙，即后来的路易十五。太阳王在临死前，将这位小曾孙叫到床前，嘱咐他："我的孩子，你将成为一位了不起的国王。不要像我一样喜欢建筑和战争，而是要设法与你的邻居和平相处；给上帝你所应该给的；总是遵循好的建议；设法免除人民的痛苦，而这正是我所没能做到的。"

应该说，继位的路易十五并不像过去历史书中描绘得那样不堪，他不是一位暴君，也是努力遵循了他那位伟大曾祖的遗训的。现代研究表明，路易十五在统治的前 30 年里，在摄政大臣们的帮助下，把当时欧洲最大的君主国管理得还算不错。但是，他像他的曾祖一样会享受，却没有曾祖那样的雄才大略，遇事常常内心胆怯，这或许和他从小就失去了母亲有关。最终，路易十五把从曾祖那里继承下来的强大王国，一步步引向破产的深渊。

路易十五被后人诟病很多的地方就是生活腐化，甚至被描绘成荒淫无度，不过考虑到他从小就没有了爹妈的事实，便不难理解为什么他在生活上离不开妇女的亲密陪伴。让路易十五在后世备受批评的一件事，是他有着诸多的情妇[3]。当然其中最著名的当数蓬巴杜夫人，我们在本系列以前的章节中曾经提到过她。蓬巴杜夫人原来是贵族蒂奥勒（Charles-Guillaume d'Étiolles，1717—1799）的夫人。1745 年，35 岁的路易十五结识了 24 岁的蒂奥勒夫人，详细过程这里就不介绍了。总之这位国王爱上了比自己小 11 岁的绝代佳人，很快她就正式对外宣布离婚，成了路易十五的情妇。当时法国正与邻国交战，路易十五在前线战场上差不多每天都想着给她写一封信。不久，国王正式册封他的这位情妇为蓬巴杜夫人，同时赐予其贵族的盾徽、城堡和土地。蓬巴杜夫人出身于小市民家庭，她虽然在不断学习掌握宫廷的礼仪，却依然保留了自在爽快的天性，据说这让路易十五非常着迷。

和路易十四一样，路易十五也算是一个专制君主，但是他从来没有限制过科学文化和艺术的自由发展。而蓬巴杜夫人一方面生活上骄奢淫逸，另一方面却在促进法国文化艺术发展的同时，帮助了自由思想的形成。她对洛可可文化的发展和法国陶瓷的制作有着重大的影响，同时她在上层社会的圈子里，构建了一个自由交流的环境，这对启蒙思想的形成起到了十分关键的作用。蓬巴杜夫人的沙龙在巴黎非常有名，那里不仅聚集了贵族们，也是文人和艺术家的汇聚地，伏尔泰和孟德斯鸠等人就是她的沙龙的常客，而卢梭和狄德罗也算是她的朋友。蓬巴杜夫人还特地资助过伏尔泰，甚至支持狄德罗编写充满了新思想的巨著《百科全书》。当时的法国从整体上讲处于历史上的专制时期，但蓬巴杜夫人却在这专制的大环境中，营造出非常宽松的文化氛围，虽然我们不能说没有这种宽松的环境就没有启蒙运动，但是蓬巴杜夫人的沙龙在客观上促进了启蒙时代的到来。

法国启蒙时代是一个人类群星闪耀的时代，当时涌现出了伏尔泰、卢梭、孟德斯鸠和狄德罗等一大批思想家。影响着我们现今世界的那些伟大的思想，以及今天政治法律制度的基础，都形成于那个时代。在这一大批群星之中，我们先来介绍他们中最年轻的一位，因为他通过自己的工作将其他人聚集在一起，形成了思想的合力。

第二节　狄德罗和《百科全书》

美国著名的通俗历史读物作家房龙把政治家分为三类：第一类是为各种独裁者寻找理论根据的人，他们总是强调人民的意志需要由皇帝、苏丹这样的独裁者代表；第二类是鼓吹精英政治的理论家们；第三类则相信人民的力量，相信人类向善的力量，相信知识和教育可以帮助人类克服各种年代已久的痼疾，让人类变得更美好。法国启蒙时代产生了一大批第三类政治家。而将诸多目光如炬的政治家们聚集在一起，形成完整的民权思想，则首先要感谢一位名叫布雷顿（André François le Breton，1708—1779）的法国书商。

印刷术发明后，书商遍布欧洲。他们为了挣钱，到处找人写书，其中有一类书是编纂知识而成。1728年，英国的钱伯斯（Ephraim Chambers，1680—1740）编辑出版了一部百科全书式的词典，全名是《艺术与科学万能百科全书词典》（简称《万能词典》），很受读者的欢迎。于是，法国的布雷顿也想通过出版一套法文版的百科全书而发财。布雷顿做生意很有一套，他先是赶走了两个资深的合伙

4
法语名称为
*Encyclopèdie,
ou dictionnaire
raisonnè des
sciences, des arts
et des mètiers。*

人 —— 一位德国教授和将百科全书带到法国的英国人米尔斯（Jean Paul Malves，1713—1785）。然后布雷顿凭空构思了一部巨著 ——《艺术和科学的万能百科全书词典》[4]简称《百科全书》，而且在书八字还没一撇时，居然就空手套白狼预售出很多套。当然，他最终得向读者交出这套百科全书，不过他早就想好了交差的方法，因为他手头上已经有了一套米尔斯从英国带来的百科全书，然后他花钱请了一个懂英文的年轻人来翻译。

5
虽然是教中学，
他的头衔确实是
Professor，教授。

布雷顿找到的第一个人是一位中学的哲学教授[5]，不过这位穷书生根本写不出百科全书，让布雷顿颇为失望。面对那些已经预订了书的愤怒的读者，布雷顿需要赶快找人来救场，于是他想到了一个编写过医学词典的年轻人，便将其找来统编整套百科全书。这位新主编名叫狄德罗，时年 32 岁。

狄德罗生于 1713 年，出身于一个工匠家庭，自幼受过良好的教育。他 16 岁进入巴黎大学，20 岁获得学士学位。不过狄德罗的生活既不富裕，也不幸福，这在很大程度上是因为他娶了一位虔诚得不可理喻的悍妇。为了养家，狄德罗不得不翻译编辑各种书籍挣稿费。或许是书读得多的缘故，狄德罗的脑海里充满了唯物论和自由思想。由于他对《圣经》里面创世的描述持怀疑态度，一度被作为异端送进了监狱。一出监狱，正好赶上布雷顿找他去救场，于是狄德罗就成为一部日后世界上最有影响力的巨著的主编。

图 26.2 启蒙运动的主将狄德罗

狄德罗一接手就发现，英国的这部百科全书思想陈旧，于是他说服了布雷顿邀请全法国最有权威的学者来编写条目，布雷顿当然求之不得。狄德罗以口才见长，他还说服布雷顿为保证质量，就不要限定时间，这些条件布雷顿也答应了。接下来狄德罗就开出了一个长长的合作人员的名单，首先是后来作为副主编的大数学家和思想家达朗贝尔（Jean d'Alembert，1717—1783），其他著名学者和思想家还有伏尔泰、孟德斯鸠、卢梭和孔多塞（Marie Jean de Caritat，1743—1794）等人，这个名单囊括了法国当时上百名最好的学者、工程师、艺术家和政治家。

布雷顿给狄德罗租了一间办公室，交给他一打稿纸，就让后者自己去工作了。狄德罗在纸上写下了百科全书的第一个条目"A：字母表中的第一个字母"，然后就夜以继日地工作起来。20年后，狄德罗编完了Z的最后一个词条，这部工程浩大的伟大著作终于全部完成了。在长达20年的编写过程中，狄德罗一直都是在非常不利的情况下坚持工作的，由于报酬极低，他不得不过着非常清贫的生活。那些受邀一起参加编撰工作的学者们由于并非全职工作，进度通常得不到保障，这时狄德罗就不得不亲自上阵。

在编写《百科全书》的过程中，狄德罗还要忍受教会的辱骂和政府的干扰。当时出版图书是要经过严格审查的，布雷顿其实一开始就钻了个空子，这位王室的出版商和当局说的是出版词典，因此法国当局也没有在意。等到第二年（即1751年）狄德罗编出的《百科全书》（第一册）出版时，专制政府才看出问题来了，因为书的内容简直就是洪水猛兽，但是为时已晚。虽然《百科全书》是很多人共同编撰的，这些人的政治观点也不尽相同，但是这套书的力量在于它告诉了民众真相，也就是说我们都生活在一个客观的物质世界里。狄德罗认为迷信和愚昧是人类进步的大敌，因此他编书的目的是通过宣传科学、讲述真理来破除迷信，消除愚昧和成见。这套

《百科全书》并没有满篇刻意宣传民权思想，更没有煽动革命。它的基调是，一切社会制度和社会观念都要按照理性来进行衡量和批判，但是在当时的天主教会和特权阶层看来，这样的声音是有着明显反对天赋神权和等级制度的政治倾向的。

当局一度想要叫停这套《百科全书》。1752 年当狄德罗编完第二册时，法庭裁决禁止《百科全书》的编写和出版，于是政府派人去收缴狄德罗的书稿。无奈之下，狄德罗等人带着书稿躲到了贵族马勒泽布（Guillaume-Chrétien de Malesherbes，1721—1794）家里，政府的宪兵扑了个空。马勒泽布是一位正直而开明的贵族，同时又忠实于国王，后来在法国大革命期间（1792 年）他出于良知主动为路易十六辩护，并因此被处死（1794 年）。马勒泽布的一位曾孙后来成为著名的政治学家和历史学家，他就是《论美国的民主》和《旧制度与大革命》的作者托克维尔。在马勒泽布和其他开明贵族的帮助下，当局总算撤销了对《百科全书》的禁令。

不过在狄德罗接下来编写《百科全书》的近 20 年里，政府经常派人去给他捣乱，甚至编个理由去没收狄德罗的笔记。这中间《百科全书》的编写工作又有一次被当局勒令中断，一些编撰人被关进监狱或者被迫流亡国外，就连达朗贝尔也因为怕受牵连，在 1759 年辞去了这项工作。然而这一切都没有阻抑狄德罗的工作热情，他 20 年如一日，每天工作 20 小时，每天的生活就是面对着一张床、一个写字台和一叠稿纸。尽管他生活清贫，却还会用自己绵薄的收入招待门外饥饿的人。狄德罗这样的人，在任何时代都堪称是正直、朴实和勤奋的道德典范，恩格斯称赞他是"为了对真理和正义的热诚而献出了整个生命的人"。他用行动实现了自己的座右铭——"做好事，寻求真理"。

从 1751 年到 1772 年，《百科全书》共有 28 卷（17 卷正文，11 卷图片，另有索引）相继出版，4000 多套图书被抢购一空。不过，虽然《百科全书》发行量很大，但是今天我们能见到的却不多，并非都被人们收藏起来了，而是被欧洲各国当局收缴后毁掉了，由此可以看出当时欧洲的封建当局对这套书有多么的恐惧。通过这套《百科全书》，人们看到了未来社会的构想，狄德罗最初的目的终于达到了。如前所述，在法国启蒙运动中，群星荟萃，星光耀眼，伏尔泰、孟德斯鸠、卢梭和达朗贝尔等人，名气和见识都不在狄德罗之下，但是如果没有《百科全书》，这些人就难以发挥他们的影响力。《百科全书》不仅是一套书，而且是一套新的、完整的社会和经济的纲领，这套纲领很快就成为统治世界的思想和价值观。可以说，启蒙时代是人类文明史上的一个伟大时期。让我们记住这个名字 —— 狄德罗。

第三节　斗士伏尔泰

被公认为法国启蒙运动领袖和导师的是伏尔泰（Voltaire，1694—1778），就连另一名启蒙运动的骁将卢梭也把他当作前辈来敬重，虽然他们俩后来交恶。伏尔泰不仅在哲学理论和思想上卓有成就，而且身体力行地捍卫信仰自由和司法公正，始终支持社会改良。

伏尔泰原名弗朗索瓦－玛利·阿鲁埃（François-Marie Arouet），他出身于一个富有的家庭，他的父亲是一位法律公证员，母亲是一位贵族小姐。伏尔泰从小受到了非常良好的教育，按照他父亲的设想，他应该成为一位法官，不过伏尔泰的兴趣却在写作上，尤其是写那些讽刺题材的作品，比如讽刺官员的诗，针砭时弊的文章，评论朝政的论文，等等。由于伏尔泰生活在上流社会，对宫廷政治和生活的很多细节都十分了解，因此他常常通过诗歌揭露法国上层社会的丑闻。1715 年，21 岁的伏尔泰因为写讽刺诗《幼主》[6] 得罪了路易十五的摄政王奥尔良公爵而被流放，两年后又因为写诗讥讽法

6
指的是路易十五。

国宫廷生活的糜烂而被投进了巴士底狱。在狱中伏尔泰也不消停，创作了他平生第一部重要作品《俄狄浦斯王》，并且首次使用了"伏尔泰"这个笔名，从此人们更多地记住了他的这个笔名，而不是他的原名阿鲁埃。

图 26.3 伏尔泰被关押的巴士底狱，这是欧洲封建专制制度的象征

伏尔泰的《俄狄浦斯王》根据古希腊著名剧作家索福克勒斯同名悲剧改编而成，我们在本章附录中介绍了它的剧情。简单地说，俄狄浦斯是希腊传说中的一个悲剧英雄人物，破解了斯芬克斯的谜题而除掉了这个吃人的怪兽，但是他最终没有逃脱命运给他安排的杀父娶母的结局。这一剧情被很多剧作家（包括比伏尔泰早近一个世纪的法国著名剧作家高乃依）改写过，不过伏尔泰之前所有的剧作家都试图通过这个传说揭示一个道理，即纵使人的力量再大，也逃脱不了命运的安排，或者说神的安排。然而伏尔泰却对情节和人物做了一个大胆的修改，把俄狄浦斯完全塑造成一个英雄，他本身并没有过错，他的悲剧是因为神错了，这实际上是在暗讽教会。

在伏尔泰出狱后不久，《俄狄浦斯王》在巴黎首次上演。大家都知道这部剧的作家是一个曾经被关在巴士底狱里的异议者，都很好奇他是如何改编这部著名悲剧的，结果这部剧获得了巨大的成功，在巴黎一连上演了 45 场，创下了当时巴黎的票房纪录。从此伏尔泰在法国声名鹊起，这一年伏尔泰 24 岁。在巴黎上演《俄狄浦斯王》时，伏尔泰的父亲也悄悄从老家赶来，跑去看了演出，他非常高兴地看到自己不听话的儿子得到了大众的认可，因而对伏尔泰没有按照他的意愿成为法官也就释然了。

几年后，伏尔泰的父亲去世，他获得了一笔丰厚的遗产，于是他拿着这些钱前往欧洲各地考察，一路的所见所闻让伏尔泰开始公开反对教会，并且否定上帝。在他看来，上帝和基督教的教义充满了矛盾，一会儿给人施恩，一会儿惩罚人类，一边辛辛苦苦造人，一边又轻易让人死亡。很快，他遭人诬告，再次入狱，伏尔泰为自己做了辩护并获释，但是却被逐出了法国。于是，伏尔泰前往英国。在英国的 3 年（1726—1729）里，伏尔泰接触到了影响他一生的两样东西 —— 牛顿的科学成果和君主立宪制度。受牛顿思想的影响，伏尔泰成为自然神论者。1729 年，伏尔泰得到路易十五的许可回到法国，然后他用了 5 年时间把他在英国的见闻和了解到的最新科学和哲学思想写成了一本书 ——《哲学通信》，这是伏尔泰第一部关于哲学和政治学的专著，由于书中宣扬英国的民主思想，反对法国专制制度，甫一问世就遭到查禁，伏尔泰也因此被法院宣布逮捕。《哲学通信》并不是伏尔泰被查禁的第一本书，也不是最后一本，他一生写了很多书，但是大部分在当时都是被禁止阅读的。

为了逃避追捕，伏尔泰躲到了他的情人夏特莱侯爵夫人（Marquise Emilie du Châtelet，1706—1749）的庄园里，一待就是 15 年，直到侯爵夫人因为难产而去世。伏尔泰一生没有结婚，也没有留下任何子嗣，不过他前前后后和不少位贵族妇女有着情人的关系，夏特莱侯爵夫人可能是在伏尔泰一生中对他影响最大的女人。早在伏尔泰从英国回到法国之时，他整天在嘴边挂着的就两个人 —— 约翰·洛克和牛顿。上流社会的妇女大多对政治和科学没有太大的兴

8
这个译本在夏特莱
侯爵夫人去世后
10 年才出版，而
且一直被认为是
《牛顿哲学原理》
一书的标准法文译
本。

图 26.4　伏尔泰创作的《牛顿哲学原理》
一书的扉页，下面伏案写作的是伏尔泰
本人，左上方手持天体的是牛顿，右上
方的缪斯女神寓意夏特莱侯爵夫人

趣，但是夏特莱侯爵夫人却与众不同，她精通文学、数学和自然科学，能讲英语、意大利语和拉丁语，她对伏尔泰谈论的话题非常有兴趣，两个人可以说是一见钟情。这位才貌双全的贵族妇女不仅有着极高的数学和物理学造诣[7]，而且还是最早将牛顿的《原理》一书从拉丁文翻译成法文的学者[8]，甚至"启蒙时代"这个说法也是这位侯爵夫人提出的。在夏特莱侯爵夫人的庄园里，伏尔泰除了写下了大量的哲学、文学和科学著作，还和这位才女一起做了很多科学实验，其中很多实验是为了证实牛顿的理论。伏尔泰后来写成了《牛顿哲学原理》一书（一种说法是他和夏特莱侯爵夫人合写的），这使得牛顿的很多物理学原理，尤其是光学的原理在欧洲大陆得到广泛传播。而历史上那个关于牛顿受到落下来的苹果的启发而发现万有引力定律的说法，就是伏尔泰宣传出来的。靠着在科学上的造诣，伏尔泰于 1743 年被选为英国皇家学会会员。几年后，他又当选为法兰西科学院院士。

虽然当时巴黎被看成是整个欧洲大陆的中心，可伏尔泰一生在巴黎待的时间并不算多，这在很大程度上是因为他思想激进，在巴黎得不到保护。夏特莱侯爵夫人在世的时候，利用自己的关系在巴黎为伏尔泰多方斡旋，使得伏尔泰不仅免除牢狱，还能参与到法国上层社会的生活中，甚至成为蓬巴杜夫人沙龙里活跃的人物。但是在夏特莱侯爵夫人去世后，伏尔泰在巴黎就没有了庇护，从此他只能到欧洲那些宽容他的地方生活，先是在普鲁士，后来是到瑞士。在颠沛流离的日子里，他不停地写作，而且题材和内容非常广泛，从历史、政治到戏剧都有涉足。他晚年的代表作《老实人》便是在瑞士写成的。但是，尽管他人不在巴黎，但是他在法国人心目中的地位越来越崇高，巴黎人从上层社会到底层民众都对他非常景仰。1778年，84 岁高龄的伏尔泰最终得以回到巴黎，他在那里受到了对待国王般的欢迎。但是夕阳虽好，毕竟已近黄昏，就在伏尔泰声誉达到他人生顶点后不久，他终于一病不起离开了人世。在他去世前，这位一生说话诙谐讥讽，对上帝颇不恭敬的智者还不忘记开最后一次玩笑，他要求把自己的棺材一半埋在教堂里，一半埋在教堂外，这样如果上帝让他上天堂，他就从教堂这边上天堂，上帝让他下地狱，他就可以从棺材的另一头溜走。

伏尔泰相信一个人首先要生存，然后才能进行哲学思考，所以他在像一个哲学家一样思考之余，到处投资。虽然在大家的印象中，伏尔泰是个"文科生"，但实际上他的科学素养和数学基础都非常好。他和数学家康达敏（Charles Marie de La Condamine，1701—1774）一起经过研究发现了法国政府彩票上的一个漏洞，并从彩票中赚了50 万法郎，这在当时是一笔巨款。用投资挣到的钱，伏尔泰即使在被法国政府驱逐后还能在瑞士置办产业，还顺便种了 4000 多棵树。靠着这笔收入，伏尔泰得以一辈子不愁温饱，专心著书立说。

伏尔泰博学多识，才华横溢，著述宏富，在戏剧、诗歌、小说、政论、历史、科学和哲学诸多领域均有卓越贡献。他一生都在以笔为武器，反对封建专制和特权。那些热衷于纸醉金迷的物质享受的富二代，削尖脑袋往上爬的政客，偷税漏税为富不仁的商人，上瞒下骗打压同行的学术霸权者，以及在专制制度下用蝇营狗苟求生的懦夫，断然无法理解伏尔泰这样一个出身豪门、生活富足、才华横溢的精英为什么要和当局对着干，以致东躲西藏，过着颠沛流离的生活。其实，伏尔泰的想法很简单，他这么做就是出于对真理的本能的追求而已。伏尔泰相信人们一旦了解了真理，就将获得自由。

伏尔泰并没有直接提出对未来世界的构想，他的政治主张基本上就是支持英国当时君主立宪的做法。根据他的经历，要提出共和的主张是不切实际的。伏尔泰最大的贡献在于将知识和真理告知于欧洲的民众，开启了民智。一百多年后日本出了一个福泽谕吉[9]，做的也是开启民智的事情，因此他被称为日本的伏尔泰，这个比喻非常恰当，也从另一个侧面反映了伏尔泰的贡献。

当然，启蒙运动不仅仅停留在开启民智上，启蒙思想家也对未来社会制度进行了构想。对此贡献最大的两个人物则是卢梭和孟德斯鸠。

第四节 卢梭和《社会契约论》

在法国启蒙运动的所有思想家中，让－雅克·卢梭是影响力最大的一个，他的《社会契约论》是美国《独立宣言》和西方宪政国家宪法的理论基础。在法国大革命期间，所有的革命领袖们都自称是卢梭的学生，尽管很多人并没有读过卢梭的书，可见其影响力之大。在启蒙作家中，卢梭的著作我读得最多，但是却又感觉他是最难写的一位，因为他的一生充满了矛盾。就连卢梭自己也说，他是一个充满悖论的人，他甚至说过一些非常有名的矛盾言辞，比如"有时需要强迫人去自由"，这和我们理解的自由完全不同。卢梭一方面声称自己讨厌革命，但又启发后人采用暴力革命的手段，被罗伯斯庇尔等人奉为精神领袖。卢梭不仅在言语上矛盾，而且在行为上也是如此。他在年轻时就写过一部影响了几个世纪的教育论著《爱弥儿》，现实生活中却将自己的5个孩子都送进了孤儿院。他一方面参加了《百科全书》的编撰工作，宣传理性思想，但是后来却明确

9
日本近代著名的启蒙思想家，明治时期杰出的教育家、日本著名私立大学庆应义塾大学的创立者。在第二十七章中有关于他专门的介绍。

地反对理性运动，并且最后和几乎所有启蒙作家交恶。

卢梭在晚年完成并出版了自我暴露倾向明显的自传性质的作品《忏悔录》，这部长达千页的大作，虽然取名的含义和圣徒奥古斯丁的《忏悔录》相同，但是与其说目的是忏悔，不如说是为自己的行为做解释。不过通过这本书，我们可以了解卢梭生活的细节、政治观点，以及他和其他启蒙思想家交恶的细节。我们不妨先根据他自己的描述来看看他的生平。

按照今天国家的划分，卢梭并不是法国人，虽然所有法国人都把他当作法国的先贤，并且以法国出了卢梭而骄傲。卢梭1712年出生于瑞士的日内瓦，他在日后也一直强调自己是日内瓦人，并且在签名时经常写"让-雅克·卢梭，日内瓦公民"（Jean-Jacques Rousseau, Citizen of Geneva）。我们知道，日内瓦的钟表闻名于世，比如最著名的百达翡丽和江诗丹顿都产自那里，而卢梭的父亲就是一位日内瓦的钟表匠，并且在当时是拥有投票权的中产阶级。 当时欧洲大部分公民并没有投票的政治权利，因此从这个信息来看，卢梭当是出身于一个

图 26.5　创作于法国大革命时期（1794年）的油画《革命的寓言》[10][伯特利（Nicolas Henri Jeaurat de Bertry），1728—1796]。最上方是卢梭像，寓意卢梭的思想对大革命的影响，正面柱子上的法语分别是"力量""真理""正义"和"联合"，旁边树上挂着自由的牌子

10
收藏于巴黎卡纳瓦莱博物馆。

体面的且经济条件至少是小康的家庭。卢梭的母亲出身贵族，可是母亲却在他刚出生时就因为产褥热而离世了，从小缺乏母爱的卢梭后来对成熟的妇女非常依恋。

卢梭没有受过正规教育，但是他非常聪明，并且读了很多书。不过，据他在《忏悔录》中的记述，按照今天的标准来讲卢梭算不上是乖孩子，他从小就喜欢恶作剧，还会偷看女生裙底风光。从现存的画像来看，他应该是一个英俊迷人的男生，女人们都喜欢他。16岁那年他遇到了比自己大13岁的华伦夫人（Françoise-Louise de Warens，1699—1762），两人很快成为情侣并且同居了，应该说他们都改变了对方的人生。华伦夫人给了卢梭安定的生活、良好的教育和男女之爱，更重要的是给了卢梭所缺失的母爱，这让卢梭成长为一个具有良好人文和艺术素养、对社会保持关注并且身心健全的人。

1742年卢梭来到巴黎，结识了狄德罗及孔多塞等许多著名作家和思想家，他们对卢梭产生了很大的影响。接下来卢梭受狄德罗之邀，为《百科全书》撰写音乐方面的内容。在开始的几年里，卢梭和狄德罗成为挚友，并且两人一直努力以理性的力量来拯救世界。1749年，狄德罗因为宣传无神论被关进监狱，第二年被软禁在樊尚宫。有一天，卢梭去看望狄德罗，途中他看到报纸上有一则当时法国第戎科学院的一个征文比赛。题目是"科学和艺术是否有利于道德的升华"。看到这个题目，卢梭对苦思冥想了很长时间的这个问题突然得到了"顿悟"，他说他像是被雷击中一般得到了真理。那么这个真理是什么呢？那就是"人性本善，是社会制度使人变恶"。在狄德罗的鼓励下，卢梭参加了第戎科学院的征文比赛并获得名次，这使初到法国的他名声大振。在随后第戎科学院的另一次征文比赛中，卢梭以一篇题为《论人类不平等的起源与基础》的长文再次应征。这篇文章开头描述了人类最初所处的自然状态，天真、纯朴、幸福、和平，然后第二部分勾勒了私有制社会的到来，以及随之而来的自私、不公正、不平等、剥削和侵略性的状态。这次卢梭虽未获奖，但这篇长文成书出版后不仅在当时就引发了轰动，而且对日后的社会科学产生了巨大持久的影响。也正是靠着这篇论著，卢梭

图 26.6　卢梭和华伦夫人从 1735 年到 1736 年在尚贝里（Chambèry, France）的住所，现在是一个纪念卢梭的博物馆

确立了自己作为思想家和作家的历史地位。

总的来说，卢梭认为人性本善，而社会把人变坏了。他对人性的思考贯穿了他的一生，他从年轻时就在考虑为什么社会会有不平等的现象，并为此做了很多研究。虽然同样是倡导自由和平等的思想家，卢梭思想的出发点和思维方式与大部分启蒙思想家都不同。要知道从路易十四开始，法国就一直崇尚科学和艺术，崇尚理性，百科全书派的编委们更是崇尚科学的理性派，而卢梭的这种观点是和他曾经参与的百科全书的工作背道而驰的，他和狄德罗等人从此开始出现分歧，而且彼此越走越远，直到矛盾不可调和。

1756 年到 1762 年之间，卢梭发表了他平生最重要的两部著作——《社会契约论》和《爱弥儿》。前者是卢梭对未来社会和政府的总论，而后者是他关于人和社会关系的阐述，它们构成了卢梭启蒙思想的核心。

《爱弥儿》从题材上讲是一部小说，描写了爱弥儿及其家庭教师的故事，但是从内容和目的来讲，这是一本教育论著，其副标题就是"论教育"。卢梭借爱弥儿的故事说明如何教育出一个理想的公民，它也是西方第一部完整的教育哲学专著。康德对《爱弥儿》评价极高，甚至认为它的出版本身就可以和法国大革命相提并论。

在《爱弥儿》一书中，卢梭从古罗马自然法的思想出发，阐述了人性本善和生而自由平等这两个重要的观点。卢梭认为，每一个人生下来都是有良心的，而且彼此是平等的，这是自然赋予的秉性。如果自然发展，就会成为善良的人，所以教育应该是顺着天性让人自然发展。但是，当时封建的教育让人追求成为王公贵族，这样就把人的天性扭曲了，使天真纯洁的孩子沦为社会传统的牺牲品，这样培养下来，他们长大以后就失去了善良的本性。在卢梭看来，要纠正封建教育的错误，就应当使教育回归自然，使儿童的天性得到自然的发展。

卢梭写《爱弥儿》的目的不是为了介绍育儿的经验，事实上他也没有什么经验可言，因为他把自己的 5 个孩子都送进了孤儿院。卢梭写这本书的目的，是在阐述他的民主教育思想和对封建价值观的一种批判。这本书日后成为西方"平等、自由和博爱"基本价值体系中关于"平等和自由"的理论基础。如果把这本书和鲁迅的《狂人日记》做个对比，可以发现它们有一些相似性，两本书的写作目的是对欧洲和中国封建传统进行一种深刻的批判，不同的是，卢梭给出了他理想中教育下一代的方向和方法，鲁迅只是对过去价值观的批判并呼吁救救孩子，但没有说孩子应该怎样培养。二者另一点不同之处在于，《狂人日记》是在中国结束封建王朝统治后写成的，而卢梭的《爱弥儿》成书时正值法国专制统治极盛时期，可以想象它对当时由神权和王权控制的法国产生的冲击有多大。

《爱弥儿》一书出版后，不仅教会和政府反对他，就连其他的启蒙思想家也开始指责他，这本书很快被列为了禁书。卢梭开始也没有太在意，自认为是个遵纪守法的公民，不至于因此人身安全成为问题。但是后来情况的发展就不像他想得那么简单了，一天晚上一位朋友给他来送信，说法院已经认定他有罪并发了逮捕令，第二天就要来抓他。卢梭不得已匆忙逃回了他的故乡日内瓦，但是那里同样不欢迎他，于是卢梭只好继续逃亡，好在他得到了普鲁士国王的庇护。卢梭在普鲁士的领地生活到 1765 年，后来因为受到当地人的袭击，不得不再次逃亡。这次他受英国哲学家休谟的邀请来到了英国，但是很快卢梭就和休谟交恶，不得不离开英国。此后，卢梭只好化名潜回法国，直到 1770 年，他才被允许在法国合法居住（但不得出版书籍），这距离他因《爱弥儿》获罪已经过去 8 年了。在接下来的几年里，他依然过着清贫的生活。

卢梭晚年蜚声全欧洲，不少王公贵族都想结交他，但是他没有能够享受这种声誉带来的幸福。不久，他在一次散步时中风摔倒而死。卢梭去世后，先是被安葬在一个贵族的庄园里。1794 年法国大革命之后，他被当作点燃大革命火种的先哲，灵柩被移入法国先贤祠（Pantheon）[11]，葬在他的战友也是对头的伏尔泰的对面。伏尔泰这位伟人几乎与卢梭

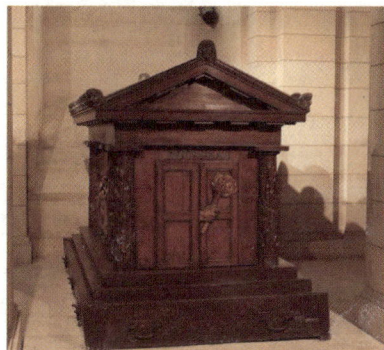

图 26.7　位于巴黎先贤祠的卢梭墓，灵柩上伸出手紧握着的火炬，寓意卢梭的思想点燃了革命之火

[11] 最初是路易十五兴建的一座大教堂，后来被改成了法国最著名的文化名人安葬地。

同时离世。在卢梭的陵墓上，设计师设计的图案是伸出一只手，这只手紧握着火炬，象征着卢梭点燃了法国大革命的火种。

在欧洲近代史上，像卢梭这样影响力和争议都很大的人并不多。在卢梭的时代，欧洲大部分国家的教会和君主们都不喜欢他（一开始并非如此），这倒很好理解，因为他的著作触犯了僧侣和贵族阶层的利益。但是他又和几乎所有本应该是他的战友的思想家们交恶，

图 26.8 卢梭像 [拉图（Maurice-Quentin1 de La Tour, 1704—1788）创作，收藏于 法国圣康坦的安托万 - 利翠叶博物馆 （Musée Antoine-Lécuyer）]

其中被卢梭尊为师长的伏尔泰还几次专门匿名发表文章抨击他，这种行为在今天看来简直有点匪夷所思。不过，如果仔细分析卢梭的出身、生活经历和为人特点，就不难发现卢梭其实和他们不是同道人。伏尔泰出身于富商家庭并且一辈子过着富有的生活，孟德斯鸠本身就是贵族（男爵），狄德罗虽然出身平民，但是晚年生活富足，他们虽然反对专制，提倡平等自由，但是并非国王的敌人。只有卢梭一辈子对物质没有什么欲望，过着一种用今天的话来说非常"草根"的生活，另一方面卢梭对自己能够我行我素地做事情特别看重，他甚至放弃法王路易十五对他的资助，因为那样一来他就没有了自由。卢梭的这种行事方式也使得他日后在底层民众中特别有市场。

在卢梭去世仅仅 11 年后，法国就爆发了大革命。在大革命中既有代表贵族的立宪派，比如著名的拉法耶特将军（Gilbert du Motier, Marquis de La Fayette，1757—1834）[12]，也有代表富商的吉伦特派和代表"草根暴民"的雅各宾派，他们其实本身不该有太多的冲突，但是在当时的环境下很小的矛盾居然变得不可调和。类似地，在启蒙思想家群体中，政治观点也各有不同。总的来说，伏尔泰和孟德斯鸠的想法更接近上层的立宪派，卢梭的思想则更代表草根革命者的想法，而那些今天时过境迁看上去算不上什么根本矛盾的冲突，在当时也闹得水火不相容。

12
原名莫第耶，为拉法耶特侯爵，曾经作为法军统帅帮助美国打赢了独立战争，今天在美国有很多地名以他的名字命名。在法国大革命时期，他作为第二等级（贵族）的议员，支持第三等级争取平等的权利。革命胜利后，拉法耶特成为君主立宪派的代表，因与激进派对立，流亡国外，到 1799 年才返回法国，长期不问政治。晚年再次成为 1830 年法国七月革命的领导，亲手把大革命的三色旗披在新国王路易·腓力身上。他被誉为"（新大陆和旧大陆）两个世界的英雄"。

卢梭可以说是荣于身后，他不仅被当成了大革命的精神领袖，进入了先贤祠，而且在他去世后的300多年里，被越来越多的民众追捧。2012年在卢梭诞辰300周年之际，他的故乡日内瓦为他举行了十分隆重的纪念活动，几乎天天都有不同形式的纪念活动，这和当年日内瓦因为《爱弥儿》一书向卢梭发出逮捕令[13]的情形完全不同。那一年，欧洲各地纪念卢梭的活动也是连绵不断，欧洲人的口号是"人人皆可享受卢

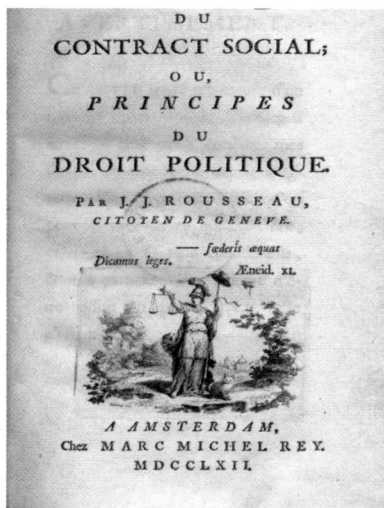

图 26.9 卢梭的代表作《社会契约论》，扉页上，女神手中的天平寓意社会的公平

13
日内瓦在巴黎发出通缉令的九天后，也发出了对卢梭的逮捕令。

梭的思想"。就连大洋彼岸的美国那些占领华尔街的人，也把卢梭奉为他们的精神领袖。你可以想象，当那些对于卢梭的了解仅限于"让－雅克·卢梭"这个法语名字，而对他的思想一无所知的人也要把卢梭抬出来时，卢梭对今天西方世界的影响得有多么大。其实，这也不难理解，毕竟世界上大多数人依然是普通平民，他们渴望得到平等的对待，渴望自由，而卢梭恰好是平等自由的化身。至于那些自然主义者，则更是把卢梭作为他们这一派的鼻祖。

卢梭对后世影响力巨大的另一个原因就是他特别会写书、写文章，以至于他的思想容易被更多的人所接受。孟德斯鸠虽然从理论上阐述了分权的重要性，但他的著作《论法的精神》，除了研读法学和政治学的人，其他人即使是文科生也未必读过。伏尔泰的《哲学词典》也不是普通人愿意阅读的著作，而他的剧作《老实人》今天已经有点落后于时代，缺乏读者了。至于狄德罗等人编撰的巨著《百科全书》，仅正文就达28卷之多，显然不是一般读者会有兴趣读的。因此，这些著作虽然系统地阐述了近代民权思想，并且影响了

美国革命、法国大革命和各国宪政，但是到了今天，它们的读者并不多。而卢梭的著作则不同，他不仅著有系统阐述他的政治理念的《社会契约论》和《爱弥儿》等著作，还写了很多可读性强的散文和回忆录等文学类作品，比如《新爱洛漪丝》《一个孤独漫步者的遐想》和《忏悔录》，等等。这些书文笔优美，充满了浪漫主义的情调，即使今天读起来也会觉得津津有味。通过这些作品，卢梭以润物细无声的方式把他的思想传达给了几个世纪里全世界的读者。我本人读卢梭的书，也是先从他的《忏悔录》和《一个孤独漫步者的遐想》开始的。

当然，光靠浪漫主义的文学作品，卢梭是不可能对今天的世界政治制度产生重大影响的。卢梭对人类最大的贡献除了提出了"人生而平等自由"这个观点，更重要的是阐明了现代国家政府的职责，以及公民和政府的关系，这主要体现在他的《社会契约论》（也被翻译成《民约论》）一书中。

《社会契约论》成书于1762年，也就是卢梭因《爱弥儿》获罪的同一年。这本大约只有10万字的书，其核心内容是"主权在民"的思想，这一理论被认为是现代社会制度的基石。在书中，卢梭分三个层次展开了他的观点。

首先，卢梭指出人和政府之间实际上存在着一种默认的契约关系，也就是说，政府的权利来自民众的认可，而非神授，非强力。至于政府的构成，卢梭认为需要有三个组成部分。首先一个国家需要有一个相当于国家元首的人作为民意的代表，至于他是君主、贵族精英还是民选的代表，卢梭并未明确说明，事实上卢梭并不反对君主制，他认为只要君主能够代表民意即可。其次一个国家需要有人来操办具体的事情，这些人就是官员，他们构成了政府的执行机构。卢梭认为政府的权利应该代表民众的公共意志，那么民众的公共意志由谁说了算呢，卢梭认为需要有一个代表民意的团体（这就是今天议会的雏形）来表达这种意志。卢梭的这种设想在很大程度受到了英国洛克的二权分立学说的影响，但是在英国直到今天立法权和行政权都一直没有明确分离[14]。

接下来，卢梭阐明了人和政府的关系。由于卢梭推崇自然法则，而政府这个组织显然不是自然状态下产生的，因此卢梭认为大家需要有一个（成文或者默认的）社会契约。在社会契约中，每个人都放弃掉一些自然赋予的权利和自由，以换取契约保证的权利和自由。用今天的话来讲，就是社会中的每个人都必须要出让部分私权利，以换取公权力的保护。卢梭还特别指出，这种权利和自由的出让是自愿的，不同于奴隶被剥夺了权利和自由，因此社会的基础乃是独立的公民。

最后，卢梭讲述了公民参与政治过程的方式。他对比了古希腊和古罗马的民主制度，以及基督教内部的制度和当时欧洲的君主制，最后指出，公民的意愿要通过投票来表达。对于宗教，卢梭一方面认为宗教是必要的，另一方面提出了政教分离的观点，因为基督教的做法和社会契约制度是不相容的。今天，政教分离的原则也成为西方现代国家政治制度的特点。

卢梭的理论对美国的国父杰弗逊、亚当斯和麦迪逊等人产生了重大的影响。杰弗逊起草《独立宣言》时，开篇第一段简要提出人人生而平等的声明，之后整段的内容就是在复述卢梭《社会契约论》里的核心思想。杰弗逊是这样写的：

"为了保障这些权利（生存权、自由权和追求幸福的权利），人们才在他们中间建立政府，而政府的正当权利，则是经被统治者同意授予的。任何形式的政府一旦对这些目标的实现起破坏作用时，人民便有权予以更换或废除，以

14
立法权和行政权是否应该分离，政治学学者们和政治家们持各种观点的都有，比如美国前总统尼克松就认为立法权和行政权分离令政府缺乏效率。

建立一个新的政府。"

这其实就是表明了政府和人民之间的契约关系。杰弗逊接下来按照这个逻辑进一步展开他的观点：

> "新政府所依据的原则和组织其权利的方式，务使人民认为唯有这样才最有可能使他们获得安全和幸福。若真要审慎的来说，成立多年的政府是不应当由于无关紧要的和一时的原因而予以更换的。过去的一切经验都说明，任何苦难，只要尚能忍受，人类还是情愿忍受，也不想为申冤而废除他们久已习惯了的政府形式。然而，当始终追求同一目标的一系列滥用职权和强取豪夺的行为表明政府企图把人民置于专制暴政之下时，人民就有权也有义务去推翻这样的政府，并为其未来的安全提供新的保障。"

这样，杰弗逊就利用社会契约的观点，说明了北美殖民地反抗英国政府的合法性。

在美国《独立宣言》发表 13 年之后，法国爆发了大革命并且很快颁布了《人权宣言》，这份宣言其实是对卢梭整体思想的再一次诠释。不过，接下来法国事态的发展恰恰是对《人权宣言》的破坏。到了雅各宾派上台时，他们实际上推行的是一种剥夺个人的私权利、全部收为公权力的极端做法，而他们所谓的理论基础恰恰是《社会契约论》，因为在书中卢梭讲为了全社会的福祉，需要将一些私权利转换成公权力。但是雅各宾派的罗伯斯庇尔等人忘记了，卢梭所说的权利转换不是像对奴隶那样进行权利的剥夺。当然，很快这种极端的做法便随着雅各宾派的倒台而结束。

《社会契约论》的思想被写进了很多国家的宪法中，包括印度和日本等亚洲国家。到了 1946 年，日本在提出宪法修改草案后让麦克阿瑟将军过目，麦克阿瑟明确指出除了要在宪法中写明放弃战争权力之外[15]，还必须写明"主权在民"的思想[16]。卢梭如果地下有知，看到他《社会契约论》的思想被全世界广泛接受，应该足以欣慰了。

第五节 孟德斯鸠和三权分立

一位美国的中学生曾经这样问他的历史老师，为什么美国实行三权分立，而英国却没有。老师回答说，英国确立君主立宪制时，还没有孟德斯鸠。换言之，因为有了孟德斯鸠，美国才得以确立今天的政治制度，可见其对历史的影响力之大。在整个法国启蒙运动中，孟德斯鸠和伏尔泰、卢梭一起，被称为"启蒙运动的三剑客"。一些人甚至会用古典主义画家达维特的名画《荷拉斯兄弟的誓言》[17]中的三位持剑勇士来形容这三位启蒙思想家。

和富有传奇色彩的伏尔泰或卢梭相比，孟德斯鸠的生平经历显得平淡无奇。孟德斯鸠出生于波尔多地区的一个贵族家庭，虽然小时候在一个穷苦家庭寄养过一段时间，但总的来讲他受到了非常良好的教育。十几岁时，他学习了文学、科学和其他所有贵族们应该学习的课程，然后进入波尔多大学学习法律。1708 年，19 岁的孟德斯鸠离开家乡，到巴黎学习和工作了 4 年多，直到他 24 岁那年（1713年）因为父亲去世而返回波尔多。第二年，他出任波尔多议会的庭长。过了几年，他的舅舅去世了，他继承了舅舅的男爵爵位和财富。

在接下来的 11 年里，孟德斯鸠在波尔多议会的司法部门工作，管理过犯人，对法律流程和刑法了解很深。这一段经历对他产生了两个影响。首先是作为地方贵族产生了对中央集权的不满。在这段时间里，也就是在 1721 年，孟德斯鸠匿名发表了他的第一部著作，也是唯一的小说《波斯人信札》。当然，尽管他没有署上自己的大名，大家也都知道这本书是他写的。在这本书里，他以一个波斯贵族青

图 26.10　孟德斯鸠在波尔多地区居住的城堡

年郁斯贝克在法国游历期间不断给朋友写信的方式，描绘了法国 18
世纪的社会，并借郁斯贝克之口，发表自己对法国宗教、政治、法
律和社会的看法。为了避免这本书因为政见而遭查禁，小说里夹杂
了许多杜撰的波斯故事，其中的细节描绘充斥肉欲、流血和死亡，
同时里面的绵绵情话又让人常读常新。书中还表达了对法国"太阳
王"路易十四的反感，并且批评法国比波斯更专制。这本书甫一出
版，就大受欢迎，甚至巴黎的上流社会对它也十分追捧，该书一连
再版了十多次。孟德斯鸠也因这本书进入巴黎上流社会的沙龙。

路易十四之后，法国的地方贵族不再是过去那种上马管军队，下马
管民众，集行政权、财权（税收权）和司法权于一身的诸侯了，因
此他们有着相对闲暇的时间。在波尔多的生活对孟德斯鸠的另一个
影响，就是让他有空进行科学研究并经常参加波尔多科学院的学术
活动。孟德斯鸠对科学一直表现出了极大的兴趣，并且发布了不少
学术论文，比如《论重力》《论涨潮退潮》《论相对运动》等。后来
他当选为法国科学院院士，这主要得益于他在科学上的研究成果，
虽然这些成果对科学的发展贡献并不大，但是他的科学素养却培养
出了他理性思维的习惯和逻辑性。他的名著《论法的精神》是所有

启蒙著作中最为严谨、逻辑性最强、也是理论水平最高的一部。

1725 年，孟德斯鸠辞去公职，这样他就有更多的时间做自己感兴趣的事情。孟德斯鸠开始游历欧洲各地，包括在英国做了一年半的访问，其间还列席了英国国会的会议，并且被接纳为英国皇家学会会员。在这一年半的英国岁月里，孟德斯鸠对洛克分权的学说有了深刻的认识，对宪政有了亲身的感受。后来孟德斯鸠因为视力问题不得不中断了游历，于 1731 年回到了巴黎，专心致志地写他一生最重要的著作《论法的精神》。与此同时，他还在写另一部重要著作《罗马盛衰原因论》，这本书反而先于《论法的精神》在 1734 年出版。

《罗马盛衰原因论》从罗马帝国的起源、兴盛、称霸、繁荣，一直写到它的衰落。这本书被认为是历史上诸多关于罗马兴衰史的学术专著中最深刻的一本。不过，与其说这本书是历史著作，不如把它看作一本政治论著，这样更符合该书的性质和作者的本意。孟德斯鸠实际上有一整套他自己的理论体系，并且用它来分析罗马的历史。和今天大部分历史学家的观点不同的是，孟德斯鸠认为罗马的共和国制度是好的，是导致罗马兴起和称霸的原因，后来恺撒和屋大维走向帝制才导致了罗马日后的衰落。在今天来看，这些观点有点偏颇，因为今天历史学家们的共识是，在那个时代罗马的共和制已经无法管理一个日益扩张的帝国了。不过，考虑到当时孟德斯鸠是拿罗马的故事说法国的事情，他的观点就很容易理解了。孟德斯鸠一生都没有直接和当时的政权和教会进行剧烈的正面冲突，尽管一些教会人士反对他。孟德斯鸠常常借古喻今，或者虚构一个国度映射法国的现实，避免了很多不必要的麻烦。当然，与卢梭不同的是，孟德斯鸠出身贵族，所以他没有卢梭那种追求平民平等参政议政的情结。《罗马盛衰原因论》一书当时的现实意义在于孟德斯鸠将自己构建合理社会的设想赋予其中，即以精英民主管理国家的共和制取代独裁。

当然，孟德斯鸠对历史影响最大的著作还是他的《论法的精神》。在这部体现了作者完整的哲学、法学和政治学思想的巨著中，孟德斯鸠阐述了两个至今仍对世界政治制度具有重大影响力的观点，即从自然法的原则出发否定了神授君权，以及分权学说。孟德斯鸠虽然并不反对上帝，也不像狄德罗那样是唯物派，但是他反对神权，主张世俗的权利。今天，除了少数原教旨主义统治下

图 26.11　孟德斯鸠像（收藏于凡尔赛宫，画家不详）

的国家，神授君权的观点已经没有了什么影响力，但是在当时，神授君权的观点是世界各国的君主们统治合法性的依据，即使在英国这样已经实行君主立宪民主政治的国家里，君权神授的思想依然为民众普遍接受。这套思想在欧洲也有其理论基础，代表人物是著名的神学家阿奎那（Thomas Aquinas，1225—1274），他提出"国王的权力"是"神的意志"的延伸。另一位被奉为圣者的圣奥古斯丁（Augustine of Hippo，354—430）则认为历史是由世俗原则和宗教原则不断冲突推动的。孟德斯鸠并不否认上帝的精神力量，不过他认为世俗的权力和神的力量无关。既然世俗的权力不是神授予的，那么孟德斯鸠接下来就可以回答世俗权力应该如何分配的问题。

孟德斯鸠从本质上讲是地方贵族的代表，因此他的政治主张的核心是分权。这包括两个维度的分权。首先是国王和贵族之间权力的分配，但是这种分配又不同于英国国王和贵族直接签署大宪章来规定各自的权力 —— 他提出通过共和的方式来管理国家。但是，孟德斯鸠的共和设想又不同于古罗马时期的共和制，虽然他的理论某种程度上借鉴了古罗马的制度，尤其是罗马法的精神。孟德斯鸠通过对

有文字记载的历史的研究发现了一个公理，即"一切有权力的人都容易滥用权力，这是万古不易的一条经验。有权力的人往往使用权力，一直到遇有界限的地方才休止。"而孟德斯鸠整个关于政治和法律的学说就是建立在这一条公理之上的。这条公理在西方政治学上的地位与欧几里得的 5 条几何公理一样重要，由它可以推导出整个西方国家制度的设计方案。

孟德斯鸠比前人聪明的地方在于，他不相信这个问题能通过寻找明君甚至一般的制度来解决，因为这是人性的缺陷，事实上在世界各国，历朝历代滥用权力与由此产生的专制和腐败都不可能从根本上解决。那么怎么办呢？孟德斯鸠最大的贡献在于他不仅指出了分权的必要性，即给出了"要防止滥用权力，就必须以权力约束权力"这样的解决方案，还给出了一个具体可行的解决方案，即将立法权、行政权和司法权分开，也就是我们常说的"三权分立"。对此，孟德斯鸠是这样解释其必要性的：

> 首先，立法权和行政权必须分开，因为当立法权和行政权集中在同一个人或同一个机关手中时，制定的法律一定是便于统治者的苛刑峻法，政治和社会的自由便不复存在了。

> 其次，行政权和司法权必须分开，因为"如果司法权同行政权合而为一，法官便将握有压迫者的力量"。用现在的话来讲，不能既当运动员，又当裁判员。

> 最后，立法权和司法权也必须分开，因为如果这二者合一，司法部门就会出现所谓的专断，比如为了判一种罪而立一种法。

因此，这三种权力必须严格分开。后来，历史事实证明，孟德斯鸠让权力相互制约的办法几乎是唯一能够从长远保证权力不被滥用的手段。

至于三权如何构成，孟德斯鸠也提出了自己的设想。首先行政权由精英掌握，不排除国王，这样可以让政府办事有效率。但是行政权必须受到司法权的制约，而立法机关有权解散军队，以免军队成为危害人民自由的工具。接下来，司法权应该由人民选举产生，这代表民意。事实上这么做也可以保证精英和平民意愿的平衡。

当然，这两点关于分权的思想，英国更早期的政治家洛克也提出来过，不过孟德斯鸠进一步提出了司法独立的原则，即司法权独立于立法权和行政权，由选自民众阶层的法官依照法律的规定行使审判权，不受立法权和行政权的干涉。相比洛克的分权理论，这是孟德斯鸠的重大突破，使得他的分权学说成为真正意义上的"三权分立"。孟德斯鸠认为司法独立是"以权力制约权力"的关键，只有"司法独立"才能保障司法权对立法权、行政权的制约。

在《论法的精神》里，孟德斯鸠强烈地抨击专制制度。他认为"教育应当是提高人的心智，而专制国家的教育则降低人的心智。甚至对那些处在指挥地位的人，奴隶性教育也是有好处的，因为在那里没有当暴君而同时不当奴隶的。绝对的服从，意味着服从者是愚蠢的，甚至连发命令的人也是愚蠢的，因为他无须思想、怀疑或推理，只要表示一下自己服从的意愿就行"。

《论法的精神》一书出版后，虽然引起了争议，但并未遇到很大的麻烦，几年后孟德斯鸠在旅途中染病去世。孟德斯鸠一生比较顺利，他既不像伏尔泰和狄德罗那样进过大牢，也没有像卢梭那样被驱逐出境。他虽然提出了自己对未来社会政治架构的设想，并且这些设想后来被美国人和法国人先后实现了，但是他本人并没有丝毫要推翻旧制度的意思，甚至没有要求王室改革政治，他只是著书立说，表示如果你们统治者不改革，法国就完蛋了。或许是因为他这种温和的态度，法国当局才没有找过他的麻烦。

孟德斯鸠认为，民主政治要有群众基础和人民的参与，他曾经讲过"独裁政治权势者的专制，对于民众福祉的危险性，比不上民主政治人民的冷漠"。事实上，在孟德斯鸠之后，虽然世界上很多国家都实行了民主制，但是只有那些具有地方自治传统、民众高度参与政治的国度，效果才会彰显。孟德斯鸠认为有什么样的民众就有什么样的君主。有暴君的地方一定有肯当奴隶的人，那么要想让民众参与政治，就需要启蒙人们的心智。孟德斯鸠和其他启蒙思想家做到了这一点，开启了心智的不只是法国人，也包括大洋彼岸的美国人。

第六节　为什么在 18 世纪，为什么在法兰西

在不少人看来，法国启蒙运动对人类进步的作用不亚于古腾堡发明印刷术或者牛顿开启科学时代。且不说这种评价是否过誉，但毋庸置疑的是，全世界各国在体制上的近代化过程，都直接或间接地受到了法国启蒙运动的影响。那么接下来的问题就是，为什么启蒙运动会出现在 18 世纪，为什么出现在法兰西。要回答这个问题，我们需要把时间从启蒙运动再往前推一个世纪。西方在教授哲学史或者文化史时，通常还会讲一个更广泛的启蒙时代 —— 从时间上始于笛卡儿，终于富兰克林和杰弗逊，在空间上扩展到英国、德意志甚至是大洋彼岸的美国。而法国的启蒙运动，既是整个启蒙时代的核心和高潮，也受到之前一个世纪英国科学、哲学和政治的影响，它的产生是历史发展的必然结果。在 17—18 世纪诸多科学巨匠和思想家中，对法国启蒙运动影响最大的是两个英国人 —— 牛顿和洛克。

牛顿不仅是伟大的科学家，也是一位思想家。他不仅用简单而优美的数学公式破解了自然之谜，而且还通过自己的伟大成就宣告了人类理性时代的来临。牛顿告诉人们：世界万物是运动的，这些运动

遵循着特定的规律，而且万物运动的规律又是可以被人们认识的。牛顿的这些发现，给人类带来了从未有过的自信。在牛顿之前，人类对自然的认识还充斥着迷信和恐惧，因此屈服于神权也是可以理解的。而在牛顿之后，人类逐步开始以理性的眼光对待一切的已知和未知，这样上帝就逐渐走下了神坛，人一步步地站了起来，最终导致了教会权威的逐步丧失。也正是因为如此，历史学家对牛顿的评价非常高，认为牛顿是人类历史上第二位具有重大影响力的人物，牛顿不仅排在爱因斯坦等科学家之前，甚至被认为其影响力超过了耶稣和孔子。

法国主要的启蒙思想家都有着超乎寻常的科学素养，他们中的很多人本身就是著名的科学家。达朗贝尔是大数学家，他发展了牛顿的微积分。伏尔泰、卢梭和孟德斯鸠都去过英国，接受了牛顿的学说，伏尔泰和他的情人夏特莱侯爵夫人还是牛顿学说在欧洲大陆最重要的传播者。孟德斯鸠对科学的兴趣丝毫不亚于对法律的兴趣，其科学素养也非常深厚，他发表过科学论文，并且是英国皇家学会的会员。狄德罗虽然没有到过英国，但也是牛顿学说的崇拜者。狄德罗通过百科全书，大力普及牛顿和其他英国学者提出的最新科学知识。他们尽管出身不同、社会地位差别也很大，但是有一点是相同的，那就是都具有极高的科学素养和理性精神。即使是卢梭，虽然他在理性和自然之间更崇尚自然，但是他并不赞同旧时代的经院哲学和神权至上。可以说，启蒙思想家们在精神上人人都是牛顿的弟子，他们把自己从宗教思想中解放了出来，他们都反对神权，相信人类的力量，并且希望通过人自身的力量来改良社会。

对启蒙运动有重大影响的第二个英国人是约翰·洛克，他也是最早提出分权说的思想家。洛克在世的时候首先被认为是哲学家，他和休谟、贝克莱一起被看成是英国经验哲学的奠基人。但是几百年后回过头来看，他对人类最大的贡献在于对社会契约理论的贡献和分权说的提出。

洛克主张政府只有在取得被统治者的同意，并且保障其自然权利（比如生命、自由和财产）时，才获得统治的合法性。因此，政府和被统治者的关系是建立在社会契约基础之上的。如果政府作为契约的一方违背了契约，那么人民便有推翻政府的权利。从这里可以看出，洛克的主张和后来卢梭的主张已经非常相似了，只不过洛克在这两个问题上讲得比较模糊。首先在洛克的时代，英国的首要问题是解决贵族和国王之间的权力平衡问题，以及解决正在兴起的工商资产阶级和封建主之间权利分配的问题，因此，虽然洛克强调每一个人生而具有自然权利，但实际上他并没有像后来的卢梭那样鼓励每一个公民获得同等的权利。事实上，洛克是支持奴隶贸易的。在英国赋予每一个公民平等权利，到 19 世纪 30 年代宪章运动之后才解决。其次，也是更大的问题，即公权力如果不是神授予的，那么是怎么来的。卢梭说得很清楚，权力这东西是个常数，每个人必须牺牲掉一些私有的权利，才能有公权力，这也是现代社会公民和国家之间契约的基础。不过洛克当时没有意识到这一点，他希望通过公民之间的理性和谦让来形成公权力。这在贵族之间或许可行，但是要推广到每一个人显然是天真的。但不管怎样，洛克的学说都是卢梭理论的基础。

洛克也看到了权力过于集中后会带来专制，专制对商业文明的发展不利，因此他主张分权。不过他的分权和后来的三权分立不完全相同。洛克主张国家权力分为立法权、行政权和对外权，这三权和孟德斯鸠所说的立法权、行政权和司法权三权是两回事。洛克还主张立法权与行政权的分立，以及行政权与对外权的统一，因此一般认为洛克倡导的是两权分立。

总的来说，洛克根据英国的情况，提出了一种对未来社会的初步构想，正因为是初步构想，才给后面的思想家提供了自由发展的空间，在洛克的基础上，卢梭完善了社会契约论，孟德斯鸠完善了分权说。

综上所述，可以看出法国启蒙运动是建立在牛顿和洛克的理论之上的，因此从时间上来看它发生在 18 世纪是必然的。那么为什么是发生在法国呢？这就不得不从路易十四开始说说当时的法国社会特点了。我们不妨从经济和政治两方面剖析一下法国产生启蒙思想的原因。

18
Musee National
du Ch,teau de
Malmaison.

图 26.12　法国乔芙琳夫人（Marie-Thèrēse Rodet Geoffrin）的沙龙（收藏于麦尔麦森堡国家博物馆[18]）。画中思想家荟萃，左边前排第一位是孟德斯鸠，达朗贝尔在前排中央，卢梭、伏尔泰和狄德罗等人在后排里

从经济上，自路易十四开始，一直到路易十六时代大革命爆发前夕，法国一直是欧洲强国，虽然社会矛盾重重，但是经济状况并不差，尤其是上层社会和商人们非常富足，经济发展水平和玛丽·德·美第奇嫁过来时已经不可同日而语了。我们常说经济基础

决定上层建筑，正是因为生活富足，这些贵族要么自己去做研究和思考社会问题，要么资助其他的精英去做，这有点像文艺复兴时美第奇家族资助文化艺术。

再从政治和文化上看，自路易十四开始，法国一方面变得专制，剥夺了地方贵族们的很多权利，把他们逐渐集中到了巴黎，这些无所事事的人聚在一起，就有了议论政治和交流思想的机会。文化方面，从路易十四开始，三位国王都重视法国科学和文化的发展，这让法国成为一个文明的国度。在路易十四之前，法国近乎蒙昧社会，以至于美第奇家的小姐嫁给法国国王时，要教会法国王室一些基本的礼仪，并教会王室成员如何享受精致的生活。上层尚且如此，那就更不用说底层社会的文化素养了。无知是人类最大的敌人，当人类处于无知状态时，人们就难免陷入迷信和被奴役的状态。而当人们开始获得知识后，人类本身向上的力量就会引导自己走向自由。在路易十四的时代，法国成为欧洲的科学和文化中心，从上层社会到底层民众，大量的法国人都开始学习和思考了，因此启蒙运动在法国达到顶峰也就不奇怪了。

从路易十四开始，法国似乎进入前所未有的专制时代，但是观察路易十四到路易十六这 100 多年的专制水平，相比中国在辛亥革命之前的统治，简直就如同一位博士教授与一名小学没毕业的学生。法国在那三朝的专制时期，可能比中国历史上最开明的时期还要开明。这三位君主，虽然无一不喜欢专制制度，但是都尊重知识，非常敬重有学问的人。卢梭的思想在启蒙思想家中最为激进，但是路易十五却曾经打算资助卢梭——并非赞同他的想法，而是尊重他的才识。卢梭只是考虑到拿人的手短，才婉拒了路易十五的资助。伏尔泰和狄德罗都进过监狱，失去人身自由，思想却是不受限制的，并且实际上他们的一些思想恰恰是在监狱里形成的。事实上，对思想进步最大的桎梏不是监狱的高墙，而是宗教般的洗脑。

图 26.13 从路易十四开始，豪华的凡尔赛宫成为法国的政治中心

在这种宽容开明的专制制度下，当时法国贵族的沙龙里充满了各种批评时政的言论。事实上，伏尔泰、卢梭、孟德斯鸠和狄德罗都是各种上流社会沙龙的常客，而且伏尔泰和狄德罗还得到过当时最有名的沙龙的女主人蓬巴杜夫人的帮助。伏尔泰写道，她"有一个缜密细腻的大脑和一颗充满正义的心灵"，这说明她绝非只知道乱花钱的风流女子，事实上这位路易十五的情妇算得上是一位奇女子，酷爱艺术和文化，并且资助和保护了大量艺术家和文人。伏尔泰一生最重要的情人是夏特莱侯爵夫人，她不仅保护了伏尔泰人身安全，而且利用她在巴黎上层社会的关系，最终让法国当局取消了对伏尔泰的通缉。

17 世纪和 18 世纪的法国，可以用政治腐败但思想活跃来形容。正是因为思想活跃，它才能产生进步的新思想，而也正是因为政治腐败，才有必要思考如何从根本上解决问题。这些机缘凑在一起，便导致了启蒙运动出现在法国。

结束语

启蒙运动是人类历史上一次空前的思想解放运动，它不仅在半个世纪后直接催生出了美国和法国这两个民主现代国家，而且带动人类从古代文明迈向近代文明。启蒙运动能够在法国成功，在很大程度上靠的是全社会的努力，而不仅仅是一两个英雄人物。将启蒙思想家的名字一一列出，估计可以写满半张纸。即便是他们中间的代表性人物孟德斯鸠、伏尔泰、卢梭和狄德罗，也分别代表了贵族阶层、富商和平民，可见当时启蒙运动在法国是一个全民运动。在法国，当时除了教会之外，各阶层的人包括国王都欢迎至少足够宽容这些新思想。在法国历史上名声最糟糕的国王是路易十五，其坏名声主要来自于他在军事外交上的无能（尤其是输掉了在北美和英国人打的七年战争，继而丢失了大量的殖民地）和财务上的失败，但是在当时大部分民众心中，他依然是一位好国王。至于后来的"亡国之君"路易十六，连法国前总统密特朗都说他是一个好人。按照《旧制度与大革命》作者托克维尔的观点，正是因为法国的旧制度不是那么糟糕，才诞生了新思想和后来的革命[19]。相反，在德意志地区由于旧制度的桎梏太厉害，反而没有爆发革命。从这个角度上讲，波旁家族的国王们也算是为启蒙运动开了绿灯。

19
在这些制度的桎梏
实际上不太重的地
方，它反而显得最
无法忍受。

启蒙运动的思想能够在法国迅速传播，这要感谢印刷术。在古希腊和罗马时代，传播思想最方便的形式是讲演，而非著书立说，不过印刷术发明之前讲演的传播效率实在太低。但是到了 18 世纪，情况则不同了，印刷术让伏尔泰和狄德罗给法国人上了开启民智的课程，让孟德斯鸠和卢梭将未来社会的设想传播到远离巴黎的偏远地区。最终，知识使人自由，曾经在欧洲王权最盛的法国，在启蒙运动之后，成为了世

图 26.14　枢机主教黎塞留

界上最为自由民主的国度。两百多年过去了，伏尔泰、卢梭、孟德斯鸠和狄德罗等人早已作古，但曾是启蒙运动中心的法国，一直都是全世界左派运动的中心。最后我们不妨借用法国著名政治家，路易十三的枢机主教黎塞留（Armand Jean du Plessis, Cardinal-Duke

of Richelieu and of Fronsac，1585—1642）的一句名言结束本章：
The pen is mightier than the sword.（笔胜于剑）。

附录 《俄狄浦斯王》梗概

俄狄浦斯原本是科任托斯的王子，在一次宴会上他被告知不是国王的孩子，于是他求助于神，但是神告诉他，他会杀父娶母。俄狄浦斯知道以后非常恐惧，便逃走以躲避这一命运。在逃走的途中走到一个三岔路口，俄狄浦斯杀了一个老人和他的侍从。

俄狄浦斯后来解开了祸害忒拜城的狮身人面斯芬克斯的谜语，将怪物斯芬克斯除掉，解救了全城的人而当上了国王，并且娶了老国王拉伊俄斯寡居的王后伊俄卡斯忒为妻。

俄狄浦斯在位的第17年，忒拜城被瘟疫的恐惧所笼罩。俄狄浦斯派人向神请求帮助，神谕示，必须把杀死拉伊俄斯的凶手逐出忒拜城，全城的人才能得救。俄狄浦斯为了寻找凶手找来了先知，先知说俄狄浦斯就是凶手，还说他娶了自己的母亲，最后预言俄狄浦斯将会被刺瞎眼睛而放逐。

俄狄浦斯异常恼怒，怀疑是王后的哥哥克瑞翁收买了先知来污蔑自己，于是同克瑞翁争执起来。王后伊俄卡斯忒前来劝解二人，在安慰俄狄浦斯时告诉了他关于伊拉俄斯会被儿子杀死的预言，并告诉他拉伊俄斯为避免这一命运，叫人将儿子送人了，她还透露了拉伊俄斯是在三岔口被杀死的。俄狄浦斯便开始担心起来。

这时，俄狄浦斯以前居住的科任托斯的国王吕玻斯去世，请他回国即位。俄狄浦斯担心神谕中关于他会杀父娶母的预言成为现实，不肯回去，来的仆从肯定地告诉他，他不是国王吕玻斯的亲生子，当初正是这个仆人将俄狄浦斯送给吕玻斯的。俄狄浦斯知道了自己的真正身份，印证了神的预言，自己已经杀父娶母。为了拯救忒拜的臣民，俄狄浦斯刺瞎了自己的眼睛，被放逐出忒拜城，开始流浪。

这部剧原本想表达人逃不出命运的安排，但是伏尔泰将它的寓意改为神总是与好人作对。

参考文献

[1] 卢梭 . 社会契约论 . 何兆武，译 . 北京：商务印书馆，2003.

[2] 卢梭 . 忏悔录 . 唐永祥，等，译 . 武汉：长江文艺出版社，2008.

[3] 卢梭 . 论人与人之间不平等的起因和基础 . 李平沤，译 . 北京：商务印书馆，2003.

[4] 孟德斯鸠 . 论法的精神 . 彭盛，译 . 北京：当代世界出版社，2008.

[5] 孟德斯鸠 . 罗马盛衰原因论 . 婉玲，译，北京：商务印书馆，1962.

[6] 亨利·古耶 . 卢梭与伏尔泰 . 裴程，译 . 上海：华东师范大学出版社，2008.

[7] 洛克 . 政府论 . 丰俊功，张玉梅，译 . 北京：北京大学出版社，2014.

[8] Nancy Mitford. 蓬巴杜夫人 (Madame de Pompadour).New York Review Books Classics，2001.

第二十七章　近代改良的样板

从明治维新到现代日本

2014 年，中日甲午战争 120 周年，中国各界在各种媒体上不断反思这场给中国带来无尽灾难的战争。而在反思战败原因时，不可避免地要将日本的明治维新与中国同时期的洋务运动、戊戌变法和清末宪政改革进行对比。明治维新从政治到经济都非常成功，将日本带入近代社会，而中国的那些运动、改良和革命却收效甚微，甚至干脆失败了。在很多中国人看来，日本是中国一衣带水的邻邦，乃中国古代文明的传承者之一（在甲午战争前很多日本人也持这个看法），两国有着很强的相似性和可比性，因此大家一直在思索为什么相似条件下的相似变革，结果却是一国成功一国失败。

然而，日本与中国在社会形态与文化上远不像大多数人想象的那般相似，而明治维新也根本不像很多教科书和媒体上所讲的那样，是一群要改革的仁人志士推翻幕府统治的革命。事实上，明治维新和中国同期的那些运动、改良和革命没有多少可比性，这就如同英国的光荣革命、法国大革命和中国的辛亥革命没有可比性一样。另外，从开启民智、强国强兵的角度看，明治维新非常成功，但并不是一次彻底的资产阶级革命或改良，它对日本近现代的民主化进程的帮助并没有想象的那么大。只有充分认识到这些，我们才能更好地认识到当今日本社会和日本国民的特点。

第一节　江户时代

很多中国人都喜欢日本的京都和奈良，我也不例外。这两个城市我去了很多次，每次都会有新的发现和惊喜，当然更重要的是它们让我感觉仿佛梦回唐朝。是的，京都和奈良都是唐朝长安的翻版，奈良东大寺、京都清水寺，都是唐代风格的建筑。今天看到的东大寺（始建于 728 年）早已不复当年的样子，在历代战乱中被焚毁后历经数次重建，规模也比唐代初建时小了许多——即便如此，它依然是世上少有的、能充分展现唐代建筑风格的大型建筑。清水寺始建于 778 年，1633 年由德川家康捐资重修，保存至今。

图 27.1　京都清水寺

日本深受中华文明的影响，这着实不假，但这只是表面现象。相比朝鲜、越南，日本在政治体制上从来就与中国不同。19 世纪以后，两国之间政治体制上的差异性，更是比两国文字上的那一点相似性或日本对儒家文化的认同要大得多。在政治上，日本与欧洲更相似，而不是中国。这一点要从日本的国体和明治维新前日本的社会说起。

在历史上日本本州岛的大和国直到 6 世纪才统一日本，日本的天皇也从大和国的酋长变成了日本三岛（不包括北海道）的最高统治者。但是，从 10 世纪开始，日本的天皇在权力上就和今天差不多了，成了名义上的最高统治者，并没什么实权。不过，天皇虽无实权，在日本人的心目中却保持着半人半神的色彩，因为相传日本天皇是神[1]的后裔，万世一系，这完全有别于中国王朝的改朝换姓。在日本，不仅一般的老百姓见不到天皇，就是低等的贵族和武士也不知道天皇长什么样，当然大家更不可能听到他的声音。这种神秘感给了日本国民极大的想象空间，让天皇的神话一直持续到二战结束。可以想象当日本国民听到天皇用孱弱而沙哑的声音宣读"终战诏书"，看到他和麦克阿瑟在一起猥琐的样子，天皇也就在瞬间跌下了神坛。

不仅在中国的历史上找不到一个类似天皇的统治者，甚至在世界上也难找到类似的王室。有人说日本的皇室很像英国的王室，因为他们都没有太多权力，但其实两者差异很大。首先，英国王室在历史上还是拥有权力的，即使在英国的光荣革命之后，它依然有些权力，这个权力是渐渐丧失的，尤其是在维多利亚女王之后才完全丧失的；而日本皇室则是从公元 9 世纪开始就无力控制日本政局，国内战乱纷争不断，到了公元 10 世纪，日本皇室彻底丧失了权力，只有在从明治维新到二战结束这段短暂的时间里例外。其次，由于日本的天皇长期不掌权，也就没有人试图推翻他们，皇室才得以延续了上千年。久而久之，它就成了一个符号。在二战前日本国民对天皇其实一无所知，虽然他们一直以来受到的教育是要效忠天皇，但是实际上他们要效忠的并非某个具体的人，而是一个神，一个代表日本民族的神。从这个角度来讲，天皇在日本文化中的地位倒有点像中国的衍圣公[2]。日本国民从上到下对天皇宗教般的虔诚，使得他们后来容易聚集在天皇的旗帜下，消除分歧，为了同一个目标而努力。

当然，一个国家的运行不仅需要精神领袖，总还是需要有人掌握行政权的。日本从平安时代（794—1192年）开始，权力基本上落入贵族藤原北家手里，中间内乱不断。1192年，源赖朝建立镰仓幕府，平安时代结束。打这以

图 27.2　足利幕府的后期，面积不大的日本被分割为数十个由军阀分别控制的领地

后的大部分时间里，日本的大权掌握在所谓的征夷大将军手里。中国古代一度将这个大将军称为日本王，可见外界对天皇知之甚少，而误以为大将军就是日本的最高统治者。大将军在天皇的授权下建立起幕府，幕府其实相当于朝廷，而大将军的职位则有点像中国的皇帝，是世袭的，可以子子孙孙不断地传下去，直到被推翻。日本在经历了一百多年相对稳定的镰仓幕府之后，进入了战乱不断的足利幕府统治时期，在其后期的一个半世纪里，日本实际上陷入了军阀混战。日本的历史上，这段时期又被称为战国时期。在战国时期，疆域不大的日本被很多称为大名的军阀所把持，他们相当于欧洲封建时期的国王和贵族。大名的手下有家臣和武士，这些人只听命于他们的主人，甚至连主人的主人都不听命，更不要说听命于大将军了。因此，日本在历史上有着地方自治的传统，这点很像封建时期的欧洲。

到了16世纪末，今关西大阪地区的丰臣秀吉依靠武力短暂地统一了日本，并在那里修建了号称无双的大阪城。丰臣秀吉的野心很大，不满足当一个日本王，而试图向朝鲜和中国扩张，于是他倾全国

图 27.3　樱花盛开时节的大阪城，丰臣秀吉权力的象征

之力发动了侵朝战争。那时正值明万历年间，中国虽已开始走下坡路，但是经历了张居正改革和戚继光练兵后，余威尚在，很快便联合朝鲜打败了丰臣秀吉。兵败之后，以丰臣秀吉氏

3
现时在京都府的伏见区。

为首的一派损失巨大，而丰臣秀吉也一病不起，很快便在伏见城[3]去世了。从此，日本再次陷入混战。1603 年（日本庆长 8 年）德川家康趁机攫取了征夷大将军的职位，并且在远离京都和大阪的江户成立了自己的幕府。几年后（1614—1615 年间）德川家康和丰臣秀吉的儿子丰臣秀赖及其支持者在大阪城外展开了两场决战，史称大阪冬之阵和大阪夏之阵，德川家康在获胜后灭掉了丰臣家族，从此日本进入了德川幕府统治时期。

不过，虽然德川家康成了日本实际上的最高统治者，并且在京都御所（相当于中国的皇宫）旁边建设了象征自己权力的二条城以方便其统治，但是，他从来就不曾有过中国皇帝那种绝对的权力。关西的军阀们对德川家康打心眼里并不服气，这一点德川家康自己也非常清楚，于是他干脆把天皇和政治中心从历史上的政治中心奈良、京都地区，迁到了

图 27.4　德川幕府的首任将军德川家康

自己的属地江户，这样江户便成为日本新的政治中心。日本历史从这个时期直到明治维新之前也被称为江户时代，后来江户被明治天皇改名为东京。

德川家康在获得日本最高权力之后，并没有采用中央集权的制度，而是对日本大大小小的军阀采用了分封制，这有点像中国西周时武王在伐纣胜利后分封宗室子弟和功臣一样。当时年俸禄在一万石以上的军阀被称为大名，并根据和德川家康关系的远近分为三类：

- 亲藩大名，即德川家的亲戚；
- 谱代大名，关原之战之前臣服德川家的；
- 外样大名，关原之战之后才臣服德川家的。

在分封了诸多大名之后，德川家康仍不是很放心，在军事上对他们防范得很严。比如他要求这些大名们隔年要在江户住一年，而离江户较近的大名则每年要到江户一次，大名的直系亲属则被要求住在江户。这样不仅方便他看管，而且大名们除了待在江户，剩下的时间大部分花在了路上，也就没有精力组织造反了。大名的亲属实际上也就成了人质。另外，德川家康只允许一个领主保留一座城池，即所谓一国一城，这样大名们就无法拥兵自重，一旦有藩主造反，也能及时平叛。不过除此之外，幕府将军对各地的控制力其实是相当弱的。幕府将军并不能直接任命官员管理地方行政，更无法指挥大名们的武士，因为日本和欧洲一样，奉行的是"奴仆的奴仆不是我的奴仆"这样的原则。到了明治维新前夕，靠近开放口岸长崎附近的西南强藩开始训练西式军队，而幕府对此也未加限制。

在江户时代，除了少数贵族，即后来华族的祖先们，国民被分为了士、农、工、商四等。不过，这里的士是武士和僧侣，而不是中国的士大夫，这一点也更像欧洲而非中国。士可以是一个集地方行政

图 27.5 大名们在京都的二条城拜见将军德川家康

权和司法权于一身的小领主，也可以是只有社会地位但没什么财富的一般武士。和中国不同的是，日本社会没有提供给下层农、工、商向上进阶的机会，另一方面武士也不能从事那些所谓低贱的职业。这使得日本发展到后来，武士阶层因为没有经济能力而开始没落，而商人虽然富庶却社会地位低下。因此，在明治维新前就出现了很多穷困潦倒的武士入赘商人家庭的现象。在四民中位于第二等的农民，每到了荒年因为上缴的粮食并未减少，生活十分艰难。可以说，江户时代的日本，社会基础远没有中国同时期稳固。

丰臣秀吉当年对外采用闭关锁国的国策，除了允许荷兰和中国商人在长崎开展贸易，以及和朝鲜等地有少量的商业来往外，幕府拒绝和当时世界主要贸易国（比如西班牙和葡萄牙）进行贸易。不过从今天在欧洲能够看到的日本那个时期的瓷器数量来估计，它和荷兰的贸易额并不低，而且不断蚕食中国瓷器的市场份额。到了明治维新之前，很多西方的文化随着与荷兰的贸易已经渗入日本社会，日本也兴起了以荷兰语、荷兰商业文明为核心的"兰学"。另外值得一提的是，由于在日本从事农业收成低，到了江户时代的后半叶，日本农村自给自足的自然经济趋于破产，很多农民不顾将军的禁令，进城经商或者做短工，这和中国 1979 年改革开放之后农民大量涌入城市的情况有点相似。而在城市里，工匠和商人们的活动常常是交织在一起的，这两个阶层的界限渐渐变得模糊不清。这样就在城市里，特别是在关西地区的城市里，逐步形成了有着庞大的工商业人口，足以抗衡旧贵族的政治势力。

德川家康非常喜爱中国儒家的文化，也和中国保持着良好的关系，他希望在日本社会推行中国儒家的忠义思想。我和一些日本朋友聊起中国古代的人物，发现他们大部分人都很推崇诸葛亮，多少能说出一点诸葛亮的故事，而对于孔子，很多人只知其名。为什么他们对诸葛亮那么推崇呢？据我了解有两个原因。首先，诸葛亮在日本的文化中被视为忠义的化身，他一生始终忠贞不渝地扶助刘备和那个扶不起来的阿斗，日本国民对这种行为抱有好感。第二个原因在于诸葛亮是失败的英雄，如果诸葛亮真帮助蜀汉光复中原了，反而不那么令人感动了。日本人很喜欢樱花，因为它盛开时非常美丽，但是花期特别短暂，很快便凋零了，这会让人对短暂的人生产生共鸣。诸葛亮才智出众，鞠躬尽瘁，终不能复兴汉室，最后星陨五丈原。他的一生，犹如花期短暂却格外绚烂的樱花，给人以难以言状的感动。忠义是日本人所理解的中国儒家文化的精髓，这不同于孔子所倡导的礼和仁等观点。至于孟子提出的"民贵君轻"，范仲淹所追求的"先天下之忧而忧，后天下之乐而乐"等儒家思想，日本人并不看重。

为了普及儒学，日本在整个江户时代不断地向全民普及教育。首先它以武士为对象，兴建了藩学，讲授儒学、诗文和兵法，以及经济之道[4]。对于其他阶层，则开始普及孩童的教育，比如让 6—10 岁的孩子上私塾，所教授的内容相当于后来的小学知识。在整个江户时代，日本人受教育的比例在世界上高得出奇，男性几乎没有文

4
经济之道在中国古代是"经世济民之道"，是管理国家的思想和方法，与我们现在的"经济学"的经济不是一个概念。

盲，而女子的识字率也很高。这一点不仅中国在清末无法与之相比，即便是中华人民共和国成立的初期也比不了。

过去中国主流的观点认为，明治维新前的日本和中国一样落后，一样闭关锁国，但是近年来很多学者（比如梅棹忠夫）则认为，把江户时代的日本看作一个非常落后的国家是错误的。在 19 世纪初，日本社会充满了活力，商品经济的萌芽也已出现，政府的政策对经济发展也相对友善[5]。

5
参考文献 7。

我们不妨总结一下江户时代日本社会的特点，可以看出，相比清朝，它实行地方自治，社会基础不稳固，工商业发达，国民全面受教育程度高，这和清朝末年中国的社会基础完全不同。换言之，日本变革的社会条件要远比同时期的中国好很多。另外，整个日本上上下下对天皇怀着一种像对神一般的敬畏，但是对于幕府的统治者，国民并不需要有什么忠心，因为那是他们主人的主人，和他们无关。因此，幕府比中国的朝廷相对弱势。今天人们在讲述明治维新时，喜欢讲日本人在每件事的做法上和清政府有着怎样的不同，于是导致了一个成功另一个失败的结果。但是很少有人提及在 19 世纪初，日本和中国其实是两个不同的社会。当时的日本，变革的内部条件渐渐开始成熟，而中国当时并不具备这样的内部条件。当然大多数变革还需要外部条件来促成，而就在日本开始变革的前夜，一个美国人闯了进来。

第二节　黑船事件

2003 年，在日本重要的港口横须贺举行了一次特殊的纪念活动，纪念一位叫马修·佩里（Matthew C. Perry，1794—1858）的美国海军将军，因为他在 150 年前用军舰叩开了日本的国门，从此开启了日本的近代化。这种事情在很多国家看来是非常屈辱的，更不可能去纪念它。但是，日本人是一个情感很奇特的民族，对那些在客观上帮助他们进步的入侵者并没有刻骨的仇恨，反而心存感激。这不仅体现在对佩里的态度上，也体现在对后来的美国空军将军李梅[6]的态度上。那么佩里是如何用几条军舰叩开日本国门，这件事又是如何导致了日本变革的呢？这就要从黑船事件，或者叫黑船来航讲起了。

1853年美国海军准将佩里受时任美国总统菲尔摩尔（Fillmore）的派遣，率领四艘蒸汽战舰——密西西比号、萨斯奎哈纳号、萨拉托加号和普利茅斯号来到横须贺港，希望达成美日通商的协议。这些战舰因船体涂有防止生锈的黑色柏油，而被日本人称为黑船。黑船的出现，给日本带来了巨大的恐慌，消息传到江户，朝野上下一片混乱。当时日本人这样记载这件事：

> 泰平の眠りをさます上喜撰、たった四杯で夜も寝られず。

上喜撰是日本烧茶的茶壶，估计日本人当时看到蒸汽船的感觉，就像今天我们看到外星人的飞碟差不多，他们不知道蒸汽船是何物，就称呼它为大茶壶。实际上，佩里的舰队是世界上

图27.6　当时日本民众眼里的佩里（中）和他的助手

第一支蒸汽船舰队。整句话合在一起的意思是："蒸汽船（上喜撰）唤醒太平梦，喝上四杯便再难眠。"

6
李梅，美国空军上将，美国战略空军的创始人，在二战时他指挥了对日本本土的战略轰炸，包括东京大轰炸，因此日本人对他是谈虎变色，给了他"鬼畜"和"炸光光"的绰号。但是，在战后李梅积极帮助日本走向正常国家，包括帮助柔道进入奥运会和协助日本培育航空自卫队。1964年，日本授予李梅一等旭日大绶章。

这其实并不是西方国家第一次找上门来试图通商，在此之前，俄国人、英国人甚至美国人的商船都来过，只不过日本幕府的统治者都想方设法搪塞过去了。这一次，幕府依然以日本只开放长崎一处通商口岸，在江户不接待外国人为由，让美国人去长崎。然而佩里远道而来，也不懂日本过去的规矩，在他看来既然日本的幕府在江户，让他舍近求远毫无道理，因此态度非常强硬，表示如果不接受他带来的国书（国书的内容其实很客气），那就只好动武了。然后佩里下令用舰队上的73门大炮对天鸣炮，名义上是庆祝美国的国庆日[7]，实际上是威胁日本人。而当时日本整个东京湾地区射程稍微远一点的岸炮不过20门，一旦开战，日本必败无疑。

7
佩里到达东京湾时正值7月，美国的国庆日是7月4日。

至此，日本朝野上下已被佩里的四条船完全震慑住了。德川幕府不敢拒绝美国的要求，但又不能有失体面，左右为难。当时幕府将军德川家庆病死，幕府的老中[8]阿部正弘临时管理政务，他知道英国在1842年的鸦片战争中全面战胜了中国。在他看来，泱泱中国尚且无法抗衡西洋人，更别说地小人寡的日本了。阿部正弘无计可施，只能借口这件事必须要奏明天皇的批准方可，以拖延时间。佩里这次倒也没为难日本幕府，不过离开时放了话：美国的要求得不到满足的话，第二年他将带来更强大的海军力量。

8
老中是幕府的大臣名称，相当于幕府内第二把手，当幕府第一辅臣大老空缺时，他是幕府内实际行使大权的人。

佩里率舰队离开后，阿部正弘为了不承担丧权辱国的罪名，于是想以天皇的名义缔约，破例向各大名、藩士甚至平民征求意见，这样无论是否缔结条约，他的责任都会比较轻。但是，举国上下均拿不出一个好办法，而这种征求意见的处理方式反而令幕府威信扫地，毕竟日本在近千年的幕府统治时期，从未向社会征求过意见，这便为后来社会各界倒幕埋下了导火线。

9
横须贺属于日本的神奈川县。

第二年，佩里率九艘军舰再抵江户湾。这回阿部正弘无计可施，也没法拖延，只得被迫与美国缔结《神奈川条约》[9]，就此日本的国门被打开了。

客观地讲，黑船事件其实并没有给日本经济带来什么负面的影响，这一点和中国的两次鸦片战争颇有不同。在黑船事件发生之前，日本城市里已出现资本主义萌芽，工商业者的势力日增，而农村的自然经济已遭受很大的冲击，黑船事件只是加速了这一过程而已。而在中国，自给自足的小农经济在两次鸦片战争之前还相当完整，到太平天国运动之后，才逐渐破产[10]。

参考文献1。

相比中国遭受的两次鸦片战争，黑船事件只能算是一个非常小的事件，对日本社会的冲击却远比两次鸦片战争给中国带来的影响大得多。中国在两次鸦片战争后依然沉睡不醒，没有人从改良政治体制上为中国寻找出路。在日本则不同，佩里的大炮虽未伤及任何一个日本人，却把日本从上到下的很多人都给唤醒了。

如前所述，在黑船事件之前，日本的城市里已聚集了大量的商人和手工业者，形成了市民社会，当时市民们处于一种亢奋的状态，要求变革的呼声日高。那时幕府的统治其实已经进入了一个风雨飘摇的时期，只是依靠过去的权威和惯性在维持着。现在，一石激起千层浪，黑船事件不仅让日本人看到了国家的落后和列强的威胁，也让幕府的无能和内部矛盾暴露无遗。幕府过去一直是独断专行，这次却就如何回答美国人的要求开始向全社会征求意见。这不仅让它在上至大名下至民间都威风扫地，而且这个先例一开，日本各界对参政的要求便与日俱增。更要命的是，幕府内部从此分裂成两派——开国派和攘夷派。开国派顾名思义，主张接受西方文明，开放市场和西方人做生意，在对待和西方的冲突上，他们主张退让，这批人有点像中国后来的洋务派。攘夷派从字面的意思来讲，就是排斥外国人，相比开国派，他们主张对外强硬，其中一部分人主张闭关自守。需要指出的是，攘夷派虽然在国家利益上对西方比较排斥，但是他们并不像中国清末倭仁、徐桐等保守派那样排斥西方的文化和政治制度，他们的主张更有点像魏源等人倡导的"师夷长技以制夷"。另外，无论开国派还是攘夷派，他们的宗旨都是要强国，都没有打算去给西方人做买办，只是他们选择的道路不同而已，但是两派的争斗却使得幕府的政权变得更加不稳固了。

11
安政是当时日本天皇年号。

幕府在黑船事件后，做了一次挽救危局的努力。1855 年，幕府中比较开明的阿部正弘主导了史称"安政 ¹¹ 改革"的改良，主张开关和外国做贸易，并且任用了一些开国派的大臣，希望日本能因此度过政治和经济上的危机。但是由于攘夷派的反对，安政改革并没有成功，性格软弱的阿部正弘干脆辞职，而且很快便英年早逝了。安政改革的失败和阿部正弘的下台，让幕府失去了一次通过改革来维持统治的机会。阿部正弘的死因至今还是一个谜，其中一种说法是被刺杀。如果要将中国的戊戌变法与日本近代的某件事做一个对比，其实与明治维新对比不是很恰当，相比之下戊戌变法更像这次失败的安政改革。

阿部正弘生前向全社会征求对黑船事件的处理建议，除了想找到一个两全之策外，还希望借此凝聚日本全国各界的人心。虽然他的第一个目的没有达到，而且让幕府威风扫地，但是他的第二个目的却达到了，日本全国奋发图强的行动在黑船事件之后很快就开始了。

在黑船事件后，尽管幕府里的守旧势力还很强，但是很多地位相对低却有能力的（大名的）家臣，得以晋升为幕臣，其中很多人都是受西方思想影响的兰学者。在这些新进幕臣的推动下，幕府也开始研究西洋科学，并且成立了相应的机构，比如在江户的番书调所、讲武所，在长崎的海军传习所，等等。在海军传习所，有从荷兰来的军舰和教员，而前去学习的不仅有幕府的人，还有各藩藩士，这也为日本后来的海军发展奠定了基础。（中国在两次鸦片战争之后，并未创办这样的学校。）

受到幕府这种行为的鼓励，日本商业较发达、和外国接触相对多的西南各藩，也开始学习西方改革内政了，各地开始建立钢铁厂、武器制造厂，甚至模仿西方的军队建制训练新军。（相比之下，中国训练新军是在甲午战争失败后。）很快，寻求自强的风尚也传到了民间，很多有志之士开始办学，开启民智，日后成为日本明治维新期间最重要的首相的伊藤博文，就是在这种新学中接受的教育。在日本的西南各强藩中，还出现了一大批少壮派的志士，其中包括很多武士，他们一方面和幕府的攘夷派一样，立志于驱除外国人的势力，另一方面他们把日本问题的症结归罪于幕府的无能。这些人认为日本要自强，就要推翻幕府。当然，这需要打出一个旗号，于是他们就以拥戴天皇的名义来反对幕府，这些人用上了两千多年前中国杰出政治家管仲的一个口号 —— 尊皇攘夷，因此他们也就被称为了尊攘派。后来在明治维新中起到了关键作用的大久保利通和西乡隆盛，就是这一派的代表人物。地方上尊攘派和幕府的攘夷派都反对开国派，认为后者太软弱，但是他们之间其实主张也各不相同，不过这些矛盾要到很晚才会凸显。

为了更清晰地展示当时日本政治派别的主张及其区别，我将它们一一列在表 27.1 中，从中可以看出，各派在日本自强这一点上并没有冲突。

表 27.1　黑船事件后，日本政治各派的主张和区别

派别	对外国的态度	对日本前途的考虑	对幕府的态度	对天皇的态度
开国派	合作	自强	维护	架空
攘夷派	排斥	自强	维护	架空
尊攘派	排斥	自强	反对	扶持

随着各藩和民间要求自强的风潮愈演愈烈，幕府被迫不断让步，释放手中的权力，因此日本那个时期已经和中国晚清的中央集权完全不同了。当时在日本，不仅地方强藩的实权在增加，而且各种学说兴起，这有点像中国的五四时期。不过总体上日本该往什么地方走，当时上上下下并没有明确的主张，一些有志的年轻人则在探索救国的道路，他们首先希望出洋看世界，学习西方的文明以拯救日本。

1854 年，一位名叫吉田松阴的年轻人趁佩里第二次来日本，悄悄爬上了佩里的舰船，想让佩里带他去美国，看看西方国家到底为什么能够发达。佩里虽然不得不将他送回到岸上，但是对他这种求学精神非常感动，并在日记里记下了这件事。后来吉田松阴在日本致力于办学，并且培养出了伊藤博文等人。也就是在这一年，另一位年轻人福泽谕吉动身前往当时唯一对外通商的口岸 —— 长崎，学习兰学。在当时的日本，兰学字面的意思指荷兰人的学术，实际上是当时西洋技术的代名词。受到佩里黑船上大炮的刺激，日本国内对火炮技术的需求高涨，福泽谕吉为了学习火炮技术，报效国家，就去了长崎跟着荷兰翻译学习荷兰语。

吉田松阴和福泽谕吉的行为在当时的日本极具代表性。相比之下，在第二次鸦片战争之后，中国的清政府在曾国藩等人支持下，派出容闳四处寻找幼童留洋，但是除了岭南地区，其他地区的官宦人家甚至是耕读人家的子弟对此均毫无兴趣，仍一门心思考科举做官。

综上可见，黑船事件之后，已经出现资本主义萌芽的日本社会全面地被唤醒了。在日本的乡村，图书馆开始普及。举国上下对那些西洋玩意，诸如蒸汽机关（即蒸汽机）、蒸汽船、蒸汽车、传信机（即电报机）和瓦斯灯，并没有抵触，而是产生了浓厚的兴趣，学习西方先进的科学技术成为社会风潮。此时的日本，只缺一个新的体制，而对这个问题考虑得最为深刻的，正是福泽谕吉。

第三节 福泽谕吉

日本的 NHK 电视台在 2005 年制作的五集电视纪录片《明治维新》中总结这次维新成功的原因时，认为最重要的是"教育的重视、文化的独立、人才的活用"这三

图 27.7 10000 日元钞票上的福泽谕吉

条。其中第一条就是对教育的重视，而这里所说的教育不仅仅是文化或科学的教育，更重要的是开启民智，改变国民的思维方式和行为方式。这有点像法国的启蒙运动，而带领日本完成这一使命的，是一批文化精英，其中最重要的人物便是福泽谕吉，也就是 10000 日元纸币上的那个人。我们可以透过福泽谕吉的思想和经历，看到那批日本启蒙思想家对明治维新的贡献。

福泽谕吉出身于一个下等武士的家庭，他的父亲地位低下，但很有学识，他的名字"谕吉"二字就是因为他的父亲得到了一份乾隆皇帝的《上谕条例》而给他取的。不过，当时的日本社会并无上升通道，他的父亲最终郁郁而终，那时福泽谕吉还不到两岁。因此，谕吉从年轻时就反对封建的门阀制度，后来他曾经讲，"门阀等级制度是父亲的敌人"。

福泽谕吉并没有什么家庭背景和特别的机遇，他和美国的富兰克林有些相似，就是起于贫困，最后靠自己长期的努力成就了一番事业。

福泽谕吉少年时以学习中国文化和儒学为主，1854 年黑船事件之后，他前往日本最早的开放口岸长崎学习兰学。整个求学过程并不

顺利，先是因为伤寒病休，后来又因为兄长去世而不得不担负起养家糊口的重任，但他还是在变卖了家产后继续学业，当然除了母亲以外，他的所有亲戚都反对他的这种做法。福泽谕吉在大阪用半工半读的形式前后上了四年学，除了学习语言和工程学，他还学习了物理化学和医学，只是因为他晕血而做不了医生，遂不得不放弃对医学的研习。

1858 年，福泽谕吉在江户一家小规模的兰学塾，即一所教授西方学术的学校里获得了一份讲师的工作，他与朋友结伴前往江户，在那里教授兰学，这个小规模的兰学塾就是今天日本著名的庆应大学的前身。在来到江户以前，福泽谕吉还把江户看作是尚未开化的文明落后地区，因为日本当时的商业中心在关西地区，而最早的开放口岸长崎也离那里较近，离江户很远。但是，当他来到江户地区，特别是邻近江户的横滨时，福泽谕吉被迅速涌入日本的西方文明震撼了。在横滨居住着很多外国人，那里很多人都在说英语，路上的招牌也是用英语写的。自认为非常精通荷兰语的福泽谕吉发现自己连招牌都看不懂，于是痛下决心，开始自学英语。

图 27.8　日本第一条出访外国的蒸汽船——咸临丸

这一年冬天，日本要将批准后的《日美修好通商条约》文本送往美国，美国派出了 2400 吨位的蒸汽战舰鲍汉顿号（Powhatan）运送日本使团赴美国，日本则派出刚从荷兰购买的咸临丸作为备用舰同行。福泽谕吉为了出国看世界，申请作为咸临丸的船员随行。

那一次远洋对福泽谕吉的触动非常大，这倒不是因为他感受到了日本与西方文明的差距，而是看到了世界之大。首先，刚一出海，生活在岛国的很多日本船员和随行人员才体会到了什么叫深海远洋。当时远洋蒸汽船还是新鲜玩意，福泽谕吉登上由日本人自己操控的蒸汽战舰颇为自豪，但是很快船长胜海舟就因为承受不住太平洋深海巨大的波涛而无法胜任该船的指挥，这条船则交给美国人布鲁克（John Brooke）掌舵。舰队的第一站是夏威夷，当时那里还不是美国的一个州，只是海外没怎么开发的一个地区，但是夏威夷却已展现出一种和日本生活完全不同的景象了。等到了美国本土，当时并不算发达的旧金山，在福泽谕吉眼中已经是一个光怪陆离的世界了。为了留作纪念，福泽谕吉还专门找了个美国女孩合影照相。虽然在旧金山待了一个月，但是福泽谕吉工作繁忙，其实只是看到了西方世界的表面繁荣，还没有机会深入了解西方社会的运行机制和深潜于底层的文化。虽然他掌握的情况其实也很有限，但是对于西方和日本差异的直观体验和对西方社会的切身感受，让他成为当时日本为数不多的有一点外交经验的人士，福泽谕吉也对西方文明心生向往。

第二年，即 1861 年底，福泽谕吉作为翻译，随竹内保德[12]前往欧洲与各国交涉通商事宜。这番欧洲之旅，对福泽谕吉思想体系的形成意义重大。出访之前，福泽谕吉学习了多年兰学与西方的科学和政治制度，并且在外交部（当时叫外国方）工作了一年多。但是到了欧洲以后，他看到了很多书本里没有讲到或者没有讲清楚的新鲜事物，比如医院、银行、邮政、政党、议会，等等。对他来讲，这一切没有一样不是新奇的。他悉心观察并仔细研究所见所闻的一切，和上一次在美国只是看到表面繁荣的西洋景情况不同，在欧洲，福泽谕吉花了一年时间留意欧洲各国社会组织的内部细节，并对此做了详细的笔记。那一次，日本的幕府使团在外交上可以说毫无收获，而真正对后来日本历史乃至世界历史产生了影响的，倒是

12
他的官位是下野守，很多中文资料将他的名字误写为竹内下野守。

偶然随行的福泽谕吉及其的观察、体验和思考。

福泽谕吉在考察欧洲后，认为国家的文明和体制有着莫大的关系。回国后，他根据自己的笔记，参考大量西方著作，开始编写他的巨著《西洋事情》，从 1866 年到 1870 年一共出了 10 卷。《西洋事情》的出版，标志着福泽谕吉思想体系的形成。这套书不仅讲了西洋的新鲜事，让日本朝野上下对先进文明国家有了初步的了解和认识，而且深刻地剖析了西方国家的政治制度和社会，在日本开启了民智。而忧国忧民之士则视之为维新教科书。明治维新过后，这套书依然继续深刻地影响着新政府的政策。

不过，即使在两次访问美欧之后，福泽谕吉也并没有产生要推翻幕府和封建制度的想法，事实上他一直在为幕府做事，而且试图通过比较温和的改良来改造日本。但是在写作《西洋事情》中间的第二次访美，让福泽谕吉的想法从改良幕府转变为彻底的维新。1867 年，二次访美的福泽谕吉到了美国东部政治和经济的中心，有机会了解美国民主制度的精髓，从此，平等自由的思想便根深蒂固地植入他的头脑中。福泽谕吉认为，日本之所以落后，除了政策失误，其根本原因在于门阀制度，也就是说在这个社会里大家得不到公平的机会，那些无能的世家子弟总能身居要职，而平民中的才俊却屡被埋没。此后，福泽谕吉经常讲这样一件事，在日本无人不知德川家康的后代，但是在美国没有人关心华盛顿的后代，以此说明美国人并不关心出身门第。不过，华盛顿其实并没有留下直系的子嗣，他只有几个继子和侄子。后世的一些历史学家以此指谪福泽谕吉对美国并不了解，闹了笑话，但其实福泽谕吉举的这个例子本身并不重要，重要的是他想表达的反对门阀制度的思想，在当时的日本有着非常积极的意义。

福泽谕吉一生呼吁人人平等，他讲过的在后世流传最广的话是"天在人之上不造人，天在人之下不造人"，意思是说，世界上既没有高人一等的人，也没有比谁低贱的人。这句话原本是他的系列著作《劝学篇》中开篇的名句，今天成为庆应大学的校训。《劝学篇》并非像荀子和韩愈那样劝年

图 27.9　庆应大学主楼上，刻有拉丁语的"天在人之上不造人，天在人之下不造人"的校训

轻人读书，而是日本版的《社会契约论》，全书都是在宣扬欧洲启蒙运动时的平等与自由的理想。福泽谕吉还在书中强调，没有个人的自由，就不会有国家的自由。

《劝学篇》对日本的影响可能超过了《社会契约论》对法国的影响。在日本明治维新时期，日本几乎每一个识字的人都读过《劝学篇》，而在法国，很多人虽然自称为"让－雅克[13]"的学生，其实并没有读过卢梭的书。日本后来的明治维新能够比较顺利地获得成功，与福泽谕吉为开启民智所做的长期努力不无关系。除了写书，福泽谕吉还兴办学校，普及教育，传播西方先进的思想和技术。明治维新后日本政府在很大程度上接受了福泽谕吉的教育思想，这体现在全国强制实行初等教育，开设自然科学的教育与在高等教育中加强科学和工程的教育，这使得日本的科技水平不仅远远超过中国，而且到二战之前在一些领域已经世界领先了。

福泽谕吉一生写了很多书，从经济到教育，从政治到军事，都有自己的主张，而他对日本影响最大的政治主张莫过于"脱亚论"。

福泽谕吉终其一生致力于弘扬西方文明，并且试图用西方价值观来改造日本。1885 年他在《时事新报》发表了一篇很短的文章《脱亚

13
卢梭的名字。

论》。在这篇短文中，福泽谕吉认为东方文明已经落后，提倡日本应该放弃中国的文化和儒家思想，转而学习西方的文明。福泽谕吉进而呼吁与东亚邻国绝交，以免西方列强把日本和邻国看成是同样的不开化民族。因此，《脱亚论》又被认为是日本思想界和亚洲的绝交书。在《脱亚论》里，福泽谕吉甚至认为日本已经将旧的茅草房改建成石房，但中国仍然是茅草房。按照福泽谕吉的想法，日本应该帮助中国把茅草屋也改建成石房，否则中国着了火，也会殃及到日本。这在日后成为日本入侵朝鲜和中国的理论依据。很多学者由此批评福泽谕吉是一位种族歧视主义者和社会达尔文主义者，这当然不无道理；不过如果一定要像有些人那样认为"福泽谕吉是日本军国主义的鼻祖"，未免过于牵强。事实上，日本民族对外的侵略性古已有之，而且在明治维新后的一系列侵略行为，最需要负责任的是两任天皇[14]。

14
明治、昭和。

另外，在学术界还有一种说法，就是脱亚论的很多主张其实并不是福泽谕吉本人的思想，而是编纂《福泽全集》的石河干明自己加进去的。在此，我们就暂不深究福泽谕吉哪句话说过，哪句没说过等细节问题，而需要特别注意的是福泽谕吉提出的"整体思想欧美的文明要高于亚洲的文明"的观点，这在他的《文明论概略》一书中讲得明明白白。至于脱亚入欧这个词，倒并不是福泽谕吉的发明，而是在他死后人们根据他的理论概括出来的，在日本还有脱亚入米（入美）一词，含义大同小异。福泽谕吉对日本影响最大的是他的思想，而不是一两个说法或者专有名词。

福泽谕吉一生都致力于宣传西方的政治制度、价值观和文明的各个方面，他活到了1901年，有幸看到了日本的崛起。福泽谕吉死后，被日本人看成是国家迈向近代化的启蒙者。

在明治维新前后，日本有很多像福泽谕吉这样思想进步的精英人士，他们或者他们的弟子在明治维新的过程中脱颖而出。由于在日本过去的社会结构中，并没有一个强大的文官政治集团，他们上层的"士"是武士而不是中国的士大夫，因此在明治维新后一旦开始实施文官治国，这些精英们就很快占据了日本政坛的各个重要位置，令日本快速完成了脱亚入欧这个原本应该是非常艰难的过程。反观中国则不同，上千年来所形成的强大的文官集团所拥有的势力，使得哪怕微小的变革都变得举步维艰。

第四节　维新的过程

在传统叙事体系下，无论是英国资产阶级革命、法国大革命，还是中国的戊戌变法或者辛亥革命，都会有一个改革或者革命派，以及一个代表旧势力的反对派。比如，在英国资产阶级革命中，对立的双方是以克伦威尔和后来国会所代表的资产阶级，和代表封建势力的斯图亚特王朝；在法国大革命中，是第三等级和波旁王朝；在中国则是革新派或者后来的革命党，和代表封建统治的清王朝。我们的教科书在介绍明治维新时，也套用了上述套路。教科书对明治维新的描述大抵是这样的：

首先在日本被西方敲开国门之后，德川幕府是守旧腐朽而无能的，但却在拼命维护它的权力；在它的对立面，明治天皇在底层武士、城市商人等力量的支持下，通过类似变法的一些举措，夺回权力，并向西方学习，让日本从一个守旧的封建国家，变成了新兴的资本主义国家，从此跨入列强的行列。其中的关键性人物西乡隆盛和大久保利通等人，就等效于美国的华盛顿或者英国的克伦威尔，他们自然应该是主张对外开放的新派领袖，而站在他们对立面的幕府自然是闭关自守的反面角色。

遗憾的是，真实的明治维新完全不是这么回事。如果不是因为后来接触到很多日本同事并且多次到日本考察，很难想象我们过去讲述的明治维新和真实情况竟然大相径庭。最让我震惊的是，在明治维新中，其实并没有反对派，这和其他国家或成功或失败的资产阶级革命（或者改良）完全不同。可以说，正因为社会共识高度一致，所以明治维新的成功几乎是历史的必然。

当然一些读者会问，这怎么可能？一场维新居然没有人反对？西乡隆盛和照月和尚这些维新义士不是被反动势力追杀吗？幕府的军队和倒幕的军队不是明明发生了战争吗？其实这些都是表象，明治维新的争议和冲突在于"由谁来领导维新"以及"如何维新"，而不是要不要维新。之所以教科书上将明治维新写成两条路线的斗争，主要有两个原因。首先，这种看法陷入了夸大历史普遍性的误区，是套用了世界各国维新套路后得到的结果。第二个原因则是由于梁启超先生的误导。梁启超先生可算作清末民初的中国第一健笔，作为戊戌变法当事人并且和日本维新派有着非常密切来往的梁先生，在社会上有着很大的影响力。他充满激情的表达，在很大程度上左右了人们对戊戌变法和明治维新的看法。然而，尽管梁启超的文章充满了感染力，但是现在看来，他的一些文章，其政治目的超过了史学价值，其中也包括他那篇被选入中学课本的《谭嗣同传》一文。

明治维新的过程和实质，大久保利通、西乡隆盛等重要人物的作用，和中国历史书上讲的出入非常大。了解了明治维新真实的过程，就能理解它为什么能成功。接下来我们不妨来看看明治维新真实的过程。

要讲清楚明治维新的过程，先要搞清楚在这个历史事件中主要人物的派别、主张和事迹。我们把他们列在下面这张表中，从表 27.2 中可以看出，日本当时并不存在什么反动的或反对变革的势力。

表 27.2　明治维新中主要历史人物的作用

姓名	职务	政治主张	事迹
阿部正弘	幕府首席老中	开国派	改革幕府
井伊直弼	幕府大老	开国派	镇压反幕府人士，史称"安政大狱"
德川齐昭	德川家族成员、幕府官僚	攘夷派	被井伊直弼罢黜后勒令终生不仕
堀田正睦	幕府首席老中	开国派	曾就西方人要求征求天皇意见，导致幕府名誉扫地
海盛舟	幕府最后一任陆军总裁	开国派	同西乡隆盛议和，使江户和平开城。后又在明治政府中任海军卿（部长）
孝明天皇	支持幕府	公武合体	暴病身亡，一说是倒幕派所为
德川庆喜	德川氏大名一桥家的家主，末代幕府将军	尊攘派	被井伊直弼罢黜，后来在强藩的支持下成为末代幕府将军
西乡隆盛	萨摩藩掌握军权者	尊攘派	先和尊攘派的长州军作战，后作为讨幕军统帅率军进入江户
大久保利通	日本第一任首相	尊攘派	发动王政复古政变，宣告废除幕府，开创日本全面向西方学习的时代
吉田松阴	早期介绍西方思想的教育家		伊藤博文等人的老师
伊藤博文	日本第二任首相	尊攘派	在明治期间完成了对日本的改造
萨摩岛津氏、长州毛利氏、土佐山内氏、肥前锅岛氏	西南四强藩	公武合体尊攘派	在倒幕中提供了军事上的支持，后来在天皇削藩时反叛被镇压

需要指出的是，德川幕府的几任末代将军虽然不是什么思想超越时代的领袖，但作为政府的首脑，他们都算是称职的明白人，知道这个国家该如何走——这其实和外界宣传的大不相同。幕府将军们给人们的印象比较保守，但正因为他们处在领导地位，需要对国家负责任，所以面对强大的西方势力他们知道必须小心应付，对外不能硬抗，对内需要进行温和的改革。如果一定要把他们的做法对应到当时清代的一些官员身上，他们中的大部分人倒像是恭亲王、曾国藩、李鸿章和左宗棠这一类的洋务派。不过历朝历代这种谨小慎微

图 27.10　在东京上野公园的西乡隆盛像

的做法总是容易让人们觉得政府对外软弱，至少当时日本的民众对幕府普遍感到失望。

在地方上，提出"尊皇攘夷"的其实有两类人：一类是以大久保利通、西乡隆盛等人为首的所谓志士，他们原本都是各地大名的家臣或者宾客，这些人在早期有点像今天的愤青，成长为成熟的政治家则是后来的事情；另一类则是各地对幕府不满意的大名，而影响力最大的则是西南地区四强藩，即位于今天本州岛最西边的长州藩、位于九州鹿儿岛附近的萨摩藩、位于今天九州岛佐贺县的肥前藩，以及位于四国岛的土佐藩。这些藩主其实各自的政治主张并不相同，比如有的是支持天皇和将军联合（也称为"公武合体"）共渡难关，有的希望自己取代幕府当将军，而且他们的主张前后变化也很大，比如萨摩藩就一直徘徊于公武合体和倒幕之间。另外，藩主们及其属下的那些志士们的想法也不一样，比如萨摩藩的藩主岛津氏希望维持地方政权的自治，而他的家臣大久保利通则要强制推行中央集权。因此，在明治维新开始之前，日本各派政治力量的想法是相当复杂的，大家在日本政坛这个大舞台上先后登场，各显身手。不过，四强藩的藩主们在三点上的想法是统一的：首先，他们都先后看到了西方在技术和制度上的先进性，愿意接受西方文明；其次，他们都想在变革中扩大自己的势力范围和权力；最后，他们为了达到自己的政治目的（无论是支持将军也好，倒幕也好），都不惜动用武力。

日本在安政改革失败后，幕府内开国派和攘夷派的冲突就公开化了，并发生了清算攘夷派的"安政大狱"事件。事件的起因是将军继承人之争。当时的将军德川家定过世后没有留下子嗣，这样就要从德川家定的近亲中寻找继承人。攘夷派的首领德川齐昭联合了四强藩的首领岛津、山内等家族，拥立攘夷派的德川庆喜为继任将军。而当时主持幕府的井伊直弼则希望拥立年仅 13 岁的德川庆福（后改名为家茂）为将军，理由是德川庆福的血缘更近，当然实际上很可能是因为庆福年纪轻好控制以便自己掌权。这件事讲得直白点，就相当于攘夷派的"诸侯"和开国派的"宰相"都想立自己的人。

井伊直弼按照历代幕府做事的方式，先跑去争得天皇的首肯（天皇的诏书称为"敕命"），要拿回一个任命德川庆福为将军的"敕命"，这样他立德川庆福为将军在法理上就站得住脚了。在过去这不过是一个客套的流程，因为天皇也不能违背将军的意愿。不过这一次不同，当时的孝明天皇虽无实权，却还有想法，他看不惯幕府对外软弱，这次居然没有爽快地给出敕命。与此同时，德川齐昭也派人跑到天皇那里要一份斥责幕府的敕命，而天皇居然就给了。

有了天皇的敕命，各地志士浩浩荡荡来到江户城请命，内战一触即发。这时井伊直弼的想法是国家不能乱，于是决定先下手为强，他利用掌握中枢大权之便，严惩这批尊攘派。在幕府里，为首的支持尊攘派的是尊融亲王，他被勒令"永年蛰居"，就是终身软禁，幕府中这一派的其他人士也被罢了官。在大名方面，德川齐昭也被处以永年蛰居，攘夷派和尊攘派共同拥戴的德川庆喜也被勒令隐居，其他的大名也受到不同程度的处分。

如果说对幕府人士和大名，井伊直弼等人出于政治需要还给他们留了一些体面，那么对那些地位更低的志士，则是痛下杀手。当时志士们的精神领袖吉田松阴被处斩，很多被通缉的志士则东躲西藏，这就是安政大狱事件的大致过程。值得一提的是，当时志士的首领西乡隆盛和京都清水寺的住持月照和尚被逼相约跳海自杀。最终，月照和尚葬身海底，所幸西乡隆盛被人救了上来。梁启超在《谭嗣同传》中讲到"月照西乡"的故事，就是指这件事。

从安政大狱事件的过程中可以看出，这并非所谓的顽固派对开明派的镇压，冲突的双方都不应该算是顽固派，相比而言，以井伊直弼为代表的幕府当权派主张开国，更加开明一些，因此这件事与梁启超讲的其实不一样。安政大狱实际上是中央政权内部之争，以及中央政权和地方豪强实力的一次对决，它在本质上讲，争的是谁来领导日本，而不涉及怎样领导日本。争斗的双方都想要权力，但是在奋发图强这一点上两者并没有什么分歧。

安政大狱并没有让幕府消除来自地方势力的威胁，反而遭到了志士们的报复。在安政大狱之后，很多志士并没有随家主回到领地，而是在江户潜伏了下来。1860 年，几十名志士在一个大雪纷飞的清晨，于江户城的樱田门外刺杀了幕府大佬井伊直弼，史称樱田门外之变。这件事后来被拍成了电影《樱田门外之变》，在电影中，井伊直弼是一个非常可敬的人，他一心为公，面对可能的生命危险视死如归。我问过很多日本人对德川幕府的看法，他们对其都没有恶感，这和很多中国人憎恶清朝末年腐败无能的王朝截然不同。

井伊直弼被刺事件对于日本后来的政局和明治维新产生了非常深刻的影响。

首先，幕府力量从此迅速走了下坡路，不得不向强藩们低头，并解除了对德川庆笃和德川庆喜等人的处分。当然，在幕府做出让步的同时，各地强藩也转而向幕府靠拢，而不是痛打落水狗趁机颠覆幕府。这说明幕府和地方势力在日本自强这件事情上并无太多分歧，既然幕府愿意共享权力，强藩们在得到权力之后也愿意与幕府和平相处，而不是争得两败俱伤，这是当时日本政局的第一个变化。在井伊直弼之后掌握幕府政权的老中安藤信正改变了大佬井伊直弼的高压政策，一方面与强藩言和，另一方面提出由幕府将军德川家茂迎娶孝明天皇的妹妹，达到天皇（公家）和幕府（武家）联起手来的目的。这一举措被称为"公武合体"，得到尊攘派各藩藩主和幕府重臣们的一致赞同。这是日本政治格局的第二个变化。从此上层大部分藩主开始奉行尊皇佐幕的政策。渐渐地，就连当初倒幕最积极的西南强藩水户藩也站到了幕府一边，成为尊皇佐幕的中流砥柱。当时长州藩和萨摩藩在很大程度上已经被倒幕义士们所控制，在水户藩倒向幕府后，这两个强藩就成为尊皇攘夷的中流砥柱。1862 年，萨摩藩的藩主岛津久光带了藩兵前往江户，逼迫幕府放宽参觐交待制度，并宣布攘夷。幕府当时在岛津的胁迫下只得答应其要求。在幕府屈服之后，萨摩藩便开始主张维持公武合体的格局，也就没有什么倒幕的意愿了。

搁在一百年前，当幕府、天皇和藩主们达到一种妥协时，日本的政局会趋于平稳，这样就可能没有所谓的明治维新了，而日本或许能够比较平稳地渐渐走向开放国门君主立宪之路，毕竟到了那个时候，融入西方主流社会是日本各方政治力量认可的一个主旋律。然而当藩主们和幕府达成妥协时，这也意味着他们将和麾下的志士们分道扬镳。已在各藩内崛起的志士和中下级武士并不满足于帮助幕府和藩主们维持一种稳定的政治格局，他们中的一些人认为，日本自强必须推翻幕府统治（倒幕），而更多的人则是希望通过倒幕建立新政权来改善自己日益窘迫的经济状况。我们在前面讲过，在江户时代的后期，大量武士沦为赤贫，促使他们要起来颠覆现有的社会秩序。

当藩主们和幕府开始妥协时，各地的大批尊攘派志士便选择脱离藩主，继续革命，这样一来，下层和上层的尊攘派就此分裂为两个阵营。在刺杀了井伊直弼之后，大批志士没有回到各藩，而是选择潜伏在京都和江户城中，直接暗杀看不惯的幕府官员。一时间，京都和江户血雨腥风，就连一些主张开国的思想家也被杀了。但是，倒幕的志士们并没有像义和团那样拒绝西方文明，而是最终从愤青变成了理性的革命者，这在很大程度上是因为一场冲突让他们觉醒了。

就在岛津久光在江户胁迫幕府答应了他的条件以后，在他回藩途中途经横滨附近的生麦村时，他的队伍和四名英国人发生了冲突，他的护卫拔刀当场砍死一人，砍伤两人。这件事史称生麦事件。当时，英国人要求岛津方面交出元凶并支付高额赔偿，遭到岛津的拒绝，于是双方在第二年（1863 年）的三月在鹿儿岛交战。担任萨摩藩军指挥的就是志士大久保利通，他本以为经过学习西方先进科技，并多年苦心经营了沿岸炮台，可以抵挡住英军的进攻。孰料激战过后，伤亡惨重，鹿儿岛也被打成了一片废墟，萨摩藩最后不得不向英国支付高额赔偿。这场"萨英战争"极大地刺激了大久保利通等萨摩志士，他们原本狂热的头脑逐渐冷静了下来。像大久保利通和伊藤博文等有识之士在这个时期从此明白了为什么幕府要和外国谈判、开国，以及进行对外贸易。此后他们的观点从攘夷变成了师夷制夷，并且后来他们也成为明治维新时期日本新国体的设计师。萨英战争也让西方国家了解了西南强藩的军事实力，后来帮助它们主导日本政坛。

但是，大部分志士并没有像大久保利通那样吃了苦头，长了见识，他们依然坚持攘夷。萨英战争爆发时正值幕府新的将军德川家茂上任不久，这位政治经验不足的将军当时做了一件非常糊涂的事情，即在攘夷派和各地志士的支持下，下诏于 5 月 10 日把外国人全部赶出日本，恢复幕府旧有的锁国体制，这有点像 1900 年慈禧太后向十一国宣战。该诏书一下，幕府权威陡然提高（慈禧太后向十一国宣战后，清廷在中国百姓心目中的地位也提高了），各地尊攘志士无不欢欣鼓舞。首先动手攘夷的是长州藩，长州军利用海岸炮台封锁了关门海峡，然后向当地的美、法、荷兰等国的军舰和商船开炮。美国和法国的舰队随即发动反击，长州军惨败。

在吃了与西方列强正面冲突的苦头后，西南诸强藩的志士总算是都明白了幕府开国派的苦心，但是他们和他们的领主们同时明白了，如果幕府的改革能够成功，那么日后维新的胜利则属于幕府，而不属于他们了。因此他们实际上是在和幕府赛跑，要在幕府完成改革之前完成倒幕。当然，他们倒幕必须要有一个好的理由，这个理由就是拥戴天皇——这个平时不大有用的角色现在派上了大用场。长州藩的志士们于是将尊皇攘夷的口号变成了尊皇倒幕，并付诸行动。

为了对抗长州藩的挑战，当时在天皇和幕府周围的佐幕势力当然也不傻，他们联合了萨摩、会津两个主张公武合体的强藩，控制了天皇，并剥夺了数名尊攘派公卿的职务。尊攘派的一些大臣只好逃到了长州藩。这时，尊攘最积极的两个强藩萨摩藩和长州藩也暂时开始分道扬镳了。1864年，长州藩和以萨摩藩为首的佐幕联军在大阪、京都附近爆发了激战，长州藩遭到惨败。也就是说到目前为止，倒幕的几次努力均以失败告终。

表 27.3　西南四强藩藩主和著名人物

藩名	藩主家族	著名人物
长州藩	毛利	吉田松阴、木户孝允、伊藤博文
萨摩藩	岛津	西乡隆盛、大久保利通、东乡平八郎
肥前藩（又称佐贺藩）	锅岛	副岛种臣、江藤新平
土佐藩	山内	坂本龙马

那么日本究竟是如何倒幕成功的呢？这在很大程度上是靠一位叫作坂本龙马的低级武士说服了萨摩藩实际掌权的西乡隆盛，让西南强藩中最大的长州藩和萨摩藩能够携起手来，共同完成倒幕大业。

坂本龙马主张倒幕，但反对采用武力，只主张施压。为了能做到这一点，坂本龙马知道如果萨摩藩和长州藩能携起手来给幕府施压，就有足够强的力量迫使幕府退出历史舞台。但是要想说服萨摩藩并非易事，因为萨摩藩虽然是尊攘派的重要基地，但公武合体的色彩更为浓厚，或者说它支持天皇，却并不想推翻幕府，而且萨摩藩此前还协助幕府与倒幕的长州军作战。萨摩藩的想法是，支持天皇，和幕府达成公武合体的目的，然后利用自己的领地靠京都比较近的优势，最终控制天皇所在地京都的实权。但是幕府这时又做了件蠢事，将萨摩藩推向了倒幕的阵营。

原来，根据藩属和幕府事先的协议，在各藩属帮助幕府打败倒幕者之后，幕府要召开藩属会议，以讨论它们参政的问题。不过在打败长州军以后，幕府急于恢复幕权，对承诺召开的藩属会议不认账了。在这种情况下，西乡隆盛、大久保利通等人的思想开始倾向于

图 27.11　鸟羽伏见之战（右边是倒幕军一方，使用火枪火炮）

武力倒幕。于是，他们在坂本龙马的说服下加入了倒幕阵营。坂本龙马后来在船上完成了"船中八策"，设计了君主立宪的整体机制，这成为日后日本宪法的重要组成部分，但是不久他便遇刺身亡，没有看到明治维新的成功。

1866年，幕府决定对已经成为割据势力的长州藩再次进攻，但是这一次由于萨摩藩已经和长州藩联合，而幕府并不知情，加上西南强藩的军队采用了洋枪洋炮，而幕府的军队还在大量使用弓箭长刀[15]，尽管幕府拼凑出的军队人数有对方四倍之多，但是由于武器上的差距，战争很快变成了对幕府军的屠杀。作为倒幕军总指挥的西乡隆盛指挥出色，在整个倒幕阵营中赢得了巨大的威信。

接下来，西南强藩为了倒幕的需要开始联络天皇，如果当时的天皇依然是愿意和幕府合作的孝明天皇，情况和后来的结局可能会大不相同。但幸运的是，这时日本天皇换成了颇具雄才大略的明治天皇。1867年明治天皇派人向倒幕派悄悄送去了准许倒幕的密诏。当然，也有历史学家认为那份密诏其实并不存在，而是倒幕派伪造的。但是不管怎么样，在过去的几年里天皇和幕府之间公武合体的默契从此终结了。

此时最后一任幕府将军德川庆喜面对强藩咄咄逼人的压力，已经没有把握能够靠武力镇压他们了，再加上他也没有理由公开反对天皇，于是他提出了一个"大政奉还"上奏文，即把行政权归还给天皇。德川庆喜的如意算盘是，天皇刚刚即位，没有行政经验，而倒幕派对国家管理也不熟悉，因此幕府可以派遣家臣进入政府，实际掌控政治；另一方面，这样也可以让强藩失去武力倒幕正当性。

不过倒幕派自恃有天皇支持，并没有因此停止行动。1868年，长州和萨摩的军队占领了天皇所在的京都，实际上在当时形成了与幕府

15
当时倒幕军配备了500多门大炮，而幕府军配备了不到100门，由于武器的数量差异，幕府军很快战败。

对抗的另一个政权，然后它们继续东进讨伐德川庆喜。德川庆喜调集重兵主动向京都的倒幕军进攻，双方在京都外围的鸟羽伏见等地展开了激战，史称鸟羽伏见之战。在战事最紧急时，倒幕派拿出来了天皇的"锦御旗"，宣布平叛的幕府军为国敌，这样幕府军队便由平叛反而成了叛逆，士气低落不战自溃。

图 27.12　德川庆喜看着着火的居城大阪城，逃往江户

德川庆喜退守江户后，闭门思过，对政事不闻不问，对倒幕军也不抵抗，最后在代表德川的胜海舟和代表倒幕派的西乡隆盛谈判之后，幕府同意交出政权，打开江户的城门，让倒幕军接管江户，史称和平开城。虽然后来支持幕府的军队依然在一些地区组织了抵抗，但是幕府大势已去，很快这些抵抗就被平定了，这样倒幕派就很轻易地取得了胜利。

在幕府交出权力之后，日本面临一个政治危机，那就是由谁来掌权？在西乡隆盛和大久保利通等倒幕志士们的背后，则是四个被称为西南强藩的大名，即萨摩的岛津氏、长州的毛利氏、土佐的山内氏和肥前的锅岛氏。这四大领主为推翻幕府统治提供了军事上的支持，但是在建立什么样的未来社会上，他们并没有很先进的思想。在德川幕府退出历史舞台之后，以萨摩藩主岛津久光为代表的地方豪强试图填补这个权力真空，实际上形成一个新的幕府。这种想法如果放到几个世纪之前或许还能变成现实，但是在日本这条大船已经掉转船头走向近代之时，这种想法就犹如刻舟求剑一样荒唐。这也导致了藩主们和大久保利通等义士们的分道扬镳。

明治维新之后，大久保利通成了日本首任的内务卿，相当于首相，执掌大权后，他强制推行了版籍奉还、废藩置县等制度，即将原来天皇"赐给"大名的土地收回来，把全国两百多个藩属撤销改成县（郡）。岛津久光等人当然不能答应，于是上书天皇，反对各项资产阶级改革的举措，同时要求撤掉大久保利通的职务。有日本俾斯麦之称的铁血首相大久保利通采取强硬手段，马上把岛津久光逼走，并将旧贵族和武士发动的反政府叛乱（史称佐贺之乱）迅速镇压下去。对于那些拥护新政权的大名们，新政府把他们供养起来，这些家族后来被称为日本的华族。不过，经过这些风波，封建藩主也彻底退出了日本政治舞台。历史似乎和岛津久光等藩主们开了个玩笑，在他们积极推动倒幕之前，肯定想不到明治维新的结果也要终结他们自己的藩国地位，他们的后代也要变成普通人。早知如此，他们也许就不会积极去推翻幕府的活动和明治维新了。

作为明治维新标志的明治天皇，是一个充满了矛盾而非常耐人寻味的政治人物。他即位时才 15 岁，却显示出了非凡的政治手段。他利用幕府的犹豫不决夺回了权力，成为日本历史上少有的掌实权的天皇，因此他有"明治大帝"的美誉。明治天皇一方面头脑里充满了封建专制的理念，另一方面他又愿意接受西方的政治制度和文化。

在明治维新初期，日本新政权不仅面临来自旧势力的威胁，维新派内部也是矛盾重重。在参与明治维新的志士中，最有代表性的是所谓的明治维新三杰，即大久保利通、西乡隆盛和来自长州藩的木户

图 27.13 明治天皇主持日本上议院会议

孝允（即桂小五郎），他们的结局也各不相同。在新政府中，木户孝允因为受到大久保利通的排挤，愤而下野，后来郁郁寡欢，英年早逝。而同是来自于萨摩藩的大久保利通和西乡隆盛在对待旧武士的态度上产生了重大分歧，前者主张废除日本旧式文化中不合时宜的东西，包括武士制度；而西乡隆盛则同情那些毫无谋生手段，同时在维新中已变得一贫如洗的中下级武士们。于是这两个曾经志同道合的志士也分道扬镳了，西乡隆盛离开政府回到萨摩鹿儿岛。在那里大批的武士建立了不受中央控制的独立王国。明治十年（1877年）二月，这些旧武士发动了对政府的叛乱，叛乱前他们需要打出一个旗号，于是他们就想到了西乡隆盛，当然，这次叛乱很快也被镇压了。至于西乡隆盛本人，虽然他并没有参与这次叛乱，但他是知情人，也没有制止叛乱。叛乱发生后，政府以天皇名义宣布武士们的行为是叛逆，而西乡隆盛则切腹自杀。

至此，一切扰攘归于平静。日本，这个绵延了千年的东方封建古国，正式开始迈入近代国家的行列。

讲到这里，很多人心里可能还会有一个谜团，为什么德川庆喜当初没有进行最后的抵抗？而且从实力来看，支持幕府的藩国还有许多。这也是明治维新历史上的一个著名的谜团，历史学家有各种各样的解释。比如有人认为德川庆喜是拥护天皇的，因为他也同意了"大政奉还"，不论是否出于本心。也有人认为他认识到统一有利于日本的发展和与西洋各国的对抗，既然大家都希望幕府结束，那就结束了。还有人认为德川庆喜是为了德川家族的利益，因为德川家族在交出了权力后，依然成为日本静冈地区的藩主而得以保全。相反，如果对抗

图 27.14　日本最后一位将军德川庆喜

到底，可能的一个结果是德川家灭亡。不论是哪一个解释，应该讲德川庆喜都是了解历史的大势的，在当时，日本只有在天皇的名义下实行富国强兵这条路可以走，因此君主立宪是大势所趋。我向许多日本人询问此事，他们普遍认为，如果没有倒幕运动，那么日本会在公武合体的大前提下实现君主立宪，当然将军世袭的传统在一两代之后可能便难以延续下去，因为近代国家只有君主世袭，没有内阁总理世袭的惯例。到了明治维新开始之前，既然有那么多人反对幕府，幕府从此退出也可以保全自己。这种想法对于在近代杀得你死我活的中国人来讲，确实很难理解。

那么明治维新的过程是什么样的呢？我们可以这样总结：19 世纪，日本作为农业社会的经济基础和政治基础已经动摇，在西方外来势力的刺激下，日本从上到下、从中央到地方各种政治势力都要求变革。在当时矛盾重重的形势下，先前没有实权却是日本精神象征的

天皇，就成了唯一可能凝聚所有政治力量的核心，无论地方强藩和志士所从事的倒幕运动，还是幕府寄予希望的公武合体，都离不开天皇。在维新的过程中，幕府尝试了改革，尝试了和天皇力量的联合，但是因为各种矛盾的存在，都没有成功。而地方上原先极力抵制外国力量的强藩势力（攘夷派），为了抢在幕府前面实现维新，打着拥护天皇的旗号，在底层武士（愤青们）的支持下，把朝廷里软弱的开明派给打倒了。

接下来，在军事上战胜了幕府的地方实力派想成为另一个幕府，来控制天皇，或者只是另外一个独立王国的统治者，但是时代已经变了，尽管他们中间的一部分人发动了叛乱，但很快就被支持天皇的一方镇压了。由于从中央到地方拥有武力的军阀——退出历史舞台，作为精神象征、几乎没有实权的天皇得以成为日本强势的立宪君主。而那些尊皇攘夷的地方实力派里的精英人士，大多数成了全面西化的维新派，少数试图维持旧时武士制度的则被时代淘汰了。

从日本明治维新的过程不难看出，维新的成功是历史的必然，这一点并没有什么悬念，唯一的悬念不过是谁来领导这次成功的维新，谁继续在台上唱主角，谁会退出历史舞台而已。

第五节　并不完美的改革

从黑船事件到还政天皇，实际上只走完了明治维新的第一步，如果没有接下来的一系列改革，明治维新也不过只是一次改朝换代而已。

在日本明治维新三杰中，对推翻幕府贡献最大的是西乡隆盛，而对引导日本步入近代社会贡献最大的则是大久保利通。和西乡隆盛一样，大久保利通也是出身于下级武士家庭，武艺不精，却学业优秀，这是不是他后来重文轻武的原因，不得而知。大久保利通在明治维新之后先是担任内阁参议，很快又兼任内务卿。在用铁血手段打压了旧势力，赶走意见与他不同的昔日同志之后，大久保利通开始大刀阔斧地对日本进行激进的改革。

早在 1871 年（明治四年）担任内务卿之前，大久保利通和木户孝允等萨摩、长州等地的精英人士，加上一些留学生，便加入了

图 27.15　被称为日本俾斯麦的大久保利通

岩仓使节团，一起出使欧美各国，历时近两年之久。这次出访，对日本后来的国体和政局影响深远。大久保利通等官员在出访欧美的途中，仔细地考察了各国的工厂、农场、矿山、证券交易所和铁路设施，甚至参观考察了博物馆和公园这样的社会福利设施，看到这一切，他们不仅深感日本封闭落后，而且认识到，当时的日本不但需要引进新技术，更要引进新的组织和思维方式。使节团成员一致认识到日本与先进国家相比，落后很多，唯有进行彻底的变革才能将日本改造为强盛的现代国家。在明治维新诸贤心目中，强国本身就是目标而不是日本步入现代国家的手段。为了达成这个目标，他们愿意完全摒弃日本上千年的封建传统，全面按照西方的做法行事。

在出访欧洲时，普鲁士的铁血宰相俾斯麦给大久保利通留下了深刻印象，他从此认定了日本要想富强只有采用强行铁腕手段，他后来也因此获得了"日本俾斯麦"的称呼。大久保利通在回国后一方面用强制手段排除了政敌，同时着手做了三件事。

首先是植产兴业，也就是发展资本主义工业，尤其是发展开矿、炼钢铁、修铁路和电信，以及造船等基础工业。大久保利通的做法有点像后来说的国家资本主义，即政府出面通过征税获得财富，然后经营工业，最后再将政府的产业以几乎白送的价格出售给了三井商社、住友商社、三菱商社及安田商社等公司，形成一系列财阀。这种做法在当时确实达到了快速发展工业的目的，但是后遗症也很多，在当时已经造成了社会的不公平，而日本企业和政府之间相互勾结的症结更是一直遗留至今。

由于日本资金的积累是建立在剥夺各级权贵和武士俸禄（即所谓秩禄处分）的基础上的，它一方面瓦解了武士阶层，另一方面造成了巨大的社会矛盾。大久保利通使用铁血手段做了第二件事，即把警察制度引入日本，并负责全国的治安。在此之前，并不存在一个统一维持社会秩序的全国性的内务部门。这个内务部在某种程度上成了大久保利通强制推行改革的保障部门。

16
散发脱刀令（日文：さんぱつだっとうれい）是1871年（明治四年）9月23日明治政府发出的。

接下来大久保利通做的第三件事，就是带头推进文明开化，即全面西化。他认为以中国为中心的东方文化已经完全落伍，应该统统抛弃，不仅在政治制度上要西化，而且在生活上也要改变上千年的习惯。在这一方面大久保利通以身作则，他率先剪掉发髻，理了一头短发去见天皇，群臣都认为他这是无礼的行为，但是很快明治天皇也剪短了头发，以表示对大久保利通的支持，于是群臣竞相仿效。接下来，政府颁布了散发脱刀令[16]等文明开化政策，并且在上层统治者的表率之下迅速推行。

除了散发脱刀外，大久保利通还推行吃西餐、穿西装等一系列西式生活习惯，并身体力行。他并不会跳西方的交谊舞，仍积极推广这种西式的社交活动，并经常出席舞会。在大久保利通的支持下，日本当时甚至有人提出废掉日语讲英语，引进西方人口改进日本人的人种等今天看来匪夷所思的观点。

大久保利通的铁血手段确实帮助他迅速地推行了西化的政策，使得日本快步走上工业化道路，但是很多社会问题只是一时被他压了下去，并没有得到解决，尤其是失去俸禄的武士阶层的出路问题和日益贫困破产的农民问题。这些问题的积累终于以对他实施刺杀的形式而爆发。

1878 年（明治十一年）5 月 14 日早上，大久保利通在家接见福岛县的县长山吉，他向这位下属憧憬了未来二十年的宏伟大志，然后表示等完成国家富强大业之后，就让后进的优秀分子来继承自己的事业。没想到他的这番话成了他的遗言。山吉走后，大久保利通乘马车去上班，在曲町清水谷遭到几名武士的袭击。大久保利通在身中数刀后，沉着地将自己正在阅读的文件用绸布包好，然后便断气了，时年 48 岁。

大久保利通的继任者是他的助手伊藤博文，这个人因为后来发动了甲午战争，中国读者对他都很熟悉，就不多介绍了，这里只点

图 27.16　伊藤博文的头像被印制在 1000 日元面额的纸币上

出影响了他思想和行为的一些经历。首先，他是吉田松阴的学生，早在 1863 年就到英国学习，是日本最早一批到西方学习的人，那时他只有 22 岁，因此很容易就接受了西方思想，特别是英国的政治制度。这一点，他和中国清末的洋务派代表人物恭亲王奕䜣、曾国藩和李鸿章完全不同，中国和他经历略有相似处的统治者是后来的段祺瑞。同时，伊藤博文也是一个爱国者，他留洋的目的完全是

学习西方政治改良日本，从政治倾向来看，他属于开国派，主张开国进取。1864 年，他听说萨摩藩和列强开战了，便匆匆赶回国参战，回国后他的故乡长州藩也卷入了战事，于是他加入了长州藩的军队。需要指出的是，伊藤博文一方面政见和观点与大久保利通非常相近，另一方面在做事的手法上更显圆滑而有技巧。比如他恢复了日本的一些"陋习"，包括被认为是不文明的相扑，等等。为了缓和社会矛盾，伊藤博文一改他的前任大久保利通完全抛弃旧武士的态度，将大量失去俸禄的武士招进了军队（大久保利通拒绝接纳这些人，认为他们一旦进入军队会祸害国家）。后来证明，大久保利通的担心是有道理的，那些旧时代的武士和浪人进入军队，阻碍了日本进一步文明开化走向现代的步伐，到后来，充满了武士道思想的军官们在很大程度上绑架了政府的决策。

伊藤博文至今依然被认为是日本有史以来贡献最大的首相。从帮助日本近代化的视角来看，他主要有两大贡献。首先，伊藤博文在任内通过了日本第一部宪法，确立了日本类似英国君主立宪的政体。不过，日本虽然在名义上实现了英国的代议制，但是远没有英国那么民主，且不说天皇拥有非常大的实权，百姓民主参政的程度非常低，而且没有实现军队的国家化。军队成为日本政坛的一支完全独立的政治力量，并屡屡产生重大影响。伊藤博文的第二大贡献是帮助建立了日本的近代工业体系。为了快速发展工业，伊藤博文沿用了大久保利通的植产兴业政策，具体来说，就是国家出钱兴办企业，然后交给私人经营，从而大大缩短了工业化进程，但是发展出来的并非英美那种原生态的资本主义，而是具有很强的官商色彩、由财阀控制的垄断式资本主义。从伊藤博文的这两项最重要的政绩可以看出，明治维新一方面实现了日本快速强国的梦想，另一方面在推进民主进程和发展自由资本主义方面做得相当不彻底。再加上新式装备、战术和旧式思想相结合的军队是日本政坛的一支独立政治力量，导致了伊藤博文在推行富国强兵的进程中，也同时推动着日本走上了军国主义的不归路。

从明治维新开始到日俄战争结束，日本强国的目标便已实现，日本政治的改革从那时起也就停止了。从这个角度来讲，日本的明治维新其实非常不彻底。而失去了改革目标的日本在接下来的时间里不断对外扩张，而军事冒险又屡获成功，于是日本陷入从战争走向更大的战争的恶性循环，直到二战战败。在整个日本军事扩张的过程中，明治和裕仁两任天皇 [17] 推波助澜，起到了极坏的作用，甚至扮演了主谋的角色。在历史上，日本民众本来就对神龙见首不见尾的天皇一直像神一般地崇拜，而在明治维新中和随后的一系列战争中天皇又起到了决定性的作用，对外军事扩张胜利进一步强化了天皇的神圣性，使得他在国民中有了绝对的权威。在第二次世界大战中，日本全体国民（包括妇孺）在裕仁天皇的号召下，进入了一种战争痴狂状态，所谓的为天皇效忠的武士道精神不仅给很多国家带来了灾难，也最终让日本民众自食其果。

1945 年 8 月 15 日，裕仁天皇通过广播播放了终战诏书（无条件投降的文告），由于在此之前一般人都没有听到过天皇的声音，很多日本人（包括很多前线的官兵）拒绝承认那是天皇的讲话。不过，随着日本国民逐渐接受战败的事实，对天皇神一般的崇拜才慢慢开始动摇。

日本比较彻底的民主化过程是在二战之后。值得一提的是麦克阿瑟对日本近代化的贡献，这位曾经的日军手下败将、乘着快艇从菲律宾一口气逃到澳大利亚的美军上将，几年后带着美军占领了日本本土。这一次，轮到裕仁天皇忐忑不安地去拜访这位将决定自己命运的盟军太平洋战区司令了。麦克阿瑟到了日本后，惊讶于天皇在日本民众心目中神一般的地位，他认为，处死天皇对日本人而言相当于将耶稣钉上十字架。最后，麦克阿瑟给杜鲁门送去两个对天皇的

17
中间还有一位大正天皇，时间较短，没有发动对外战争。

图 27.17 麦克阿瑟和裕仁天皇

处置意见，要么派兵来，要么保留他。当时美国派重兵占领日本并维持秩序显然不可能，只好保留天皇，让这位战争发动者、日本头号战犯裕仁天皇逃脱了处罚。

不过麦克阿瑟在保留天皇作为日本名义上元首的同时，也让他走下了神坛。1946 年元旦，天皇发表了一篇声明表示他是人（而不是神），这篇声明并非出自天皇或任何皇室成员之手，而是在麦克阿瑟授意下由占领日本的美军顾问们写的。在此之前，天皇拜会了麦克阿瑟[18]，两人还一起合了影，照片中麦克阿瑟神采飞扬，裕仁天皇则显得颇为猥琐，根本没有一点大国君主的样子，照片一登出来，天皇在日本人心中神一般的形象便大大减分。等到了天皇的声明播出，他从法理上到在国民心中，都走下了神坛。

明确了天皇的定位之后，麦克阿瑟在日本推动了比明治维新更彻底的民主化进程和社会改革，而第一步就是要修改明治维新时的宪法。

到了 1946 年，以日本当时首相币原喜重郎为首的日本官员拿出了一份犹抱琵琶半遮面的新宪法方案，其中包括维持天皇统治权不变这一条。麦克阿瑟对此非常不满，并立即否决了日本官员的方案。麦克阿瑟虽然算不上是杰出的政治家，但是在美国现代民主社会中熏陶出来的他具有足够的政治直觉。对于应该如何一步步帮助日本进行宪政改革，让日本成为一个真正民主化且远离战争的国家，麦

18
天皇在麦克阿瑟担任美军远东总司令时，曾经 37 次拜会他，第一次是在 1945 年 9 月。

克阿瑟有一整套自己的想法，他在否决日本新宪法方案的同时，提出了新宪法的三原则。

- 天皇为国家元首，其皇位世袭。依宪法行使职权，顺应所体现国民基本之意志。
- 废止日本的封建制度。（除了皇族之外的）贵族特权止于当时现存之一代，其后等同于普通国民。
- 废除国家发动战争的权力。日本永远放弃以国权发动的战争、武力威胁或武力行使作为解决国际争端的手段。禁止设立陆海空三军及其他战争力量，不承认国家的交战权。这一条非常重要，至今仍是限制日本再次走向军国主义的根本机制。

为了避免日本官员在制定新宪法问题上不必要的扯皮，最后麦克阿瑟干脆委托两位美国法学家米罗·洛威尔（Milo Rowell，1903—1977）和考特尼·惠特尼（Courtney Whitney，1897—1969）来起草日本宪法。其中有四条重要内容是明治宪法中没有的，即给予妇女选举权、天皇仅保留象征性地位、保障人权与公民权，以及放弃战争。这部宪法也因此被称为和平宪法。在日本和平宪法的指导下，各阶层的矛盾才从根本上得到解决，这样日本才能通过和平发展而不是对外扩张来改善经济和人民的福祉，最终使得日本完成了向现代国家的过渡。

讲到这里大家可能会有一个疑问，为什么日本朝野上下会对麦克阿瑟等人言听计从（事实上如果不是由于朝鲜战争麦克阿瑟过早地离开日本，他对日本的改造会更加彻底），这就要说说日本国民的一个优点了。其实无论是黑船事件导致明治维新，还是二战战败导致日本进一步改良，背后都有一个共通点，那就是当日本国民看到科技的力量时，愿意接受产出这样的科技力量的社会制度。日本遭受原子弹攻击后，看到装备有大量现代化工业品的美军进驻日本时，日本人在心理上受到的冲击不亚于当年的黑船事件。日本强国的方式是，既然你的政治制度能够产生更先进的生产力，我就接受这种制度。从这里，我们既可以看到科技对一个国家现代化的贡献，也可以看到一个善于学习的民族奋进的精神。相比之下，中国过去历代学习西方，逃不脱中体西用的框框，学习西方技术是为了让当前的政体更稳固，而不是改变它 [19]。这才是明治维新成功，而中国历次改良失败的根本原因。

19
按照基辛格在《论中国》一书中的观点，中国这种思维方式至今没有改变，当然这是他的一家之言，笔者并不赞同。

结束语

明治维新能够成功，很大程度上是因为日本从上到下摒弃了农耕文明时代的政治制度、文化和观念，比较彻底地接受了西方相应的东西。日本学者这样描述日本的文化 —— 它就像是卷心菜，当你把它一层层剥开时，发现里面并没有心。日本从唐代开始学习中华文化，但是那对他们来讲其实也是外来的，并非自己文化的内芯，因此他们放弃中华文化转而学习西方就比中国要容易得多。福泽谕吉和吉田松阴等人能够将西方文明的特征在日本广为传播，除了日本长期以来具有良好的教育基础外，和他们愿意接受外来文化的国民心态有关。

从目的和过程上看，明治维新并不是一场先进与落后、开放与保守之争，而是在日本遇到外部危机后，日本上层各方面势力和下层武士共同参与的一次民族自救运动。明治维新的目的其实有两个，首先是要富国强兵，这是中国过去在谈论明治维新时一直强调的主题。的确，当时上至天皇、幕府，下到地方大名，最后再到底层的武士和民众，在这一点上都没有太多的异议，这才使得日本在千年一遇的危机面前，完成了一次重大的变革。

但是，明治维新还有第二个目的，就是解决底层武士日益贫困、农民不断破产等社会问题，这在中国的书籍中鲜有提及，事实上也没有提到。命运最为匪夷所思的是下级武士，他们在明治维新之前就缺乏基本的生活保障，因此成为维新的主力军。但令他们哭笑不得的是，维新的结果是取消了武士阶层，这让他们成了明治维新最大的失败者。他们中的很多人后来进入了近代日本的军队，有些人甚至成为日本军国主义化的帮凶。而农民的问题在明治维新中也没有得到解决，因此日本在明治维新之后的半个多世纪里，下层社会矛盾重重，而统治者解决问题的方法就是通过对外战争转移矛盾。事实上，大久保利通和西乡隆盛的分歧从本质上讲就在于如何解决这些矛盾。大久保利通试图强行消灭掉客观存在于日本社会之中的武士阶层，这显然不现实，而西乡隆盛希望通过对外扩张解决底层民众出路问题的想法则更是危险。西乡隆盛虽是这场争斗的失败者，却被视为平民真正的领袖，至今仍在日本民众中拥有非常崇高的地位，甚至堪比华盛顿在美国人心目中的地位。伊藤博文同时吸取了大久保利通和西乡隆盛的教训，将旧武士编入军队，实际上是在回避问题，日本随后进行了一次又一次的对外军事冒险，开始还屡屡得手，直到在二战中以惨败告终。

任何成功的变革，都必须做到让广大基层民众获利。日本的明治维新虽实现了富国强兵、文明开化的目的，却并未给底层的民众带来多少福祉。所幸的是，二战的惨败让日本武士阶层从此退出历史舞台，日本有机会在美国的帮助下，从根子上解决社会问题，进入一个新的时代。

在明治维新的过程中，虽然福泽谕吉和吉田松阴等人系统地阐述了新社会的构想，大久保利通等人也在按照西方的社会结构强制推行新的价值观，但是另一方面，明治维新本身既没有事先的方案和计划，在整个过程中也没有明确的目标和做事底线，各派和各阶层的力量、主张和观点不断地发生变化，它们之间的关系也不断地在合作和对抗中摇摆。明治维新的第一代领袖们，最终也没有得到什么，大多数主要的领袖都英年早逝，有的甚至自杀或遇刺。实际上明治维新的胜利果实落入了第二代人之手，他们在结构上完成了日本的近代化，这也是一个很有意思的结果。一个世纪后，当日本人民重温福泽谕吉等人关于民权的主张，才意识到他的伟大之处。

日本民族的幸运之处在于，它在亚洲国家尚未崛起，西方国家没有过分干涉的情况下，率先通过明治维新完成了国家的近代化。而这一次看似顺畅，却并非完美的维新变革，也给后来力图通过改良和维新走向近代的国家提供了参考样本。应该说，一个民族乃至整个人类走向文明进步的大势是历史的必然，明治维新是日本在这个过程中迈出的重要一步。

参考文献

[1] 费正清，刘广京. 剑桥中国晚清史 (上卷，第九章《清代的中兴》). 中国社会科学院历史研究所编译室，译. 北京: 中国社会科学出版社，2006.

[2] 依田憙家. 简明日本通史. 卞立强，译. 上海: 上海远东出版社，2004.

[3] 福泽谕吉. 劝学篇. http://www.saohua.com/shuku/zhexue/mydoc077.htm

[4] 鲁思·本尼迪克特. 菊与刀. 吕万河，熊达云，王智，译. 上海: 商务印书馆，2012.

[5] Marius B. Jansen. 缔造现代日本 (The Making of Modern Japan).Belknap Press，2002.

[6] 约翰·W.道尔. 拥抱战败. 胡博，译. 生活·读书·新知三联书店，2008.

[7] 大野健一. 从江户到平成 : 解密日本经济发展之路. 臧新远，译. 北京: 中信出版社，2006.

第二十八章 还社会以公平

美国反托拉斯和进步运动

2016 年，我返回母校约翰·霍普金斯大学，期间该校公共卫生学院院长克拉格（Michael Klag）教授给我看了一张保存在学校档案馆中颇具历史意义的老照片。它拍摄于 1921 年，这也许是中国协和医学院与协和医院最早的照片了。照片的背景是现北京协和医学院内古色古香的建筑，照片上有当时协和医学院与协和医院的负责人 —— 帮助创建这所中国样板医学院的约翰·霍普金斯大学的教授和该校公共卫生学院院长（照片中间），还有一位非常重要的人物，他就是美国著名企业家和慈善家约翰·洛克菲勒（John Rockefeller，右数第三位）。洛克菲勒不仅出资创办了协和医院与协和医学院（下文简称"协和"），同时也是约翰·霍普金斯大学公共卫生学院[1]的出资人。在帮助中国的时候，洛克菲勒可谓尽心尽力。他不仅捐出了巨资，而且为了确保协和成为未来中国医学界的样板，还委托当时世界上医学水平最高的约翰·霍普金斯大学按照美国的模式在中国建立起一个同样水准的医疗系统，因此协和从一开始就有了一个很高的起点。

今天，大多数人听到洛克菲勒的名字，第一反应是财富、财阀或者垄断资本家，这确实反映了约翰·洛克菲勒的一面。1916 年，他成为世界历史上第一个私人财富超过 10 亿美元的人，这还不算他捐

1
建院时最初的名称为"卫生与公众健康学院"。

图 28.1 洛克菲勒和约翰·霍普金斯大学与协和的教授们
在一起

掉的巨款。那一年，美国的 GDP 大约是 500 亿美元，也就是说洛克菲勒的身家占了美国 GDP 的 2%。相比之下，今天（2015 年底）世界首富比尔·盖茨的私人资产只占美国 GDP 的 0.38%，比例要低得多了。

但是，洛克菲勒还有另一面，那就是社会活动家和慈善家。据估计他一生共捐献了 5.5 亿美元，除了对约翰·霍普金斯大学与协和的帮助外，他还创办了以医学为主的洛克菲勒大学，并且出巨资（8000 万美元）帮助芝加哥大学从一个很小的教会学校变成后来的世界一流大学。要知道在当时 8000 万美元比 J.P. 摩根一生留下的财产还要多得多。在接受洛克菲勒捐赠的大学中，哈佛、耶鲁、哥伦比亚、布朗、卫斯理等名校都位居其列。洛克菲勒一生做了很多善事，而且他做慈善的习惯是从小就养成的，并非富有之后才有的。他在 16 岁有了第一份工作时，就开始将自己收入的 6% 捐出来。作为一个垄断了美国石油行业的资本家，洛克菲勒照理可以通过提高油价挣更多的钱，但是他实际上通过整合资源将煤油价格降低了 80%，造福了美国广大民众。

洛克菲勒就是这样一个充满了矛盾的人。他自觉一生无愧于国家和民众，而美国政府却强行通过反托拉斯肢解了他所建立的石油帝国 —— 标准石油公司，他至死对此耿耿于怀。

那么，难道是美国政府反托拉斯这件事做错了吗？为什么美国政府一定要拿洛克菲勒这样的看似对民众并无伤害的商业巨子开刀呢？这就要从垄断本身讲起了。

第一节　垄断和垄断的形成：第二次工业革命的副产品

如果今天在北京街头随机找 10 个人询问他们对垄断危害的理解，大部分人会认为垄断就是独占市场，随意提高价格，让顾客蒙受了损失。然后，他们可能还会义愤填膺地指责加油站都被所谓的"三桶油"（即中石油、中石化和中海油）控制了，以致汽油的价格比美国还贵，或者抱怨电信行业被中国移动、中国联通和中国电信三家控制了，以致国内手机流量费比美国的还贵。我不能说老百姓们对垄断的含义及其危害理解得完全不对，但是这种理解非常肤浅，而且情绪化。事实上，中国移动互联网的流量计费要比美国便宜得多。中国的油价确实比美国贵一些，但那是中国的能源政策决定的，并非中国汽油市场缺乏竞争。相比欧洲大部分国家，中国汽油的价格连它们的一半都不到；这也不是因为欧洲缺乏竞争，而是因为那里不鼓励开私家车。

垄断，远不止是很多人所想象的独占市场、肆意抬高价格那么简单。今天中国很多垄断企业为自己辩护的理由恰恰是它们通过整合资源，降低了价格，因此认定自己是无辜的。事实上，在美国历史上司法部对大公司提起的上百宗反垄断诉讼中，从未利用"垄断哄抬物价"这一项罪名。相反，美国司法部指控垄断企业的一项罪名常常是降价或者给补贴（折扣）。由此可见，垄断未必会导致价格上涨。但也不能因为垄断企业没有涨价就说明它们没问题、它们的垄断就有合理性。

那么垄断到底是什么，又有什么危害呢？《美国韦氏大词典》对于垄断的定义有两层含义：独占和控制。也就是说，垄断不仅指独占任何一种资源或者市场，而且指在实现这种独占之后，肆意控制市场乃至社会。第二层含义道出了垄断真正的危险性。

如今的美国人已经远离了垄断，他们很难理解一百多年前自己的祖辈所遭受的垄断之苦。而其他国家（比如欧盟国家）即使有垄断，也大多是政府行为，从某种意义上讲也是民众自己的选择。但是，在19世纪末的美国，情况却不同，那时垄断的恶果是少数人强加给社会的。那时不仅是一个财富高度集中的时代，而且是一个或几个大家族操控某个市场，从而左右美国政治经济的时代。除了前面提到的约翰·洛克菲勒，这样的大家族还有范德比尔特、J.P.摩根等。这些富豪所拥有的不仅是金钱，在经济生活中也有巨大的影响力。在此之前，还不曾有过君主之外的少数人拥有如此之大的经济和政治影响力。我们不妨通过范德比尔特和J.P.摩根两个人来看看这些垄断资本家的影响力。

2
美国早期的公司法不严格，可以随意控股公司。后来这种做法被明确禁止了。

范德比尔特可能是美国的垄断第一人，他通过不停地建立控股公司[2]，控制了美国大量的财富。当然，在那个年代大部分公司都不上市，很难准确统计财富的总量。不过，据估计范德比尔特控制了美国当时约10%的财富，这件事在今天看来简直是匪夷所思。不仅如此，范德比尔特还做成了一件前无古人后无来者的事情——一个人打败了整个华尔街，这件事我在《文明之光》第三册第二十章"伟大的博弈"中提到过。

J.P.摩根则完成了另一桩空前绝后的壮举。在1907年美国（极短暂的）金融危机时，由于当时还没有美联储，政府无法拯救金融业，眼看美国大灾来临，J.P.摩根以一己之力力挽狂澜。人们在赞扬J.P.摩根拯救了美国的同时，也在思考大家族的影响力是否已经超过了美国政府。事实上，J.P.摩根对美国经济的控制远不止银行业，他控股的美国钢铁公司生产美国三分之二的钢铁，从而控制了当时美国的钢铁市场；他和洛克菲勒等人控股的北方证券公司一度控制了美国经济发达的北方一半左右的铁路系统，而当时并没有发达的公路交通和航空业，因此 J.P. 摩根相当于控制着美国经济发达地区的交通命脉。

美国的垄断资本家们为什么能够在短期内完成垄断经济的壮举呢？这要感谢第二次工业革命，没有它，就不可能形成少数人对经济的垄断。

"I Like a Little Competition"—J. P. Morgan

图 28.2　美国 20 世纪初的漫画，讽刺 J.P. 摩根破坏了竞争，他一边说"我喜欢有点竞争"，但他的威士忌酒瓶和酒杯巨大无比，而对手的则小得可怜

在人类文明开始后的几千年里，物质的供应一直处于供不应求的状态。单纯从供求关系来讲，在这种状态下应该最容易形成垄断，因为提供商品的一方可以漫天要价。但事实并非如此，在自然经济的状态下，供不应求恰恰无法形成垄断，因为没有一个生产厂商有能力提供一个国家、地区乃至城市某一种商品的全部生产量，这使得那些缺乏竞争力的从业者得以在竞争中生存。无论是在东方还是西方，在 19 世纪末以前，都没有形成真正意义上的垄断行为。尽管中国从西汉开始对盐和铁实行政府主导的专卖，但在经济上，并非一个或几个家族垄断了盐铁的生意。而且在中国两千多年的盐专卖历史上，私盐的供应量一直非常大，甚至在太平天国时期，湘军为了筹集军饷也不得不贩卖私盐。可以说，在整个农耕文明时期，不具备形成垄断的经济条件。因此，即使是一个大一统的帝国希望通

过政府的力量从事垄断生意，也是做不到的。我们在本系列前面的章节里提到过中国古代的土地兼并问题，但那也不是垄断。

到了工业革命时期，在很长一段时间里也没有形成垄断。18世纪末和19世纪初，农业依然是世界经济的重要支柱之一，那是一个自给自足的行业，无法形成垄断。至于工商业，虽然大机器生产大幅度提高了劳动生产率，但是那时的工厂（更确切地讲是工场）还带有过去手工作坊的特点，没有一家工厂有能力提供足够的生产量，生产全社会所需要的某一种商品，哪怕这种商品像纽扣和针线一样简单。虽然那个时期的航运有可能将商品运到世界各地，但是周期很长，成本很高，商人们发现在当地生产要比从老远的地方运商品过来更合算。因此，除了香料、丝绸、茶叶和瓷器等欧洲稀缺而且利润丰厚的商品值得海运，其他的商品，产地和销售地的距离都不远。即使是瓷器这样的商品，由于利润丰厚，在工业革命之前欧洲人就发明了自己的瓷器，因此形成垄断的可能性也就没有了。

垄断的形成除了需要足够的生产能力，还需要足够的资金。即使在运输成本低廉的今天，宝洁公司在进入中国市场时也发现，将广州生产的汰渍牌（Tides）洗衣粉运到哈尔滨销售，运费要比制造成本高很多，于是不得不在哈尔滨收购一家工厂生产洗衣粉，当然这需要大量的资金。而在工业革命初期，金融业并不发达，即使是那些技术和产品都具有竞争力的工厂，其扩大再生产的速度也是非常缓慢的，无法形成垄断。

1848年马克思和恩格斯发表《共产党宣言》时，英国的工业革命已经完成，法国和德国的工业革命也已开始，但是市场并未形成垄断。当时的竞争还是完全自由竞争，只要有钱有技术，一个新的竞争者就有可能挤进现有的行业，这样就在亚当·斯密所说的"看不见的手"的指挥下，逼迫整个行业进步。在那个时代，社会的主要矛盾是劳资之间的矛盾，企业之间虽然有竞争、有淘汰，但是并没有到你死我活的地步，更没有到通过垄断阻止任何其他企业进入一个行业的地步。可以说，那是自由资本主义的黄金时代。

但是，到了第二次工业革命时期，情况就不一样了，垄断开始形成。在人类历史上（从古罗马开始算起）最富有的 75 个人中间，有超过 20% 的人生活在第二次工业革命时期的美国，包括大家耳熟能详的洛克菲勒、卡耐基、梅隆和范德比尔特等人。为什么这些富豪的出现如此集中呢？是因为这些人赶上了美国的工业革命（也被称为第二次工业革命）。从 1870 年到 1890 年，借助电气革命，美国的采矿业、重工业、铁路运输和制造业都得到了飞速发展。同时，数百万移民从欧洲来到了美国，加入产业大军中。他们的辛苦劳作，令美国的财富增长突飞猛进。美国在从南北战争结束到 19 世纪末的大约 40 年里，GDP 增长了 5 倍，主要工业品增长了 10—20 倍。这一段时期后来被称为美国的镀金时代 [3]，因为至少它表面看上去很繁荣。社会财富的极速增长，形成了垄断的经济基础。

在欧洲，情况和美国类似。第二次工业革命的另一个中心是德国，直到今天那些最响亮的企业家的名字，比如西门子（Werner von Siemens，1816—1892）、阿尔弗雷德·克虏伯（Alfred Krupp，1812—1887）[4]、卡尔·本茨 [5]（Karl Friedrich Benz，1844—1929）等，也都是那个年代的人物。他们的成功很大程度上也要归功于他们生活在那个幸运的时代。

相比之下，第一次工业革命中最具有代表性的那些企业家，比如博尔顿、瓦特和韦奇伍德，在商业上就显得逊色多了。和英国的前辈不同的是，第二次工业革命中美国和德国的这些工商业巨子靠着垄断一个行业所带来的巨额利润，仅仅在一代人的时间里便聚集了惊人的财富，财富的价值甚至超过了像成吉思汗那样的君主靠掠夺，

3

"镀金时代"这个词源自马克·吐温的同名小说。在小说中，作者讽刺了当时美国政府的贪婪和腐败。

4

19 世纪克虏伯家族的继承人，开创了普鲁士和德国的近代钢铁工业，被称为军火大王。

5

汽车的发明人，梅赛德斯 - 奔驰公司（今为戴姆勒 - 奔驰工业集团的一部分）的创始人。Benz 作为汽车的品牌被翻译成"奔驰"，作为发明家被翻译成"本茨"，其实它们是一回事。

或者像美第奇家族那样通过几代人控制欧洲经济才能获得的财富总量。与此同时，这些工商业巨子对经济和政治的影响力也远超以往的富豪们，最突出的表现是，极少数的人开始控制美国的经济命脉，甚至开始影响政治。

6
在范德比尔特的时代，美国对垄断还没有防范，可以直接建立控股公司，而不需要采用信托这个工具。

垄断者控制经济的方法虽然各有不同，但是有一点是相同的，那就是采用了一种叫作信托（Trust）的工具[6]。在中国，Trust 一词有一个大家可能更熟悉的译法，即音译"托拉斯"，因此反垄断也被称为反托拉斯。那么什么是信托呢？

信托一词源于英国，它最初是英国人管理和传承财富的一种工具。简单来说，信托就是一种虚拟的容器，可以把任何资产 —— 房子、股票、钱财甚至艺术品的所有权装入其中。信托需要注册在一个具体的地点，在那里，信托中的财产受到相应法律的保护，并且享受当地税收等方面的优惠政策。个人或者家族将财产装到信托中，最主要的好处有两个。首先，放到信托里的财产所有权属于信托，受益人（通常是继承人）可以有限制地使用，但是无法滥用（比如败家子无法无限度地提取信托中的现金），从而实现财产一代代的传递。其次，属于信托的财产不再是属于自然人的，因此政府对于自然人的很多关于财产的限制规定，对于信托就不再适用。这样一来，一些由人出面做不到的事情，比如并购公司，信托可以做到。信托的主人或者受益人未必善于理财，他们常常委托一些有能力管理资产的人担任信托的管理者，这些受托的管理人被称为 Trustee。因此，可以认为信托的主人是受益人，但管理者是那些 Trustee，后者实际上可以决定信托里的财富如何投资，以实现其经济目的。我们不妨以洛克菲勒所建立的标准石油公司为例，来说明 19 世纪末的垄断巨头是如何通过信托控制一个行业的。

洛克菲勒出生于纽约州的乡村，没有受过正规的大学教育，但是接

受过专业的记账和会计训练，他后来一生对账本都非常敏感。洛克
菲勒 16 岁时担任记账员的工作，因为要求涨工资被老板拒绝了，愤
而离职创业。洛克菲勒头脑敏锐，做过各种生意，挣了不少钱。当
时石油工业在美国刚刚起步，邻近纽约州的宾夕法尼亚州又发现了
大油田，洛克菲勒看准这个机会，把生意集中到石油的开采和炼油
方面。1870 年，他创立了标准石油公司。之所以叫"标准石油"这
个名字，是因为洛克菲勒宣称他的油比别人的好，是标准的，其实
石油在当时并没有什么标准。洛克菲勒的标准公司不到两年就挤垮
了当地的竞争对手，成为宾夕法尼亚州克利夫兰地区最大的石油公
司。但是，在第二次工业革命的初期，美国新的公司如雨后春笋般
不断涌现、成长，石油行业更是如此，这导致美国当时石油和成品
油（主要是煤油）市场非常混乱，价格忽上忽下，洛克菲勒的利润
当然也就不可能稳定。为了稳稳当当地挣钱，洛克菲勒最一劳永逸
的办法是和每一家公司竞争并把它们都挤垮。但这么做效率太低。
在当时的美国，不仅石油行业如此，很多迅速发展的行业也都面临
这个问题，因此它们需要设法将各个公司分食的市场统一起来。

我们知道，如果一个市场上的几家公司能够坐在一起，协商谈判出
一个统一的产品售价或者原材料采购价，并且严格遵守，那么他们
就可以获得比自由竞争更高的利润[7]。这个想法很好，但是实现起
来远比想象中难得多。首先，在谈判时大家不仅要协商价格，还要
商定各家的产量（或者原材料的配额），否则产量太大了卖不出去。
20 世纪 60 年代，以沙特为主的产油国组成了石油输出国组织（又
称为"欧佩克"），采用一致的定价，一度控制了原油的价格；可是
后来好景不长，各方无法在产量上达成一致，导致原油价格不停地
上下波动。其次，这种协议定价的组织对参与方缺乏约束力。在 19
世纪末，由于第二次工业革命推动了各行各业的巨变，大家都指望
通过增加产量来多赚钱，一旦限制产量，那么它们各自的发展也就
停止了。19 世纪末，金融资本已经比较深地介入了工商业，而它们

7
这样协议价格的组
织又被称为卡特尔
（Cartel）。

挣钱靠的是股价不断攀升，而非一个公司稳定的利润。如果一个公司的产量被限制住了，那么金融资本的股价就没有了上涨空间，显然金融资本家是不会答应的。由于产量协议很难遵守，协议各方都在悄悄地增产，因此，起初协商的价格是维持不住的。在19世纪末的美国流传着一句话："协议的价格能够维持的时间，只有从会议室走到电报局那么长。"协议各方表面上同意统一定价，暗地里却打电报让自家销售部门悄悄降价争夺市场，以获得更大的份额[8]。

在这样的情形下，市场份额较大的一方就希望找到一种有效的办法，能让各方遵守价格协议。1879年，洛克菲勒的律师塞缪尔·多德（Samuel Dodd，1836—1907）找到了一种方法，他让签署了价格协议的40家石油公司联合在一起，建立一个信托，大家把股票都放到信托里，然后将整个信托拿到市场上市。表面上看，这个信托的受益人是这40家公司所有的老板（或者股东们），但是我们知道，信托的受益人和管理者（受托人）是可以分开的，而多德所设计的信托正是具有这样的结构。从此，洛克菲勒的标准石油公司就变成了标准石油托拉斯。到了1882年，该信托正式任命洛克菲勒等9人为法定受托人，其余股东虽享有经济收益，但不再拥有管理权。当然，在这9个受托人中，其实都是洛克菲勒说了算。

说到这里，有人会问，要是不参加托拉斯可不可以？当然可以，但是洛克菲勒会通过打价格战把那些不听话的从业者逼到死角。事实上，洛克菲勒本身并没有通过信托来抬高煤油价格，反而靠整合炼油厂提高效率，以及利用庞大的标准石油托拉斯在原油采购和铁路运费上的议价能力，大大降低了煤油的成本，然后通过降价来挤压对手。从洛克菲勒开始经营石油生意到他去世，美国煤油的单价下降了80%，消费者是间接的获益者。今天，一些反托拉斯的反对者，包括美联储前主席格林斯潘，依然拿这件事来说明反托拉斯是多此一举。但是这样一来，整个石油市场别人都没法玩了，洛克菲

8
在 2014—2016 年全球原油价格暴跌时，沙特阿拉伯就是这么做的。

勒想怎么玩就怎么玩。

洛克菲勒给各行各业树立了一个垄断市场的榜样。在多德设计了标准石油托拉斯的第二年，也就是 1880 年，美国的糖业、橡胶业，甚至屠宰业，都出现了托拉斯，美国从此进入了垄断资本主义阶段。在这样的经济环境下，首先受到伤害的是那些托拉斯之外的竞争对手，它们被挤压得没有了生存空间。其次是广大民众，因为并非所有托拉斯的受托人都像洛克菲勒那么仁慈，很多人操控市场就是为了提高价格。当然，在垄断形成的初期，民众在经济上的损失并不明显，垄断带来的效率使得工业品的成本下降了，资本家在短时间里即使不涨价，也能获得比以前多得多的巨额利润。民众一开始受到的危害在很大程度上是政治上的。随着这些垄断巨头在经济上的话语权越来越大，他们便开始在政府和立法机构中安插代言人，美国的政治不再是由老百姓而是由垄断资本家决定。如此，美国基层自治的民主政治传统就要开始动摇了。

美国不曾有过国王或者皇帝，在民众看来，任何类似于国王的人都不应该存在，包括这些经济领域里的国王 —— 垄断寡头。因此，从托拉斯诞生的那一刻起，反对的声音就此起彼伏；它首先来自左翼知识分子，这些人是亚当·斯密的信徒，主张自由竞争；然后是来自备受排挤的企业家及广大民众。可以说，美国自建国以来就拥有

图 28.3　1889 年漫画家凯普勒（Joseph Keppler）创作的讽刺当时美国政治的漫画《参议院的老板们》（The Bosses of the Senate），现收藏于美国联邦参议院

的反对极权的传统，为日后的反垄断奠定了群众基础。但是在相当长的时间里，上述这些人的呼声是微弱的。

美国垄断进程的加速开始于 1889 年。这一年，新泽西州的州长斯托克顿·格林（Robert Stockton Green，1831—1895）为了增加州财政收入，让手下的律师们想办法吸引公司到新泽西来注册。一位名叫詹姆斯·迪尔（James B Dill，1854—1910）的律师给他提了一个可以最大化地方利益、却会伤害美国整体利益的建议 —— 在新泽西州内通过一项州法，允许注册在新泽西的公司通过购买其他公司的股票结合成控股公司。这样一来，那些大公司为了达到进一步垄断甚至跨行业垄断的目的，就会跑到新泽西来注册，并为新泽西带来税收[9]。在此之前，美国不允许一家公司用公司资金购买竞争对手的股票[10]，毕竟这种破坏竞争的垄断行为太过赤裸裸。但是在当时钱权勾结的政治环境下，迪尔这个非常无耻的提案很快就在新泽西获得通过，于是很多大公司纷纷跑到新泽西来，在那里有法律保护它们相互控股和并购。新泽西从这些公司手里挣到了很多钱，当然也把整个美国自由竞争的环境破坏殆尽。迪尔后来还写了不少书，介绍怎样合法地将公司组成一个垄断集团。他可能自己也没有想到，他这个小角色后来在美国历史上留下了不算太浅的印记，并且获得了"垄断之父"的称号。

当资本家及他们控制的政客将美国一个又一个原本自由竞争的行业变成垄断行业时，反垄断的呼声也渐渐高涨起来。1890 年，来自俄亥俄州的参议员、前财政部长谢尔曼提出了反托拉斯的《谢尔曼反托拉斯法》，并在国会获得通过。这距离新泽西通过保护垄断的新公司法不过一年的时间。

但是，仅靠通过一项法案，并不能解决托拉斯所带来的垄断问题。在美国，国会只有立法权，至于法律怎么解释要由最高法院说了

9
参见参考文献 2。

10
早期的垄断资本家范德比尔特是用自有资金控股各家公司的。

算，而当时的最高法院恰恰是支持大企业的（这一点我们在后面会讲到）。1894 年，美国政府起诉美国糖业托拉斯通过并购奈特糖业公司（E. C. Knight Co）控制了美国 98% 的糖业，史称"奈特案"。但是 1895 年最高法院以 8 比 1 判决政府败诉，这是最高法院第一次（被动地）对《谢尔曼反托拉斯法》做出解释，这个结果体现出最高法院的态度是维护商业自由并限制政府权力。这加剧了从 19 世纪末到 20 世纪初美国企业合并的浪潮。在奈特案中，唯一站在政府一边的大法官叫哈兰（John M Harlan，1833—1911），他在日后另一场更重要的诉讼中将发挥巨大的作用[11]。

11
有意思的是，他的孙子哈兰二世后来也成了联邦大法官。

政府败诉的原因是最高法院将《谢尔曼反托拉斯法》的适用范围限制得特别窄，以至于很多垄断行为都不受它的约束。奈特案败诉后，在 19 世纪余下的几年里，美国政府再也没有以反垄断法起诉任何一家垄断企业。经济历史学家们后来统计了美国垄断形成的进程，发现在《谢尔曼反托拉斯法》出台之后，垄断寡头们不仅没有收敛，反而变本加厉了，这颇具讽刺性。

图 28.4 在许多反垄断诉讼中起了重要作用的联邦大法官哈兰

我们有时会抱怨在中国最大的危害不是没有法律，而是有法不依，那么在 19 世纪末的美国，至少在反垄断这件事上也是如此。所以，我们并不应该偏颇地得出中国没有法制的基础这样的结论，要看到这只是社会还没有发展到那个阶段而已。类似地，在今天中国看到的另一个丑恶的现象——官商勾结和地方利益高于国家利益的行为，在 19 世纪末的美国同样存在。

由于没了限制，在 19 世纪的最后 10 年，垄断资本家们纷纷建立起控股公司，然后收购其他公司的股票，或者让控股的公司相互交换股权，最终达到由控股公司控制整个行业的目的。当然，要想这样去控股，背后需要有巨大的资本支持，这时美国历史上最有影响力的金融资本家 J.P. 摩根便登场了。J.P. 摩根出生于一个富有的家庭，与同时代那些白手起家的超级富豪，比如洛克菲勒、卡耐基等人不同，他受过良好的教育。在他的传记中，他往往被描写成有着男性粗哑的大嗓门、可怕的红鼻子和具有穿透力的眼睛，总之让人敬畏。J.P. 摩根从骨子里就不是亚当·斯密的信徒，他是一个典型的精英主义分子，在与他儿子和其他人的通信中，他并不掩饰自己那种应该由少数精英统治世界的想法。关于 J.P. 摩根的生平本书稍后会有更详细的讲述，这里我们只是让大家知道他是一个什么样的人。

12
在一般人的想象中，J.P. 摩根应该非常有钱，但是根据金融史学家、《伟大的博弈》和《财富帝国》的作者戈登的考证，J.P. 摩根的财富远比人们想象的要少得多。

虽然 J.P. 摩根个人的财富和范德比尔特、卡耐基、洛克菲勒等人无法相比 —— 他去世时只留下 1000 万美元的个人资产 [12]，但是他善于使用资本的力量。在 19 世纪末的并购和托拉斯化的大潮中，美国的许多钢铁厂联合成立了美国钢管公司，另一伙人则组成了美国钢板公司。这时 J.P. 摩根看到机会来了，他出资促成两家托拉斯进一步通过交换股权而联合起来，最终组建了一家超级控股公司 —— 美国钢铁公司。之后，他又悄悄买下了当时唯一独立的大型钢铁公司 —— 卡耐基钢铁公司的控制权，而卡耐基本人居然没有察觉。同时，美国钢铁公司还有洛克菲勒所拥有的铁矿当中的很大一部分股权，从而缔造出一个空前庞大的托拉斯。

J.P. 摩根所要挣的，不只是垄断所带来的利润，更是在美国钢铁公司巨大的盈利能力后面，金融市场对该公司过高的预期所产生的股票增值。J.P. 摩根将他所包装的美国钢铁公司重新上市，获得了 6000 万美元的股票收益，他自己的公司独占了其中的五分之一。当然，钢铁之都匹兹堡那些加盟了这家控股公司的大大小小的钢铁业老板们也都发了财。那时候，匹兹堡的百万富翁层出不穷，有点像今天的硅谷地区，而那时的百万富翁则相当于今天的亿万富翁。

垄断给美国经济和社会带来了巨大的隐患，甚至颠覆了美国立国的根本——社会公平，而因垄断造成的价格上涨其实并不明显。在经济上，垄断集团断绝了新的竞争者进入一个行业的可能性。早期，范德比尔特是通过个人财富及超强的能力实现了赢者通吃，但是随着他的去世，再也无人拥有他那样的能力，因此并不会形成垄断帝国。事实上，范德比尔特的后人今天居然没有一个资产超过百万美元的。但是，洛克菲勒和 J.P. 摩根等人通过信托实现垄断，其危害则要大得多，因为他们可以通过指定自己的孩子作为信托的受益人，将垄断企业不断传下去，因为与一个行业相关的资源都被装进了信托那个大容器中。而新一代企业家，即便再优秀，也很难在资源奇缺的条件下与那些富二代、富三代竞争。这样下去，美国经济的活力就将消失。

垄断在政治上的危害同样巨大。美国从立国开始，不仅没有国王或某个领域的独裁者，也没有明显的阶级或阶层的划分，但是到了 19 世纪末，财富的过分集中导致美国社会产生裂痕，

图 28.5　20 世纪初纽约上流社会的马丁舞会

社会从此被分为了有钱人和没钱的人。19 世纪末，公司的股票集中在个人手里，而非像今天这样大部分股票为机构所拥有，因此个

人在经济中起了主导作用。随着垄断而崛起的不仅是那些资本家，还包括设计和发起那些托拉斯的律师、向大众推销股票的经纪人等，他们形成了一个富有阶层。这个阶层的男男女女开始学着法国人的样子过起了纸醉金迷的生活。而大量的民众并没有从工业革命中获得多少好处。当时在纽约著名的华尔道夫大饭店会举办布拉德利·马丁舞会，其中三分之一的参加者身家在一千万美元以上，剩下的身家也在 500 万美元以上。这样一场舞会一般会聚集大约 800 位社会名流，总开销为 40 万美元，人均 500 美元左右。而 500 美元恰好是 1900 年前后美国家庭的收入中位数。从殖民时期开始，美国社会整体是比较祥和的，没有太多的社会矛盾，但是到了 19 世纪末，社会矛盾突然变得非常激烈，美国历史上为时不多的剧烈的工人运动也发生在那个时期。

如今时过境迁，美国人可以很平静地回顾那一段历史，并且分析造成美国垄断现象的各种原因，比如社会机制不健全、没有遗产税，等等。但是更深层的原因是经济上的，具体来说，就是第二次工业革命不可避免地造成了垄断。

从产业上来看，第二次工业革命导致了距离的缩短（更多内容请看本系列第二册第十三章"缩短的距离"），一个统一的市场开始形成。电的使用和流水生产线的出现，使得产品开始标准化，上下游产业形成紧密的产业链，不同企业制造的产品的差异性开始缩小，产品的功能变得比个性更重要。大城市的出现使得一个产业可以集中在几个地区，而不是分散在各地。美国钢铁之都匹兹堡和后来的汽车城底特律是这种集中式工业的代名词，底特律甚至一度生产了全球 95% 的汽车。在这种情况下，很容易出现垄断寡头。

第二次工业革命伴随着金融业的快速发展。从 1870 年美国工业革命开始，直到 1908 年短暂的金融危机，美国股市持续了近 40 年的牛市。金融资本在经济中的作用凸显，很多新技术的发展和应用，背后都有金融资本的支持。在第二次工业革命期间，美国最著名的两个发明家是爱迪生和特斯拉，两人为直流发电和交流发电争得不可开交，但在背后支持他们的是同一个人——J.P. 摩根。美国产业托拉斯化的过程若没有金融资本的参与是难以达成的，或者说不可能在短短的十几年时间内达成。

如果按照当时的趋势不加限制地发展下去，美国今天可能是一个贫富差距极其悬殊、政治腐败不堪、经济毫无活力的国家，甚至陷入黄炎培先生所说的中国历朝历代都走不出的"其兴也勃焉，其衰也忽焉"的周期律。今天，很多主流历史学家，包括《全球通史》的作者斯塔夫里阿诺斯（Leften Stavros Stavrianos），都认为中国专制时代越来越严重的土地兼并现象是导致王朝衰败的根本原因之一——当少数人在经济领域里获得了绝对的权力之后，一个政权就走向了衰落的不归路。

但是美国并没有走上那条不归之路。今天美国富有的家族或个人不仅对经济的影响非常有限，对政治也不是很热衷，倒是普遍热衷于慈善事业，这和 19 世纪末有着天壤之别。这种良性社会环境的形成，要感谢从 19 世纪末到 20 世纪初的反垄断运动，以及很多从经济上约束大家族的相关法律（比如遗产税法）。反垄断还社会以公平的发展机会，影响力非常深远。可以说，没有反垄断，就没有今天充满活力的美国社会。也可以说，反垄断本身是人类成熟和进步的标志之一，它从一个方面反映出我们人类开始懂得如何避免兴衰轮回的悲剧。

如今，上述垄断企业产生的客观条件依然存在，并且随着技术革命的深入，一个公司通吃市场所需要的时间比第二次工业革命时还要短。但是美国并没有像 19 世纪末那样由少数垄断巨头控制着国家的经济和政治，更没有出现左右美国社会发展的大家族。今天那些大型跨国公司，比如 IBM、微软或者苹果，也仅仅是在它们引领科技发展大潮时风光一段时间而已，无法形成长期的、对社会全方位的影响力。这一切要感谢 20 世纪初的反托拉斯运动，以及随之制定的一系列法律和经济政策。在随后的一个多世纪里，美国社会一直对垄断保持着戒心，并且常常把隐患消除在萌芽状态。应该说，今天的美国总体上比一百多年前要公平得多，这才保证了它的社会稳定和经济持续发展。

那么美国是如何成功地进行反托拉斯的呢？这个过程其实是相当艰难而曲折的。

第二节　新旧世纪的分界线

13
这两位罗斯福总统虽然姓氏相同，但是并没有太近的血亲关系，他们最近的关系就是富兰克林·罗斯福的妻子是老罗斯福的外甥女。

历史上很多决定性的事件，都需要等待一个人的到来才会发生，美国的反垄断也是如此。在国会通过《谢尔曼反托拉斯法》之后的 20 年间，这项法案并未起到什么作用。历史在等待一个人，他就是西奥多·罗斯福总统（Theodore Roosevelt，1858—1919），历史上也称他为"老罗斯福总统"，区别于他那位领导盟国赢得二战胜利的外甥女婿"小罗斯福总统"——富兰克林·罗斯福[13]（Franklin Roosevelt，1882—1945）。

老罗斯福出生于一个富商家庭，毕业于著名的哈佛大学，曾就读于哥伦比亚大学法学院。他博闻强记，是一位成就卓著的历史学家；同时他又生性好冒险，喜欢打猎和拳击，上战场打过仗，甚至跑到荒蛮之地北达科他州放过牧、当过牛仔。老罗斯福热衷于政治，从学生时代就竞选州议员并因此而退学。从此之后，除了中间当牛仔放牧一年之外，他一直担任公职或在部队服务。在 40 岁那年，老罗斯福终于当选为当时最重要的纽约州的州长。

老罗斯福表面上对商业态度温和，实则桀骜不驯，特立独行。他虽然出生于富有家庭，却有着强烈的公平意识。同时他不缺钱，不需要来自资本家的竞选经费。在对待大公司和华尔街的态度上，他与2016年美国总统候选人、亿万富翁特朗普有着相似之处，并不与之敌对，却保持着距离。因此，资本家们和共和党内的保守派们对罗斯福并不信任，如果当时他直接参加总统竞选，可能选不上，因为在那个年代，资本家们希望政府若不能替自己说话，至少也要少管事。相反，当时的总统麦金莱（William McKinley，1843—1901）那样的人被认为是最好的政客，一方面他在为公民争取权利方面做得不错，另一方面他又很少干涉商业事务；如果一定要为商业做点什么，就是为它服务。

麦金莱对商业的态度代表了当时的一种呼声。在19世纪末，美国社会对于越来越多的垄断现象，除了反对的声音，还有另一种呼声，那就是认为垄断有助于大企业的形成，从而让美国在国际竞争中处于有利地位。客观上讲，美国的垄断大企业确实帮助美国在1894年超越英国，成为世界第一经济强国。但是，从长远来讲，垄断所带来的问题要远远大于它带来的好处。除了前面讲到的垄断破坏了社会的公平性之外，它还使得美国权力并不大的政府变得腐败不堪，更加无所作为。我们现在在中国所抱怨的各种腐败现象，在当时的美国都存在，而且还有过之而无不及，其中对美国未来发展危害最大的则是钱权勾结。

在19世纪末，美国的经济领域充斥着各种"大王"——石油大王、铁路大王、钢铁大王甚至牛肉大王，等等。这些人通过给公职人员、律师和记者们变相发放好处，让他们为自己代言。比如铁路公司会给各级官员、议员、记者和相关工作人员发放免费的车票，以谋求任何有利于他们的立法或者制止任何限制他们的立法。当时，美国国会两院的议员并不像今天这样由选民直选，而是由州议员选举。

因此，垄断大亨们会花钱把他们的代言人，把那些支持自由经济、排斥政府监管的政客送进州议会，然后再由那些被他们收买的州议员选举出联邦立法者。当然，很多政客为了往上走，也会主动谋求大公司的支持。美国当时著名的媒体人、普利策奖获得者威廉·艾伦·怀特（William Allen White，1868—1944）曾这样描述美国政坛："在一个机器和机器所有权都落入了一个有阶级意识的、组织化的财阀集团之手的时代，选举出来的参议员对本州的人民不负有任何义务……在堪萨斯，这个财阀集团是铁路。在西马萨诸塞，是纺织品。在东马萨诸塞，是银行。在纽约，是联合企业。在蒙大拿，是铜业。但是，任何一个州所发展和控制的力量，都要转向纽约去寻求它的借入资本，而纽约则控制着联邦参议院……总的来说，它不是一个代议制政府。只有少数美国人对联邦参议员有所控制，而且这个少数派只对自己的掠夺计划感兴趣。"

老罗斯福之所以能成为总统，似乎是命运的有意安排。首先，在1900年的总统大选中，当时的共和党不得不推选他为副总统候选人，以帮助麦金莱赢得中下层选民的选票。

在3年前的1897年，麦金莱在共和党全国委员会主席、联邦参议员马克·汉纳（Marcus Hanna，1837—1904，昵称Mark）的帮助下成功当选美国总统。汉纳自己是一个大商人，他既知道富商们和特权阶层的需求，也知道如何从他们那里弄到钱，因此，让麦金莱这样的人做总统，似乎既能代表美国的利益，也符合富人们的利益。应该说，麦金莱在任期间政绩还是不错的，虽然他在国内政策上偏袒商业大亨们，但是他也带领美国在GDP上一路飞奔。对外，麦金莱不仅领导美国打赢了美西战争，将美国的势力范围扩张到了亚洲的菲律宾，还在后来中国和八国联军谈判时一直维护中国的利益，尽可能地减少中国的赔款，以帮助中国转型为近代国家。

今天的人们回过头来看这段历史时，会认为以麦金莱这样的政绩赢得连任应该没有什么问题，但当时却并非如此，因为他的竞选对手——民主党总统候选人布莱恩（William Bryan，1860—1925）一直在给他制造麻烦。布莱恩被公认为是一位好人，一位愿意为人民说话的自由的捍卫者，而且他也是一个天生的演说家。当大公司对市场的垄断越来越厉害时，社会上反垄断的呼声也越来越高。布莱恩到处演说，抨击资本家，也抨击麦金莱和汉纳的政策，从而得到很多民众的支持。在这样的背景下，共和党需要为麦金莱找一位民众愿意接受的副总统候选人作为搭档。毕竟，即便有资本家可以出钱助选，但投票给谁最终还是由掌握着选票的民众决定。当时共和党内的高层人士要么刚刚去世，要么暮气沉沉，于是共和党就选中了年轻且充满活力的老罗斯福。作为共和党的领袖，汉纳是坚决反对这项提名的。汉纳不喜欢老罗斯福，认为他是一位莽撞的牛仔，生怕罗斯福坏了他们的竞选；但是在当时的情形下，他无法左右共和党主流的意见。好在美国的副总统虽然说起来是政府的二号人物，实则是个虚职，不管什么具体事务，老罗斯福应该没有什么左右政策的影响力。就这样，老罗斯福的副总统候选人提名就被共和党通过了 [14]。不过，汉纳还是为此发出一声感叹："这个牛仔（老罗斯福）和总统之间只隔着一条人命。"

14
在当年的共和党全国代表大会召开之前，各派力量对副总统人选一直争执不下。最后在大会上，代表们投票推选老罗斯福为副总统候选人。

1900 年的美国总统大选很热闹，除了传统的民主、共和两党在竞争，其他势力，什么人民党、无政府主义者和共产党都轮番登台表演。麦金莱是一个喜欢待在家里的人，因此大部分竞选活动都是由年富力强的老罗斯福主导。最后，共和党这对黄金搭档麦金莱–罗斯福顺利当选。汉纳也信心满满地要帮助麦金莱再干 4 年。不过，谁也没有料到一个莽撞的刺客很快将老罗斯福推上了总统的宝座。

1901 年 9 月成为新旧时代的转折点，这个月在东西方各发生了一件对后来的历史影响深远的事情。在北京，清政府和八国联军签署了

图 28.6 麦金莱（左）和老罗斯福（右）的竞选海报

《辛丑条约》，标志着中国彻底沦为半殖民地社会，之后古老的中国不得不开始尝试宪政改革，并且最终在 10 年后终结了两千多年的帝制。在美国，一位无政府主义者开枪刺杀了美国总统麦金莱，虽然医生们全力抢救，并找来了发明电话的亚历山大·贝尔帮助定位麦金莱体内的子弹[15]，但是依然没有能挽回他的生命。根据美国宪法，总统如在任上去世，副总统自动上位成为总统。就这样，年仅 43 岁的老罗斯福便顺理成章地继任，成为迄今为止美国历史上最年轻的总统。

汉纳恐怕做梦也没有想到，他当年的一句气话居然言中了，因此汉纳对他的同事感叹道："瞧，那个牛仔如今成了总统。"对老罗斯福吃不准的当然还有那些工商业的"大王"们。不过，老罗斯福虽然我行我素，却也并不缺乏政治手腕。他和他后来担任总统的外甥女婿小罗斯福一样圆滑。在刚刚当上总统之后，老罗斯福还和汉纳交换了意见，争取得到这位共和党元老的支持。汉纳提出了两个要求：继续麦金莱的政策，以及不能称呼他为"老东西"。老罗斯福当时都答应了[16]，并且在第一次对国会发表的演说中表示会持续麦金莱维护商业的政策。不过，他也话里有话地说，为了支持一些商业，国会需要在一定程度上限制垄断行为。但是，大家都没有太在意他的意思，认为他不过是说说而已，以为美国仍将继续沿着上个世纪末的惯性往前走。但是，谁也没有料到，从麦金莱到老罗斯

15
医生一直无法找到麦金莱体内的一颗子弹，因此请来贝尔，使用了他所发明的金属探测器。但是由于麦金莱所睡的席梦思床有金属弹簧丝干扰信号，贝尔始终无法找到那颗子弹。

16
事实上，无论是政策，还是对汉纳的称谓，老罗斯福都没有遵守对汉纳的承诺。

福，后来却成为美国两个时代的分水岭。

老罗斯福的本意是希望国会出面限制大公司的垄断行为，但是正如
我们在前面讲过的，当时国会的议员们几乎是一边倒地维护大资本
家的利益，因此国会根本不为所动。这就逼着老罗斯福不得不自己
动手了。

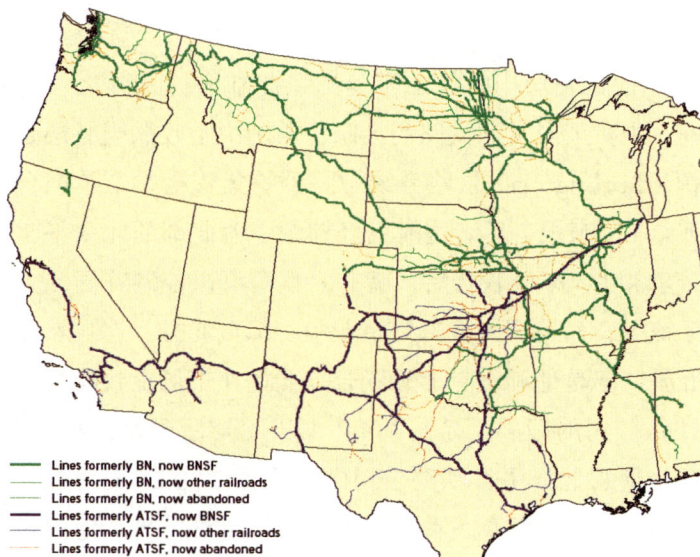

图 28.7　北方证券公司潜在控制的美国铁路

老罗斯福喜欢冒险，虽然后世有人评价他好冲动，做事缺乏一致
性，但是在那个年代反垄断确实需要一个敢于冒险的人。在等待国
会几个月却没有等到任何结果之后，老罗斯福自己行动了，并且直
接找了一个硬骨头啃。1902 年 2 月，他指示司法部根据《谢尔曼反
托拉斯法》，对刚成立不久但经济基础最坚实的北方证券公司提起
了诉讼，要求予以分拆。

北方证券公司虽然名字叫证券公司，其实是一家垄断整个美国中部
和西部铁路业的托拉斯。在美国铁路热之际，很多投资人拿出了大

量的资金，从美国经济发达的东北部到中部，一共建设了三套完整的铁路系统——伊利铁路系统、巴尔的摩—俄亥俄系统、宾夕法尼亚铁路系统，它们互相竞争，因此在美国仅仅控制一套铁路系统是无法形成垄断的。在范德比尔特过世后，再也没有一个强人能够独霸美国的铁路运输了。19世纪末，美国北方的大部分铁路都掌握在两个铁路大王——詹姆斯·希尔（James Hill，1838—1916）和哈里曼（Edward H Harriman，1848—1909）的手里。

希尔的大北方铁路公司当时控制了美国东北部大约三分之一的铁路，为了进一步扩大对美国铁路的控制，希尔决定收购当时还是独立的伯灵顿（Burlington）铁路系统。为了筹集资金，希尔把自己的公司抵押给J.P.摩根，后者当时已经控制了西北部的北太平洋铁路系统。希尔和J.P.摩根联合后，就有一整套可以控制美国北方运输的铁路系统了，而美国的大部分工业中心都在北方。这自然让哈里曼很不舒服，于是他和洛克菲勒联合，开始在市场上收购摩根的北太平洋铁路公司的股票。希尔和J.P.摩根得知后迅速回购股票，这种竞标行为使得北太平洋铁路公司的股价很快从85美元飙升到160美元。市场上的投机商一看有利可图，便纷纷抛售其他公司的股票来购买北太平洋铁路公司的股票，一时间出现了独此一家公司股价狂飙，而其他所有公司的股价都下跌的奇观。为了避免两败俱伤，J.P.摩根撮合了希尔和哈里曼的和解。于是哈里曼、希尔、摩根和洛克菲勒四个超级垄断大亨携起手来，成立了北方证券公司，控制了美国北方的铁路业。

J.P.摩根的目的不仅仅是在未来通过垄断来提高运输价格，还在于操纵它的股票，从而赚取更多的钱财。如果摩根和哈里曼的如意算盘得以彻底实现，那么他们几个受托人就能够进一步控制整个美国的交通——当时汽车交通和航空业还没有起步，远程交通完全要靠铁路，这也是老罗斯福最担心的。

老罗斯福决定拿北方证券公司开刀。1902 年 2 月，经过一番准备，总检察长诺克斯（Philander Knox，1853—1921）宣布，北方证券公司违反了《谢尔曼反托拉斯法》，司法部将调查并控告该公司。这个消息一出，华尔街股市应声而下，这是麦金莱遇刺之后又一次股市暴跌。

J.P. 摩根收到消息时正在家里吃早饭，他的第一反应是不会出大乱子。当然，J.P. 摩根也不敢怠慢，亲自出马到白宫拜访了老罗斯福。据老罗斯福回忆，摩根讲："如果我们有错，你可派人来和我的人谈，他们能够把事情摆平。"老罗斯福非常平静地回答："没有什么可谈的。"诺克斯加了一句："我们不想把它摆平，我们想制止它。"

既然老罗斯福铁了心要诉诸法律，摩根等资本家们也只能高薪聘请律师，准备在法庭上决战。老罗斯福也早有准备，在准备司法程序的同时发表全国讲话，争取到了民众的支持。

代表美国政府打这场官司的总检察长诺克斯乃律师出身，精通法律。为了确保胜诉，他对北方证券公司做了一次火力侦察。美国当时在地方上反托拉斯的大本营是明尼苏达州，该州的检察官道格拉斯先于司法部（1902 年 1 月）将北方证券公司告上了州高等法院。道格拉斯曾经到华盛顿找到诺克斯寻求支持，双方约好，如果明尼苏达州败诉，则将证据移交到司法部，由后者出面在联邦法院起诉。

道格拉斯状告北方证券公司的理由是根据该州的法律，禁止一家铁路公司收购拥有平行铁路的竞争对手。不过在这场诉讼中，北方证券公司声称这并不是一家公司收购另一家竞争对手，而是同时拥有两条铁路，于是检方的理由就不能成立了。最后法庭判明尼苏达州政府败诉。

虽然道格拉斯所代表的明尼苏达州未能胜诉，却逼迫北方证券公司亮出了底牌，接下来就该美国司法部上场了。有了明尼苏达州失败的教训，美国政府做好了充足的准备，首先它要确定到什么法庭上去起诉，其次要防止北方证券公司以同样的理由反驳上诉。根据当时的法律规定，对于重大的反垄断诉讼，联邦政府可以成立一个特别法庭来受理案件，而不是使用现有的某个高等法院，于是司法部就采用了这个方法，在圣路易斯组成了一个临时的联邦法院来审理此案。在诉讼过程中，代表司法部出庭的是当时的助理部长贝克（James Beck），他吸取了明尼苏达州的教训，证明了北方证券公司同时拥有两条平行的铁路与由一家公司收购另一家，在垄断的问题上是等效的。在这次诉讼中，法官一致判决司法部获胜，北方证券公司必须解散。

在美国，这种涉及一个大公司生死的大案，通常都要打到最高法院，这个案件自然也不例外。1903 年 5 月，北方证券公司正式向美国最高法院提起上诉。接下来，这场世纪官司的命运就将掌握在 9 位联邦大法官手里。在这 9 位大法官中，有一位是由老罗斯福提名当选的新人霍姆斯（Oliver Holmes Jr.，1841—1935），这位来自马萨诸塞州的法官被认为是开明派，而且在过去的劳工纠纷中做出了有利于工人的判决，因此才被老罗斯福看中。

在审理开始之前，老罗斯福为了确保胜利，不辞辛劳，奔赴各州演讲，说明垄断的危害。他每一次都是先肯定那些工商巨子对国家做出的贡献，然后话锋一转，说道——

"我们并不反对财富，而是反对不端的（商业）行为。"

"我相信那些妨碍和损害竞争的垄断行为和非正当竞争……以及托拉斯机构中有害于州与州之间生意的弊端，都能够通过国会调节商业的权力加以制止。"

老罗斯福的目的在于动员民众来给最高法院施加无形的压力，同时也唤起法官们的良知。他是出色的演说家，善于站在道德的高点，唤起全民对正义和良知的渴望。美国历史学家普遍认为，老罗斯福关于"托拉斯犯罪"和"公平交易"的演说，所承载的主题并非商业，而是道德。民众其实很难判断垄断行为在经济上的影响，但非常容易接受这样一种观念，即垄断公司和大家族对破坏社会公平负有道义上的责任，从而在舆论上支持政府的反托拉斯诉讼。面对政府的咄咄攻势，J.P. 摩根和哈里曼动了退却的念头，他们希望与政府和解，这样即便损失掉北方证券公司，也能保住他们的其他利益。但是希尔和他们不同，他全部的利益都在铁路上，因此坚持把官司打到底。

经过半年多的准备，诉讼各方终于在当年 12 月进入庭辩阶段。经过双方的唇枪舌战，最后争论的焦点集中在了两点上：其一，北方证券公司是否限制或密谋（conspiracy）限制跨州的商业行为和商业竞争；其二，垄断是否剥夺了其他人的权利。北方证券公司的逻辑是，公司作为法人具有和人同等的权利，如果人能够拥有两份财产，公司也可以，否则就等于否定了私有财产权的合法性。代表政府出庭的是诺克斯，他的论点是，垄断公司的行为剥夺了他人的自由。庭辩结束后，最高法院内部又辩论到了次年 3 月。最后，哈兰等 4 位大法官站在政府一边，富勒（Melville Fuller，1833—1910）等另外 4 位大法官则同情北方证券公司。最终，曾经在奈特案中站在托拉斯一边的布鲁尔（David Josiah Brewer，1837—1910）大法官投出了至关重要的一票，他在这场世纪诉讼中经过再三权衡，最后勉强站在了政府的一边，不过他并不赞同哈兰等 4 位大法官的判词。因此在最后的判决中，只念了哈兰起草的、代表另外 3 位大法官的判词。今天，这份几百页的判决书依然可以在康奈尔大学法学院的网站上直接找到 [17]。

17
参考文献 3。

这一次，老罗斯福和美国政府虽然取得了胜利，却也只能算是惨胜，甚至连险胜都算不上，因为唯一由他任命并且寄予厚望的大法官霍姆斯竟投出了反对票。这出乎所有人的预料，更让老罗斯福失望至极，他说"香蕉都能雕刻出一个比他更有骨气的法官"，言下之意，指霍姆斯向资本家妥协。而霍姆斯对外界的评论根本不屑一顾，对老罗斯福更是毫无感激之情，外面骂他越凶，越显得他保持自己的独立立场。霍姆斯的动机一直是历史学家和法学家们研究的课题，今天很多学者认为，他可能骨子里就不赞成反垄断。

北方证券公司在败诉后被拆散，几家铁路公司又回到了各自运营的状态。这场官司的意义不仅在于拆掉了一个垄断托拉斯，而且还赋予了《谢尔曼反托拉斯法》一个广泛的辖区，使它成为直到今天限制不正当竞争的利器。对一家公司是否提起反垄断诉讼，不完全在于它是否占据了全部的市场份额，而在于消费者有无可替代的产品和服务，新的从业者能否进入这个行业中。到了 20 世纪 50 年代，美国早已成为车轮上的国家，航空业也非常发达，铁路运输不断衰落，再限制铁路公司的市场份额就变得没有必要了。当 1955 年北太平洋公司和大北方公司再次提出合并时，这一次联邦法院毫不犹豫地批准了它们的要求；接下来它们又合并了包括伯灵顿在内的数家铁路公司，形成了今天的伯灵顿北方桑塔菲铁路公司（Burlington Northern Santa Fe）。2009 年它被巴菲特的伯克希尔－哈撒韦公司收购。当然这些都是后话了。

北方证券公司被拆分，成为新旧两个时代的分水岭。接着，老罗斯福总统一鼓作气，将 40 多家垄断企业告上了法庭。

第三节　第四位伟人

图 28.8　美国拉什莫尔山的 4 位总统雕像（右边第二位为老罗斯福）

在美国中西部南达科他州的拉什莫尔山上，有着美国 4 位伟大总统的巨型雕像。其中的三位分别是开国的华盛顿、起草《独立宣言》的杰弗逊、解放奴隶的林肯，这三位可谓家喻户晓。而第四位则是老罗斯福，因为他将公平带回给美国社会，美国人有时又将他称为"第四位伟人"。虽然今天的一些经济学家单纯从生产效率的角度质疑 20 世纪初美国反垄断的必要性，但是正如老罗斯福所说的，他所做的不是反对商业和财富，而是要限制权力，创造一个公平的社会。在美国立国之初，国父们所担心的是将来政府的权力过大，因此在制宪时重点考虑的是平衡各方面的权力，并且让它们相互制约。但是，国父们没有想到的是，由于经济的迅猛发展，在 20 世纪初，个人和家族的权力在许多方面甚至超过了政府的权力；全社会对此深恶痛绝，却又无能为力。老罗斯福的伟大之处，在于他能够看到时代的要求并顺应民意，义无反顾地把反垄断这项艰巨的工作做下去。在老罗斯福将近 8 年的任期内，他将 40 多家大企业和托拉斯告上了法庭，并因此赢得了"托拉斯爆破手"（Trust Buster）的称号。

老罗斯福在任内所进行的最著名的反托拉斯司法调查（以及后来的诉讼），针对的就是洛克菲勒的石油王国——标准石油公司。

在 1879 年成为美国第一个真正意义上的行业托拉斯后，标准石油公司仍不断建立控股公司，将一个又一个石油公司收入麾下。到了 1899 年，标准石油公司（当时它的总部注册在新泽西，因此官方名称为 Standard Oil Co of New Jersey，简称 SOCNJ，在中国被称为"美孚石油公司"）控制了 41 家上市公司的股票，而那些上市公司又控制了大量小公司，今天已经很难准确统计这里面到底有多少公司了。由于不断控制石油资源和炼油产业，标准石油公司的市场份额一路飙升，到了老罗斯福当总统时（1904 年），它占了全美国 91% 的成品油生产和 86% 的销售额。洛克菲勒还将石油产品（主要是煤油）卖到全世界，标准石油公司在被拆分之前一大半收入来自海外。同时，洛克菲勒也控制了全球大量的石油资源。

标准石油公司在垄断石油资源和市场的同时，其实并没有直接损害美国和全球消费者的利益。由于整合资源，降低成本（包括通过和铁路公司谈判降低运费），标准石油公司实际上让全球煤油的零售价不断下降。在很多市场（比如中国），它给当地带来的冲击是倾销。对美国来讲，标准石油公司帮助美国控制了全球大量的石油资源，尤其是中东地区的资源。再说回到洛克菲勒本人，他的生活并不奢华，除了有几栋大宅子外，极少在奢侈品上花钱。他不抽雪茄，不喝香槟酒，平时经常骑着自行车出行。对于子女，他要求严格，并不溺爱，也很少给零花钱。另一方面，他不仅向大学和医学院捐款，而且支持了大量的公共项目。如果我们顺着这样的思路考虑，会认为标准石油公司和洛克菲勒家族并未对美国、对社会造成什么危害。

具有讽刺意义的是，在 19 世纪末 20 世纪初，美国社会并不喜欢洛克菲勒，小商人们更是对标准石油公司这样的垄断企业恨得咬牙切齿。为什么会是这样一个结果呢？美国当时一位家喻户晓的新闻记者伊达·塔贝尔（Ida Tarbell, 1857—1944）对标准石油公司的发家史做了一系列的报道，深入阐述了标准石油公司对商业环境的破坏；这些报道后来编纂成书，名为《标准石油公司历史》，成为反垄断的一篇檄文。塔贝尔的父亲原来是一家小石油公司的老板，在公司被标准石油公

图 28.9　生活俭朴的老洛克菲勒经常骑自行车出行

司击垮后，成了标准石油公司的雇员。在塔贝尔的印象中，她的父亲一直生活在仇恨、多疑和恐惧之中，因此塔贝尔小时候过得并不幸福。随着对标准石油公司的内幕了解得越来越多，塔贝尔发现标准石油公司不仅毁掉了大量竞争对手的生意，而且毁掉了很多人的生活。

标准石油公司对竞争对手的打击、对上下游企业的挤压自不必说，它明显破坏了自由竞争的原则。标准石油公司对社会的危害远不止于此。它首先通过建立起一个触角无所不在的商业帝国，在美国经济中获得了无比大的权力。在美国，标准石油公司不仅控制着煤油的价格，而且制定铁路的运费和采油的价格。不仅如此，标准石油公司的几位股东还控制着美国的电气业务、钢铁业务和部分铜的生产。美国在立国之初非常担心政府过度干预经济，从而破坏自由竞争，而现在美国政府对经济的威胁倒是微乎其微，但是洛克菲勒和其他大家族却成了美国经济实际上的沙皇，这就动摇了美国的立国之本。

标准石油公司的垄断行为，也令劳工无从选择工作。当一个行业只剩下一个玩家之后，从业人员无法到另一家公司找工作，只能接受资方极低的工资和超长的工作时间。在各种劳资谈判中，劳方也一直处于劣势。相比英国在 19 世纪中期就在法律上规定了 8 小时工作制，美国的劳工却在 20 世纪初还不得不争取 9 小时工作制。此外，美国当时的工伤事故率也是工业化国家中最高的。美国虽然在 19 世纪末的 GDP 上超过了英国，但是劳工的生活状况却比英国要差得多。那时的美国，一方面创造了人类历史上数量最多的超级富豪，另一方面贫富分化非常严重，百分之二的人占有了六成的财富。从这个角度来看，洛克菲勒等人已经是美国没有王冠的国王了。

1904 年，美国利用肢解北方证券公司这一时机，发起了对标准石油公司的垄断调查。和上次一样，政府的办法还是先进行火力侦察，先由密苏里州在 1904 年 6 月起诉标准石油公司，在起诉报告中详细列举了标准石油公司依靠庞大的规模和无比的权力进行不正当竞争的事实。然后，在 1906 年 11 月，司法部在圣路易斯联邦巡回法院对标准石油公司提出起诉。和上一次北方证券公司的官司一样，标准石油公司最初的反应也是争取与政府和解，但是老罗斯福提出要彻底铲除直接垄断石油市场和间接控制铁路的标准石油公司。这样一来，双方只能在法庭上见了。

司法部对标准石油公司的诉讼分为很多项，这就注定了整个诉讼过程将十分漫长。必须要指出的是，司法部对标准石油公司的指控主要集中在利用垄断地位对运费和原油采购进行秘密定价或价格操控上，并没有通过涨价获取高额利润一说。标准石油公司操控上述两项定价会使得其他竞争对手纷纷破产。1907 年夏天，司法部取得了阶段性的胜利，联邦法院判决标准石油公司在印第安纳州的分公司收取了铁路运费的回扣，变向操控价格，乃违法行为，判决的结果是罚款 2900 万美元。2900 万美元在当时对于任何公司都不是一个小数字，更何况如果这个罪名成立，在接下来的官司中将对标准石油公司非常不利，因此标准石油公司提起上诉，争取到了二审的机会，但是依然没能翻盘。

在取得阶段性胜利后，老罗斯福并不给对方喘息的机会，在他任期的最后一年（1908 年）的 5 月，请求解散（注册在新泽西的）标准石油公司（Standard Oil Company of New Jersey）。双方的官司一路打到最高法院，在老罗斯福的任期内并未分出胜负，前后持续了 3 年之久。最后，最高法院在 1911 年 5 月 15 日判决标准石油公司败诉，并责令其解散 38 家公司，把当初用以交换托拉斯的股票的原公司股票还给原股东；各家公司要各自成立董事会，独立运作。至此，洛克菲勒耗尽毕生精力辛苦经营了 40 年的石油王国轰然倒塌。

标准石油公司诉美国政府一案的判决结果，除了肢解当时最强大的托拉斯，还有一个更普遍的意义，那就是用联邦法（《谢尔曼反托拉斯法》）颠覆了（Override）一个州（新泽西）的州法。至于判决的结果，当时美国政界和商业界的不同人士看法不一。政府无疑认为这是一次胜利，激进的左派却吃不准这一结果日后的影响，保守派则认为这样做对商业不利。不过律师们和新闻界对这个结果却有着不同于政治家的解读。《纽约时报》在第二天的报道中使用了"只有不合理的贸易才会被禁止"的副标题，言下之意是，标准石油公司不是因为大而被拆解，而是因为做错了事。这个判决结果其实也是向工商界发出了一个信号：只要大企业不做控制价格和非正当竞争的事情，它们可以继续发展。据说当时一些大企业的老板得知这个判决书的内容后，反而放了心，觉得另一只靴子落地了。在此之后，美国的工商业并没有受到大的打击，而是继续高速发展。

被剥离出来的各家石油公司，很多直到今天依然活跃在全球市场上。新泽西标准石油公司后来改名为埃克森（Exxon）石油，纽约标准石油公司后来改名为美孚（Mobil）石油，这两家公司在将近一个世纪后又重新合并，形成了今天全球最大的石油公司埃克森 – 美孚石油公司。加利福尼亚标准石油公司后来改名为雪佛龙（Chevron）石油，是美国当今第二大石油公司。印第安纳标准石油公司后来改名为阿莫科（Amoco）石油，现为英国石油公司（BP Amoco）的一部分，是该公司在美国的运营机构。

有意思的是，洛克菲勒本人的财富并没有因为标准石油公司的解体而减少，反而极速增加了。由于财富（被迫地）被分配到各种投资中，变得更加安全稳定，在随后的十几年里，他的财富至少翻了两番。不过即便如此，洛克菲勒依然到死都对美国政府的所作所为极为不满，他不明白为什么美国政府要对他这样没做错什么事情而且是为国家和消费者谋取利益的人下手。如果洛克菲勒能够活到今天，看到美国在过去一个世纪的发展，或许会明白，在美国这样一个非常崇尚机会平等的国家，当你的商业自由妨碍了其他人平等的机会时，就会受到约束。事实上，美国从建国到今天一直在自由和平等之间纠结。虽然我们通常将平等和自由放在一起讲，但其实它们之间的矛盾大于它们的一致性。由于人的能力有不同，只要承认并维护人的自由，一段时间之后，一定会造成非常不平等的结果，这样反而会影响到大多数人的自由。相反，过分地强调绝对的平等，每一个人就都不会有自由，社会就得不到发展，今天日益衰落的欧洲就是很好的例子。美国之所以在建国两百多年来一直保持稳定的发展，就在于它不断平衡自由与平等的关系。具体到老罗斯福的时代，由于之前四分之一个世纪里过度的自由破坏了公平的原则，因此他需要通过反垄断还社会以公平。

老罗斯福为美国留下的政治遗产，除了反托拉斯，还为劳工争取到了应有的权利。在美国工业革命的后期，虽然美国的整体财富剧增，但工人却没有得到什么好处，因此劳资双方的矛盾非常突出。老罗斯福虽然出身于富有之家，但是在劳资纠纷中常常站在劳工一方。1902 年，他甚至把煤矿的老板们和劳工领袖都请到白宫进行谈判，这是劳工代表第一次进入白宫。当时，那场罢工已僵持数月，一方面工会漫天要价，另一方面资方毫不让步。眼看冬天来临，市民们就要没有燃煤取暖了，资方的代表把责任归结到工会一边，因此市民对罢工者并不同情，他们在看总统能否成功地解决这场旷日持久的罢工。最后，老罗斯福利用他的政治智慧，成功地为双方找到了结束罢工的基础条件，让劳资双方达成了协议，也让市民渡过了危机。在此之后，老罗斯福帮助劳资双方达成了每天工作 9 小时的协议。虽然这个协议相比当时欧洲一些国家的 8 小时工作制有所不足，但是比之前每天长达 12 小时已经好了很多。到了 20 世纪30 年代，美国普遍采用了 8 小时工作制。

老罗斯福的第一个总统任期是接替麦金莱的，按照惯例，他还可以再有两个完整的任期 [18]，即一直当到 1912 年。但是，老罗斯福并不眷恋权力，当了 7 年总统后，老罗斯福决定将总统的位置让给自己挑选的接班人塔夫脱（William Taft，1857—1930）。在年龄上，塔夫脱比老罗斯福还大一些。由于政府反垄断的作为深得民心，塔夫脱顺利地在竞选中获胜，成为总统。

18
按照今天的法律，依然如此。

老罗斯福在中国还留下了一笔政治遗产，那就是退还了 1000 多万美元的庚子赔款，建立了清华大学，并设立奖学金选拔中国的优秀学子赴美留学。为了纪念老罗斯福对清华的贡献，清华大学最早的体育馆被命名为"西奥多·罗斯福体育馆" [19]。

19
西奥多·罗斯福的名字原来是刻在体育馆上的，后来被铲除。

纵观老罗斯福的一生，这位豪门出身的富人首先想到的是社会的公平、劳工的利益和发展中国家的近代化，而不是自己财富的增加。

他是一位真正的斗士，和自然斗，和政敌斗，和资本家斗，靠着顽强的毅力扫荡着飘浮在美国社会上空令人窒息的铜臭，让美国民众又一次看到了文明社会的曙光。在老罗斯福的身上，我们看到人类许多高贵的品质，以及本能地追求正义和进步的道德力量，因此，他无愧于"第四位伟人"的称号。

第四节　进步时代

在美国历史上，老罗斯福、塔夫脱和后来威尔逊当政的时期被称为"进步时代"（Progressive Era），因为当时美国全社会开展了一场被称为进步运动（Progressive）的自我反省和温和的改革。在这场变革中，上至总统，下至普通劳工，从左翼的新闻记者到保守的工商业领袖，几乎每个美国人都为这场伟大的变革做出了积极的贡献。通过进步运动，美国走出了工业发展初期那种混乱而疯狂的状态，重新恢复了社会的公平性，使得美国在随后的近百年里不仅能够在经济上持续稳定地发展，而且不曾出现过严重的社会矛盾。

图 28.10　"进步运动"的宣传画

进步运动的核心是反垄断，但它又不仅仅是反垄断，而是全方位的变革，尤其是社会民主化的变革。进步运动本身就足够写一本书来介绍，不过为了让读者朋友对它有比较清晰的脉络，我们还是先从进步的政治家们讲起。

在进步时代的 3 位总统中，塔夫脱执政时间最短，只有 4 年，后世的历史学家认为他是一位能力平庸却也无大过的总统。但是，在当时的历史情况下，确实需要这样一个四平八稳的人延续老罗斯福的政策。虽然后来老罗斯福觉得塔夫脱比自己预想的保守，但是他在反托拉斯和维护劳工利益上毫不含糊。在 4 年的任期内，塔夫脱将 71 家垄断型公司告上法庭，相比老罗斯福 8 年中起诉了 40 家公司，塔夫脱在这一方面甚至激进得多，他在进步运动中起到了承前启后的作用。

不过，塔夫脱在经济政策上还是有超出老罗斯福之处，尤其是鼓励美国银行家向海外投资，鼓励美国企业家到国外去发展。为了配合美国工商业走出国门，美国政府向那些在国外修建铁路设施和创办企业的企业家们提供贷款。虽然美国在 19 世纪末已经是一个商品生产大国，但是海外贸易远不如今天发达，很多大公司并非全球化的公司。是塔夫脱开启了美国融入世界的时代，虽然这个融入在一开始更多地表现在经济而非国际影响力上。

塔夫脱留下的另一个遗产，就是向个人按照收入征收联邦税。美国在建国后很长的时间里，个人只需向所在的州缴纳收入所得税，不必向联邦交税。联邦的收入主要来自海关的关税。为了通过财富的再分配来进一步实现社会的公平，塔夫脱提出了一项影响深远的宪法修正案，即在各州州税外，由联邦向美国公民征收个人收入所得税。起初，这个税率非常低，对于大部分家庭来说，甚至不到其收入的 1%，因此很快就获得了国会两党议员的认可并通过了，没遇到什么阻力。不过，一旦开了征收联邦税的先例，这个税率以后就免不了不断地增加了。到了奥巴马总统时代，联邦税的税率已经最高增至 40% 左右了。

塔夫脱 4 年的任期转眼就到了，1912 年底又要进行总统大选了。这一年的大选可能是美国历史上最热闹的，候选人除了谋求连任的总统塔夫脱，还有来自对立党派的主要竞争对手伍德·威尔逊（Woodred Wilson，1856—1924），以及在美国历史上昙花一现的社会党的候选人德布斯（Eugene Debs，1855—1926）。更有意思的是，老罗斯福也新成立了一个进步党（Progressive），跑回来参加竞选。老罗斯福为什么要给自己选定的接班人塔夫脱搅局呢？原来，老罗斯福在卸任后就跑到非洲去打猎了，等他回到美国后发现，塔夫脱的方针背离了他本人的初衷（这是他自己认为的），于是决定通过竞选重新获得权力，以推行自己未竟的政治理想。作为现任总统，塔夫脱是共和党下一届总统的候选人，老罗斯福要想参选，就必须成立新党。长期以来，老罗斯福在百姓心中占据着道德的制高点，因此他所成立的新党 —— 进步党迅速发展壮大。不过进步党的成员和选民其实是从他原先所在的共和党中分离出来的。老罗斯福成立新党的做法在客观上帮助了民主党候选人伍德·威尔逊。

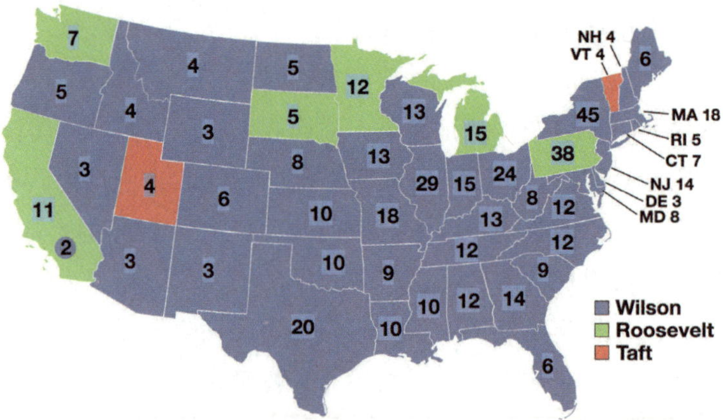

图 28.11　1912 年美国总统大选的结果

1912 年总统选举的最终结果是这样的：渔翁得利的威尔逊获得了600 万张选票，鹬蚌相争的老罗斯福和塔夫脱分别获得了 400 万张和 350 万张选票，社会党获得近 100 万张选票。由于美国的大选是以州为单位，各个候选人赢者通吃全州选票，威尔逊虽然只获得了40% 的选民投票，但是面对 3 个得票分散的候选人，他通吃了 40个州的 435 张选举人票（总票数为 531 票），最后以绝对优势当选。老罗斯福虽在这次选举中失败，其表现却也可圈可点，他不仅获得了相当多选民的支持，而且创造了历史。在美国总统大选中，总有一些独立于两大政党之外的第三种力量的候选人参选，但是几乎无法获得选举人团的投票，老罗斯福是个例外，他这一次获得了 88张选举人团投票，这个纪录迄今无人能够接近。但是老罗斯福的失败也给后来的总统竞选人上了一课：与其作为第三种力量参选，不如努力争取在两大党中获得提名。当然这是后话了。

当选总统威尔逊是美国历史上唯一一位学者总统，虽然美国有不少法学博士（JD）当选总统，但是哲学博士（PhD）当总统的只有他一位。威尔逊毕业于约翰·霍普金斯大学政治学专业，后来担任了美国名校普林斯顿大学的校长，他是当时全世界卓有远见的政治学专家。威尔逊在内政方面基本沿袭了老罗斯福和塔夫脱的政策，继续致力于反托拉斯并还社会以公平。不同的是，老罗斯福和塔夫脱的工作主要是针对当时非常严重的反垄断行为，进行"反垄断爆破"（Trust Busting），而到了威尔逊的任期，大量的垄断

图 28.12　20 世纪初的漫画，描绘威尔逊给经济添加的动力 —— 反垄断、关税和货币政策

企业已被告上了法庭并被拆分，因此，他更看重在制度上防止垄断行为的发生。

威尔逊制定了一系列经济方面的法律和政策，以达到预防垄断出现、重新分配财富和保障社会公平的目的。在他的诸多经济手段中，首先就是提高个人联邦税的税率。塔夫脱虽在任期内通过了征收联邦税的法案，但这项税的征收是从威尔逊上台的1913年开始的。在第一年，个人所得税只占联邦税收的很小一部分，但是到了威尔逊的第二个任期，个人所得税便与关税相当，成为联邦政府的主要收入了。到了1920年威尔逊卸任时，个人联邦所得税已经是美国关税的10倍了。联邦税的征收，不仅在经济制度上保证了美国财富合理的再分配，帮助低收入家庭逐渐通过自己的努力摆脱贫困，成为中产阶级，而且也使得美国联邦政府从此有了足够多的经费发展国防力量，并最终能够在世界舞台上唱主角。

20
遗产超过545万美元的个人或者1090万美元的夫妻，需要对超过部分缴纳遗产税。

如果说个人联邦所得税还多少是针对比较广泛的人口，那么遗产税则是专门针对富有家庭的。按照今天美国征收遗产税的门槛，只有千分之二的家庭[20] 需要交纳遗产税，但税率高达40%[21]。在历史上，美国几次临时性地征收过遗产税，但是很快都被废除了。将遗产税作为重新分配财富的制度确立下来并且延续至今，则是1916年威尔逊在任时期的事情。

21
遗产税的税率是变化的，在历史上这个税率曾经高达55%。

遗产税的征收带来了三个结果。首先是进一步实现了财富的再分配，像洛克菲勒这样的家族直接将财富留给下一代，那么一半的财富将被联邦政府（以及部分州政府）拿走，这样政府就有一大笔钱用于公共事务。但是，今天遗产税在美国政府的税收中所占比例并不高，不到1%[22]，因为美国有一个间接的方法可以规避遗产税，就是将家族的财富放到一个慈善基金会中。因此，遗产税带来的第二个结果就是各个富有的大家族纷纷建立起慈善基金会，并指定家族

22
2014年，美国遗产税只有193亿美元，只占到联邦税收的0.6%。

的后代为基金会负责人，来控制家族的财富。

对于慈善基金会，美国政府是不征税的，但是这并不影响将大家族的财富分配到全社会。美国政府规定，慈善基金会每年必须捐赠总资产的 5%，这相当于变相的税收。美国在过去的 200 多年里，股市的投资回报每年在 7% 左右，其他投资的回报更低。如果扣除每年捐赠的 5%，以及 2% 甚至更多的管理费，各大基金会基本上只能做到保住本金，不会有太多的财富增长。这样一来，大家族在社会生活中的作用就一代代式微了。在中国，依然有很多人误以为今天的美国是由大资本家或财团控制的，但那都是一百年前的事情了，洛克菲勒、J.P. 摩根等名字今天已经很少被人们提及，更不用说影响力了。

遗产税所带来的第三个直接的，或许是最重要的影响，就是让富有阶层的精英乐于从事慈善，关注社会，由此促进了整个社会的和谐。洛克菲勒在他的石油帝国被拆分之后，将大部分精力实际上都花在做慈善上了。而他的小儿子、洛克菲勒家族的第二任掌门人小约翰·洛克菲勒（John Rockefeller Jr，1874—1960）一生几乎都投身于慈善事业。今天虽然美国的贫富差距远比欧洲大，但美国是世界上少有的民众并不太仇富的国家。这一方面是因为很多民众渴望通过自身努力进入中产阶级乃至富人的行列，另一方面是因为富人承担了许多社会责任和义务。下面不妨来看几个数据，相信大家会有更清晰而具体的概念。

20 世纪以后，美国各种基金会和个人向非营利组织和公共事业的捐赠逐年增加，到 2015 年时，已经达到每年 3700 亿美元。这一年，98.6% 的高净值家庭和个人参与了捐赠，而他们中的三分之二的人捐赠的目的仅仅是为了回报社会。据估计，从 1998 年到 2052 年，美国的家庭和个人将向各种慈善基金会捐赠 21 万亿—55 万亿美元

23
http://www.
nptrust.org/
philanthropic-
resources/
charitable-giving-
statistics/.

的自有财富[23]。相比之下，美国今天（2015 年）的 GDP 和国债，分别是 18.5 万亿美元和 18 万亿美元。

进步运动的标志不仅仅是惩办垄断行为，鼓励富人多承担社会义务，还在于防止将来出现新的垄断。在这一方面，威尔逊做了大量的工作，其中最重要的就是于 1914 年成立了联邦贸易委员会（Federal Trading Committee，简称 FTC），同年通过了《克莱顿反托拉斯法》。联邦贸易委员会有权批准和否决公司的并购，这样一来，企业之间通过并购、相互控股和建立托拉斯来垄断市场的可能性就被大大地限制了。在过去的一个多世纪里，联邦贸易委员会否决了很多公司的并购案。对一些批准的并购，它也附加了很多限制条件，以免并购之后的公司在市场上取得太强势的地位。《克莱顿反托拉斯法》则比《谢尔曼反托拉斯法》更进了一步，后者是在垄断发生后制止垄断行为，而前者则是防止垄断行为的发生。具体来讲，《克莱顿反托拉斯法》对商业竞争做了这样一些规定。

1. 禁止价格歧视，不允许一个公司将产品的价格降低到足以使它形成垄断的地步。
2. 禁止在销售时附加排他性条款，也就是说任何企业不能要求零售商只卖自己的产品，不卖竞争对手的产品。
3. 禁止通过并购形成垄断。由于两个公司并购之后，市场上的竞争可能被削弱，因此并购的前提条件是竞争被削弱的程度必须控制在合理的范围内。
4. 禁止一个人同时担任两个正在竞争的公司的董事。

《克莱顿反托拉斯法》实施后，在美国形成垄断性企业的难度比过去要大得多了。

如果说进步运动只是集中在反托拉斯这一件事情上，那么美国有可能会像一些拉美国家那样以牺牲社会发展来换取社会公平，最终导致经济永远走不出发展—停滞—再发展—再停滞的怪圈，而且落入左派和右派力量交替掌权、社会矛盾长期得不到解决的陷阱。但是美国不仅没有走到这一步，而且一直远离那种危险，这要感谢在进步运动中各个阶层对自身的反省和相互妥协。

在进步运动开始之前和进步运动的初期，美国虽然经济增长较快，但是因为财富过分集中，社会矛盾重重。这种社会矛盾，并不能简单地归结为资本家压榨工人，反过来看，工会也常常不切实际地向资方漫天要价，同时欺压非工会工人。在纽约的建筑工地上，经常发生工会工人和非工会工人的殴斗乃至谋杀。那个时期美国的社会治安相当成问题，资方会雇佣打手欺压劳工，而工会则常常会对资本家进行暗杀。而国际工人组织和无政府主义者还会在闹市区向资本家或证券商扔炸弹，经常炸死过路的行人。约翰·肯尼迪总统的父亲老肯尼迪就曾被莫名其妙的炸弹炸倒在地，差点糊里糊涂丧了命。这就是进步运动早期的美国社会现状。

要解决美国这么多的社会问题，显然不可能仅仅靠几个好总统，而是需要全社会各阶层都积极行动起来，改良社会，并且这种改良要让各阶层最终都能获益。这便是美国进步运动能够成功的原因。

在进步运动中，首先需要有人站出来揭露社会问题，起到这个作用的是一些记者。早在镀金时代，一些具有良知的知识分子（包括马克·吐温这样的进步作家）就站出来揭露美国经济繁荣背后的不公平，他们专门揭露商业上和政治上的黑幕。这些人后来被老罗斯福总统称为"打扫社会的扒粪者"（Muckraker）[24]，前面提到的塔贝尔就是这样一位扒粪者。除了塔贝尔，当时著名的扒粪者还有林肯·斯蒂芬斯（Lincoln Steffens，1866—1936）[25]和雷·斯坦纳德·贝克（Ray Stannard Baker，1870—1946）[26]等人。这些记者的勇敢行

24
"扒粪者"一词最初源于英国作家约翰·班扬的小说《天路历程》。书中的一位反派人物总是手拿粪耙，埋头打扫地上的秽物。

25
斯蒂芬斯着重揭露了美国官商勾结的腐败现象，代表作有《城市之耻》一书。

26
贝克的长篇报道《铁路公司受审判》揭露了铁路托拉斯的不法行为，促使罗斯福总统下决心扩大州际贸易委员会的权力，并最终促成国会制定和通过了《铁路运输管理法》。

为不仅在当时唤起了大众对社会问题的关注，而且为这个行业的从业人员赢得了"无冕之王"的赞誉。

除了记者，其他知识分子也在积极探索解决美国社会问题的途径。当时从经济学家到社会学家，主流的声音都在呼吁政府加强对商业的管理，而不是像在过去一百多年里那样放任商业行为。当然，也有学者坚持政府的角色仍应被限制在国家的"守夜人"上。当时学术界的争论非常激烈，但结果是在开展进步运动的20年间，美国政府的权力大大加强，并开始监管商业行为。

有了呼吁，在政治上还需要有人来支持进步运动。除了前面提到的老罗斯福等三位卓有远见的总统，支持进步运动的还有像哈兰这样的大法官，以及大量愿意代表劳工利益的政治家和社会活动家。需要指出的是，这些劳工代表和工会领袖自己并非劳工，他们只是代表劳工去和资方谈判或到媒体上发言，他们通常是专职的律师或社会活动家。正因为他们不是劳工，不受雇于资本家，所以在谈判中才不会受到资方的要挟。虽然今天美国社会对这些同时绑架了工会和资方的劳工代表非常反感，但在当时他们为争取劳工利益做出了很大的贡献。

有人呼吁，有人支持，具体的事情还需要有人来做。参与进步运动的有广大的专业人士（律师、医生、教授和公司职员等），他们不仅在各自的领域推动进步运动，并积极参与所在城市的建设和改革，而且还想方设法利用自身的专长向周围低层次的劳工宣传进步运动的意义。当时的艺术家创作了大量海报和漫画，揭露社会的丑恶现象。

27
近年来，美国信教人口的比例在逐渐下降，但是在20世纪初，美国大部分人信教。

教会在进步运动中也起到了积极的作用。总体来讲，美国是一个笃信基督教（新教）的社会 [27]，教会在社会生活中起到了黏合剂的作用。美国人习惯下班回到家后就关起门来过日子，平时相互往来不多，而周末参加教会的活动则成为他们彼此沟通的一个重要机会。在进步运动中，牧师们带领着教徒参加所在教区的社会服务，而不仅仅是在教堂里做礼拜。各种社会服务中心建立起来了，参与社会服务成为一种习惯。美国的这个传统一直保留至今。

当然，如果没有资本家和富豪的觉悟与参与，进步运动只会带来社会的割裂。进步运动一开始受到富有阶层的极力反对，毕竟这个运动在很大程度上是针对他们的。但是随着全社会对正义的呼唤，一些富豪也开始反思人生的价值。到了进步运动的后期，白手起家的那一代富豪已经进入老年期，当他们希望子女接班时，却发现了金钱所带来的负面作用。当时美国的很多"富二代"过着无所事事的生活，很多人酗酒、吸毒甚至自杀。这让那些白手起家的富豪们明白，只有金钱的生活很可能造就的是一批颓废、无能的"富二代"。

这时，洛克菲勒等一些开明的企业家开始把大批财富捐献给社会，并为其他人树立了慈善行为的典范。美国历史上最大的慈善基金会卡耐基基金会和洛克菲勒基金会都是在那个时代建立的。大笔的捐款被用于解决公共卫生问题，包括在前面提到的成立约翰·霍普金斯卫生与公共健康学院。美国消灭人体寄生虫就是在那个年代完成的 [28]。同时，学校、图书馆和博物馆等许多公共事业得到了资助，极大地改善了美国的社会环境，也在很大程度上消除了贫富差距。

进步运动解决上述问题的方式和欧洲大陆的革命有所不同，它并没有进行一场"东风压倒西风"（或者反过来）的革命，而是进行一系列的修修补补和缓慢调整，最终实现改良社会的目的。英美人的保守主义传统在进步运动中得到了充分的展现。可以这样来形容：美国社会的各阶层，当时就像身处一条正在航行却需要修补的旧船上；他们不是弃船而逃，另外建造一条新船，而是一边航行一边修

28
约翰·霍普金斯卫生与公共健康学院的一位教授，发明了在自来水中加入少量氯气的消毒方法，后来在全美国得到推广，并且在后来使自来水的清洁程度达到了可以直接饮用的水平，才从根本上解决了人体寄生虫的问题。

补。当然，这要求船上的所有人时刻保持警惕，每个人都尽自己所能检查船的某个部分，以免出现灭顶之灾。

图 28.13　1917 年纽约妇女为争取选举权举行了百万妇女大游行

随着民众积极参与政治活动，美国在 1913 年实现了联邦参议员的直选，1920 年妇女获得了与男性同等的选举权和相应的政治权利。美国变成了一个更加平等的社会，它最终没有像欧洲那样形成对立的资产阶级和无产阶级。全社会既不鼓励资本家压榨劳工，也反对劳工起来打翻他们的老板。最终，美国形成了一个庞大的中产阶级队伍，并且给予这个队伍一个非常容易的上升通道。

总体来讲，美国至今仍保持着进步运动所形成的良好传统。当这个国家出现问题的时候，每个人都会检查一下什么地方出了差错，并且本着实用主义的原则做出必要的修改，使得问题暂时得到解决。在美国，那种让巨轮停下来大修或者干脆造一艘新船的想法都是没有市场的。美国人不相信什么由理论所指导的变革，而更喜欢连续的、合作的和尝试性的变革。

对于每一项改变现状的立法，都会有激烈的争论，因为各方都会本着自己的利益发出自己的声音。很多法律经过反反复复的修改才逐渐稳定下来。大部分法案都是相互妥协的结果，相比过去的法案变化都非常小，以至于大部分时候媒体都懒得报道。但是，几十年后人们发现，越是当时看上去不起眼的修订，持续的时间越长，影响力越大。就这样经过无数次对美国社会进行小幅修正，美国走出了19 世纪末混乱的年代，朝着有序的方向持续发展。

进步运动虽然被冠以"运动"一词，但是很多美国人认为，它与其说是一次运动，不如说是一种信念的复苏和一种心态的转变。这种信念就是相信人类社会必然趋向进步，人的理性可以推动这种进步；而这种心态是一种充满乐观主义的心态，对人类通过自觉性来消除弊病充满信心。

第五节　世纪反垄断

尽管美国政府在不断完善相应的法律，以防止垄断性公司破坏商业竞争的原则，阻碍技术进步和经济发展，但是在信息流通越来越快、经济运行效率越来越高的新时代，只要自由竞争存在，经过一段时间就必然会在某个领域形成新的垄断。因此，反垄断对于提倡自由经济的美国是一项长期的任务。在进步运动之后的近一个世纪里，防止垄断出现和反垄断一直在持续进行，美国社会的健康发展在很大程度上得益于此。

进入 20 世纪后，世界上发展最快的是那些科技企业，而不是开发资源和从事制造业的企业，因此反垄断也就集中在科技行业了。在整个 20 世纪，最引人关注的反垄断诉讼有三起，分别针对 AT&T公司、IBM 公司和微软公司。

1. AT&T 公司

美国电报电话（AT&T）公司源于电话发明人亚历山大·贝尔所创建的贝尔电话公司（Bell Telephone Comany），AT&T 原本是它的长途电话部门，但是后来因为其名气很大，很多人便将它们混为一谈了。

贝尔公司取得电话发明的专利后，一度独占整个北美的电话市场。但在专利到期后，全美国一下子涌现出上百家电话公司。贝尔电话公司通过市场竞争，最终重新获得了在北美市场的垄断地位。当时正值美国 20 世纪初的反垄断高潮，美国政府对独占市场的贝尔电话公司非常警觉，并于 1913 年对贝尔电话公司提起反垄断诉讼。当时电话市场并不大，加上贝尔电话公司承诺竞争对手可以自由接入贝尔公司的电话网络，因此美国政府与贝尔电话公司达成了和解协议，史称"金斯堡承诺协议"（Kingsburg Commitment）。

在随后的几十年里，得益于全球电信业的高速增长，贝尔电话公司发展迅猛，而美国政府对它的警惕也一直没有放松。其间，贝尔电话公司为了避免麻烦，剥离了它在加拿大的业务和加勒比地区的业务。经营这两部分业务的子公司，后来分别成为加拿大北电公司（Nortel）和美国 ITT 公司的一个部门。除此之外，美国政府没有太干涉 AT&T 的业务。

到了 20 世纪 70 年代，AT&T 已经完全垄断了美国的电信业。那个时期，美国长途电话的话费不是由市场决定的，而是由 AT&T 公司和美国联邦通信委员会（Federal Communication Committee，简称 FCC）谈判决定的。而 AT&T 定价的依据是，它为了在美国发展电信产业，每年需要投入多少研发经费、铺设多少线路等，然后平摊到每一分钟的话费上。在当时，美国国际长途电话每分钟的话费高达 2.99 美元，另加一些税费，这是打国际长途几乎不要钱的今天所无法想象的。不过公平地讲，这个价格在当时世界各国中还是算相当便宜的。在 20 世纪 70 年代，传真机已经出现并开始普及，但是 AT&T 公司为了收取更多的电话费，并未积极生产传输速度更快的传真机。因此可以说，垄断已经阻碍了美国电信业的发展。

图 28.14　AT&T 的市话业务被分成了 7 个地方性电话公司，各自独立经营

1974 年，美国司法部依据《谢尔曼反托拉斯法》对 AT&T 公司提起诉讼。诉讼的理由很有意思，司法部并没有找 AT&T 操纵价格之类的理由，因为当时 AT&T 的收费在世界上并不算贵，如果司法部找这样的理由，很容易被法庭驳回。司法部找的理由是，AT&T 用其下属的一个子公司所获得的垄断利润，补贴其电话网络的运营成本，使得其他公司无法进入电信市场与 AT&T 竞争。可以看出，美国政府在经历了上百场反垄断官司之后，已经变得非常有经验，它知道如何找到那些垄断企业的软肋。即便如此，这场官司还是打了 8 年之久。1982 年，美国司法部和 AT&T 公司达成和解，整个贝尔系统分为经营长途电话的 AT&T 公司和许多家地方性市话公司。同时，著名的贝尔实验室也一分为二，AT&T 的那部分保留了"贝尔实验室"的名称，而各家市话公司所共有的那部分成立为"贝尔核心（Bell Core）实验室"。这场官司虽然名义上是和解，实际上是

AT&T 的失败。

在 AT&T 被拆分之后，各个地方的贝尔公司（也称为 Baby Bell）因为没有竞争，形成了在当地的局部垄断。经营长途电话业务的 AT&T，虽然有世通公司（MCI WorldComm）和 Sprint 的竞争，仍靠技术领先和更多的电话网络资源立于不败之地。如果把 20 世纪 90 年代初的 AT&T 公司和其他地方贝尔公司的营业额（或者市值）加起来，要比拆分前的那个巨无霸公司大得多。因此，司法部的反垄断行动其实创造出了一个更大的电信市场。

不过令人遗憾的是，AT&T 后来在战略上出现了重大失误，尤其是为了短期利益不断进行拆分，越来越弱，最终被一家由地方贝尔公司成长起来的 SBC 兼并。虽然合并后的公司沿用了 AT&T 的名称（毕竟这个名称比 SBC 更响亮），但是早已不是那个曾经在电信行业叱咤风云的巨无霸了。关于 AT&T 的历史，读者朋友可以参阅拙作《浪潮之巅》。

最后需要指出的是，AT&T 的衰落和反垄断并没有太大的关系。不过，另一家科技公司的衰落却和反垄断有关。

2. IBM 公司

IBM 是今天科技产业中少有的百年老店，迄今已经历了一个世纪的风风雨雨。在第二次世界大战之前，它是为企业生产制表机的公司，在二战中还生产过军工产品。二战后，IBM 公司新任总裁小沃森（T.J. Watson Jr.）看到了刚刚出现的计算机在未来的重要性，转而研制和生产计算机。到了 20 世纪 60 年代末，IBM 独占全球计算机市场的六成以上，在技术上处于绝对领先的地位，有点独孤求败的味道。那时，IBM 的市值达到 500 亿美元，这在当时是个很大的数字，占到了美国 GDP 的 3% 以上。当时，与 IBM 一同制造大型计算机的还有 7 家公司，被喻为"7 个小矮人"，而"白雪公主"自然是 IBM。

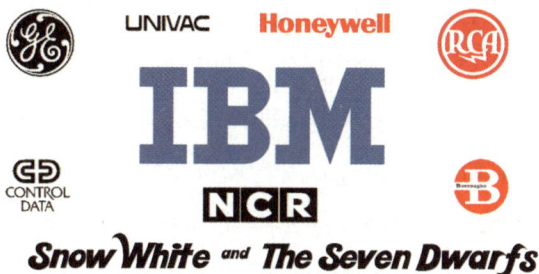

图 28.15　"白雪公主" IBM 和 "7 个小矮人"

在 20 世纪六七十年代，IBM 不仅占据了巨大的市场份额，而且还制定了计算机产业的商业模式，即计算机软件不单独收费，而是随着计算机硬件一同出售给客户。对于每一单合同，IBM 每年要加收 8%—10% 的服务费。其他计算机公司也都遵循 IBM 的商业模式，在 IBM 的阴影下勉强维持。在 IBM 占绝对统治地位的 20 多年里，全球计算机产业的发展要比 20 世纪 80 年代至今慢很多。

1969 年，美国司法部针对 IBM 在市场上的垄断行为，在纽约对 IBM 提起反垄断诉讼。这场诉讼前后持续了 13 年之久，直到 1982 年美国司法部认为对 IBM 的诉讼没有根据而撤诉，才算最终了结。而从 1969 年到 20 世纪 80 年代初的这 13 年，正是全球信息产业变化最快、新产品不断涌现的一段时间，个人计算机和移动电话在这段时间出现，今天很多在全球信息产业执牛耳的公司，比如苹果、微软、甲骨文和英特尔，都是在那个时期成立或发展起来的。受困于反垄断诉讼，IBM 不得不非常注意约束自己的行为，并且开放了一部分市场，这在客观上成就了上述公司。

IBM 开放的第一个市场是应用软件。在 20 世纪 70 年代以前，整个计算机行业的商业模式是将计算机的软件和计算机本身（硬件）捆绑销售，也就是说软件并不单独收费，其价格计入了计算机硬件的售价中。当然，在那个时期，会使用计算机的人都可以称得上是

一个专家，并非每个购买计算机的公司都有很多这样的专家，因此
IBM 就将自己的工作人员派驻到客户那里，当然每年要收取不菲的
服务费。由于采用这种捆绑销售模式，一个计算机公司要想让自己
的软件被市场接受，就必须在硬件市场占有一席之地。因此，那个
时代世界上没有独立的软件公司，这就使 IBM 的垄断地位越来越
巩固。但是在联邦政府提起对 IBM 的反垄断诉讼之后，IBM 被迫
将计算机软件和硬件 [29] 的销售松绑，并且欢迎第三方软件公司开发
和销售应用软件 [最初 IBM 称这类软件为 "程序产品"（Program
Products，简称 PP ）]。这件事直接导致了甲骨文和其他软件公司
的兴起。

和软件一起被松绑的还有 IT 服务业。我们在前面讲过，在此之前，
购买 IBM 的计算机就必须使用 IBM 的服务，不论是对计算机系统
本身的服务还是对客户业务的服务，而服务费是一股脑算在一起
的。IBM 在开放应用软件市场的同时，将上述两项服务严格分开，
单独计费，这使得后来产生了大量的第三方 IT 咨询服务公司，与
IBM 争夺客户业务服务的市场。

毫无疑问，如果没有对 IBM 的反垄断诉讼，就没有从 20 世纪 70
年代直到今天全球软件业的快速发展。IEEE 在介绍计算机发展史
时曾经这样说 [30]：

> "很多人相信，商业软件市场的分水岭是 1969 年 IBM 的一项决定：将软件和
> 服务从硬件销售中剥离出来，单独定价。"

但是今天也有另一种声音，认为 IBM 没落或者说发展停滞的主要
原因并不是反垄断对它的限制，而是因为 20 世纪 80 年代以后个
人计算机的快速发展，必然对 IBM 过去的产品和商业模式形成巨
大的冲击。更加不幸的是，在当时混乱的 IT 格局下，IBM 做出了

一个错误的选择：为了维持它在计算机系统上领先的地位，重点发展计算机硬件系统，而剥离了计算机应用软件和服务。但是，由于摩尔定律导致计算机硬件的价格不断下跌，个人计算机的性能不断提升，使得计算机系统的利润越来越低，以致 IBM 一度濒临破产。后来郭士纳及时看到了软件和 IT 服务在未来信息产业中的重要性，让 IBM 重新回到以软件和服务为核心的业务方向上，这才有了后来 IBM 的起死回生。但是不管怎样，反垄断本身无疑加速了以计算机软件和 IT 服务为核心的全球信息化进程。

如果说打破 IBM 对计算机产业的垄断导致后来微软公司的崛起，那么微软公司是否又会形成新的垄断？如果形成了，美国政府又会怎么办呢？

3. 微软公司

到目前为止，美国最近一个以反托拉斯的名义，由司法部起诉一家公司并要求其拆分的案例是微软公司案。微软公司对大家来说并不陌生，毕竟大部分人都在使用它的视窗（Windows）操作系统和 Office 办公软件。关于微软起家的细节，在拙作《浪潮之巅》中有详细的介绍，这里就不再赘述了。简单地讲，微软在个人计算机（PC）时代控制了 PC 产业链中绕不过去的一环 —— 操作系统，然后通过三种主要的不正当手段打击竞争对手。微软的三招分别是：通过提供免费软件挤压竞争对手的生存空间；通过应用软件和操作系统捆绑销售占领市场；通过其独占操作系统市场的地位，联合上下游公司操控整个 PC 产业。这三招都能在当年的标准石油公司身上看到。当初，洛克菲勒就是通过发放补贴券挤垮了诸多不愿意合作的石油公司，然后通过和铁路公司与采油公司达成的价格协议来操控市场价格。

1992 年到 1997 年间，微软先后挤垮了多家竞争对手，比如字处理软件公司 WordPerfect，制表软件公司莲花（Lotus），程序开发工具提供商 Borland，以及浏览器公司网景（Netscape）。不仅如此，它和英特尔公司还分别控制了整个 PC 时代的生态链，因为在那个时代，基本上所有的 PC 软硬件开发都必须基于微软的操作系统和英特尔 x86 结构的处理器。当然，受微软排挤的不仅是那些与其有直接竞争关系的小公司，也包括太阳公司、数字设备公司等当时的 IT 巨头，甚至一度帮助过它成长的 IBM 公司也深受其害。在那个年代，只要不和微软兼容，只要挑战微软的权威，在商业上必然是死路一条。从 20 世纪 90 年代到 21 世纪的前几年，整个 PC 产业被称为 "WinTel 体系"，这个词的含义是微软的 Win（dows）操作系统加上英特尔（In）tel 的处理器。微软的垄断地位可见一斑。

31
美国司法部对微软的反垄断跟踪可以追溯到 1991 年。

既然微软的垄断已经是不争的事实，也对整个行业造成了危害，因此从 1993 年开始，美国司法部就对微软启动了反垄断调查 [31]，许多被微软挤压得没有生存空间的公司也先后对微软提起了反垄断诉讼，但是均未取得什么效果。既然微软的垄断性和标准石油公司有很大的相似性，为什么不能用当年对标准石油公司的判例要求拆分微软呢？因为这里面有一个根本的不同，即微软的垄断是自由发展、不断扩展市场形成的，它并不是几家公司将资产装入一个信托形成的垄断。而标准石油公司的下属公司，在那个超级托拉斯形成之前就存在，洛克菲勒利用信托这个工具将现有的公司组合成一个垄断企业。虽然在美国，一家公司若占据某种产品 70% 以上的市场份额即被认为具有市场垄断地位，但是，如果它是因为技术创新或运气而获得的 "自然垄断"（Natural Mononply）地位，这本身并不违法。微软就是属于这种情况。

微软案的另一个难度在于，如何定义微软所在的市场范围。比尔·盖茨将这个范围扩大到整个软件业，而在全世界的软件业中，微软的市场份额远没有达到 70% 的地步，事实上连 10% 都不到。但是如果把市场的边界划定在操作系统这个特定的软件领域，那么全球 90% 以上的计算机曾经使用的都是微软的视窗操作系统。1997年，美国参议院举行了听证会，调查微软的垄断行为。除了盖茨，网景公司的 CEO 巴克斯代尔（Jim Barksdale）和很多其他 IT 公司的负责人都在听证会上发了言。当盖茨讲到微软并没有在整个软件市场形成垄断时，巴克斯代尔请在场未用过微软产品的人举起手来，整个会场没有人举手；巴克斯代尔再次邀请大家这么做，依然没有人举手；巴克斯代尔于是说："先生们，看见了吧，百分之百。这就是垄断，这足以说明问题了。"

他们二人之争其实反映出大家对微软所在市场范围的定义有争议。单从营业额来看，微软当时还没有 IBM 软件部门的收入多，自然谈不上垄断；但是从它在操作系统上的市场占有率来看，它不仅处于垄断地位，而且不断利用这种地位打击竞争对手。

对微软公司的反垄断调查和诉讼大致分为三个阶段。首先，微软的竞争对手网景等公司控告微软利用其垄断地位进行不正当竞争。在这些诉讼中，微软可以说是有惊无险。对微软真正有威胁的是第二

图 28.16　输掉反垄断诉讼后，微软的股价被腰斩

阶段的诉讼，即美国司法部诉微软案。1998 年 5 月，美国司法部向微软发起反垄断诉讼。司法部和微软在联邦法院上争论的焦点在于，微软的商业行为是合法还是非法？微软认为，视窗系统捆绑浏览器等软件是在造福消费者，因为这样做不仅可以替消费者省钱，而且消费者还能获得更好的体验。司法部则认为，微软视窗系统捆绑浏览器等软件限制了消费者的选择范围，同时微软利用其垄断地位剥夺了竞争对手的生存空间。

1999 年 11 月，联邦法官托马斯·杰克逊宣布微软是垄断机构，因为它在 PC 操作系统市场中享有至高无上的权力。这项判决本身并不是对微软的处罚，但是让此后的形势向不利于微软的方向发展。1999 年 12 月，美国 19 个州和司法部再一次以《谢尔曼反托拉斯法》对微软提起诉讼。随后，英特尔宣布解除其与微软多年的同盟关系，以免惹火上身。媒体和华尔街开始猜测微软被拆分的可能性。

2000 年 4 月，法庭宣判微软违反了美国《谢尔曼反托拉斯法》，其罪名有三项：通过反竞争行为维持垄断，企图垄断浏览器市场，将浏览器与操作系统捆绑销售。同年 6 月，杰克逊法官判决将微软一分为二，一个专营计算机操作系统，另一个则经营除了操作系统以外微软目前所经营的其他内容，包括 Office 办公软件、IE 浏览器等。随后，微软公司的股价被腰斩。

到此为止，美国政府暂时赢得了第二阶段的胜利。但是，随着 2001 年美国白宫的主人由民主党变成了共和党，政府对微软反垄断的热情大减（这和微软在选举中全力支持共和党有关）。这时，微软向联邦最高法院提起上诉，表示不服判决，官司进入了第三个阶段。2001 年 6 月，美国联邦上诉法院做出裁决，驳回地方法院法官对微软一分为二的判决，但维持了有关微软从事了违反反垄断法的反竞争商业行为的判决。这样一个判决结果让微软艰难过关，但是对微软的商业行为做了诸多的限制，使得微软在接下来的十几年里不再光鲜。这在很大程度上帮助了诸多互联网公司的崛起，也使得Google和苹果在市值上超越了微软。

在 20 世纪的进步运动后针对科技企业发起的三场世纪反垄断诉讼中，有些导致了公司被拆分（如 AT&T），有些虽然维持了原来公司的完整，但限制了它们无节制地利用市场垄断地位妨碍其他公司进入计算机产业。可以说，这些反垄断诉讼虽然让个别公司局部受损，却促进了整个美国科技产业的繁荣。

结束语

放眼全球，美国的社会发展堪称奇迹。这不仅在于它在一个多世纪里一直是世界第一强国，更在于其立国以来的两百多年里一直社会稳定，经济快速发展。除了为解放黑奴打过一场内战，美国没有出现大的社会动荡。因此，它很值得世界各国研究和借鉴。

美国成功的原因很多，比如立国之初第一代政治家的卓识远见、对各种文化的宽容等，当然不可忽略的还有致力于建设一个公平社会的各种努力。在这些努力中，最有代表性的是以反托拉斯为核心的进步运动。这场运动把美国从社会分裂的边缘拉了回来。

"反垄断"这个词大家都不陌生，在美国，人们更多地使用"反托拉斯"这个词，因为它所反对的不是一个公司在经济领域的独占行为，而是少数人利用手中的资源破坏商业上的公平，乃至破坏社会公平。经历了一个多世纪长期不断的反托拉斯，曾经一度支配美国政治经济的大家族已经式微了，美国社会基本上恢复了应有的公平。今天，美国绝大部分富豪都是"富一代"，即自己积攒起来的财富，而不像欧洲国家或其他国家那样，大多数是继承家族的财富。美国远不是一个完美的社会，但是相对而言是一个机会比较均等的社会。

当今一些经济刚刚腾飞的国家，会遇到这样或者那样的问题，比如贫富悬殊、政风败坏、官商勾结等，这些问题美国在一百多年前也遇到过。"他山之石，可以攻玉"，美国的经验或许对那些仍在摸索如何实现社会公平的国家具有借鉴意义。

附录　美国反托拉斯大事年表

1879 年　洛克菲勒按照多德的设计，成立了标准石油托拉斯，从此开启了美国工商业的垄断时代。

1890 年　美国国会通过《谢尔曼反托拉斯法》（全称为《抵制非法限制与垄断保护贸易及商业法》）。它成为世界上最早的反垄断法，也被称为"全球反垄断法之母"。

1902 年　美国政府对北方证券公司提起诉讼，并赢得了反托拉斯的首次胜利。

1911 年　美国最高法院终审裁定新泽西标准石油公司垄断贸易成立，该垄断企业被分成 34 家公司。同年，美国反托拉斯局起诉美国烟草公司利用掠夺性定价等方式垄断烟草业，控制了 95% 的美国香烟市场。该公司被裁定有罪，被勒令拆分为 16 家公司。同年，美国司法部起诉美国钢铁公司，指其长期控制市场的 50% 以上，但最高法院于 1920 年宣布其无罪。

1914 年　美国颁布了《克莱顿反托拉斯法》与《联邦贸易委员会法》。

1949 年　美国司法部对美国电报电话公司（AT&T）提起了反垄断指控，要求 AT&T 公司与韦斯特公司相分离。但该案在 1956 年不了了之。

1969 年　美国反托拉斯局起诉 IBM 长期垄断计算机市场，将计算机硬件和软件捆绑销售。该诉讼持续 13 年之久，司法部在 1982 年撤销诉讼。但是 IBM 的商业行为受到了很大的限制，并开放了软件市场。

1974 年　美国司法部再次对 AT&T 提起反垄断指控。到 1984 年，AT&T 被拆分成保留原公司名称"AT&T"的长途电话公司和 7 个小贝尔地方电话公司。

1992 年　美国司法部和联邦贸易委员会联合颁布了《横向合并准则》，要求大企业间的横向合并不得影响市场结构，否则将对其起诉。

1998 年　美国联邦政府和 19 个州及哥伦比亚特区政府指控微软公司垄断。2000 年，
　　　　哥伦比亚特区联邦地方法院法官托马斯·杰克逊先后判决对微软垄断的指控
　　　　成立，随后又裁决将微软公司一分为二。2001 年 6 月美国最高法院维持了
　　　　对微软垄断成立的判决，但是推翻了将公司一分为二的判决。

参考文献

[1]　MODERN HISTORY. Home Modern history Theodore Rex CHAPTER 5，Turn of a Rising Tide. http://erenow.com/modern/theodorerex/7.html

[2]　Bill Lawrence. 美国历史中的趣闻 (Fascinating Facts from American History).J.Weston Walch, 1995.

[3]　法庭文档 . 北方证券公司诉美国政府，康奈尔大学法学院 . https://www.law.cornell.edu/supremecourt/text/193/197

[4]　Burton Grad. A Personal Recollection: IBM's Unbundling of Software and Services, IEEE Annals of the History of Computing, Vol. 24, No. 1 (Jan–Mar 2002), pp. 64–71.

[5]　James Dill.The General Corporation Act of New Jersey—An ACT Concerning Corporations —Revision of 1896.Camp Press，2009.

[6]　约翰 .S. 戈登 . 财富的帝国 . 董宜坤，译 . 北京：中信出版社 ,2007.

[7]　J.P. 摩根 . 摩根写给儿子的 32 封信 . 林望道，译 . 上海：立信会计出版社，2012.

[8]　Fosdick, Raymond Blaine. 洛克菲勒基金会的故事 (The story of the Rockefeller Foundation). Transaction Publishers,1989..

第二十九章　从 1 到 N 的创新
抗生素的发明

2016 年中国图书市场上有一本非常畅销的书 ——《从 0 到 1》，相比之下，在作者所在的美国，这本书虽然卖得不错，却远没有在中国那么火爆，而在硅谷把这本书挂在嘴边的人更是非常之少。另一方面，该书作者彼得·泰尔（Peter Thiel）在中国科技界和企业界其实并不怎么知名，而在美国硅谷则有很多人都知道他，他不仅是 PayPal 的创始 CEO，还曾是大名鼎鼎的埃隆·马斯克的老板 [1]。为什么会出现这种颇为矛盾的现象呢？因为《从 0 到 1》一书只是总结硅谷办公司的一般规律，当地的人都知道，早已习以为常了。但是，书中有个观点触动了正在进行"大众创业，万众创新"的中国人，即世界上有两种创新，一种是从无到有（即书中所说的从 0 到 1），另一种是从少到多（书中描述为从 1 到 N）。在中国，有一种看法比较普遍，就是"中国缺乏从 0 到 1 的创新"，或者说缺乏原创（有意思的是该书的作者泰尔也这么说）。甚至中国很多的业界领袖和各行各业精英也表现出一种其实并不必要的忧虑，即中国所谓的创新在商业模式上的改进居多，技术的原创非常少。另一方面很多人又简单地认为，中国并不缺乏从 1 到 N 的创新（《从 0 到 1》一书也这么认为），以为只要中国的创业者实现从 0 到 1 的突破，下一代微软、苹果和 Google 都将诞生在中国。

1
PayPal 收购了马斯克创办的 x.com 公司。

可是，完成一项重要的发明，其实并不那么简单，从 0 到 1 固然重要，但从 1 到 N 更重要，这一点，是重大发明全过程参与者的共识，因为重大的发明不是靠有灵感、有技术就办得到的，而只要参与过一次这样的全过程，就能够体会到其中的艰辛漫长。很多学者也从不同角度阐述了类似的观点。比如，美国 IEEE 和 ACM 会士（Fellow，也被称为资深会员）、计算机科学家古德里奇（Michael Goodrich）教授基于对近几百年来世界科技史上许多重大发明的研究，得到这样一个结论——从 1 到 N 远比从 0 到 1 重要得多，因为世界上从 0 到 1 的发明非常非常多，但是能走到 N 的却少之又少。

泰尔在他的书中给出了几个从 0 到 1 的例子——盖茨创办微软、乔布斯创办苹果，以及佩奇和布林创办 Google。其实严格来说，这三个例子恰恰不是从 0 到 1，而是从 1 到 N。操作系统不是盖茨原创的发明，微软的拳头产品 DOS 和 Windows 最初要么是买来的，要么是跟别人学的，并非原创。乔布斯领导开发的苹果计算机、iPod、iPhone 和 iPad 也是从 1 到 N，在他之前都有类似的产品，只是那些从 0 到 1 的原型产品做得不成功罢了。而至于网页搜索，则在佩奇和布林做 Google 之前，早就有千百万互联网用户在使用了。泰尔的这几个例子恰恰说明从 0 到 N 的全过程都很重要，不仅仅是从 0 到 1 这第一步。今天全球市值最高的这三家科技公司，恰恰是从 1 到 N 做得好。倒是泰尔创办的 PayPal 公司是一个从 0 到 1 的重要发明，因为在此之前，世界上还真没有利用互联网的在线支付，或许是泰尔比较谦虚，不好意思把自己的发明创造归入从 0 到 1 的行列。

怎样做到从 0 到 1，泰尔已在书中给出了不少启发，这里不再赘述。不过朱棣文的一个观点非常值得一提。2015 年我和朱棣文在斯坦福大学就科学研究到发明创造的转换有过一次讨论。朱棣文认为，所谓的原创性发明（即所谓的从 0 到 1），从大学（或研究所）的重大科研发现开始到转化为市场化的应用，周期大致为 20 年。他列举了生物制药、物理学和信息科学的很多例子，比如一种药品从它最重要的论文发表，到药品上市平均需要 20 年的时间。在他看来，中国 10 多年后自然会涌现出很多原创的发明，因为中国从 10 年前开始，在科学研究上就有了长足的进步，原创性的发明必将水到渠成，不断涌现，这一点中国并不需要着急。

今天，在提倡创新的时代，中国最需要的恰恰是耐下心来，踏踏实实走完一项项重大发明创造所无法跨越的相当漫长的全过程，既不能半途而废，也不可能从外界找到可供简单参考和抄袭的。把一项重大发明比作万里长征，那么从 0 到 1 的过程，不过是完成了长征的第一步而已，后面还有很多工作要做。这里我们将透过抗生素的发明过程，来看看历史上这些伟大的发明是如何走过这艰辛而漫长的道路的。

抗生素大家都不陌生，因为我们时不时地要服用它。世界上恐怕还没有第二类药能够像抗生素那么神奇 —— 它在一瞬间治愈了许多困扰人类（甚至包括动物）几万年的顽疾：各种外伤感染、肺结核、性病、霍乱等，从而将人类的平均寿命从 45 岁提高到了 60 岁。

不过，抗生素给人类所带来的最大福利远不止于平均寿命增加 15 岁，而是在很大程度上消除了人类对疾病的恐惧。在抗生素被发明和使用之前，人们对疾病的恐惧是现在的我们无法想象的，因为不论是东方人还是西方人，一旦得了病，能否治好很大程度上就只有听天由命。一个中上之家，如果有人得了肺结核，不仅这个人的性命捡不回来，而且往往会弄得倾家荡产。即便是今天我们看起来稀松平常的发烧和腹泻，过去一旦降临到某个人身上，他的性命就不再掌握在他自己或者医生手里了，有没有救全看死神高兴与否。可以想象天天生活在死亡的恐惧中是什么样的心情。但是抗生素的出现使得人们第一次在死神面前有了自信，因为人们不仅相信几片小小的药片或者胶囊就可以让发烧、腹泻和感染这种常见的病症药到病除，更重要的是从此相信生病时医生能把他们的病治好，即使得了绝症。这种信心使得人们日常的精神状态好了很多。

上面这一切足以构成我们用一整章来专门介绍抗生素的理由，当然青霉素等抗生素的传奇和它们给社会带来的意义还远不止于此。在人类诸多重要发明中，抗生素发明过程的复杂性也颇具代表性。人类对很多看似无害的新事物逐渐全面地认识，也可以通过我们对抗生素的认识过程观察到。因此我们很有必要好好了解一下人类发明抗生素并认识其副作用的全过程。

第一节　三次偶然的发现

霉菌杀菌的功效其实人类很早就发现了。在唐朝时，裁缝们如果划破了手，会把长了绿毛的浆糊涂在伤口上，帮助伤口愈合，这其实就是绿毛上的青霉素[2]起了杀菌的作用。但是，当时的医生无法解释其中的原因，这种土办法也没有得到推广。当然，光靠绿毛上那点霉菌其实也治不了大的伤病。人类第一次偶然发现青霉素的效用并没有导致重大的发明，也就是说，虽然有了从 0 到 1，但是并没有完成从 1 到 N 的过程。可是，我们不能责备我们的祖先，毕竟在那个时代，人类根本不知道世界上还有看不见的致病细菌。

一百多年前，人类才认识到细菌能够致病，而且这也是一个偶然的发现，我们不妨视其为第二次偶然发现。1847 年，奥匈帝国的医生塞麦尔维斯（Ignaz Philipp Semmelweis，1818—1865）发现在他所在的医院里，生完孩子的产妇当中，得产褥热病死的比例特别高，在 10% 以上，有些病房甚至高达 35%。这一年他外出行医游学数月，而在这几个月中，他负责的病房里只有护士替他照顾产妇，产妇的死亡率居然下降了很多。这件事，加上以前大家注意到的另一

图 29.1　世界上最早提出细菌感染致病的塞麦尔维斯

个现象，即有医生照料的病房，产妇死亡率反而要高过只有护士（没有医生）照料的病房，这让塞麦尔维斯想到会不会是医生们把"毒素"带给了病人。塞麦尔维斯所在的维也纳总医院是一家研究型医院，医生们出于研究的目的常会去做尸体解剖，但护士不会，可能恰恰是接触过尸体的医生把毒素带给了他们随后去照顾的产妇。于是塞麦尔维斯开始执行严格的洗手制度，这么做之后，产妇的死亡率便直线下降至1% 以下。当时塞麦尔维斯并不知道"毒素"是什么，也就无法解释这种做法的有效性，因此当时其他的医生并未严格遵循洗手消毒的原则，更没有将生病和微生物感染联系起来。

世界上其实并不缺乏偶然的发现，但是如果人们未能在这些偶然发现的基础上继续朝前走，那么偶然的发现就难以产生重大的影响，甚至可能随着时间的流逝而被人淡忘。绿毛浆糊杀菌的方法没有被发扬光大，甚至没有被流传下来，就在于没有人在它的基础上往前走。塞麦尔维斯是幸运的，尽管他自己未能把"毒素"感染这件事说清楚，但是在他之后，世界上有其他医生和医学家继续沿着他的足迹向前走。

首先，从理论上论证了细菌能够让人（和动物）感染疾病的是法国著名科学家巴斯德（Louis Pasteur，1822—1895），他在 1862 年提出了生物的原生论，即非生物不可能自行产生生物，接着在 1864

年发现了微生物（细菌）的存在，最终将细菌感染与诸多疾病联系在一起。几乎就在巴斯德发现细菌的同时，英国著名医生李斯特（Joseph Lister，1827—1912）也提出了外部入侵造成感染的设想，1865 年，在得到了巴斯德理论的支持之后，李斯特提出了缺乏消毒环节是发生手术感染的主要原因，并且发明和推广了外科手术消毒技术。后来李斯特担任了英国皇家学会会长，并被封为爵士。

接下来，在发现细菌可以传染疾病方面，德国著名医生科赫（Heinrich Koch，1843—1910）取得了重大成就。找到了很多长期困扰人类的疾病，尤其是传染病（比如炭疽病、霍乱和肺结核）的根源。科赫因发现了炭疽杆菌、霍乱弧菌和结核杆菌而出名，并且发展出了一整套判断疾病病原体的方法——科赫氏法则，所以被视为细菌学之父。1905 年，他因对于结核病的研究获得诺贝尔生理学或医学奖。科赫将疾病和病源（相应的细菌）对应起来的理论，对后来弗莱明发现青霉素的工作产生了很大的影响。

应该说塞麦尔维斯是非常幸运的，因为在他身后有巴斯德、李斯特和科赫等人，这使得他的发现不仅改变了近代医学的发展，而且直到今天他的大名依然被医学界所熟知，甚至有人将他和希波拉底、弗莱明等人一同列入对医学发展最有影响力的人物名单中。反过来，如果没有巴斯德等人的工作，今天恐怕就没有人会知道塞麦尔维斯的名字，他很可能就会和中国唐朝那些发现霉菌可以杀菌的工匠一样，被人遗忘，最多在历史学家查档案时会被感叹，"哦，曾经有一个叫作塞麦尔维斯的医生更早地发现了……"[3]。

3
关于塞麦尔维斯等人的故事，有兴趣的读者可以阅读美国公共卫生专家阿图·葛文德写的科普畅销书《医生的精进》（Better）。

虽然科赫等人找到了病原，但要想杀死那些致病的细菌并非易事。在和平时期大家可以尽量避免细菌感染，但是到了战争期间，这一点就很难保证了。在第一次世界大战期间，很多伤员因为细菌感染而死亡，当时医生们能做的就是给伤员们进行表面消毒，但是这种救护方法不仅效果有限，有时还有副作用，因为这样会把人体分泌的杀菌体液也一同清除了，常常是把伤员治得更糟糕。当时，英国医生亚历山大·弗莱明（Sir Alexander Fleming，1881—1955）作为军医来到了法国前线，目睹了医生们对处理细菌感染无计可施的困境，战后回到英国就开始研究细菌的特性。

图 29.2　在一战期间，由于没有抗菌特效药可用，大量伤员失去了生命

弗莱明的想法和当时的大部分医生不太相同，他受到科赫的影响，认为既然感染来自病源的细菌，就要从根本上寻找能够杀死细菌的药物。1927 年，弗莱明在英国的圣玛丽医院（St Mary Hospital）开始研究金黄色葡萄球菌（*Staphylococcus aureus*），这是一种具有代表性的革兰氏阳性菌，在微生物学上属于葡萄球菌属，革兰氏阳性菌是很多严重感染的元凶。次年（1928 年）7 月，弗莱明照例要去休假了，他在休假前培养了一批金黄色葡萄球菌，然后就离开了。但是，或许是培养皿不干净，或者是掉进了脏东西，等到弗莱明 9 月份休假完毕再回到实验室时，他发现培养皿里面长了霉。如果弗莱明粗心大意，可能随手把培养皿洗一洗就重新做实验了。好在弗莱明非常细心，他发现霉菌周围的葡萄球菌似乎被溶解了，便用显微镜观察，发现霉菌周围的葡萄球菌都死掉了。于是，弗莱明猜想

会不会是霉菌的某种分泌物
杀死了葡萄球菌，弗莱明把
这种物质称为"发霉的果汁"
（Mould Juice）。

为了证实自己的猜测，弗莱
明又花了几周时间培养出更
多这样的霉菌，以便能够重
复先前的结果。9 月 28 日早
上他来到实验室，发现细菌
同样地被霉菌杀死了。此后

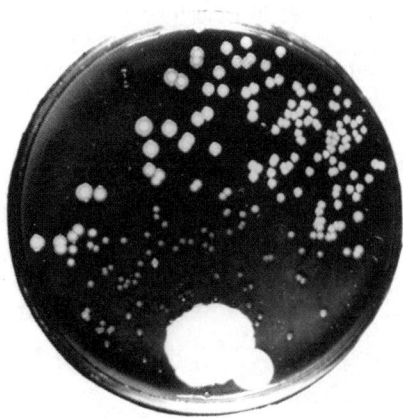

图 29.3　弗莱明发现青霉素的那个培养皿

经过鉴定，这种霉菌为点青霉菌（Penicillium Genus），1929 年弗
莱明在发表论文时将这种分泌的物质称为青霉素（Penicillin），中
国过去对这种药物按照音译，翻译成盘尼西林。9 月 28 日这个日子
是弗莱明事后回忆起来的，弗莱明后来这样记录了当时的情景——
"1928 年 9 月 28 日早晨醒来，我根本没有意识到我因为发现世界上
第一种抗生素而将改变整个医疗。"后来 1928 年 9 月 28 日被正式
确定为人类发现青霉素的纪念日 [4]。

在中学的教科书中，介绍青霉素的发明过程就到此为止了。因此，
人们长期得到一个印象，以为青霉素就是这样偶然地被发现了，故
事结束。当然，励志的读物也会利用青霉素的发现过程，启发教育
读者灵感、运气和有准备的头脑的重要性。我在学完英语课本中
《弗莱明和青霉素》一课之后，也曾梦想着将来自己有那种运气，也
曾努力让自己拥有一个有准备的头脑，同时也为自己缺乏灵感而沮
丧。对于一个青春彷徨的人来讲，这种交织着梦想、发奋和沮丧的
心情很容易理解。的确，弗莱明偶然的发现完成了一个从 0 到 1 的
过程，但是，如果我们对青霉素发现的全过程的理解仅仅如此，多
少有点可悲，实际上到 1928 年 9 月 28 日，人类仅仅是迈出了发现

4
这一天又被称为历
史上的一个"红字
日"（Red Letter
Day），因为根据
中世纪抄书人的约
定俗成，重要历史
事件发生的日期要
用红墨水抄写。

青霉素这万里长征的第一步。那么青霉素真实的发现全过程又是怎样的呢？

首先，弗莱明在接下来的 10 年里依然在研究青霉素，但一直没能分离提取出可供药用的青霉素。他也曾经试图说动生物化学专家帮助自己完成提纯的研究，却没人响应，因为弗莱明所做的各种实验时灵时不灵，有时候结果令人振奋，让人们觉得这种物质可能就含有大家要寻找的杀菌灵药，但更多的时候，实验结果令人沮丧。

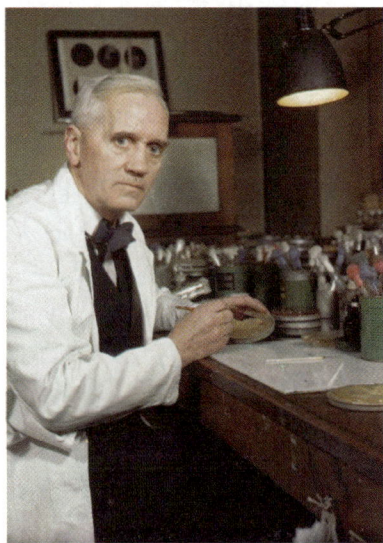

图 29.4　最早发现青霉素的英国医生弗莱明

不过，弗莱明依然坚持一代代地培养青霉菌菌株，这实际上便是在维系着人类文明的一颗火种。在这一点上，我们不得不敬佩弗莱明。如果弗莱明暂时看不到结果就轻易放弃了，那么人类发明青霉素的时间还要更晚一些。应该说，在这十年里，弗莱明的工作对后来的研究人员具有多重启发作用，比如他发现青霉素对任何动物都无害，另外他还通过研究不同酸碱度下青霉素的性质，搞清楚了怎样让这种药品变得更稳定。

其次，弗莱明关于青霉素的论文早在 1929 年就发表了[5]，但是在长达十年的时间里都没有引起医学界的关注。后来由于研究进展不顺利，弗莱明也很少发表论文，因此在学术界也没有什么人知道他。在此期间，有个别科学家读了他的论文后，和他联系索要过菌种，弗莱明从未奇货可居，总是毫无保留地提供给其他科学家。1930 年，

5
1929 年，弗莱明在《不列颠实验病理学杂志》上发表论文《关于霉菌培养的杀菌作用》。日后这篇论文使他获得了诺贝尔生理学或医学奖。

美国农业部其实也从弗莱明那里要来了一些青霉菌，提供给美国感兴趣的科学家进行研究，但是只有很少的科学家对此感兴趣，而这些人的实验结果也是时好时坏，证实不了青霉素的效果。

最后，在 20 世纪 40 年代之后，弗莱明完全停止了关于青霉素的研究。可以说，弗莱明偶然的发现和他后来十多年所做的研究工作，其实距离发明抗生素还差得远。真正从霉菌中提取出药用青霉素的另有其人。

在人类完成重大发明的过程中，常常会见到这样的情况：前面的人走出了正确的第一步，但却走不下去了，后来的人因为有不同的阅历和能力，在前人的基础上顺利地完成了突破。要想知道在发明抗生素的道路上为什么那些后来者能够成功，我们先要看看为什么弗莱明难以实现进一步的突破。

首先，弗莱明的知识结构和性格特点存在缺陷。弗莱明不是很懂化学，无法通过化学方法从霉菌中分离出青霉素。另外他对药理也不是很懂，故而搞不清楚青霉素杀菌的原理，他把青霉素当作外用的消炎药来进行实验，可实际上青霉素最有效的使用方法是通过血液循环输送到组织内部，让它和细菌全面接触，而外用的效果并不佳。1930 年，英国谢菲尔德的一家医院曾经试图使用青霉素治疗一种外部的细菌感染，但是失败了，人们由此怀疑其药性，而弗莱明也找不出原因。至于性格特点，弗莱明是出了名的不善表达。我们经常看到很多搞科学或者搞工程的人，虽然善于思考问题，但是不重视自己表达能力的训练，最终极大地限制了自身的发展。弗莱明其实也吃了这个亏，他很希望得到化学家们的帮助，但是他又无法说服他们与自己合作。

除了弗莱明自身的原因，还有两个重要的客观原因。首先是当时药物提纯水平很差。弗莱明培养的青霉菌，每一升培养液只能产生两个单位的青霉素。按照今天门诊肌肉注射青霉素一针通常是 60 万—80 万单位估算，这一针的青霉素当时所需的培养液可以灌满一个 25 米的短道游泳池。这么低的浓度，加上不正确的使用方法，实验结果时灵时不灵也就不奇怪了。在科学史上经常会出现这样的情况，一些好的方法或者发明尽管理论上没有问题，但是在实现时受到条件的制约，一开始可能显现不出它应有的效果。青霉素也是如此，医学界最初认为它无效，其实也是因为条件不具备。

另一个客观原因是弗莱明缺少足够的经费和资源支持。英国当时的科研机制和今天不一样。二战后直到今天，各国科研经费要么来自于政府，要么来自于工业界或者捐赠，不论是哪种来源，都需要报告科研成果给出钱的一方，一旦有了弗莱明这样的重大发现，负责提供经费的一方也会推动对这类课题的深入研究。但是当时弗莱明的研究并没有什么科研机构的支持，他所在的圣玛丽医院本身并没有多少科研资源，弗莱明的发现又十分偶然，因此这么重大的发现，在当时却没有资源能让弗莱明全力以赴继续进行研究。当然，这也和弗莱明不善于调动资源有关。

6
纳粹政府强迫多马克拒绝领奖，并且多马克被盖世太保逮捕关了一周。1947 年，多马克才正式接受了诺贝尔奖。

此外，青霉素最初不受重视还有另外一个原因，就是当时德国人发明了另一种广谱抗菌的药品 —— 磺胺类药，并且由著名的拜耳公司生产，开始在全世界普及。1939 年，德国著名的细菌学家和药学家格哈德·多马克（Gerhard Domagk，1895—1964）还因此获得了诺贝尔医学奖[6]。事实上，直到二战初期，世界上主流的抗菌素都是磺胺类药品，而非青霉素。

综上可以看到，仅仅靠偶然的运气很难完成发明的全过程，如果考虑到中国唐朝裁缝的偶然发现、塞麦尔维斯的偶然发现，加上弗莱明的这一次，算是三次偶然发现。而弗莱明比前人幸运的是，他所处的时代具备了发明抗生素的客观条件，在他之后，又有大批的精英和成千上万普普通通的研究人员、药厂工人，以及拿着低薪的女工们为发明青霉素而共同努力着。

第二节 漫长而艰难的药品化

历史上的很多重大事件都需要等一个关键性人物的出现，才会揭幕。对于青霉素的药品化，这个关键人物是当时英国牛津大学拉德克利夫医院（Radcliffe Infirmary）的病理学家和实验室主任弗洛里（Howard Florey，1898—1968）。

到了 1940 年，弗莱明已经放弃了对青霉素的研究，而且后来再也没有回到青霉素的研究领域。所幸的是 1938 年弗洛里和他的同事、生物化学家钱恩（Ernst Chain，1906—1979）注意到了弗莱明的那篇论文，并且开始接手研究如何提炼青霉素，于是弗莱明就将自己培养的霉菌母株交给了弗洛里研究室的科学家们。需要指出中文网站上常见的几个错误，首先，由于钱恩是出生在德国的犹太人，很多中文媒体讲接过弗莱明工作的是德国人，这种说法是错误的。钱恩只是出生在德国而已，他和弗洛里的工作都是在英国做的。其次，弗洛里也不是出生在英国，而是远在几万里之外的澳大利亚。最后，一些网站指出 1930—1931 年间弗洛里并不看好青霉素，当时没有重视。然而这件事并不存在，1986 年《英国医学杂志》就此专门做过更正，因为那时弗洛里并未进入正在试验青霉素的谢菲尔德大学工作[7]。

在弗洛里的实验室里，钱恩和另一名科学家亚伯拉罕（Edward Abraham，1913—1999）终于从青霉菌中分离和浓缩出了有效成分——青霉素。这个结果于 1940 年发表。弗莱明听到这个好消息

7
弗洛里 1931 年被任命为谢菲尔德大学病理学系主任，1932 年到任，在那里工作到 1935 年，然后进入牛津大学担任病理学教授，直到 1962 年。

图 29.5　主导青霉素研制全程的科学家弗洛里（在弗洛里的出生地澳大利亚阿德莱市的市政府前，图片来源：Jim Owens，wikimedia.org）

后，给弗洛里打电话，说过几天想去他们实验室看看。弗洛里把这件事告诉了钱恩，钱恩的反应居然是："天啊！他还活着。"从钱恩的反应也可以看出，弗莱明不仅远离生物化学这个群体，而且确实也不是经常与外界科学家沟通。

从霉菌中分离出少量的青霉素，和得到能够做实验的足量药物，完全是两回事。采用当时的方法和材料来培养青霉素，效率特别低。为了能提取足够多的青霉素进行剂量不大的简单实验，每周也需要培养 500 升的霉菌液体。当时在牛津大学找到这么多容器都非易事，更别提要找很多人来从事这一低级的实验室工作。1939 年，第二次世界大战在欧洲战场的战争一触即发，这一方面让科研的物质条件难以得到保障，另一方面也激发了大家极高的工作热情，很多原本待在家里的妇女也出来工作了。这时候，弗洛里的组织能力就体现出来了。他以每周两英镑的超低薪水雇用了很多当地的女孩，她们每天就只从事一项简单的工作 —— 培养青霉菌。没有足够多合适的容器怎么办，这些女孩就在牛津大学里把能找到的各种瓶瓶罐罐都用上了，包括牛奶瓶、罐头桶、各种锅具，甚至是浴缸。当时人们讲，这些"青霉素女孩"（Penicillin girls）把牛津大学变成了霉菌工厂。

在这样一个人数众多的团队的支持下，弗洛里实验室里的另一位科学家希特利（Norman Heatley，1911—2004）最终研制出一种青霉素的水溶液，并且调整了药液的酸碱度，这才使得青霉素从霉菌的一部分变成了能够用于人和动物的药品。到此，青霉素的整个研制，已经不像课本里描述的那么简单、那么传奇了，但这才只是一个开始。在接下来的时间里，弗洛里的整个研究团队做了大量细致而且看似枯燥的工作，才使得从霉菌中分离出的青霉素的药性能够保持稳定，这对实验是非常重要的。弗洛里是个天生的组织者，他和钱恩等人在困难重重的战争期间，让整个团队一直维持着高昂的士气，上述这么多工作，他们不到一年时间就完成了。可以说，没有弗洛里等人的参与，青霉素的研发不知要推迟多少年。

按照药品研制的一般步骤，接下来就要开始做动物实验。1940 年夏天，弗洛里和钱恩用了 50 只被细菌感染的小白鼠做实验，其中 25 只注射了青霉素，25 只没有注射，结果注射了青霉素的小白鼠活了下来，而没有注射的则死亡了，实验非常成功。

不过，将青霉素用于人的临床试验还迟迟无法开展，这倒不是因为当时的科学家和医生们像今天的研究人员那样保守，而是因为钱恩等人分离和提取的青霉素剂量太小，不够进行人体试验。1940 年冬天，牛津一位名叫亚历山大（Albert Alexander) 的警官在花园修剪玫瑰时划破了脸，感染了细菌，很快眼睛和头皮也被感染，于是被送进了弗洛里所在的医院。当时德国发明的磺胺类抗菌药品其实已经传入英国，但是这位警官使用后效果并不好，很快感染到了肺部。在这种情况下，弗洛里建议使用青霉素。经过五天的治疗，亚历山大的病情开始好转，但是弗洛里手上所有的青霉素都用完了，最后亚历山大在第二年（1941 年）的春天因为无药可用而病逝。

到了 1940 年底，弗洛里和钱恩等人对青霉素药品化的研究遇到了瓶颈：他们明明知道有一种可以救人的药，却又苦于无法大量制造。弗洛里当时估算了一下，治疗一次脓血症的病人，至少需要每天从2000升这样的霉菌溶液中提取青霉素，而这在当时几乎不可行。事实上，弗洛里还低估了所需的药量。在接下来的时间里，弗洛里和钱恩的精力都放在如何能大量制造青霉素上，但并未取得什么进展。这时候，弗洛里的社会活动能力再次显现出来。他找来了英国著名的制药公司葛兰素（Glaxo，即今天的葛兰素史克 GlaxoSmithKline）和金宝毕肖（Kemball Bishop，后来卖给了辉瑞制药）一起研究，但是英国当时在二战初期遭到了重创，英国的制药公司已经没有能力独立解决量产的问题。而另一方面战争使得英国对抗生素的需求非常迫切，于是英国人开始寻求美国人的帮助。弗洛里决定将研究团队一分为二，他和希特利去美国寻求盟友的帮助，钱恩和亚伯拉罕留在英国继续搞研究。值得一提的是，长期资助世界医疗发展的洛克菲勒基金会对促成英、美两国在青霉素研究上的合作起到了很大的作用，它不仅在二战之前就为弗洛里团队的科研提供了一些资金，而且出资促成了弗洛里和希特利的美国之行。

到了1941年夏天，就在美国即将被卷入战争之前，弗洛里和希特利来到了美国伊利诺斯州的北方研究所（Northern Regional Research Lab，NRRI）。这是一家农业部下属的研究所，研究的课题是农作物的特性，而非制药。弗洛里之所以选择这里，是为了寻求增产青霉菌的农作物产品和培养方法。就这样，在北方研究所，英、美两国的科学家们携手一起攻克青霉素量产的难关。几周后，北方研究所的研究员默耶尔（Andrew Moyer，1899—1959）发现将英国科学家培养霉菌时使用的蔗糖液（sucrose）替换成乳糖液（lactose），就能增加青霉素的产量。不久，他又发现加入玉米浆可以令产量再增加十倍。之后，英、美科学家又通过在培养基中添加青霉菌的前体（Precursors）[8]，比如苯乙酸（Phenylacetic），进一步提高了青霉素的产量。经过这一系列的努力和突破，青霉素的产量可以从每升培

8
前体是一个生物和化学上的名称。在生物中，它是指某一代谢中间体的前一阶段的物质。例如葡萄糖是糖原或乳酸的前体物质，原叶绿素是叶绿素的前体物质。

养液提取 2 个单位上升到 40 个单位。和许许多多为青霉素的药品化做出了重要贡献的人一样，默耶尔并不被大众知晓，并非他的贡献不够大，而是因为参与青霉素研制、做出重大贡献的人实在太多，对于他们的贡献媒体也就无法一一报道，以至于人们一般都不知道他们的名字。但是没有他们，青霉素的研制速度就不会那么快。好在自近代以来，各种科研历史档案保存得很完整，这些人的贡献并不会被埋没。

任何一种药品终究不可能在实验室里进行量产，要生产成品药，就需要制药公司的参与。于是弗洛里和希特利又做了一次分工，后者继续和美国科学家们在实验室里改进制造及提取青霉素的方法和过程，弗洛里则开始寻求美国制药公司在生产青霉素药品方面的合作。最初大部分美国制药厂对弗洛里的提议都没有兴趣，不过还是有四家制药公司多多少少表现出一点合作的可能性，其中默克（Merck）、施贵宝（Squibb，今天属于百时美施贵宝 Bristol-Myers Squibb，简称 BMS）和礼来（Lilly）三家制药公司在弗洛里到访前便已开始研究青霉素，而辉瑞则准备研制青霉素。

有了这些潜在的合作可能性，弗洛里开始寻求美国政府对青霉素研制的进一步支持。他说服了自己的老朋友，时任宾夕法尼亚大学副校长、美国医学研究委员会（Committee on Medical Research）主席的理查兹（Alfred Richards，1879—1953）。理查兹所领导的医学研究委员会是美国当时新成立的科学研发办公室（Office of Scientific Research and Development，OSRD）的下属机构，该办公室当时成立的目的是研究在即将到来的战争中有用的技术和产品，因此，理查兹的态度非常重要。理查兹对弗洛里十分敬重，再加上默克等四家制药公司都有意研制青霉素，理查兹同意从国家安全的利益出发，大力推进青霉素的药品化工作。于是，他召集了有关的科学家和这四家制药公司的负责人在华盛顿召开了一次会议，通过开会交流，大家原则上同意在青霉素药品化的工作中一起合作，并决定于 1941 年 12 月在纽约召开第二次会议。

然而，还没等到科学家和工业界的第二次联席会议召开，珍珠港事件就爆发了。第二次会议的气氛和上一次就完全不同了。在会上，来自北方研究所的一位负责人柯西尔（Robert D. Coghill）报告了他们在青霉菌培养和青霉素提取上的进展，原来对青霉素研制比较悲观的默克公司创始人乔治·默克（George Merck，1894—1957）当即表示，只要实验结果属实，工业界愿意全力以赴做这件事。当然，在如何开展进一步研究和药品化工作方面，各家制药公司仍希望保持研究的独立性，不过同意由理查兹所领导的医学研究委员会将各家制药公司的研究成果在同行中共享。

1942 年 2 月默克和施贵宝开始联合研制青霉素，9 月辉瑞也加入了进来，在此之前，希特利已经开始将牛津大学团队的经验传授给默克的研究人员。由于工业界投入了大量资源，青霉素药品化的进度比以前快了许多。

照理讲青霉素的研制和药品化进行到这一步，应该可以大量生产药品了，但事实并非如此，实际生产出来的药量还是非常有限。1942 年 3 月弗洛里的朋友、耶鲁大学的约翰·富尔顿（John Fulton）因病住在耶鲁大学医院，他的医生约翰·巴姆斯特德（John Bumstead）问他能不能搞到青霉素，因为一名 31 岁的女患者安妮·米勒（Anne Miller）得败血症而生命垂危。富尔顿找到正在默克药厂合作研究的希特利，希望从默克公司获得一些青霉素做临床试验，但是在战时，生产青霉素的默克公司对青霉素也没有使用权，任何调配都要经华盛顿最高当局批准。最终在科学家们的建议下，美国政府同意批 5 克青霉素进行人体试验，于是，这一次临床试验就用掉了全美国当时所有青霉素的一半。医生给米勒注射了青霉素后，她的病情第二天就开始好转，最终她捡回了一条命，并且又健康地生活了将近 60 年，直到 1999 年以 90 岁的高龄去世。

由于全美国一半的青霉素就只够救治一个人，而通过当时已知的方法无论怎样提高产量，也无法满足更大规模临床试验的需求，更别提给患者们普遍使用了，因此如何进一步提高产量，再一次成为摆在英、美科学家面前的难题。起初，两国科学家将精力都集中在改进培养基（培养液）上，但是这种方法的潜力似乎已被挖尽，产量再也提升不上去了。此外，科学家还绞尽脑汁，想出了各种各样的怪点子，比如，希特利甚至一度尝试从青霉素使用者尿液中回收这种珍贵的药品，这当然不现实。最后，英、美科学家们意识到问题所在，当时用于提炼青霉素的青霉菌菌种只能生长在培养基表面和浅层，因此产量取决于培养皿的表面积，不可能有数量级的提升。要想成百上千倍地提高产量，必须设法找到能够在培养基的深层生长的新菌种才行。

也许是这些科学家们的运气特别好。到了 1942 年的夏天，腐烂的水果给了他们启示，能否在那里找到可用的新霉菌呢？弗洛里就让手下有事没事去逛水果摊。一天，一位叫玛丽·亨特的实验人员又到水果摊上去找发霉的水果，希望能够找到一种高产的菌种。在水果摊上她看到长了毛的哈密瓜（cantalope，美国的一种甜瓜，和新疆哈密瓜是同种），上面的黄绿色霉菌已经长到了深层，并带回了实验室。弗洛里检查了哈密瓜上的绿毛，发现这是能够提炼青霉素的黄绿霉菌。这种来自哈密瓜上的菌种，能够在培养基（或者培养液）比较深的地方生长，用来制造青霉素可以将产量提高 200 倍。密歇根大学医学史教授马克尔（Howard Markel）在讲到这件事时，用了无心插柳（serendipity）这个词。很多人认为，在发明青霉素的过程中有两次至关重要的偶然发现，第一次是弗莱明的那次神奇发现，第二次就是亨特女士带回的这个发霉的哈密瓜。当然，科学家

图 29.6　玛丽·亨特从市场上带回了一个发霉的哈密瓜

们觉得这个新菌种还有潜力可挖，只要对它稍做处理，比如先进行 X 光或紫外线照射，就能将产量再提高 5 倍，即提高为原来的 1000 多倍，每升可提取 2500 单位。需要指出的是，这两项发明分别由威斯康星大学和卡内基学院（今天卡内基–梅隆大学的前身）完成，可以看出青霉素的药品化到了那个阶段，已经是由很多大学、公司和研究所合作的跨团队项目了。

在发现了从哈密瓜的黄绿霉素中提取青霉素的秘诀后，青霉素的产量终于有了明显的增加，默克制造出了能供 10 人临床试验的药品。但是这距离制造出能够供应军队大量使用的药品，还有很长的路要走，还有很多工程难题等待着各家制药公司的工程师们去解决。我们不妨看一个当时所遇到的简单问题，即如何解决霉菌生长所需空气的问题。这个问题在研制试验产品时并不存在，因为空气哪儿都有，但是在成批量生产青霉素时，这个问题才被发现。为了大量培养黄绿霉菌，需要上千吨霉菌溶液，这些溶液存放在一个个大罐子里，而不是实验室的小培养皿中培养的。这些培养液一旦长出霉菌，就会发酵产生泡沫，继而阻碍空气和培养液的接触，没有了空气，霉菌就无法生长了。这个看似不大的问题并非处在青霉素研制的关键路径上，但是不解决，青霉素的产量就上不去。后来礼来制药公司的工程师们发明了除泡剂，才解决了这个问题。这样，制药公司就从过去用一个个只有几升的罐子培养青霉菌，发展到了使用 4 万升（40 立方米）的巨型"池子"培养青霉菌的水平，同时青霉菌的浓度也增长了 80—90 倍。

在青霉素的批量生产过程中，制药厂遇到了大量类似除泡这样的问题，并不存在某个天才对这些问题天生地就有答案，而是靠大量的科学家和工程师一起来参与，本着遇到问题解决问题的态度，才将这些问题一一解决。

话分两头。就在弗洛里等人和美国科学家们解决青霉素药品化的同时，在英国，钱恩和亚伯拉罕仍继续从事对青霉素性质的基础研究。1943 年，亚伯拉罕终于搞清楚了青霉素杀菌的机理和有效成分（青霉烷，如图 29.6 所示）。亚伯拉罕等人发现，青霉素之所以能够杀死病菌，是因为青霉烷能使病菌细胞壁的合成发生障碍，导致病菌溶解死亡。而人和动物的细胞则没有细胞壁，不会受到这种药物的损害。搞清楚青霉素的杀菌机理，人们才敢放心大胆地使用青霉素。

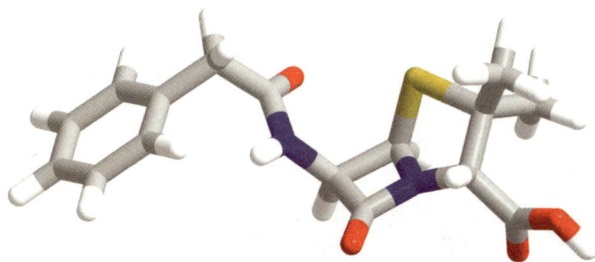

图 29.7　青霉素的有效成分青霉烷

没有弗洛里这位天才组织者，以及被他调动起来的成千上万人的参与，是无法完成青霉素药品化的。同样，没有钱恩、亚伯拉罕和希特利等人在实验室里的研究，人们也不敢放心大胆地使用青霉素。到了 1943 年，青霉素的药品化才算真正完成。讲到这里，读者们可以对比截止到弗莱明的工作，以及后来在弗洛里领导下所完成的工作，就能体会出本章开头讲述的，真正的创新是一个多么艰难的过程。但是，人类对抗生素的研究并没有因为青霉素的药品化而结束。今天如果我们去药厂参观抗生素的生产，再也不会看到几万升长满霉菌的大容器，而它们生产的抗生素也远不止青霉素一种。当默克和辉瑞等公司生产出第一批青霉素时，更多的工作还等待着大家。

今天，一种新药的上市需要非常漫长的临床试验过程。以美国为例，在进行动物试验之后，需要由食品与药品管理局（Food and Drug Administration，FDA）批准，进行三期人的临床试验，其中第一期是由健康的人参与，主要是测试药物的毒性而不是药效，这一期通过了，才能进行药效的试验（第二和第三期）。美国绝大部分新药是通不过这三期试验的，即使通过，整个周期也非常漫长。相比今天的研究人员，青霉素的研制者实在是太幸运了，虽然食品与药品管理局早在 20 世纪 30 年代就对药品管理变得严格起来 9，但当时处于战争期间，任何能够救治伤员药品的试验，审批过程都变得很简单，而试验的场地就是战场。

从 1943 年开始，尽管青霉素还无法量产，但已经直接用到了战场上，可以说美国人当时是一边使用一边进行临床试验，而试验对象就是那些需要救治的伤员。青霉素最早大规模的人类临床试验是在太平洋战场和北非战场。

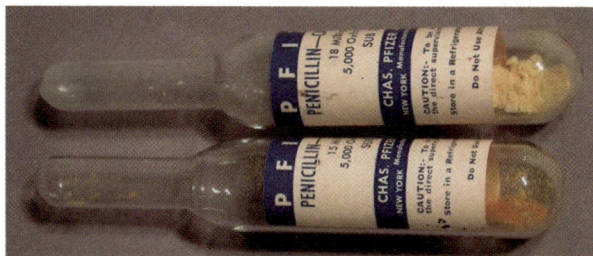

图 29.8　辉瑞公司在二战期间制造的青霉素（早期的青霉素是粉状的，使用时要兑入生理盐水）

由于科学家们对青霉素的效力已经搞得非常清楚了，因此大规模生产青霉素成为美国战时工业的一个重要组成部分。在 1943 年之后，青霉素的药品化成为美国仅次于曼哈顿计划的第二重要科研项目。从这一年开始，美国战时生产委员会直接领导青霉素的生产，从美国上百家制药公司中挑选了 21 家，批准它们生产青霉素。放在今天，这件事不可能发生，首先这 21 家制药公司中，大部分没有参与青霉素的研制，不可能获得生产权。但是在二战时，默克公司的老板乔治·默克同时在美国政府任职，负责统筹战时药品的供应，为了做一个表率，他让默克公司放弃了对青霉素知识产权的诉求，允许没有参加研制的公司参与生产。其次，今天即便允许一家公司生产一种新药，也必须严格审查其资质，用时很长，但是在二战时，这个过程快得很。可以说，第二次世界大战大大加速了青霉素的普及。不过，即便有了这么多制药公司同时生产青霉素，这种特效药还是不够用，成品药一律由该委员会统一调配。

作为研制青霉素的一方，英国共享美国制药公司生产出来的青霉素，弗洛里代表英国和美国军方签订了首批青霉素生产合同。整个 1943 年，美国生产了 210 亿单位的青霉素，相当于 21 万支每针 10 万单位的针剂，以一个疗程 10 天 20 针计算，也只能救治一万人次伤员，远远无法满足战争的需要。当时，加班加点生产青霉素被视为一种爱国行为。到了美国和英国准备在诺曼底登陆并开辟欧洲第二战场时，各个制药公司被要求加班加点生产青霉素这种救命药。当时战时生产委员会主管青霉素生产的埃尔德（Albert Elder）给各个公司写信："你们要告诉每一个工人，今天每生产一支青霉素，几天后就能在战场上挽救一条生命，或者救治一个伤员。把这条标语贴到工厂里，印在工资的信封上……"。

但是真正大幅度提高青霉素产量，是靠解决了前面提到的大规模生产所遇到的各种问题。随着一个个瓶颈被突破，美国青霉素的产量开始呈指数增长。1944 年 1 月，辉瑞建成了世界上第一家大规模的青霉素工厂。整个 1944 年，美国生产了 1.66 万亿单位的青霉素，比前一年增长了 80 倍。到诺曼底登陆时，美国准备了 230 万只青霉素针剂，以保证每一个英、美军队的伤员都能得到救治。到了 1945 年，美国青霉素的产量达到 6.8 万亿单位，是前一年的四倍，

其中辉瑞一家生产
了全世界一半的青
霉素[10]。青霉素的
横空出世，在二战
后期帮助盟军锁定
了胜局。从 1944 年
下半年开始，药物
的供应已经足够治
疗第二次世界大战
期间所有参战的盟
军士兵。

10
参考文献 4。

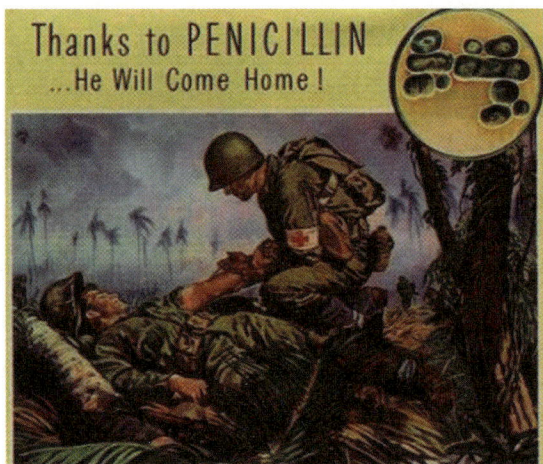

图 29.9　二战时的海报"感谢青霉素，他们（伤员）得以平安回家"

讲到这里，一些缺乏历史常识的国产电视剧中常见的时间错误，需要给大家更正一下，就是各种人都在抗日战争期间想方设法为解放区或敌后根据地搞盘尼西林。然而这件事是不可能发生的，因为1943 年以前，青霉素作为药品还没有做出来。即便在 1943 年之后，青霉素这个项目本身在美国和英国还是保密的，药品完全是由政府和军方统筹，而且只供应给英、美军队。政府和军方甚至不让民间知道有这种药，更不要说让中国的地下党和爱国人士满世界去找盘尼西林了。青霉素进入中国时，第二次世界大战已经快结束了。

虽然在战争期间青霉素的项目是保密的，并且最初被要求全部用于战场上，但是很快民间就得知美、英共同研制出了一种新的万能救命药。民间要求为平民提供青霉素的呼声越来越高，当时美国国家科研顾问委员会里负责生化治疗研究的主席基弗（Chester Keefer，1897—1972）就面临着空前的压力和道德上的两难问题。他当时的一项工作就是从医院收集青霉素的临床试验结果，因此有权批准在美国国内进行少量青霉素临床试验。于是，各种求他的人纷沓而至。但是，将数量有限的青霉素民用，就意味着在战场上的军人要付出更多生命的代价。然而，对疾病患者见死不救，又实在违背医生的道德。最后，基弗是根据需要（而不是感情）决定谁可以参加试用，谁不可以。但即使如此，他也解决不了僧多粥少的问题。直到 1945 年战争快结束时，这个矛盾才逐步得到缓解。1945 年 3 月，美国正式批准青霉素可以民用，而在英国，青霉素从 1946 年 6 月开始在药房出售。

到了 1949 年，美国的青霉素产量达到了 1332 万亿单位，相当于 133 亿支 10 万单位的针剂，价格也从每支针剂 20 美元降至不到 10 美分，这样，青霉素便开始在全世界得到普及。

第三节　机会总是有的

在青霉素诞生之后，全世界对抗生素的研究并没有减少，围绕着抗生素涌现出了许许多多重要的发明。这些发明相比青霉素的发现，可算是从 1 到 N 的过程；但是它们本身在其各自局部的领域里，则又是从 0 到 1。因此，从 0 到 1 和从 1 到 N 并不是绝对的，一个发明属于哪一个阶段，也要看是从什么视角来考察。诸多相关的重要发明和发现，大致分为两类：第一类是继续围绕着青霉素展开的，包括发现青霉素杀菌的原理、发现它的有效成分和分子结构，从而能够人工合成青霉素；第二类则是研制新的抗生素，而在青霉素之后人类发明的最重要的一种抗生素则是链霉素，它让困扰人类几千年的结核病成为历史。

在研究青霉素杀菌机理方面最早取得成就的是亚伯拉罕，他在 1943 年发现了青霉烷，在他之前弗莱明和钱恩都以为青霉素的有效成分是一种酶。亚伯拉罕的发现不仅解释了为什么美国和英国研制出来的青霉素虽然稍有不同，但药效却相似，因为它们都含有相同的有效成分。1945 年，牛津大学的女科学家多萝西·霍奇金（Dorothy

Hodgkin）通过 X 射线衍射[11]，搞清楚了青霉烷的分子结构（beta 内酰胺，β-lactam），不过这项研究成果直到 1949 年才发表。1964 年，她因为此项发现获得了诺贝尔化学奖。霍奇金后来还取得了两项诺贝尔奖级的研究成果——发现了维生素 B12 和胰岛素的分子结构，为后来人工合成胰岛素治疗糖尿病做出了巨大的贡献。

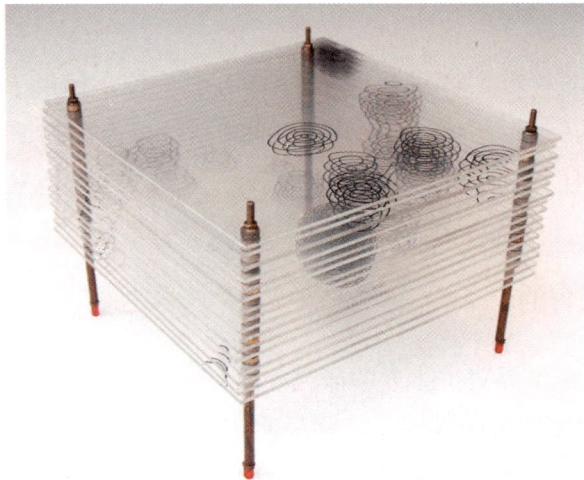

图 29.10　牛津大学科学史博物馆中摆放着霍奇金发现青霉素分子结构的示意模型，黑色线圈表示电子云，从线圈的密度能推断出是什么原子

在搞清楚了青霉素有效成分的分子结构后，人工合成青霉素就成为可能。1957 年，美国麻省理工学院的希恩（John C. Sheehan，1915—1992）第一次成功地合成了青霉素。从此，人类就不需要像二战时那样通过大量培养霉菌来提炼青霉素了。科学家们还发现，如果让抗生素的分子式略有不同，它们的功效也会不同，从 20 世纪 50 年代起，各种各样的青霉素的变种先后被研制出来，它们有的被称为第二、第三代青霉素，有的药效和青霉素相似，但却是全新的抗生素。

在这些新的抗生素中，最常见的是头孢类抗生素，它的药效很像青霉素，但不容易过敏，至今仍被广泛使用（甚至被滥用）。头孢的发明者恰恰是研制青霉素的两位元勋，牛津大学的亚伯拉罕和希特利。亚伯拉罕后来通过头孢的发明专利，成了亿万富翁，当然他把很多钱都捐给了母校牛津大学。他也曾经想把 8000 万英镑的巨资分给希特利，但是后者没有拿，理由是牛津大学给他的薪水足够生活了。对于钱财看得很淡的另一位发明青霉素的元勋是弗洛里，他放弃了对青霉素专利的诉求，否则他会是世界上最富有的人之一。弗洛里认为救死扶伤是医生的天职，为此拿钱是不道德的。

继青霉素之后，人类在抗生素研究方面的另一大突破就是链霉素的发明，而研制它的则完全是另一个团队。在很长的时间里，结核病（以肺结核为主）都是不治之症，人们对它的恐惧不亚于今天对癌症的恐惧，这种恐惧在中外文学作品里都有充分的描述。直到第二次世界大战后，肺结核依然是非常可怕的疾病。虽然青霉素是广谱抗生素，可惜对结核杆菌的疗效非常差。不过，青霉素的发现却给寻找治疗肺结核的药物带来了曙光。

很多时候，成功的机会不止是一次，我们不必为失去一次机会而烦恼，因为机会还会有的。对于研究药品的人来讲，一辈子如果能赶上参与青霉素的研究固然可以慰藉平生，但如果错过了，还有很多新的药品等着被发明呢。而有一个人就等到了第二次机会，他起初研究农业微生物学，后来改行从事医药学研究，发明了链霉素并且成为一代宗师，他的名字叫瓦克斯曼（Selman Waksman，1888—1973）。

瓦克斯曼是从俄国到美国的移民，他毕业于美国新泽西罗格斯大学（Rutgers University），后来在加州大学伯克利分校获得了农业微生物学的博士。当时的伯克利农业研究占了很大的比例，学术水平也非常高。瓦克斯曼一毕业，就在母校罗格斯大学获得了教职，担任了助教授（Assistant Professor）。1923 年瓦克斯曼和助手斯塔

基（Robert Starkey）一同发
现土壤里的一种放线菌能够
杀死周围的真菌和其他细菌。
如果瓦克斯曼是研究医学的，
他或许会早于弗莱明发现抗
生素，但瓦克斯曼研究的课
题是农学，而不是治病，他
所关心的是细菌对农作物的
影响，而不是治病，因此错
过了成为发现抗生素第一人
的机会。

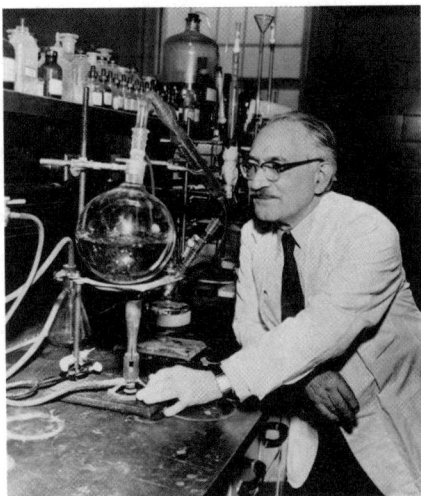

图 29.11 链霉素的发明人瓦克斯曼

瓦克斯曼接下来的运气也不算好，他曾经有两次在弗洛里和钱恩之
前提取出抗生素的机会，但是也都错过了。第一次是 1932 年，他在
研究埋葬患有结核病人和动物的土壤中的细菌，发现那些土壤里其
实没有什么结核杆菌，也就是说土壤里一定还有另一种微生物杀死
了那些细菌，但瓦克斯曼没有继续研究。第二次是 1935 年，他发现
试管里的结核杆菌被污染的真菌杀死了，但是他也没有继续研究。
这两次与运气失之交臂，都是因为他的关注点不在制药上。直到
1936 年，瓦克斯曼在伦敦听了弗莱明介绍青霉素的抗菌作用之后，
受到了启发，开始专注于抗生素杀菌的研究。

12
同在新泽西州。

1939 年，瓦克斯曼说服了大学旁边的默克公司[12]研制抗生素药品，
并且成为公司的顾问。通过和默克公司合作，瓦克斯曼发现了一种
放线菌素的抗生素可以杀死结核杆菌，但是这种药物毒性太大，把
实验的动物都毒死了，默克公司认为根本没有必要做人体实验了。
接下来的几年是瓦克斯曼事业的低谷，他不仅没有合作伙伴，而且
跟随他的学生也都一个个离开了，瓦克斯曼的课题组规模越来越小。
几年后，瓦克斯曼的一位学生在默克公司改进了这种毒性大的药物，

尝试进行人体实验，但是实验者很快出现了肾衰竭，实验再次宣告失败。

一连串的失败让默克公司放弃了链霉素的研究，因为公司认为这种药没有前途。不过瓦克斯曼并没有因此而放弃，他认定这个方向是对的，于是孤军奋战，带着规模不大的课题组继续他的研究。

1943 年，一位学生的加入令课题的研究有了转机，这位名叫阿尔伯特·沙茨（Albert Schatz, 1920—2005）的学生因伤病从战场上回到美国，因为没有钱就来到了老师的实验室里打工。瓦克斯曼给沙茨提供生活费，让他帮助提炼链霉素。沙茨的运气很好，几个月后他就成功地分离出了毒性很小的链霉素（从土壤中和鸭子喉咙里找到的菌种），并且在梅奥诊所（Mayo Clinic）[13] 进行了两例治疗结核病的临床试验，结果非常成功。第二年（1944 年），默克公司在英国和美国使用链霉素，进行了更大规模的临床试验，证明这种新的抗生素对结核杆菌和很多其他细菌的药效。

接下来，关于链霉素的发明权，引发了科学史上一桩著名的公案，到底链霉素应该算是瓦克斯曼发明的，还是沙茨发明的？按照瓦克斯曼的想法，最早发现链霉菌可以杀死结核杆菌等细菌的，无疑是他瓦克斯曼，只是他一直没有能够找到合适的菌种，分离出毒性较小的药物而已。在瓦克斯曼的实验室里，还有其他学生和助手在培养各种各样不同的链霉素菌种，沙茨只不过运气比别人好罢了。但是沙茨认为是自己真正分离出副作用很小、具有实用价值的链霉素。事实上，关于链霉素研究最重要的一篇论文的第一作者也是沙茨。

不过，沙茨在 1946 年博士毕业时并没有了解到他所做的工作的重要性，以及可能给他个人带来的巨大经济收益。在沙茨离开罗格斯大学之前，瓦克斯曼要求他将链霉素的专利权无偿交给罗格斯大学

[13]
梅奥诊所虽然名字叫诊所，却是美国最好的医院之一。

处置，沙茨当时根本不觉得链霉素的专利还能获利，也就签署了协议。瓦克斯曼显然比他的这位学生精明得多，早在 1945 年沙茨毕业之前，瓦克斯曼就意识到链霉素将来会带来巨大的经济效益。瓦克斯曼在此前其实已经做了另一件事，就是让一直支持他研究工作的默克公司放弃专利诉求。根据 1939 年默克公司资助他研究时双方签的协议，公司有权拥有和链霉素相关的专利。瓦克斯曼说服默克公司的理由是，如果开放专利让更多的制药公司一起来生产，能够降低成本，有利于药品的普及，当时代表美国政府采办药品的乔治·默克为了更好地满足军需，代表默克公司放弃了对专利的诉求。当瓦克斯曼再次说服沙茨放弃专利诉求之后，他和罗格斯大学就成了链霉素发明专利仅有的受益者[14]。

14
根据协议，默克公司有权生产链霉素。

到了 1949 年，沙茨发现他的导师瓦克斯曼从链霉素的专利中获益巨大，三年间已经拿了 35 万美元的专利费，这在当时是一笔很大的收入。沙茨知道后觉得非常委屈，正好他的一位亲戚是律师，就鼓动他去打官司，于是师徒二人不得不对簿公堂。罗格斯大学为了维护自己的声誉，极力促成他们之间的和解。最后，经过调停，沙茨获得了 12 万美元的补偿和 3% 的专利使用费，瓦克斯曼的专利受益降到 10%，另外 7% 给了实验室其他工作人员，而罗格斯大学的比例不变。这个结果实际上等于向外界表明沙茨赢得了官司，也让实验室包括刷试管的所有工作人员都获得了不少经济利益。

不过，沙茨虽然在官司上赢得了不少经济利益，但是他破坏了学术界的潜规则，学术界对他并不买账，以至于他后来无法在美国一流大学任职。从 1946 年起，瓦克斯曼连续被提名诺贝尔奖，并于 1952 年单独获得了诺贝尔医学奖。沙茨通过他所任职的学校（一所非常小的农学院）向诺贝尔奖委员会提起申诉，要求分享这项殊荣，并向许多诺贝尔奖获得者求援，但几乎无人愿意替他说话。

瓦克斯曼和沙茨两人后来一生交恶，瓦克斯曼甚至不再提沙茨的名字，只是用"那个学生"的称谓。他自始至终不认可沙茨的贡献，他在写给沙茨的信中，表达了他真实的想法。

"你要充分认识到在解决链霉素的问题上你的贡献并不大。你只是我实验室研究抗生素这一伟大的车轮上的众多部件之一。在这方面的工作中，有许多研究生和研究助理帮助我；他们是我的工具，我的手，如果你想知道的话。"[15]

15
1949 年瓦克斯曼写给沙茨的信。

沙茨对链霉素的贡献后来不再有人提及，人们也忘记了沙茨这个人。而这件事情今天被人们再次发现，则要归功于英国谢菲尔德大学的微生物学家威恩莱特（Milton Wainwright）。20 世纪 80 年代，威恩莱特为了写一本有关抗生素的书，来到发明链霉素的罗格斯大学查阅相关的档案，看到了沙茨的贡献，然后他做了一番细致的调查，包括采访了沙茨本人，最后威恩莱特认定沙茨是分离出链霉素药物的第一人。接下来，这位在微生物学界颇有影响力的教授开始扮演起学术界侠客的角色，发表了好几篇文章介绍沙茨的工作，并且在他的《灵药：抗生素的故事》[16] 一书中客观地肯定了沙茨的工作。顺便说一句，本章很多内容的细节，参考了这本书。1994 年，在链霉素发现 50 周年之际，罗格斯大学授予沙茨最高荣誉奖章，以表彰他对链霉素发明的贡献和对大学的贡献。这时瓦克斯曼已经去世多年，学校才不担心有所难堪。

16
参考文献 1。

在随后的几年里，学术界对这桩公案的看法来了 180 度的大转弯。2002 年 2 月，世界上最权威的学术杂志《自然》发表了一篇评论文章，以链霉素的发现为例说明科研成果发现归属权的不公正。2004年，被链霉素拯救了生命的女作家奥尔巴克采访沙茨后，写成了《发现沙茨博士》一书，并在沙茨去世后出版，在书中，瓦克斯曼被描绘成了侵吞他人科研成果的人。

客观地讲，在发现链霉素这件事情上，瓦克斯曼的贡献比沙茨大，没有瓦克斯曼之前近三十年的工作基础，沙茨是无法分离出链霉素的。不过沙茨的水平也不容置疑，更重要的是他的运气非常好，当时瓦克斯曼让实验室里不同的人试验不同的菌种，正巧沙茨的试验取得了成功。瓦克斯曼对待沙茨的态度，在今天看来是让人无法接受的，但是在他那个年代，实验室的负责人将下属的功劳全部记在自己头上颇为常见。瓦克斯曼是一个老式的科学家，他并不认为自己的所作所为有什么不妥。在他看来，既然他付给了沙茨生活费，沙茨的研究成果自然归他所有。有着瓦克斯曼这种想法的科学家并不少见。我们在《文明之光》第二册第 15 章"打开潘多拉的盒子"里介绍核裂变的发现时，也提到过虽然是迈特纳最早发现了核裂变现象，但最后功劳和诺贝尔奖都给了她的主管负责人哈恩。另外，在我们过去所从事的语音识别领域，最重要的一项发明——将隐含马尔可夫模型用于语音识别，到底是实验室主管贾里尼克的功劳，还是他手下两位科学家贝克夫妇（Jim Baker 和 Janet Baker）的功劳，也争论了很长时间，情况与瓦克斯曼和沙茨的争执很相似。说回到瓦克斯曼这个人，尽管相比弗洛里和希特利，他在名利面前算不上是高风亮节，但是他对于链霉素的发明和整个抗生素的研究所做出的巨大贡献是无法否认的。他一生写了 28 本学术专著和科普图书、14 本科普小册子，合作发表了 400 多篇论文，并用自己一半的专利所得建立了研究基金，支持大学的研究。

在青霉素和链霉素之后，各种抗生素不断被发明出来，每一种抗生素的发明过程，都伴随着一个精彩的故事，我们就不一一讲述了。通过青霉素和链霉素（尤其是青霉素）的发明过程，我们可以看到任何一项真正伟大的创新，都不像想象的那么容易，需要很多人长期持续地付出艰辛的努力。

讲回到青霉素的发明，到底谁的贡献最大呢？著名医学家、基因学

和癌症研究的先驱亨利·哈里斯（Henry Harris）给出了非常形象
和准确的描述：

> 如果没有弗莱明，就没有钱恩或者弗洛里；如果没有弗洛里，就没有希特利；
> 如果没有希特利，就没有青霉素 [17]。

17
英 文 原 文 是：
Without Fleming,
no Chain or Florey;
without Florey, no
Heatley; without
Heatley, no
penicillin。

由此可见，青霉素的发明和药用是一环扣一环的过程，并非某一个
人的贡献。1945 年，诺贝尔奖委员会将医学奖颁发给了弗莱明、弗
洛里和钱恩三人，以表彰他们在研制青霉素的工作中所做出的杰出
贡献。这三个人获得诺贝尔奖显然毫无争议，弗莱明的贡献在于第
一个发现了青霉素这种能够抗菌的物质；钱恩的贡献在于对青霉素
进行的理论研究和药物提取，他是那个时代当之无愧的青霉素第一
理论家；而弗洛里在我看来，则是贡献最大的人，因为青霉素最终
制成药，在很大程度上是靠他的组织才能。此外，亚伯拉罕和希特
利的贡献也很大，他们的贡献超过很多诺贝尔奖获得者，但是因
为诺贝尔奖有一个不成文的规定，除了和平奖外，每一次授奖人数
不超过三人，因此他们都与诺贝尔奖无缘。不过英国人没有忘记他
们的贡献，亚伯拉罕后来被授予爵士，并荣获了英国科学的最高
奖 —— 皇家奖章（Royal Medal），希特利被牛津大学授予了名誉医
学博士，这是在牛津 800 多年的历史上第一次给非医科的学者授予
医学博士。除了上述这些科学家外，在整个弗洛里的团队里还有很
多其他人都对青霉素的研制做出了贡献，如今有些人的姓名已经无
法考证，但是没有他们的工作，青霉素就不可能那么快问世。

至于为什么媒体将发明青霉素的主要贡献归结到了弗莱明一个人的
身上，这在很大程度上是因为英国记者们的报道。弗莱明喜欢接受
采访，而记者们也正需要他神奇的故事，这就造就了弗莱明在医
学史上的传奇。相比之下，弗洛里不喜欢接受采访，因此就没有受
到大众的关注。根据《弗洛里博士外套中的青霉》[18] 一书作者莱克

18
参考文献 8。

19
阿司匹林的有效成分是水杨酸钠，柳树皮中含有水杨酸，有和阿司匹林相似的作用，但是功效相差很远。

斯的观点，如果牛津大学的研究人员们给这种抗生素起一个不同于"青霉素"的名字，那么发明青霉素大部分的荣誉将给予弗洛里，毕竟弗莱明发现的能杀菌的青霉菌和最后成为药品的青霉素是两回事，这就如同阿司匹林和柳树皮里的汁液不同一样 [19]。

还需要指出的是，默克、辉瑞和礼来等一批制药公司，一方面因为掌握了抗生素的技术在日后变成了全世界最主要的制药公司，另一方面它们对于抗生素的推广普及起到了莫大的作用。在历史上的大部分时间里，这些制药公司是以营利为目的的，习惯于各自独立研究。不过在二战时为了救治伤员的需要，它们联起手来，加速了青霉素的量产和普及。没有这些制药公司的合作，没有制药公司里成千上万的科学家、工程师和普通工人的辛勤劳动，青霉素就不可能在短短的几年时间里从霉菌变成遍及全世界的灵药。

在伦敦的弗莱明实验室博物馆有着这样一块铭牌，简述了青霉素的发明过程。它首先赞扬了弗莱明的偶然发现，接下来介绍了弗洛里、钱恩、希特利和亚伯拉罕的贡献，最后提到了美国北方研究所和很多制药公司对青霉素药品化的贡献。这个铭牌概括了青霉素从 0 到 N 的全过程。

即便在青霉素被广泛使用之后，围绕它的发明和发现还不断在涌现。从霍奇金发现它的分子结构，到希恩人工合成青霉素，这些工作相比弗莱明从 0 到 1 的偶然，或许只是从 1 到 N 过程中具体的一步，但是没有这些工作，青霉素的生产也不会变得如此简单，药效也不会像今天这么稳定，因此我们无法说他们的工作不重要。事实上，从霍奇金获得诺贝尔奖，就说明世界认可了所谓"后续工作"的重要性。

在链霉素的发明过程中，瓦克斯曼失去了很多次从 0 到 1 的机会，最终他受到青霉素发明的启发，在所有人都对链霉素失去信心的时候，坚持了下来，完成了另一项伟大的发明。如果从他 1918 年博士毕业研究土壤开始算起，到 1944 年成功进行临床试验，整整花费了 26 年的时间。瓦克斯曼一生致力于抗生素的各种研究，他在几十年里对人类持续的贡献，要超过那些所谓灵机一动的原创发明。

第四节　被滥用的药物

人类对新事物的认识过程常常是曲折的。在开始的时候，人们容易只看到它好的一面，而忽视它可能带来的问题，而新事物的负面影响，往往要等很多年后才会逐渐显现。人类对抗生素的认识，也走了一个大弯路。

青霉素的诞生开创了用抗生素治疗疾病的新纪元，通过数十年的完善，青霉素针剂和口服青霉素已能治疗各种因细菌感染引起的炎症。继青霉素之后，链霉素等抗生素不断出现，增强了人类治疗传染性疾病的能力，消灭了肺结核等绝症。这样，人类的健康水平就提高了一个台阶，寿命也普遍得到延长。抗生素对没有细胞壁的动物细胞并无直接的伤害，在很长时间里人类认为抗生素是近乎无毒副作用的，或者说可以忽视了它的副作用。

但是，科学家们慢慢发现抗生素的使用，尤其是滥用，会带来各种各样很严重的副作用。

首先，抗生素帮助细菌形成抗药性，使得过去的万灵药不再那么灵了。

抗生素和细菌的关系有点像矛和盾的关系，在没有抗生素时，细菌一般也不会产生对抗生素的抗药性，因为从进化的角度来讲没有必要。但是在抗生素出现和使用之后，部分病菌也开始适应抗生素，随着抗生素的使用越来越广泛，细菌的抗药性也在逐渐增强，并获得了抵抗基因。比如，一些耐药的细菌（比如耐药金葡）会产生一种酶，破坏青霉素的有效成分。这样抗生素就不像当初那么灵了。结果人类使用青霉素的药量，也不得不从 20 世纪 40 年代的每天 10 万—20 万单位，增加到每天 80 万—100 万单位，甚至更多。当然，青霉素的用量不可能无限制加大，好在科学家们对抗生素杀菌的原理和抗生素的有效成分有着足够多的了解，他们不断研制新的抗生素，这样，那些对某些抗生素具有抗药性的细菌有可能被另一种抗生素杀死。例如，头孢家族抗生素的出现，很大程度上就是要解决青霉素的抗药性问题。

抗药性问题的出现，和滥用或误用抗生素有关，这个问题今天已经成为危害人类健康不可忽视的大问题，在中国尤其严重。在很长的时间里，抗生素在中国随处可以买到。一般百姓对抗生素过分迷信，不管是什么原因引起的疾病，只要一生病发烧就自作主张使用抗生素。中国在 1949 年之前所生产的抗生素全球占比微乎其微。1949 年之后，中国的抗生素产量和使用量不断上升，进入 21 世纪后，无论是产量还是使用量，中国都超过了全球的一半。这并不是因为全世界缺乏抗生素，而是中国使用得太多。其实，并非所有的炎症都是由细菌引起的，很多是由病毒引起的，但它们的症状颇为相似，比如嗓子疼痛。不分青红皂白地使用抗生素，不仅对病毒引起的疾病没有任何作用，而且会让人体内的细菌产生抗药性。即便是对一些细菌引起的炎症，如果抗生素没有针对性，照样起不了什么作用。

美国著名的梅奥诊所给出了一张如下的清单（表 29.1）[20]，指出很多常见病使用抗生素是没有用处的，而在中国和印度，患者在得了这些疾病时，却常常在使用抗生素。

20
http://www.
mayoclinic.org/
healthy-lifestyle/
consumer-
health/in-depth/
antibiotics/art-
20045720.

表 29.1 不需要使用抗生素的常见疾病

感冒（Cold）

病毒性感冒，流感（Flu，influenza）

支气管炎（Bronchitis）

大部分咳嗽（Most coughs）

大部分嗓子痛（Most sore throats）

一些耳部感染（Some ear infections）

一些鼻窦感染（Some sinus infections）

病毒性消化系统疾病（Stomach flu or viral gastroenteritis）

除了滥用抗生素，中国大部分老百姓对抗生素也缺乏认识，使用抗生素的方法是错误的。我自己在中国做了个调查，问过十几个人，发现绝大部分人使用抗生素时都是在炎症症状刚消失或者开始缓解后就停止使用，因为他们认为药能少吃就少吃，既然病都好了，何必还要多吃药呢。这样使用抗生素，虽然可以杀死病灶内的大部分细菌，消除症状，但是会在身体里留下一些尚未杀死的细菌，久而久之就会产生抗药性。对于这种抗生素的错误使用及其危害，弗莱明在青霉素被发明之后不久，就敏锐地预见到了。他在 1946 年获得诺贝尔奖的讲演中说："在不久的将来，青霉素就将在世界普及。缺乏药品知识的患者很容易会减少剂量，这将不足以杀灭他体内的所有细菌，从而使菌种产生抗药性。"遗憾的是，很多患者真的犯了弗莱明所担心的错误。

今天在美国，医生在给病人使用抗生素时非常谨慎，一般能不用就不用，一定要用的话也会要求病人必须用完一个疗程（通常 6 天左右），以免漏掉抗药性强的细菌。而美国的病人通常又比较天真，医生说什么他们就照着做，因此，抗生素滥用和误用的情况较中国轻一些。

但是，消除人为使用的不当之处，并不能杜绝细菌抗药性的问题，因为抗生素的使用范围早已超出了给人治病的范畴，广泛用于养殖业和畜牧业。中国目前已经意识到滥用抗生素的危害，医用抗生素是由医疗部门管理，控制得比较严，但是兽用抗生素则是由农业部门控制，管理得相对较松。中国的养殖业用掉了全国一半左右的抗生素，大部分使用者缺乏科学知识和指导，会对牲畜随意滥用，以为这样就可以防止牲畜生病。

从 2005 年开始，中国科学院广州地球化学研究所的应国光研究员领导的课题组对中国抗生素的使用情况进行了长达十年的调研和研究。在十年的时间里，应国光团队走访了多家饲养场，询问它们的主人是否使用抗生素，大家给他们的回答都是否定的，但实际上应国光的课题组工作人员在这些饲养场的饲料和动物粪便中发现了多种抗生素，而且浓度很高。这些抗生素除了少数被人和动物吸收，大多数都进入了土壤和河流。在中国东部的长江和珠江，水中抗生素的浓度为每立方米 80 微克左右，是自然环境较好的雅鲁藏布江的几十倍。2015 年 6 月，应国光团队公布了中国第一份抗生素使用和排放情况的研究报告。报告指出，中国不仅是全球抗生素最大的制造和使用国（大约占了全球的一半），而且滥用情况相当普遍，危害严重。

当抗生素大量进入自然环境中以后，就会促使整个大自然形成各种抗药细菌。细菌适应抗生素的进化过程，在抗生素诞生之后就慢慢开始了，而且每出现一种新的抗生素，不久就会有某些细菌能够抵抗它的药性。更可怕的是，很多细菌已经从原来的单药耐药性，变成了能够抵抗多种抗生素的超级细菌。

2013 年，《美国国家科学院院刊》刊登了八名中、美科学家关于抗生素使用情况的研究成果，他们在中国三家饲养场的动物粪便里发现了 149 种抗药性很强的细菌，其中有些是能抗多种抗生素的超级细菌。这些细菌会通过动物体和肉制品传到人类身上，这也就是为什么一些并没有过度使用抗生素的人，却会感染上抗药性细菌的原因，因为在各个人口密度高的环境中，这种抗药细菌已经普遍存在了。

对于抗药的细菌，目前医学家和药物学家们所能做的，就是研制出一种更新、抗菌能力更强的抗生素。目前，世界上公认最有效的抗生素是多黏菌素（Polymyxin）[21]，它被认为是人类最后的防线。但是，2015 年 11 月 18 日，来自中国、英国和美国多所大学的研究人员在期刊《柳叶刀》上发表了一篇题为《在中国动物和人身上发现质粒介导的多黏菌素抗性》的文章[22]。文章指出，对多黏菌素抗药的细菌已经在人和动物的体内被发现，更可怕的是，这种抗药性可在细菌之间轻易地转移，而且可能已经蔓延到了很多国家，这让人类的最后一道防线岌岌可危。

抗药性的问题远比很多人想象的要可怕得多。美国现在每年有 200 多万人因为对各种抗生素都产生了抗药性而感染重病，其中每年 25 万人必须住院治疗，全美每年都有 23000 多人死于无药可治的细菌感染，这大约相当于美国每年死于肝癌的人数。所不同的是，美国死于癌症（包括肝癌）的人数每年都在减少，而因为抗药性对细菌感染无药可治的人数却在连年增加。一些悲观的医学家担心，21 世纪人类将再次面临没有抗生素可用的"后抗生素时代"。直到这时，世界上一些发展状况良好的国家才开始认真考虑合理使用和限制使用抗生素的问题。比如欧盟已禁止使用抗生素促进农产品生长，澳大利亚和美国干脆禁止了一些种类的抗生素农用。2015 年 3 月，麦当劳宣布两年后在美国停止采购使用了对人类有影响的抗生素的鸡肉，但是这仅限于美国，在其他国家没有这个限制。人类较早就认识到抗生素可能产生抗药性的问题，但是采取行动已经是半个多世

21
这种抗生素又分为 A、B、C、D 和 E 五种。

22
http://www.thelancet.com/journals/laninf/article/PIIS1473-3099(15)00424-7/abstract.

纪后的事情了，这中间的教训值得每一个人，特别是科研人员反思。

抗生素的副作用远不止是让细菌产生抗药性，也在于它的毒性和其他副作用上，而人类对这些副作用的全面认识，同样也经历了一个漫长的过程。最初，人们了解的副作用仅限于因药品不纯而导致的过敏，这种过敏非常危险，甚至是致命的。因此，一些国家在使用青霉素之前要求进行皮试。不同批号的青霉素可能含有不同的杂质，每一次使用前都需要重新做皮试。但是皮试安全并不完全等同于用药就安全，通过了皮试却死于青霉素过敏的案例并不少见。另外，皮试本身也有一定的危险性，约有四分之一因青霉素过敏性休克而死亡的病人死于皮试。因此，皮试时也应该做好充分的抢救准备，不过很多医院并没有这么做。在青霉素诞生之后，因用药不慎而发生的过敏死亡事件时有发生。另外，由于皮试用药量很小，经常进行皮试会帮助细菌产生抗药性，这也是青霉素的副作用之一。

随着抗生素生产工艺的改进，基本上能做到里面不含有害的杂质或者杂质含量微乎其微，因此对抗生素过敏的现象在逐渐减少，在美国等一些药品质量有充分保障的国家，使用青霉素（大部分是口服，而非注射）通常不需要进行过敏试验。但是，随着抗生素开始大规模使用，人们渐渐发现它的副作用比想象的多得多。

除了过敏，抗生素对人体的副作用基本上可以分为两类。第一类是药品中的其他成分对人体的伤害，比如青霉素常常以钾盐或者钠盐的形式保存。钾盐常常用于点滴，但是血液中过量的钾离子会抑制心脏功能，造成死亡，因此每次使用前要仔细计算钾离子量。

第二类是抗生素在人体内的沉积和代谢给人带来的伤害。比如青霉素虽然不会直接伤害到人体细胞，但是并非没有毒性，因为它在人体内要被分解掉，这会对肝脏造成伤害。类似地，前面提到的多黏菌素，使用后对肾脏也有不同程度的伤害 [23]。

每当一种新型抗生素问世时，一方面会给人类带来新的希望，另一方面都免不了会有毒副作用，而很多毒副作用是事先想象不到的。以前面提到的链霉素为例，在它刚刚诞生时，人们认为它是一个相当安全的抗生素，使用起来不加限制。但是，后来人们发现，长期使用链霉素会导致听力下降，甚至让听力永久性丧失 [24]。当这些副作用的病例重复出现之后，科学家们才开始找原因。后来人们发现，链霉素容易在耳朵里堆积，会伤害耳蜗神经，此外，链霉素会在肾脏里面堆积，伤及肾脏。

人类使用抗生素已有半个多世纪，我们已经离不开这些药品了，要回到没有抗生素的时代显然不现实。在走过很多弯路之后，人们发现唯一能做的，就是少用抗生素并且在非用不可时合理使用。国际卫生组织、美国食品与医药管理局和美国国家医学院（National Institute of Health，简称 NIH）的数据显示，即便在今天的美国，人们已经非常重视合理使用抗生素的情况下，依然有一半左右多的抗生素其实是不需要使用的（如图 29.12 所示）。

一些发达国家对于抗生素的使用变得越来越谨慎，能不用则不用。在不得不使用时，必须确保对症用药，而且必须用够量，以免培养出抗药细菌，同时根据抗生素的副作用，严格划分等级，对于孕妇等敏感人群，一直是本着安全第一、疗效第二的原则非常谨慎地选用抗生素。

人类对抗生素副作用的认识，是以许许多多生命为代价换来的。而人类对很多其他伟大发明的副作用，至今也还缺乏认识。

[23]
伤害的程度因不同的多黏菌素而不同。

[24]
除了链霉素，其他抗生素比如庆大霉素对听力也有伤害，一些专家认为，滥用药物是儿童致聋主因。http://mt.sohu.com/20160224/n438345246.shtml。

不必要的抗生素处方

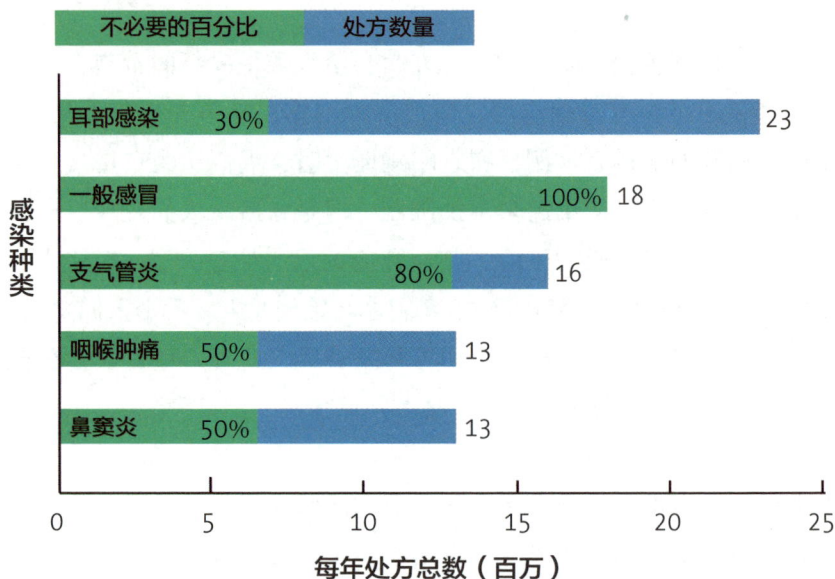

图 29.12　不需要使用抗生素的病例占比（资料来源：国际卫生组织、美国食品与医药管理局和美国国家医学院）

结束语

青霉素的发明和普及过程，在人类文明的进程中非常具有典型性。首先，最初发现青霉素带有很多偶然性，而这其实只是整个发明工作中很小的一部分，这一偶然发现即使不是由弗莱明完成，也会有其他科学家能做到。但是接下来，从最初偶然发现到变成一种改变人类生活的发明和产品，中间经历了漫长而曲折的过程，在这个过程中，需要无数人为之做出贡献。当然，在这些人中，需要有那种善于组织和调动资源的领导者，当时弗洛里就扮演着这个角色，还需要有智慧和眼光超越同时代人的科学家，比如钱恩、希特利和亚伯拉罕。通常，人们梦想得到弗莱明那种灵感和运气，并且认为自己运气好，或许也能成就一番事业。之所以很多人会有这样的想法，和媒体过度渲染各种发明的传奇性有关。这种想法其实很不切实际，且不说弗莱明早就有一个有准备的头脑，这是当时大部分科学家所不具备的，而且在他的偶然发现之后，如果没有弗洛里等人长期大量的艰苦工作，青霉素永远变不成药品。对于媒体而言，弗洛里等人的工作并没有什么新闻效果，不易受到关注，而在伟大的发明过程中，需要的恰恰是弗洛里那样的人，那样的工作。

至于为什么在发明青霉素等抗生素的过程中，那么多人能够为一个目标而共同努力，其实每一个人的想法都不相同，有的人为了改善人类的福祉而不计报酬，有的人是为了金钱和名誉，有些人则是为了养家糊口。在那一代为抗生素的诞生做出巨大贡献的科学家和企业家中，在名和利面前，每个人的表现相差很大。其中既有像弗洛里和希特利那样完全为了尽到一个医生和科学家的天职不计报酬的道德崇高之人，也有像默克那样为了公众利益放弃个人公司利益有情怀的企业家，当然也有相对计较名利的瓦克斯曼和亚伯拉罕，毕竟他们和我们一样，是有着各种欲望的平常人。

我们不能要求每一个人都像圣者那样完全无私，都本着奉献的目的工作，虽然我们对这样的人非常敬重，但他们实际上数量很少。大部分人在帮助世界的同时谋求改善自己的生活命运，其实也无可厚非。因此，我们在感谢高风亮节的弗洛里、希特利和默克的同时，也要感谢通过发明获得巨大财富的亚伯拉罕和瓦克斯曼——他们二人对人类的贡献远远大于他们的所得。不论是谁，只要他们在为改善人类的福祉做出贡献，我们就应该对他们表示尊敬。

面对一个新生事物，大家常常会先看到它好的一面，而忽视它潜在的问题，人类对抗生素的认识便是如此。在科学上，不能证明有害和尚未证明有害，与已经证明无害完全是两回事，但是很多人却将两者混为一谈。值得一提的是，并非所有科学工作者在这个问题上的态度都是中立公正的，很多人由于知识的局限性和看待事物的片面性，倾向于不客观地赞誉自己所从事的工作，还有一些科学家为了科研经费，有意无意地忽视自己所从事的工作的潜在副作用。人们往往很久之后才会了解一项发明的副作用，甚至会在大规模的危害发生之后才有所认识。

透过抗生素的发明和使用，我们可以更好地理解人类认识真理的过程，更好地理解怎样做出改变世界的发明，更好地理解为什么科学是一个过程，而非结论。

附录一　发明青霉素的纪念铭牌原文

In 1928, at St. Mary's Hospital, London, Alexander Fleming discovered penicillin. This discovery led to the introduction of antibiotics that greatly reduced the number of deaths from infection. Howard W. Florey, at the University of Oxford working with Ernst B. Chain, Norman G. Heatley and Edward P. Abraham, successfully took penicillin from the laboratory to the clinic as a medical treatment in 1941. The large-scale development of penicillin was undertaken in the United States of America during the 1939-1945 World War, led by scientists and engineers at the Northern Regional Research Laboratory of the US Department of Agriculture, Abbott Laboratories, Lederle Laboratories, Merck & Co., Inc., Chas. Pfizer & Co. Inc., and E.R. Squibb & Sons. The discovery and development of penicillin was a milestone in twentieth century pharmaceutical chemistry.

附录二　X 射线衍射成像技术

光波穿过一个小孔时，会产生衍射现象，X 光也不例外。由于 X 光的波长与很多晶体中原子的间隙处在同一个数量级，因此能够在分子或晶体中产生衍射，感光照片可以接收到衍射的 X 光，得到清晰的图像。通过这些图像，可以得知晶体或者分子的结构。1914 年，德国科学家马克斯·冯·劳厄（Max von Laue，1879—1960）因为发明 X 射线衍射技术而获得诺贝尔物理奖。

X 射线衍射技术在二战后带来了化学和生物学的许多重大发现，有 20 多项获得诺贝尔奖的研究成果是靠使用 X 射线衍射技术取得的。除了前面提到的霍奇金发现青霉素的结构，使用 X 射线衍射技术获得的重大成就还包括霍奇金发现维生素 B12 和胰岛素的分子结构、英国科学家富兰克林（Rosalind Franklin，1920—1958）和威尔金斯（Maurice Wilkins，1916—2004）发现 DNA 双螺旋结构。

参考文献

[1] 阿图・葛文德 . 医生的精进 . 李璐，译 . 杭州：浙江人民出版社，2015.

[2] Milton Wainwright. 灵药：抗生素的故事 (Miracle Cure: Story of Antibiotics). Balckewell Publishers，1991.

[3] Inge Auerbacher. 发现沙茨博士 (Finding Dr. Schatz: The Discovery of Streptomycin and A Life it Saved)iUniverse Inc，2006.

[4] 瓦克斯曼和抗生素 .http://www.acs.org/content/acs/en/education/whatischemistry/landmarks/flemingpenicillin.html

[5] 发现和开发青霉素 .https://www.acs.org/content/acs/en/education/whatischemistry/landmarks/flemingpenicillin.html

[6] Penicillin 1929—1940，British Medical Journal，pp 158—159，July 19，1986. https://www.ncbi.nlm.nih.gov/pmc/articles/PMC1340901/pdf/bmjcred00243-0004.pdf

[7] http://www.botany.hawaii.edu/faculty/wong/BOT135/Lect21b.htm

[8] Eric Lax. 弗洛里博士外套中的青霉 (The Mold in Dr. Florey's Coat).Holt Paperbacks，2005.

[9] 德吕恩・布奇 . 医药的真相 . 孙红，马良娟，译 . 北京：新世界出版社，2010.

第三十章　铸剑为犁
从国际联盟到联合国

《文明之光》一开篇就讲到，相比宇宙的历史，人类还太年轻。因此，人类像小孩子一样不懂事也是很正常的，其中一个最不懂事的表现，就是试图通过战争解决问题，后果自不必说了，每次都是生灵涂炭，文明倒退。但是，我对人类依然充满了信心，因为人类终究会长大，会成熟起来。20 世纪 40 年代，历经两次惨绝人寰的世界大战后，人类终于懂得了需要通过谈判和妥协而非战争来解决纠纷。一个旨在解决各国纠纷、促进全球发展和人类福祉的组织 —— 联合国，诞生了。

联合国诞生于 1945 年，是二战时期同盟国领袖们政治智慧的体现，不过，通过建立一个国际组织来协调各国的关系、避免战争的设想在一战后就得到了很多国家的认可，而这个设想源自一位被认为是书呆子的政治家 —— 美国总统伍德罗·威尔逊（Woodrow Wilson，1856—1924）。

第一节　一个学者的理想

若要挑出一位学者型的美国总统，那么伍德罗·威尔逊可谓当之无愧。威尔逊于美国第一所研究型大学约翰·霍普金斯大学获得政治学博士。在此之前，美国没有像样的研究生教育，而威尔逊也是美国自己培养的第一批博士。博士毕业后，威尔逊在著名的普林斯顿大学任教，并且逐渐成为政治学的权威。他的一些著作，例如《论国家》(*The State*)，长期以来一直是美国大学政治学专业的教科书。在学术观点上，威尔逊认为英国的内阁制在防治腐败上优于美国的总统制。他认为，英国那

图 30.1　美国第 28 任总统威尔逊

种同时掌握立法权和行政权的首相，在管理国家上具有更大的权力，可以更好地约束社会，而美国总统和国会的分权会让政治家无所作为。威尔逊后来在国际政治上的理想，也确实是被美国的这种分权制度给断送了，当然这是题外话了。

1902 年，46 岁的威尔逊担任普林斯顿大学校长，该校是美国历史第四悠久的名校。在任期间（1902—1910），他帮助这所近代私塾般的教会学院完成了向现代研究型大学的转变。近几年，一些极左翼的非洲裔群体试图以威尔逊带有种族歧视倾向，抹去他在普林斯顿大学的痕迹，但后来大家发现这根本做不到，因为没有威尔逊的普林斯顿就什么也不是了。这就如同无法从法国历史上抹去路易十四，或者从美国历史中抹去杰弗逊一样。即便这些伟大人物未必完美，但恰恰是他们的努力和影响，将各个国家塑造成了今天的模样。威尔逊也是一样，普林斯顿能有今天的辉煌，没有像当时名气相当的威廉·玛丽学院[1] 那样一直走不出现代私塾的境况，或者没有像罗格斯大学那样跌入二流行列，很大程度上有赖于威尔逊的努力。

1
美国仅次于哈佛大学的历史第二悠久的大学，曾经出过杰弗逊等一批杰出人物，但是始终没有很好地完成从教会学院到现代研究型大学的转变，后来出现财务危机，被弗吉尼亚州收为州立大学。

威尔逊对普林斯顿最大的贡献在于大手笔地建设学校。威尔逊担任校长时，普林斯顿的捐赠余款只有 400 万美元，但他还是花了 200万美元改进教学，用 100 万美元成立理学院，然后筹款 300 万美元进行大规模的校园建设和提高教授的工资。威尔逊还学习他的母校约翰·霍普金斯大学，长期致力于研究生教育和工程教育，他花了250 万美元成立研究生院，又花了 300 万美元成立工学院。在 8 年任期内，他将教授人数增加了 50%，并且聘用了第一位信仰天主教的教授和第一位犹太人教授，而此前的普林斯顿则完全是一个由新教徒主导的大学。

2
关于住宿学院制，此处不妨以一两句话概括，更多的信息参见拙作《大学之路》。

在学生教育上，威尔逊偏爱牛津和剑桥的住宿学院制（Residential College）[2]，强调学生们生活在一起的重要性。虽然在他的任内普林斯顿未能实现学院制管理，不过 20 世纪 60 年代普林斯顿的师生开始实施学院制时，并未忘记老校长威尔逊，还以他的名字命名了一所住宿学院。

3
1910 年是美国中期选举的年份，大约三分之一的州要换州长。

在担任了 8 年校长之后，1910 年[3]，政治学权威威尔逊决定竞选新泽西州州长，并一举获胜，从此步入政坛。在 1912 年的总统大选中，他作为民主党候选人，利用共和党的分裂轻松当选。虽然他赢得轻松，但是实际上华尔街并不喜欢他，那些被老罗斯福以反垄断名义告上法庭的资本家们，宁可支持有"托拉斯爆破手"之称的老罗斯福，也不支持这位政治新秀威尔逊，因为后者的政策更加激进。关于那次选举在前面的章节已有叙述，这里不再赘述。

威尔逊和老罗斯福、塔夫脱来自不同的党派，但是他延续了两位前任的内外政策。对内，威尔逊继续着美国的进步运动，继续反垄断；对外，他力争让美国不卷入欧洲正在进行的第一次世界大战。这种不介入欧洲战争的政策，被称为"孤立主义"。但是威尔逊对美国孤立主义的坚持，并不意味着让美国躲在世外桃源中对国际事务不闻不问，实际上他一直在寻找机会，让美国在世界政治舞台上发挥更大的作用。在威尔逊之前，塔夫脱已经让美国在经济上融入了国际大家庭，美国和欧洲各国都有经济上的往来，并且相当依赖于这种全球贸易。而威尔逊的历史使命，是让美国以一种不同于欧洲均势制衡思想的策略介入全球事务。

改变孤立主义立场的转机在世界大战的炮火中被德国人送上门来。当德国的潜艇开始袭击美国开往英国的商船并造成大量美国平民伤亡时，美国国内要求参战的呼声越来越高，威尔逊最终向德国宣战了。

第一次世界大战是人类历史上规模空前的战争，战争各方在战场上死亡的人数就已经接近千万，这还不算更多的伤员和平民的伤亡。战争还使得欧洲各大国在经济上几近破产，政权的更迭乃至帝国的崩溃和新的民主国家的诞生引发了国际政局的巨大变化。而欧洲之外，最大的变化就是美国通过参加第一次世界大战，登上了世界政治的舞台，并逐步迈向舞台中央最核心的位置。作为美国总统和政治学专家，威尔逊对当时的世界格局和一战爆发的原因有着深入的思考，他认为战争爆发的原因是秘密外交和军事结盟 —— 同盟国和协约国这两个军事集团的形成就是秘密外交的产物。在奥匈帝国皇储被刺之后，两大军事集团之间依然试图采用秘密外交的方式解决问题和试探对方，让本来可以在谈判桌上解决的纠纷演变到一定要到战场上一决高下。威尔逊认为，为了避免战争，应该建立一个国际组织，以谈判和协商的形式来处理纠纷，一切问题都拿到明面上解决。在一战期间，威尔逊对未来全世界乌托邦的构想渐渐成熟，这些想法最初反映在一战结束之前他著名的《十四条》（*Fourteen Points*）演说中。在这十四条中，威尔逊首先用五条阐述了世界各国所应该遵循的外交原则，主要包括以下各项。

- 全世界各国缔结一个和平条约，所有的问题通过公开的外交手段来解决，杜绝秘密协定。
- 航海权自由，任何国家的舰船都可以自由出入公海，即便是战争时期。
- 消除各国之间的贸易壁垒，建立全球市场。各国裁军和限制军备。
- 公平地处理殖民地问题，殖民地的人民和宗主国人民具有平等的诉求。

威尔逊的这些思想即使放在今天来看依然闪耀着智慧的光芒，它们后来成为世界各国处理国际关系的重要准则。当然，威尔逊只是强调殖民地和宗主国的平等，并没有讲要取消殖民地，因为在当时的国际政治条件下，各国平等的条件还不成熟。在接下来的八条内容里，威尔逊着重就解决当时欧洲一些热点地区的冲突[4]，提出了自己的想法，其中的核心原则是民族自决和采用和平方式解决领土纠纷，这个原则是威尔逊的政治理论基础。最后，他提出了建立一个国家联盟，以保证每一个国家不论大小都相互尊重，并享有独立和领土完整。这个讲演和很多美国总统的讲演不同的是，它并非威尔逊与智囊或阁僚们商量后写成的，而是威尔逊个人的政治主张。在此之前，他没有就内容本身和谁商量过。由于威尔逊的美国总统的身份，在全世界看来，这不仅是美国第一次就全世界事务发表自己的看法，而且因为这些主张给世界上的弱国和殖民地带来了希望，所以立即被翻译成各种语言在全世界传播。后来，这十四条原则又被称为"威尔逊主义"，在国际政坛云谲波诡、尔虞我诈、充满算计和利益纠葛的环境下，这不啻为一股充满了理想主义与道德正义感的清风。

由于美国的参战，第一次世界大战在 1918 年以协约国的胜利而结束。第二年，威尔逊作为战胜国和世界第一经济强国的总统参加了

4
威尔逊用八条分别阐述了德国退还侵占的俄国土地问题，保加利亚的主权问题，法国边界问题，意大利边境问题，奥匈帝国各民族独立问题，巴尔干边界问题，限制土耳其问题，以及波兰独立问题。

巴黎和会。他把这次和会看作实现自己政治理想的舞台。为了尽可能地争取大多数国家的支持，美国在会议之前做了不少铺垫工作，包括私下与中国当时的北洋政府接触，表示美国愿意按照民族自决的原则，帮助中国拿回被德国人攫取的山东的主权。当时，无论是北洋政府还是美国政府对此都持乐观的态度。中国代表团远赴巴黎的交通问题，也是美国人帮助解决的。

威尔逊则在 1918 年底提前一个多月就出发前往欧洲参加巴黎和会。他第一站先到了意大利，会见了意大利的国王和首相，并且拜会了教皇。这是历史上在任的美国总统在欧洲的第一次亮相，也成为威尔逊宣传他的政治理想的好机会。然而，威尔逊试图说服意大利在巴尔干问题上让步的努力，后来被证明毫无效果。

巴黎和会于 1919 年 1 月 18 日在巴黎郊区的凡尔赛宫召开。大会原本由美、英、法、日、意五国各派两名代表组成一个十人委员会来主持，但是由于日本对欧洲事务没有兴趣，意大利对威尔逊的建议表示反对，因此巴黎和会的主导权实际上落到了威尔逊、英国首相劳合·乔治（David Llyod George，1863—1945）[5] 和法国总理克莱蒙梭（Georges Benjamin Clemenceau，1841—1929）[6] 的手中。

5
首相任期为 1916—1922 年。

6
总理任期为 1906—1909 年、1917—1920 年。

图 30.2　巴黎和会（前排左数第五人是威尔逊）

美、英、法虽是一战时的盟友，但是同为战胜国的领袖，劳合·乔治、克莱蒙梭和威尔逊三个人对未来世界的构想完全不同。东道主法国在巴黎和会上的目的是复仇。自从半个世纪前法国在普法战争中战败并割地赔款之后，全国上下就憋足了劲要复仇。可以想象，在经过了四年艰苦的战争、在死伤了比德国更多的士兵而取得惨胜之后，法国人的报复欲望达到了顶点。这一次，克莱蒙梭不仅要拿回割让的洛林和阿尔萨斯，还要狠狠地敲德国一笔，让它永世不得翻身。

7
英国在一战战场上的死亡人数为74万—89万，此外受伤人数为168万人。

劳合·乔治则有自己的算盘。虽然在战争中英国是法国坚定的盟友，并且为保卫法国的土地付出了 70 多万士兵生命的代价 [7]，但是真等到德国战败了，英国却并不希望法国把德国彻底整垮，因为它长期以来在欧洲奉行均势政策，不能让欧洲大陆出现一国独大的局面。因此，在对待德国的问题上，英、法两国其实是同床异梦。

在世界问题上，英国的梦想是恢复一战前的荣光，一切最好都恢复到旧秩序，因此它一方面希望世界和平，另一方面不打算帮助亚洲、非洲国家和殖民地国家。这也让两个战胜国日本和意大利得以最大限度地在亚洲和非洲捞取好处。在大国领袖中，只有威尔逊一个人真正希望建设一个和平的新世界。

在巴黎和会上，威尔逊积极推行他对未来世界的构想，那些构想以他一年前提出的《十四条》为基准。威尔逊否认了大国之间扩张军力的合法性，认为国家之间的不信任是军事扩张的直接原因。这对当时富有侵略性的世界格局是巨大的挑战，也让参会的小国和弱国看到了希望，那些国家看到有美国这样一个大国能站在自己一边，感觉在世界上终于有了保护伞。当时很多国家都称美国为世界的救世主。中国上下也对此充满希望，在拆毁清政府为向德国人道歉而建立的"克林德碑"（实际上是个牌坊）之后，用拆下来的石材在北京的中山公园建了"公理战胜"牌坊。

但是，威尔逊关于建立一个世界新秩序的想法并没有得到列强的认可。日本和意大利明确反对，法国也不支持，英国则态度暧昧。在这样的大环境下，威尔逊的设想就显得过于理想化了。

威尔逊遇到的另一个麻烦来自美国国内，他的很多设想是他作为一个学者关于世界大同的理想，并非美国政府和民众的一致想法。作为总统，他不可能离开国家太久，因此在欧洲待了两个多月后，他不得不返回美国一次，以处理总统的事务，同时把他的外交努力通报给国内，希望他的外交思想在国内得到广泛的支持。在威尔逊离开巴黎的一个多月间，英、法、日、意等列强已经给《凡尔赛条约》定了调，弱国（比如中国）的利益并没有得到太多的保障。在巴黎和会上，尽管有顾维钧等优秀的外交家据理力争，然而在日本的强硬立场和其余各国的暧昧态度下，中国利益受损已成定局。消息传回国内，引发了波澜壮阔的五四运动，中国的历史也掀开了新的一页，这是另一个伟大的事件了。

我们继续说巴黎和会。等到威尔逊再回到巴黎，主要的谈判已经结束了。不过，在接下来的时间里，威尔逊还是非常积极地与各方磋商，并且在获得了英国的支持后，将他的《十四条》作为今后处理国家关系的原则写进了《凡尔赛条约》。最终在和会上，威尔逊积极促成各方妥协，组成了一个国家联盟，用来解决今后世界各国之间的纠纷。虽然类似国家联盟的概念早在拿破仑时代就有人提出过，但是真正从理论上证明其可行性并把它落实成一个真正的组织的，则是威尔逊。在巴黎和会上，威尔逊领导了一个小组，制定出各国接受的国际联盟的章程。1920 年 1 月 10 日，在《凡尔赛条约》正式生效的那一天，国际联盟（League of Nations）[8] 也正式宣告

8
如果将 League of Nations 从英文直译过来，应该称为"国家的联盟"；不过按照它真实的含义，大家称呼它为"国际联盟"也是准确的。

LEAGUE OF NATIONS

SOCIETE DES NATIONS

图 30.3 国际联盟的徽标（两个五角星象征着世界五大洲和五大人种）

成立。

《凡尔赛条约》的签署和国际联盟的成立，在历史上具有非常重要的象征意义。这是人类第一次在全世界范围内达成和平协议，同意今后采用协商而不是战争的方式解决争端，并且第一次成立了机构来监督各国恪守协议和仲裁纠纷。这里面最直接的功劳应该归于威尔逊，但是心怀鬼胎的列强最后能够坐下来签署协议，还有一个非常重要的经济原因，即全球贸易的发展。在 20 世纪之前，各国之间虽然有贸易，但是总体来讲各自的经济是独立的，如果发动战争把一个敌对的国家打败甚至消灭掉，自己在经济上不会有什么损失，还可以通过索要赔款赚一大笔。但是，当世界各国在经济上的往来越来越频繁时，损害他国利益从长远来讲可能让自己得不偿失。因此，只要对方不威胁到自身的安全，如果能在谈判桌上获得自己想要的利益，列强们便不需要诉诸战争了。所以，从国际联盟的出现可以看到经济因素对各国政治和军事的影响。

巴黎和会为威尔逊在全世界赢得了空前的威望，由于他对世界和平的努力，挪威的诺贝尔奖委员会将当年的诺贝尔和平奖授予了他，这也是美国总统第一次获得这项荣誉。但是，让威尔逊没有想到的是，他建立国际联盟的主张在美国国内遭到了反对。尽管威尔逊试图说服参议院批准美国加入国际联盟，但是参议院担心加入联盟后，美国国会会失去独立的宣战权，因此否决了威尔逊的提议。最后，国际联盟这个由美国总统发起的组织，美国自己居然没有参加，这既是对威尔逊的外交努力的否定，也是对美国的一个讽刺。

此后，置身于世界事务之外的孤立主义在美国开始盛行。

由于美国的退出，国际联盟的领导权实际上落入了英、法、日、意之手，它们被称为四个常任理事国。国际联盟建立了很多下属的国际组织，包括国际劳工组织，常设中央鸦片委员会、难民委员会、奴隶委员会和女性合法地位研究委员会，等等。它在全世界推广每周48 小时工作制，杜绝奴隶贸易，限制鸦片交易，安置难民，支持男女平等，做了不少有利于社会进步的事情。此外，它在解决国家领土纠纷、避免战争方面也取得了一定的成果，包括和平解决了德国和波兰、阿尔巴尼亚和希腊、芬兰和瑞典、土耳其和伊拉克等国的领土纠纷。也正是因为国际联盟有成功解决领土纠纷的先例，中国在1931 年的九一八事变后才会寄希望于国际联盟出面解决东北问题。

但是，国际联盟毕竟还很不成熟，它在遇到真不讲理的国家时，就变得束手无策了。除了中国东北问题外，它在西班牙内战、意大利入侵阿比西尼亚（今天的埃塞俄比亚）等事情上都无所作为。到后来，德国、意大利和日本干脆退出了国际联盟，从此国际联盟名存实亡。

国际联盟失败的原因有很多，但可以归结为两方面：首先是缺乏经验，其次是没有武装部队。

国际联盟是全世界第一次试图通过和平手段解决国际争端的尝试，没有经验也在情理之中。比如它规定决议需要由所有的会员国一致同意才能通过，这显然不现实。再比如，国际联盟没有常设机构，对国际事务反应迟钝，起不到维护世界和平的效果。

相比后来的联合国，国际联盟算不上一个强大的国际组织，它没有维和部队，也无力对某个国家进行经济制裁。当时世界上最大的经济体美国不在其中，苏联也被排斥在外，而英国和法国又奉行绥靖

图 30.4 国际联盟第一次会议

政策，只关注自身利益，因此国际联盟的作用十分有限，通常只能在道义上对侵略行为进行谴责。

对于和平使者威尔逊，后人在肯定他为世界和平所做贡献的同时，也一致认为他过于书生气，这和威尔逊的学者出身有关。威尔逊关于国际事务的学说颇为先进，但充满了理想主义色彩。威尔逊忽视了国家间的发展是不平衡的，也忽视了宗教、民族和地域对人们长期而根深蒂固的影响。当时，威尔逊指望人与人之间、民族与民族之间靠绝对信任建立起和平的想法是不现实的。此外，威尔逊看待国际联盟的作用也太过于理想化。国家之间的合作是建立在利益的基础上的，威尔逊虽然看到了需要有一个国际组织来约束各国之间的利益冲突，但是当时缔约国各怀私心，这个国际联盟并没有强大到可以通过一定的手段来压制各国之间的分歧。等到后来日本和意大利干脆退出国际联盟，不再受其约束时，国际联盟便已名存实亡了。1946 年，国际联盟正式解散，其角色由联合国取代。

后世的政治家和学者对威尔逊的外交政策评价非常高，认为它对改变世界进程影响深远。外交史学家沃尔特·罗素·米德（Walter Russell Mead）[9]曾经这样赞扬威尔逊的理想主义的原则。

9
现任美国巴德学院（Bard College）教授。

> "凡尔赛体系衰落了，但威尔逊的原则却还活着，仍在指导着今天的欧洲政治：自治、民主政府、集体安全、国际法，以及一个国家间的联盟。威尔逊在凡尔赛宫也许未能得到所有他想要的，和约也从未被参议院批准，但是，他的预见和他的外交学或多或少地为 20 世纪定下了基调。法国、德国、意大利、英国或许都曾不属于他，但今天他们都在沿着威尔逊的路线执行欧洲政策。曾经被当作虚幻而无视，如今却是广为接受的基础。这不是一般的成就。没有一个 20 世纪的欧洲政治家能发挥如此持久、有益和广泛的影响。"

斯坦福大学历史学教授、普利策奖获得者大卫·肯尼迪（David Kennedy）也认为，一战之后美国的外交政策都一直遵循着威尔逊的理想主义，像富兰克林·罗斯福、亨利·基辛格等卓有远见的政治家，其实只是将威尔逊的思想做了一些现实主义的调整。如果说"9·11"事件之后这种价值观有什么变化，也不过是赋予它一些新的活力而已。

威尔逊在很多美国总统的心目中地位崇高，以外交见长的尼克松一直把威尔逊的肖像挂在白宫的会议室里，以示对这位用思想影响着美国外交政策的老总统的敬意。

第二节　从《大西洋宪章》到《联合国家宣言》

如前所述，国际联盟的成立标志着人类第一次在全球范围内试图采用和平的方式解决纠纷。在 20 世纪 20 年代，它确实成功地解决了一些小的纷争，但是在 30 年代当大国卷入冲突以后，国际联盟要解决它们之间的纠纷就力不从心了。最终，它也没能制止或者延缓日本、意大利和德国先后发动侵略战争。从 1937 年 7 月 7 日日本全面侵华开始算起，世界大战的地狱之门就被打开了。1939 年 9 月 1 日，德国入侵波兰，第二次世界大战全面爆发。在接下来的一年里，盟军全面溃败，法国和绝大部分欧洲国家都投降了。英国依仗英吉利海峡，独自支撑着欧洲的危局。

这时，远在大西洋对岸的美国，对纷乱的世界局势又是什么态度呢？美国自威尔逊以后，接连三任总统都是共和党人，他们只关心国内事务，对外奉行孤立主义政策。而美国民众则希望远离战争，因为在他们看来美国东边有大西洋，西边有太平洋，无论欧洲和亚洲打成什么样，都不会影响自己的生活。

不过美国还是有明白人的，1933 年上台的美国总统富兰克林·罗斯福（Franklin Roosevelt）就不这么看，他知道当全世界都被法西斯蹂躏时，美国其实难以独善其身。

而随着轴心国在世界各战场的不断扩张，罗斯福确信美国必须帮助反法西斯国家抵抗轴心国的侵略。1940 年罗斯福向国会提出了租借法案，以港口换武器的形式支持英国对抗纳粹德国，该法案在 1941 年 2 月得到国会的批准。1941 年 6 月，德国入侵苏联，世界大战进一步扩大，美国卷入战争只是时间问题了。罗斯福将租借法案的范围扩大到苏联，在整个二战期间美国向苏联提供了大量的武器装备。

为了共同抗击法西斯轴心国，罗斯福和英国首相丘吉尔决定举行会谈，经协商定于 1941 年 8 月在加拿大纽芬兰以东的洋面上会面。当时德国潜艇在大西洋不断袭击来往的船只，因此两人的这次会面是高度保密的。按照计划，丘吉尔乘坐英国皇家海军的"威尔士亲王"号战列舰在三艘驱逐舰的护卫下离开英国，悄悄往西航行，前往加拿大。同时，罗斯福乘坐"奥古斯塔"（Augusta）号巡洋舰，在一艘巡洋舰和五艘驱逐舰的护卫下，先前往美国的新英格兰，然后绕道前往纽芬兰。为了迷惑媒体，美国一直在华盛顿的总统码头举行活动，好让外界以为罗斯福还在国内。

如今，罗斯福和丘吉尔的这次重要会晤的很多细节已无迹可寻，比如他们的第一次会晤是在英国的"威尔士亲王"号还是在美国的"奥古斯塔"号上。这里，我会基于美国国务院网站和美国海军部出版物所给出的信息[10]，并结合其他各种公开信息，尽可能地还原出这一次历史性会晤。在"附录三"中，我会说明这样还原历史的依据。

10
美国国务院相关网站：https://history.state.gov/milestones/1937-1945/atlantic-conf。不过里面的一些内容和很多其他的公开信息也有冲突之处。

1941 年 8 月 9 日，美英双方首脑的舰队来到了纽芬兰的普拉森提亚湾（Placentia Bay），丘吉尔登上了"奥古斯塔"号巡洋舰，两位巨头开始了他们在二战中的第一次历史性会面；在此之后他们还将有 10 次会面。不知是太激动还是有太多话要说，两个人见面后一时语塞，居然沉默良久。最后还是丘吉尔打破了僵局，他平静地说："我们终于见面了，总统先生。"[11] 罗斯福回答道："欢迎你的到来，丘吉尔先生。"两位巨头在舰上讨论了一整天，直到晚上 11：45，丘吉尔才离开。

11
At long last, Mr. President.

第二天，即 8 月 10 日，罗斯福来到丘吉尔所在的"威尔士亲王"号上，双方进行了第二次会晤，并且拍下了一张珍贵的照片（如图 30.5 所示）。一连两天，罗斯福和丘吉尔交换了对时

图30.5 罗斯福（前排左边）和丘吉尔（前排右边）在"威尔士亲王"号战列舰上讨论《大西洋宪章》

局的看法，以及在打败纳粹德国之后对新世界的构想。12 日，两位巨头在"奥古斯塔"号上进行了最后一次会晤，并根据会谈的结果起草了一份联合声明，丘吉尔又亲自在声明上修改了文字。当天下午，丘吉尔和罗斯福道别，各自回国，"奥古斯塔"号上的乐队奏起了英国国歌《天佑吾王》为丘吉尔送行，而"威尔士亲王"号上则响起了苏格兰歌曲《一路平安》(*Auld Lang Syne*)。

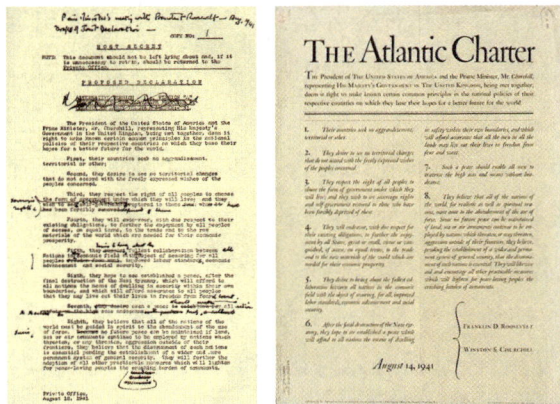

图 30.6 《大西洋宪章》，左: 初稿（笔迹为丘吉尔的修改），右: 正式稿

联合宣言的最终版本于 13 日定稿，并于 14 日对外发表。此刻，罗斯福和丘吉尔已各自回国，因此宣言的正式版本上并没有二人的签名。由于这份宣言是在大西洋上签署的，英国《哈罗德报》(*Daily Harald*) 在发表时采用了"大西洋宪章"的标题，后来这也成为它的正式名称。

12 ⋯⋯ known certain common principles in the national policies of their respective countries on which they base their hopes for a better future for the world.

《大西洋宪章》不是两个大国之间签署的正式条约，只是一份对"各自国家政策中的若干共同原则（对更好的未来世界的希望即以此为基础）"[12] 的认可。《大西洋宪章》只有一页，正文内容仅有区区 309 个单词，阐述了八条简短的原则；即便加上开头的几行说明，也不到 400 字。在这份声明中，有三条与未来的联合国有关。

第六条：在纳粹暴政被最后消灭之后，他们（罗斯福和丘吉尔）希望建立和平，使所有的国家能够在它们境内安然自存，并保障所有地方的所有人在免于恐惧和不虞匮乏的自由中，安度一生。

第八条：他们（罗斯福和丘吉尔）相信，世界上所有的国家，为了现实的和精神上的理由，必须放弃使用武力。如果那些在国境外从事或可能以侵略相威胁的国家继续使用陆海空武器装备，则未来的和平将无法维持；所以他们相信，在一个更普遍和更持久的全面安全体系建立之前，解除这些国家的武装是必要的。同样，他们会协助和鼓励一切其他可行的措施，来减轻爱好和平的人民在军备上的沉重负担。

另外，第五条阐述了这个国际组织的任务：

第五条：他们希望促成所有国家在经济领域内最充分的合作，以促进所有国家的劳动水平、经济进步和社会保障。

《大西洋宪章》的其他几条阐述了国际正义的基本原则：没有扩张，没有与有关人民自由表达的意志不符的领土变更，所有人民选择其政府形式的权利，所有国家平等获得原材料的权利。

《大西洋宪章》没有法律效力，但这并没有影响它在当时的重大意义。它的发表，意味着美国全面的道义支持，这给当时还在苦苦支撑的同盟国（包括中国、苏联和英国），同时给欧洲被占领国家的人民带来了希望。在二战最艰苦的时期，罗斯福和丘吉尔就憧憬着未来一个基于道义和真理的国际组织的成立。

对比《大西洋宪章》的内容和 23 年前威尔逊的《十四条》，就能发现二者高度一致。罗斯福对外政策的原则和威尔逊是一致的，并在民族平等和人权保护上更进了一步。1941 年 1 月，罗斯福做了著名的《四大自由》演说，阐明了国家要力争捍卫的公民四项基本权利 —— 言论自由、宗教自由、不虞匮乏的自由和免于恐惧的自由。

当时罗斯福讲这些话是针对纳粹占领国的人们说的，不过 1948 年联合国通过的《世界人权宣言》（*Universal Declaration of Human Rights*）实际上是对罗斯福这篇演说的法律化诠释。罗斯福在《四大自由》演说中阐述了另外一个重要观点，即"在对外事务上，我们的国策也一直基于充分尊重不分大小的所有国家的权利和尊严"，这比威尔逊的平等对待殖民地国家和人民的主张更进了一步。

和威尔逊所不同的是，罗斯福更加务实。罗斯福说，这些应该是全世界人民应当享有的，并且承诺，这"不是遥远的千年愿景，而是我们这个时代和我们这一代人能够实现的一种世界的坚实基础"。然后，他就在自己的有生之年努力去做了。虽然当时美国还没有参战，但是已经开始以派遣志愿航空兵（陈纳德将军的飞虎队）的方式支持中国的抗日战争；同时美国还向苏联提供武器和物资援助，更别提对英国的援助了。

在大西洋的另一头，在丘吉尔返回伦敦后不久，10 个政府的代表在伦敦举行了会晤，表示支持《大西洋宪章》的原则，并承诺全力合作，促使宪章生效。9 月 24 日，苏联和欧洲的 9 个被占领国政府也共同签署了这项宣言，其中法国由流亡政府的代表戴高乐将军签字。

1941 年 12 月 7 日，日本偷袭了美国在夏威夷的海军基地珍珠港，美国被卷入战争。第二天中午，罗斯福在国会两院联席会议上发表了著名的对日宣战演说，参议院和众议院立即进行投票表决，参议院以 82∶0 通过了对日宣战。随后，众议院以 388∶1 也通过了。从中午 12∶30 罗斯福发表演说开始，到下午 1∶10 两院通过，仅仅相隔了 40 分钟，美国国会效率之高是前所未有的。值得一提的是那位唯一投了反对票的珍妮特·兰金（Jeannette Rankin）众议员，是国会的第一位女议员。当她投下反对票时，会场上一片嘘声，周围人提醒她至少该投弃权票，而兰金投反对票的原因是她自己是女性无法上战场，因此也不希望把其他人送上战场。兰金女士一出国会山就遇到了麻烦，愤怒的群众跟踪她，把她逼到一个电话亭里，直到警察把她救出来。几天后在投票表决对德、意宣战时，她投了弃权票。当时国会的另外 9 名女议员则投了赞同票。

图 30.7　美、英、苏、中等 26 国签署《联合国家宣言》（1942 年，美国华盛顿）

美国的参战并没有马上扭转战局，同盟国可以说是惨不堪言，因此反法西斯各国都有一个共识，即在法西斯暴政被消灭后，各国希望重建和平，人民可以安居乐业、自由生活。这样，各国对《大西洋宪章》中有关尊重主权、领土完整和各民族自由选择其政府的权利有了共识。一个月后，在 1942 年的元旦，美、英、苏、中四国的代表签署了一份共同宣言，即《联合国家宣言》，这是"联合国家"（United Nations，后来被称为"联合国"）第一次被使用。代表中国签字的是国民政府代表宋子文 [13]。第二天，又有 22 个国家的代表签署了这项宣言。随后，21 个国家也先后加入。在《联合国家宣

13
宋子文自1941年12月起担任国民政府外交部长，长驻美国。

言》中，主要内容是重申签约各国对《大西洋宪章》的认同：

"……签署国对《美利坚合众国总统与大不列颠及北爱尔兰联合王国首相1941年8月14日的联合声明》即《大西洋宪章》内所载宗旨和原则的共同纲领业已表示赞同。"

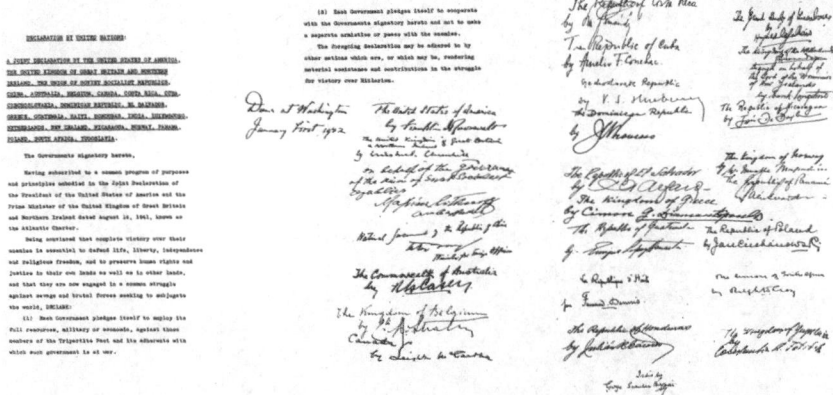

图 30.8　《联合国家宣言》，第一列签名中的第四位为宋子文代表民国政府签字

转眼到了 1943 年，盟军在各个战场接连取得胜利，同盟国的领袖们开始考虑如何建立一个新世界了。虽然大家都认同要保障所有地方的所有人有免于恐惧和不虞匮乏的自由，使之安度一生，但对未来这个世界组织的基础定义，各方仍未达成一致，主要是苏联和美、英的立场有所不同。这个问题最终通过美国、英国与苏联外长通过谈判、协商和相互妥协在 1943 年 10 月得到了解决。于是美、英、苏、中四国代表于 10 月 30 日在莫斯科签署了《莫斯科宣言》，代表中国签字的是当时驻苏联大使傅秉常。在这项宣言中，四大盟国一致同意"在尽早可行的日期，根据一切爱好和平国家主权平等的原则，建立一个共同认可的国际组织，以维护国际和平与安全，所有爱好和平的国家，无论大小，均得加入这一组织"。这是

各方第一次将建立联合国（当时并没有用联合国这个名字，而是用了"国际组织"这个词）的事情提到议事日程。一个月后，罗斯福、斯大林和丘吉尔在德黑兰举行了第一次"三巨头会议"，并签署了《德黑兰宣言》，在宣言中第一次提到了世界所有联合国家对未来维护和平所应尽的责任。

第三节 联合国的成立

虽然在二战期间提出的"联合国家"与早先成立的国际联盟在性质和理念上有很多相似之处，但是世界各国对未来要建立的"联合国家"的接受程度，远高于原先的国际联盟。这里面的原因有很多，但最关键的至少有三个。

首先，国际形势变了。第二次世界大战让全世界吃尽了苦头，各国终于意识到通过战争解决问题的巨大成本和灾难性后果是每一个参战国都难以承受的，迫切希望有一个国际组织来解决各国之间的纠纷。相比之下，第一次世界大战虽然让欧洲损失惨重，但世界上的其他国家并没有太深地卷入战争，吃的苦头还不够，因此当时各国对和平的渴望还不是那么强烈。

其次，国际联盟在很大程度上是靠威尔逊个人的远见卓识建立起来的。他致力于建立这个组织的时间已经是在战争结束之后了。战胜国基本上是好了伤疤忘了疼，首先想到的是分赃而不是建立一个和平组织，其他国家则没有什么发言权。因此各方都觉得这个组织是被推销给自己的，往往不把它当回事。最具讽刺意味的是，威尔逊参与建立起来的国际联盟，美国本身却未加入。"联合国家"则不同于国际联盟，它是同盟国诸多国家在饱受战争的痛苦、尚无把握能够胜利结束战争时对未来世界的一致憧憬，因此是各国都积极主动促成的。对于自己特别想要的东西，人们往往非常珍惜，国家也是如此。

最后，"联合国家"的基本框架得以在二战结束前谈判成功，很大程度上靠的是罗斯福的务实精神。在二战期间，美国生产的主要工业品超过全世界其他国家的总和，为包括苏联在内的所有盟国提供了大量的武器，因此罗斯福在盟国中说话非常有分量。但是，罗斯福为了能在同盟国内部达成各方都觉得公平的协议，在很多问题上做了重大让步，这主要体现在对苏联的让步上。罗斯福和他的继任者杜鲁门后来在法国成为常任理事国这一问题上也做出了让步。正是因为"联合国家"在成立之前就得到各参与国的认可，所以后来对国际事务的仲裁才有内在的法理依据和外在的权威性。

美国和苏联之间扫清建立"联合国家"障碍的谈判，发生在著名的雅尔塔会议上。在此之前，中、美、苏、英四国代表已经在美国首都华盛顿的敦巴顿橡树园私人官邸讨论过"联合国家"这个未来组织的构成和工作方式，并且正式使用了"联合国"这个名称。但是，当时并未就会员国资格问题和安理会的表决程序达成一致。因此，在雅尔塔会议上，罗斯福、斯大林和丘吉尔不仅要讨论战后的世界格局和利益分配、苏联出兵日本等问题，还要就联合国的一些关键问题达成一致。

苏联和美、英两国在联合国问题上的主要分歧有两个，一个是会员国资格问题，另一个是安理会常任理事国否决权的问题。

在同盟国中，当时只有苏联一个社会主义国家，加上即将赶走法西斯获得独立的南斯拉夫，也不过两个。虽然丘吉尔和罗斯福默许东欧各国作为未来苏联的安全屏障，但是斯大林担心苏联在联合国里势单力薄，提出苏联的16个加盟共和国分别以国家的形式加入联合国。这个想法一下子把罗斯福搞懵了，但是他马上反击道，按照斯大林的逻辑，美国 50 个州都有资格单独加入联合国；苏联的加盟共和国再多，也抵不过美国的州多。当然，如果罗斯福一定要坚持美国各州都有资格，或者美国、苏联各只有一个席位的话，那么谈判可能还是会陷入僵局。最后，罗斯福做了一个妥协，考虑到苏联的乌克兰和白俄罗斯是二战的前线，损失非常大，作为对它们贡献的肯定，给予苏联一共三个席位；乌克兰、白俄罗斯和其他成员国一样享有联合国的所有权益，主要是投票权。作为回应，斯大林和丘吉尔也同意给予美国三个席位。但是最终罗斯福放弃了美国三个席位的诉求，因为美国的民众觉得这是美国在和苏联做秘密交易，有悖平等的原则。

图 30.9　雅尔塔三巨头会晤

美、英、苏在否决权上的争议在于，是给予安理会常任理事国无条件的否决权，还是有条件的否决权（即如果某个常任理事国是被裁决的一方，它不应具有否决权）。在这个问题上，美、英主张否决权应该是有条件的，而苏联则要求它应该是无条件的，否则倘若西方国家真有对自己不利的动议，当时的美、英、中恐怕都不会站在自己一边。最终，罗斯福在这个问题上也妥协了。可以说，斯大林对这个结果相当满意。事实上，苏联后来在冷战期间（从二战后到1985年戈尔巴乔夫上台前）使用否决权的次数，比另外四个常任理事国的总和还要多。不过随着美国在冷战后形成超级霸权，它使用否决权的次数也明显增加。

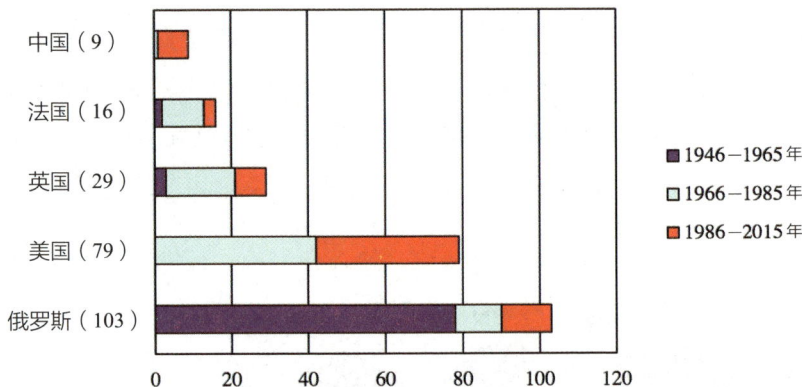

图 30.10　联合国安理会常任理事国使用否决权的次数

至于为什么罗斯福愿意做出让步，一般认为有三个主要原因。首先，罗斯福并不是意识形态至上的理想主义者，他在外交上体现出极大的灵活性和现实性，在对苏联的关系和对中国共产党的关系上，他一直本着合作的精神解决问题。罗斯福在二战期间所选的副总统华莱士（Henry Wallace，1888—1965）更是一个亲苏人士 [14]。罗斯福看到过去国际联盟因缺少美国和苏联的参与而在仲裁国际事务时没有权威性，因此他不能将苏联排斥在联合国之外。第二个原因是罗斯福可能认为即便给了苏联三个席位，加上另一个共产党领导的国家南斯拉夫，以及可能受到苏联影响的东欧国家，在联合国里的力量也远没有西方阵营强大，因此并不担心多给它两个席位。当然，罗斯福让步（包括其他方面的让步）还有一个现实的考虑，就是换取苏联对日本出兵。关于这段历史及其影响，可以参阅沈志华先生根据苏联解密档案所编写的《冷战五书》。

14
华莱士由于亲苏的观点使得他在民主党内饱受批评。罗斯福在第四次竞选总统前，知道自己的身体坚持不到任期结束，而副总统将成为下一任总统；为了防止党的分裂，他选择了政治立场相对保守的杜鲁门取代华莱士作为副总统。

由于美、英、苏的最高首脑在雅尔塔就联合国的原则性问题达成了协议，接下来的工作就非常顺畅了。根据敦巴顿橡树园提案，联合国由四个主要机构组成。

它的最高权力机构为联合国大会（简称联大），由所有成员国组成。当然，如果所有的事情都由联大全体会议讨论决定，工作效率就实在太低了。为此，联合国设立有安全理事会，简称安理会，当时由11 个成员组成（1965 年增加到 15 个），其中美、英、苏、中、法为五个常任理事国；另六个在其他成员国中选出，任期两年。斯大林和丘吉尔原先的设想是只有美、英、苏三个常任理事国，后来罗斯福坚持不能将拥有世界最多人口的中国排除在常任理事国之外，因此确立了所谓的美、英、苏、中"四警察"地位。另外，按照原来斯大林和罗斯福的设想，常任理事国中没有法国的份，因为斯大林对一战即溃的法国有一种莫名的鄙视，认为它不配享有战胜国的特权，而罗斯福对法国更是不满，甚至打算将法国作为敌占区进行管制。丘吉尔则看到二战后苏联和西欧的矛盾难以避免，因此力挺法国成为常任理事国，以起到在西欧对抗苏联的作用。

联合国工作的方式大致是这样的：成员国有权提交议案，但是不得就任何安理会正在讨论的问题提出建议；任何需要采取行动的问题都必须提交安理会讨论。因此，安理会在实际上具有更大的权力。不过，一些并不涉及国家安全的重大问题，需要由联合国大会而不是安理会投票通过，比如1971 年恢复中华人民共和国在联合国的合法席位问题。

联合国的第三个机构为国际法庭，第四个机构是秘书处。

在联合国的筹备工作就绪之后，1945 年 3 月，包括美、英、苏、中四个发起国在内的 46 个签署了《联合国家宣言》的国家，受邀参加 6 月在美国旧金山举行的联合国制宪会议。遗憾的是，在 4 月上旬，为世界反法西斯事业和成立联合国做出极大贡献的罗斯福总统突然去世，他既未能看到二战最终的胜利，也未能看到他呕心沥血缔造的联合国的诞生。人们曾一度担忧这次会议将会被推迟，但继任总统杜鲁门决定会议仍按原计划于既定日期召开。这对当时还在各战场与德、日法西斯战斗的各国是极大的鼓舞。

1945 年 4 月 25 日是极具历史意义的一天，来自 50 个国家（包括后来新加入的两国，以及苏联的乌克兰和白俄罗斯）的代表齐聚美国旧金山，讨论和签署《联合国宪章》。这次会议规模之大在世界外交史上是空前的，共有 800 多名外交人员和 3500 名工作人员参加了会议。代表中国出席大会的是当时的代理行政院院长兼外交部长宋子文和中国共产党的代表董必武等人。各国已就《联合国宪章》的原则达成一致，但对内容细节仍存一定的争议。在旧金山，各国代表又讨论协商了两个月。这次讨论的参与人数之多、时间之长、过程之复杂，堪比当年美国的制宪会议。

在这两个月中，由全体代表参加的大会就举行了 10 次，各种委员会的小会开了近 400 次。虽然各国都认可宪章的原则，但是在宪章的具体内容上冲突频仍，甚至出现了几次危机，以致在场的观察员们担心最终协议能否达成。各方的主要分歧体现在三个方面。

首先是常任理事国否决权的问题。在雅尔塔会议上几个大国虽已就此达成一致，但小国们担心否决权的权力过大，只要两个常任理事国不能就某个问题达成一致，那么联合国的作用就无法发挥。后来的事实证明那些小国的担心不无道理，但是当时必须依靠大国之间的合作来维持世界和平，最终小国在这个问题上做出了让步。

第二个分歧是原有的地区性组织和联合国的关系问题。在联合国成立之前，很多地区性组织（比如阿拉伯联盟、美洲组织）便已存在，且有自己的章程，那些章程又未必和《联合国宪章》的精神一致。最终，大家同意地区性组织的宗旨和行为要与联合国的宗旨相符，在这个前提下，那些组织各自发挥其作用。

第三个分歧是关于一些地区的托管问题。相比今天，1945 年的全球政治格局差异巨大，二战后全球留下了很多被占领区，其未来归属和管理仍是未知数。当时很多地区（包括朝鲜半岛等地）在战争结束后即将由联合国托管，但是托管的时间是多长？托管结束之后它们怎么办，能否独立成一个国家？各个被托管地区对这个问题的态度不同，有些被占领的地区本来就是独立的国家，自然希望恢复为独立国家，但是有一些地区原来并没有中央政府，比如巴勒斯坦地区，并不具备成为国家的条件。另外还有些地区则太小，无法进行自我防御。最终的建议是，被托管的居民逐渐向独立或自治发展。但是一些托管地区的边界不明确，最终造成大量的领土纠纷；而另外一些地区，由于托管方同时来自苏联和西方阵营，最后造成了长期的分裂，比如朝鲜半岛和德国地区。

除了这些大原则，《联合国宪章》的每一行内容、每一个标点都经过详尽讨论而最终敲定。这不仅仅是指用词和短语的讨论，还要对内容细节反复推敲和确认，以便让各国都能接受。事实上，要制定一个让 50 个国家都觉得完全公平的章程是不可能的，为了使大家都愿意通过并遵守这个章程，各方就必须做出一些妥协和让步。

直到 6 月 25 日晚，各国才一致通过了《联合国宪章》及国际法规约。第二天清晨，在旧金山举行了《联合国宪章》的签字仪式。各国全权代表将代表自己的国家在《联合国宪章》的五种语言版本（中、英、俄、法、西）上签署自己的名字。

图 30.11 中国代表吴贻芳在《联合国宪章》上签字

如果说英国的《大宪章》是在国王、贵族和教士这些统治阶层之间通过协商达成了一致,《美国宪法》是在一国之内的诸州之间通过制宪会议的协商达成了一致,那么《联合国宪章》可以说是在大国推动下,在当时世界上大多数国家之间通过协商达成了一致。因此,《联合国宪章》的制定过程在人类文明史上是一件非常值得肯定的事情,它反映出人类开始懂得通过协商而非暴力解决问题。

签字的次序原先设计为按照国家名称的首字母排序进行,这样阿根廷将成为第一个签字国。但是后来考虑到中国在第二次世界大战中所做出的特殊贡献(战争开始时间最早,历时最长),改由中国代表团第一个签字。中国代表团领头签字的是接替宋子文担任首席代表的外交家顾维钧,接下来是苏联、英国和法国三个常任理事国代表团签字,其他国家按照英文字母顺序签字。作为东道国,美国最后签字。当日晚,旧金山会议闭幕,这一天后来被联合国定为"宪章日"。在随后的 4 个月里,各国政府和议会讨论并通过《联合国宪章》。1945 年 10 月 24 日,宪章被所有的签字国批准通过,于当日起正式生效。至此,联合国正式成立。

《联合国宪章》对于联合国这个国际组织的地位,有点像宪法对于国家的地位,其成员国在加入联合国之前都要承诺遵守该宪章所有的条款。《联合国宪章》长达 19 章 111 条,其核心宗旨其实只有三条,即:

- 维护国际和平与安全；
- 以尊重各国人民平等权利及自决原则为基础建立友好关系；
- 促成国际合作。

联合国在诞生之后面临的第一个现实问题就是在哪里办公。联合国一开始并没有永久性的办公地点，很多会议都在多地召开。第一届联大会议于 1946 年 1 月 10 日在伦敦威斯敏斯特中央大厅召开，当时有 51 个国家出席。安理会第一次会议则在伦敦的另一处召开。接下来，联合国的重要会议分别在法国和美国各地召开。可以说联合国诞生的初期办公状况如同打游击一样。这对于一个需要持续协调全球事务的组织显然很不方便。虽然联合国后来的总部被确定在纽约东郊的长岛，但那里的交通并不便利，不适合用作全球最大国际组织的总部。

联合国这种打游击状态的结束，在很大程度上要感谢美国著名的慈善家小约翰·洛克菲勒，他耗资 850 万美元买下了纽约曼哈顿岛东部的一大块土地（大约合中国的 100 市亩左右）[15]，捐给了联合国，作为其总部的地址。接下来联合国成立了一个委员会，负责总部大厦的设计，中国著名建筑大师梁思成也在委员会中。最终委员会选定了一个综合了美国、巴西和法国建筑师们方案的设计，建造了今天我们所看

图 30.12　位于纽约曼哈顿东部的联合国总部

15
按照曼哈顿今天的地价，那块地大约值 2 亿美元。

到的这座 39 层楼的现代建筑。大厦从 1948 年开始建造，1952 年完工。至此，联合国总部算是在纽约落了根。

第四节 铸剑为犁

在纽约联合国总部前面，有一个名为"铸剑为犁"的青铜雕塑，这是苏联送给联合国的礼物。铸剑为犁（Let Us Beat Swords Into Plowshares）这个短语源于《圣经·旧约》的《以赛亚书》2：4，其含义从字面上就很容易理解——从战争走向和平。这个雕塑既准确地概括了联合国诞生的历史，又是对未来一个很好的展望。联合国是从二战的硝烟中诞生的，它是全世界人民渴望走向永久

图 30.13　铸剑为犁

和平的产物，这其实就是铸剑为犁的过程。

在今天各国的很多新闻节目中，经常能看到对于大国操纵联合国、联合国协议得不到遵守，以及地区性冲突不断的新闻报道，给人的印象是世界各国似乎并不受联合国的约束。这种看法其实低估了联合国的作用。通常来讲，媒体喜欢对负面新闻做更多更详尽的报道，对好消息则一笔带过，在与联合国有关的报道中也有这个特点，因此并不足为奇。

在联合国诞生至今的 70 多年里，它的作用依然可以从剑和犁这两个方面来概括，即一方面制约武力冲突、解决国际纠纷，另一方面

关注民生、促进发展。

我们不妨看看联合国在制止和约束武力 [16] 方面的作用。在二战后的70多年里，全球地区性的战争和冲突大约有200来次，平均每年会发生3次左右，而真正算得上是战争的只占少部分。虽然每年3次看上去不少，但是比19世纪以来的平均数还是要少很多。在拿破仑战争之后到第一次世界大战的一个世纪里，全球爆发的各种战争多达500多次 [17]，平均每年5次，更不用说在两次世界大战之间全球不断的战争和冲突了。

联合国能够制止战争的一个重要原因是，它从某种程度上讲是拥有武力的，这一点和国际联盟有根本的不同。联合国有权让各成员国出兵出钱，以维持和平的方式进入武力冲突地区。因此，在二战后，对于小国之间的武力冲突，联合国一般采用派遣维持和平部队和暂时托管的方式，避免和减轻了许多局部战争。此外，联合国的停战监督组织（UNTSO）本身也是一个维和组织，它除了监督冲突各方执行联合国的和平协议之外，也有维持冲突地区治安的能力。

联合国对大国的约束力比一般人想象的要大得多。在很多人看来，联合国的决议常常只能对大国起到道义上谴责的作用，甚至直接被否决了。但是，那些哪怕是没有通过的决议也是有作用的，它们让那些大国听到了国际上大多数人的声音，以致行动时变得收敛了许多。在联合国诞生之前，强国和大国的行为可以用肆无忌惮来形容。在前面提到的从19世纪初到20世纪初的500多场战争中，70%都有大国的参与。相比之下，二战后的局部战争，有大国参与的不到三分之一，很多都是小国之间的冲突或者内战。

在大国与小国的关系上，联合国多次帮助小国在与大国的纠纷中赢

16
联合国的本意是彻底制止武力，从实际效果看，它起到了制约的作用。但是要达到彻底消除武力的目标，还有相当长的路要走。

17
https://en.wikipedia.org/wiki/List_of_wars_1800%E2%80%9399.

图 30.14 丹麦送给联合国的礼物，用一个枪管打结的手枪，寓意"永别了，武器"

得公道。二战结束后不久，苏联和伊朗之间就苏军撤军问题发生争执，伊朗到联合国状告当时的世界第二强国苏联。联合国要求苏联履行先前的承诺，按期撤军，苏联遵守承诺，撤出了军队。之后，在各殖民地独立的问题上，联合国基本上站在殖民地一边，这才催生出很多新生国家。后来，第三世界国家为了维护自己的利益，在联合国的框架下组成 77 国集团 [18]，以便小国和弱国能够在国际事务中发挥更大的作用。公平地讲，有了联合国之后，小国和弱国有了对全球发声的地方，从殖民时代开始的强国武力欺负弱国的情况大为减少。

大国之间直接的军事冲突在二战后基本上得以避免。在联合国成立之前，不算两次世界大战，在拿破仑战争之后，欧美大国强国之间的战争多达 6 次 [19]。在二战后，只有朝鲜战争勉强算大国之间的直接对抗 [20]。联合国之所以能协调和缓和大国之间的关系，在于它为大国提供了一个讨价还价的场所，使得它们在很多时候可以通过谈判而不是战争来获得自己的利益。

从近代历史来看，大国之间轻启战端的后果往往蕴含着巨大的风险，即使胜利者也不例外。

18 世纪，英、法在北美殖民地进行的"七年战争"，英国最终取胜，

18
77 国只是发起国，后来中国和其他国家也加入了该组织。今天在联合国内它被称为"77 国＋中国"组织，成员已经有一百多个国家。

19
有列强直接参与的主要战争包括英国和奥斯曼土耳其之间的希腊独立战争、波希米亚战争、普奥战争、普法战争、美西战争、布尔战争等。

20
从严格意义上讲，在朝鲜战争中中国参战的部队是志愿军。

却也因此债台高筑，产生了一连串连带后果，后来反而失掉了北美殖民地。十几年后，法国在北美独立战争中帮助华盛顿将军打败了英国人，算是报了仇，却也加速了波旁王朝的灭亡。普鲁士在普法战争中完胜，并且给法国强加了 50 亿法郎的巨额赔款 [21]，试图让法国永远抬不起头来，结果却导致了法国对德国的极度仇恨，40 年后法国又翻了身，打败了德国。之后，法国又试图从千疮百孔的德国榨出每一块马克，这又导致了后来德国纳粹的兴起。到了二战后，通过讨价还价索要利益是大国的共识，这远比战争上见高下安全得多。

中国已故的外交家吴建民先生，就是世界上懂得以和平方式解决争端的有识之士的代表。他多次指出，打架是三岁小孩就会的事情，会打架不是有水平的表现；在谈判桌上讲理，让别人服你，才是有水平的表现。正是各国有吴建民这样的外交家，才使很多冲突得以避免，也往往能达到或部分达到各国预期的效果。

既然要讨价还价，谋求各自的利益，就需要一个平台，而联合国就是这样一个平台。今天，很多历史学家回顾第一次世界大战时，都认为那场将整个欧洲拖入灾难的战争本不该爆发；除法国外，主要交战各方的国王或者皇帝都是亲戚，而英王、德皇和俄国沙皇甚至是非常近的表兄弟，各国之间没有太了不得的冲突；甚至刺杀奥匈帝国皇储斐迪南大公的事件发生之后，各国也不觉得会为此开战，但战争还是爆发了。威尔逊认为这是密约和相互无法沟通导致的结果，因此他建议取消密约，搭建一个沟通平台。联合国在很大程度上起到了这个平台的作用。

联合国对大国的制约还体现在，这个平台能够让大国听到全世界的声音，使它们做事情不能像 19 世纪那样为所欲为。没有一个体面的大国希望看到全世界都反对它，它的政府也不希望国内是一片反

21
根据当时法郎和英镑的比价，以及英镑和白银的比价，50 亿法郎约合清代 7 亿两白银。

对的声音。可以说，二战后大国行事总体上是有底线的。在过去的 70 多年里，世界上没再发生全球性的战争，这一方面是因为核威慑使得对立的大国在博弈中更加谨慎，另一方面是联合国的作用。联合国帮助各国通过沟通减少冲突、加强合作，这无疑体现了人类文明的巨大进步。

在冷战结束之后，国家之间因为意识形态上的对立而产生的矛盾和冲突大大减少了，而因宗教矛盾导致的恐怖主义却不断滋生、蔓延，日益猖獗，成为整个世界挥之不去的阴霾。进入 21 世纪之后，联合国在维护世界和平上的作用主要体现在反对恐怖主义活动上。

2001 年，美国"9·11"事件的严重后果唤起了各国对现代恐怖主义危害的重新认识。联合国在第一时间做出反应，旗帜鲜明地反对恐怖主义。"9·11"事件仅仅过去两周后，在 9 月 28 日，安理会就决定成立反恐委员会，标志着联合国诞生了第一个反恐专门机构。该委员会规定各国必须提交反恐报告，到 2002 年 12 月，有 175 个国家提交了报告；而到了 2003 年，只有 3 个国家未向联合国提交报告。在这件事情上，联合国显示出了前所未有的政治动员能力。

2006 年 9 月 8 日，在"9·11"事件五周年前夕，联合国大会通过了《联合国全球反恐战略》(简称《战略》)，作为各国打击恐怖主义的共同战略框架，其中包括了四大支柱性文书，即：

1. 消除有利于恐怖主义蔓延的条件；
2. 防止和打击恐怖主义；
3. 建立各国防止和打击恐怖主义的能力，以及加强联合国系统在这方面的作用；
4. 确保尊重所有人的人权和确保以法治作为反恐斗争的基础。

在今后相当长的时间里，反对恐怖主义仍将是联合国维持和平的主
要任务。

联合国的作用除了"铸剑"，还有"为犁"，即帮助全球的建设与发
展。在这个方面，联合国所做的第一件大事就是致力于在全世界范
围内维护人的基本权利和人与人之间的平等。

1948 年 12 月 10 日，联合国大会在巴黎通过了《世界人权宣言》[22]。
《世界人权宣言》的内容不是很长，只有短短的三十条，每一条基
本上只有一两句话。其原则可以概括为以下五点。

22
12 月 10 日被定为
国际人权日，以示
纪念。

 1. 人的平等和尊严是天赋的、不变的，这是世界和平的基础，
因此必须得到尊重。
 2. 由上一条可以引申出，不论种族、肤色、性别、语言、宗
教、政治或其他见解、国籍或社会出身、财产、出生或其他身
份，人人一律平等。
 3. 人享有许多天然的权利，比如生命、自由和人身安全、受
教育的权利、工作的权利、居住和迁徙的权利，等等。
 4. 为了实现上述权利，各国要维持友好关系、发展经济，
等等。
 5. 对于维护上述人权，人人有义务，各国不得违背这个宣言
的要求。

虽然古今中外很多思想家都阐述了关于大同世界的理想，很多国家
也把人人平等和保护人的基本权利写入宪法，但是在世界范围内，
各国一致认可人必须享有和受到保护的基本权利，是在《世界人权
宣言》被通过之后。

各国签署《世界人权宣言》是否就代表人的基本权利在世界范围内

得到保障了呢？显然没有那么简单。很多国家签署了《世界人权宣言》，但执行的效果却很差，甚至根本不执行。不执行的原因有很多，比如一些国家的经济发展水平非常落后，没有能力保障人的基本权利，哪怕是生存的权利；再比如不少国家受政治、文化和宗教习惯的影响，很多在现代文明世界看来违反人权的行为和想法，却是他们根深蒂固的传统的一部分。在违反人权方面，在世界范围内最大的两个问题是种族歧视和男女不平等。为此，联合国在1969年和1979年分别通过了《消除一切形式种族歧视国际公约》和《消除对妇女一切形式歧视公约》，规定了从政治、经济、社会、文化和公民价值观等各方面消除种族歧视和性别歧视。在联合国成立之前，种族隔离和种族歧视在美国等很多国家都堂而皇之地存在着，经过联合国在消除种族隔离和种族歧视上几十年持之以恒的努力，到了20世纪90年代，随着所有的南部非洲国家都宣布取消种族隔离和种族歧视，今天世界各国至少在法律上都实现了种族平等。而在维护妇女权利和地位方面，联合国做了大量的具体工作，包括普及妇女的教育、改善贫困地区的卫生条件、防治各种与女性相关的疾病、降低产妇的死亡率、救助女婴，等等。当然，更多的工作是在全球范围内提高人们对妇女的尊重。虽然今天还有很多国家依然存在歧视妇女的情况，但是相比二战结束时已大有改观。

我们在前面介绍国际联盟时讲到，人类进入20世纪以后懂得制止武力的一个重要原因是经济的发展，尤其是全球化的进程将各国的利益绑到了一起，这样各国才有意愿通过一个组织来协商解决矛盾。

全世界实现在经济上的共同繁荣和可持续性发展非常重要，这需要各国在经济领域展开合作，并对全球环境和资源进行保护和合理使用。为此，联合国制定了很多公约，比如《联合国海洋法公约》《联合国国际货物销售合同公约》，以及类似公约的行为准则，比如保护环境、大气层和防治污染的《二十一世纪议程》等。这些公约规定了各国在使用全球公共资源方面的权利与应尽的责任和义务。以《联合国海洋法公约》为例，该公约规定了海洋的分区、各国海岸线的界定，在公海的航行权，以及其他国家和海岸线的权利与义务，保护海洋环境的义务，海洋研究的合作，以及可持续发展地利用海洋生物资源，等等。尽管并非联合国所有的成员国都签署了所有这些公约，有些签约国也并没有认真履行义务，但这些公约至少体现出大多数国家在人类和平共处和可持续性发展上的远见卓识。一个有趣的现象是，从总体上看，世界上遵守这些公约的国家大部分经济发展和国民幸福水平都比较高；而拒绝签署或者暗地违反这些公约的国家，很多都比较短视，经济发展水平低，甚至政局不稳。

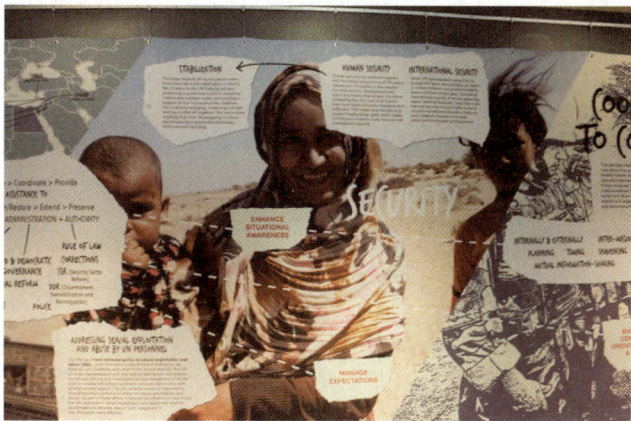

图 30.15 在联合国大厦内展示了联合国在过去几十年里对社会发展所做的贡献

在帮助世界各国发展经济上，联合国的作用更多的是援助经济发展落后的地区。这些事情过去是无法通过资本本身的力量来完成的，单纯从投资回报的角度来讲，对经济落后地区的投资在短时间内是无法获利的。但是，世界经济发展不平衡就可能产生动荡，必须要有人有资源去照顾和帮助到那些经济落后地区的发展，这种帮助甚至不会在短期内产生回报，而联合国（在世界银行的帮助下）则担当了这个角色。我们在新闻媒体上经常看到的对非洲贫困地区的各种救援，大部分是由联合国主导的。

阻碍世界各国经济发展的一个共同问题是各国政府不同程度上的腐败问题，而这个问题的解决常常需要国际合作。2003 年 10 月 31 日，联合国大会通过了《联合国反腐败公约》，这为各国展开一致行动根治腐败提供了依据。今天，我们经常看到一些贪官逃到国外后被引渡回国，背后的法律依据就是《联合国反腐败公约》。

23
www.earth-policy.
org，以 2010 年美
元购买力计算，扣
除了通货膨胀的因
素。

联合国成立 70 多年里，世界在总体上是和平和合作的。靠着世界和平所带来的红利，全球的财富稳步增加，世界人均 GDP 从战后 1950 年的 2700 美元，增长到 2011 年的 11000 多美元[23]，同时贫困人口的比例也在持续下降。在经济增长的同时，民生得到改善，人均寿命预期从 48 岁增长到 69 岁[24]，这是人类有史以来人均寿命增长最快的时期。

24
http://www.
pewforum.
org/2015/04/02/
main-factors-
d r i v i n g -
p o p u l a t i o n -
growth/pf_15-04-
02_ch1graphics_
lifeexpectancy
310px/.

联合国在维护世界和平和促进全球发展方面的工作，在世界范围内得到了认可和赞誉。迄今为止，联合国及其下属的各个机构、工作人员已经获得了 12 次诺贝尔和平奖（附录四），占到了二战后该奖总数的六分之一左右，这从一个角度反映出世界对联合国的认可。

最后必须指出的是，相比很多国家的各级政府，联合国的运作效率是非常高的。联合国的会费收入每年不到 30 亿美元（以 2014 年为准，包括各国所欠会费），这个数据只相当于在世界排名第 160 多位的马尔代夫或者百慕大的 GDP 水平。相比很多国际组织，联合国也比较清廉，工资开销仅 2 亿美元左右，占比很低，其余经费都用于维护世界和平和人类发展上。可以说，联合国成立至今，运作非常成功。相信随着人类变得越来越成熟和理性，联合国的影响力和作用还会进一步增强。

结束语

很多哲学家都认为，人类兼具兽和神的一面。在人类历史上，战争和杀戮通常是人们之间解决纠纷和矛盾的最后手段。尽管从 3000 多年前古埃及和赫梯在卡迭石之战后缔结和平条约[25]以来，人类已经意识到和平相处可以比战争给我们带来更多的好处。尽管在任何时代，世界上都不缺乏和平主义者，却一直未能建立起一个大家都认可的组织来解决各种纠纷，以避免战争的发生。

25
关于卡迭石之战和相应的和平条约的细节，请看第一册第二章。

两次世界大战给人类带来了无穷无尽的苦难。一些具有远见卓识的政治家认识到，未来必须制止这样的战争。政治学家威尔逊从理论上分析了战争的原因，开始意识到必须建立一个各国认可的和平组织，让大家在这个组织里通过谈判和协商解决问题。尽管他的努力并不成功，但是各国的政治家由此意识到这种组织的必要性和可能性，终于在二战期间，由美、英、苏、中领导人牵头，通过谈判和妥协，最终建立了联合国，以制止战争，发展社会。

虽然联合国经常会犯错，在解决问题时也常常受制于大国政府的意志，但其存在的必要性是毋庸置疑的。联合国的建立和发展，标志着全人类终于懂得使用和平的方式解决纠纷，是人类进步的一个标志性事件，这其实反映出人类向善的一面、神的一面。

附录一　威尔逊著名的《十四条》原则概要

签订公开条约，杜绝秘密外交。

平时和战时海上航行的绝对自由。

消除国际贸易壁垒。

裁军和限制军备。

公道地处置殖民地。

归还被占领的俄国土地，由世界各国协助解决俄国问题，使之自由、独立地解决自身政治发展问题。

恢复比利时的领土完整和主权独立。

阿尔萨斯、洛林和其他被占领土归还法国。

根据民族分布线修正意大利疆界。

允许奥匈帝国境内各民族自治。

罗马尼亚、塞尔维亚、黑山的领土应予以恢复，塞尔维亚应取得出海口。巴尔干国家的政治独立和领土完整应由国际保证。

土耳其境内各民族应予自治，达达尼尔海峡国际化。

建立独立的大波兰。

建立国际联合机构。

附录二　《大西洋宪章》

美利坚合众国总统和代表联合王国的首相丘吉尔，经过会商，认为将他们两个国家政策上的若干共同原则（对更好的未来世界的希望即以此为基础）在此时向世界宣布，是合适的。

1.　两国不寻求任何领土的或其他方面的扩张。

2.　他们不希望看见任何与人民意志不符合的领土变更。

3.　他们尊重所有民族选择他们愿意生活于其下的政府形式之权利；他们希望看到曾经被武力剥夺其主权及自治权的民族，重新获得主权与自治。

4.　他们要在尊重他们现有的义务下，努力促使所有国家，不分大小，战胜者或战败者，都有机会在同等条件下，为了实现它们经济的繁荣，参加世界贸易和获得世界的原料。

5.　他们希望促成所有国家在经济领域内最充分的合作，以促进所有国家的劳动水平、经济进步和社会保障。

6. 在纳粹暴政被最后消灭之后，他们希望建立和平，使所有国家能够在它们境内安然自存，并保障所有地方的所有人在免于恐惧和不虞匮乏的自由中，安度他们的一生。

7. 这样的和平将使所有人能够在公海上不受阻碍地自由地航行。

8. 他们相信为了现实的和精神上的理由，世界上所有国家必须放弃使用武力。如果那些在国境外从事或可能以侵略相威胁的国家继续使用陆海空武器装备，则无法维持未来的和平；所以他们相信，在一个更普遍和更持久的全面安全体系建立之前，必须解除这些国家的武装。同样，他们会协助和鼓励一切其他可行的措施，来减轻爱好和平的人民在军备上的沉重负担。

附录三　关于罗斯福和丘吉尔大西洋会晤的细节

关于罗斯福和丘吉尔大西洋会晤的细节，不同的资料记载不一，很多细节相互矛盾，主要体现在两个方面，即罗斯福和丘吉尔见面会谈了几次，以及每一次都在哪里会面。

根据美国国务院披露的信息，他们分别于 1941 年 8 月 9 日和 10 日在美国"奥古斯塔"号军舰上会谈了两次。而关于"威尔士亲王"号军舰的历史资料显示，两人之间有一次是在该舰上会晤的，而那张历史性的二人合影也是在该舰上拍摄的。但是，有的资料认为他们 8 月 9 日的第一次会晤是在该舰上进行的[26]，而另外一些资料（比如丘吉尔自己的回忆录）则表明，在该舰上举行的是第二次，即 8 月 10 日的会晤[27]。综合各种资料，比较说得通的解释是，他们第一次会晤是在"奥古斯塔"号上，因为罗斯福见到丘吉尔后的第一句话是"Glad to have you aboard, Mr. Churchill"，显然是后者登上了他的战舰。如果第一次会晤是在美国军舰上进行的，第二天在英国的"威尔士亲王"号上进行则比较合理，而且这有丘吉尔的回忆为根据。当然，一些资料显示他们在晚上从"威尔士亲王"号又换到了"奥古斯塔"号上共进晚餐。

26 https://en.wikipedia.org/wiki/HMS_Prince_of_Wales_(53)#Atlantic_Charter_meeting.

27 http://ww2today.com/10th-august-1941-churchill-and-roosevelt-pray-together.

28
https://history.state.gov/milestones/1937-1945/atlantic-conf.

29
Augusta IV (CL-31). Dictionary of American Naval Fighting Ships. Navy Department, Naval History & Heritage Command. 19 June 2015. Retrieved 14 November 2015.

另一个有争议之处是，二人是否在 8 月 10 日以后进行了第三次甚至第四次会晤。在美国国务院给出的细节描述中 [28]，二人在 10 日之后没有再进行会晤。但是，另一些文献，包括美国海军部出版的《美国海军战舰字典》[29] 表明，他们至少在 12 日会晤了；另一个佐证是《大西洋宪章》的草稿是在 12 日打字出来，丘吉尔在上面直接做了修改。至于他们是否在 11 日会面了，并不是很重要。

附录四　获得诺贝尔和平奖的联合国工作人员和下属机构

1945	科德尔·赫尔（Cordell Hull）（美国）
1951	莱昂·儒奥（Lèon Jouhaux）（法国）
1954	联合国难民事务高级专员办事处
1957	莱斯特·鲍尔斯（Lester Bowles Pearson）（加拿大）
1965	联合国儿童基金会
1969	联合国劳工组织
1981	联合国难民事务高级专员办事处
1982	阿尔瓦·米达尔（Alva Myrdal）（瑞典）和阿方索·罗夫莱斯（Alfonso Garcìa Robles）（墨西哥）
1988	联合国维和部队
2001	联合国
2005	联合国国际原子能机构
2007	联合国政府间气候变化专门委员会（与美国前副总统戈尔分享）

参考文献

[1] 威廉·曼彻斯特. 光荣与梦想. 四川外国语大学翻译学院翻译组，译. 北京：中信出版社，2015.

[2] 保罗·肯尼迪. 联合国的过去与未来. 卿劼，译. 海口：海南出版社，2008.

[3] Scott Berg. 威尔逊传 (Wilson). Berkeley，2014.

[4] Jean Edward Smith. 罗斯福传 (FDR). Random Press，2008.

[5] 尼克松. 领袖们. 刘湖，译. 北京：知识出版社，1984.

第三十一章　让我们娱乐生活

好莱坞的繁荣

清末名臣曾国藩的幕僚赵烈文，在日记中记载了这位被誉为道德楷模的理学名家的一桩趣闻。曾国藩在湘军收复南京之后，带着他的幕僚和下属视察被战火毁坏的曾经烟柳繁华的十里秦淮。让赵烈文等人吃惊的是，在整个南京城百废待兴之际，被称为卫道士，按理应该远离烟花之地的曾文正公，居然下令恢复秦淮河灯船，在秦淮河两岸兴建酒肆茶馆等各类商铺，并交由最得力的幕僚赵烈文操办。赵烈文等人问起原因，曾国藩说，世上真正能成就一番事业、谋得不世功名的人毕竟是极少数，大部分百姓都是贩夫走卒，忙忙碌碌终其一身；能修缮一个地方给这些人带来一些欢乐，不啻为一件善事。

一些传统的清教徒式的道德楷模人物，常常视娱乐和享受为修养和追求不够高远，但是他们忽略了一点 —— 娱乐从古至今一直存在，恰恰反映了人类一个最基本的需求。在人类不同的发展时期，有着不同的娱乐方式，但不管是什么形式，它们都是分散的，都难以形成规模，甚至无法复制一场表演或者比赛。普通大众享受高水平娱乐活动的可能性是很小的。而电影的出现和电影产业的兴起，则彻底改变了娱乐这个古老行业的格局，它让娱乐变得普遍化、大众化，并迅速渗透到社会的各个角落。无所不在的电影，给整个社会带来了快乐和享受，甚至也有人说，电影让社会变得平等。

第一节　电影产业和好莱坞

和美国的很多技术一样，电影也是源于东北部传统的发达地区，却在西海岸的蛮荒之地繁荣起来。关于电影的发明，我们在本系列第二册第十四章"闪烁的能量"中已作介绍，这里就不再赘述。爱迪生在发明了拍摄和播放电影的设备后，就在东海岸新泽西州一个叫李堡（Fort Lee）的小镇上创办了一家电影公司——黑色玛利亚（Black Maria）。从 19 世纪末到 20 世纪初，那里一直是美国的电影中心。

应该说，爱迪生在选择电影公司的地点上还是很有眼光的。李堡镇距离纽约市非常近，新泽西州政府为了繁荣工商业，又给了很多优惠条件，一时间那里因为刚刚萌芽的电影产业而迅速发展起来。到 20 世纪初，李堡镇已经有了十几家电影公司，其中值得一提的包括冠军影片公司（the Champion Film Company）——今天环球影片公司（Universal Studios）的前身，米特罗电影制片公司（Metro Picture Company，即都市电影公司）和高德温电影制片公司（Goldwyn Picture Company）——它们是米高梅的前身。对后两家后面还会不断提到。

就在纽约周边的电影业搞得风生水起时，今天好莱坞所在的洛杉矶市还不过是一个建市才几十年的新城，面积也远没有今天这么大。在洛杉矶的旁边是一片农田，1886 年，一个名叫哈维·威尔考克斯的房地产商在农田中的某一处买下一块 0.6 平方千米的土地。既然拥有了这块土地，他和夫人就想为其取个好听的名字。后来，他的夫人听一位来自俄亥俄州的旅客讲，俄亥俄有个叫"冬青树"（Hollywood）的地方。她很喜欢冬青树，就从苏格兰运来大批冬青树栽在自家田庄里，并将田庄称为"冬青树"，按照读音翻译成中文，就是"好莱坞"。不过，威尔考克斯夫妇进口的英国冬青树今天在好莱坞是看不到了，因为南加州气候干燥温暖，与苏格兰阴冷的天气

图 31.1　冬青树在冬天会结出红色的果子，因此常常被作为圣诞节的装饰，好莱坞因此得名

截然相反，移栽的冬青树都没有能存活下来。

1887 年，威尔考克斯决定把自家田庄注册成一座正式的小城市。这在美国是允许的，在 19 世纪末到 20 世纪初西部大开发时也颇为普遍。当然，要想把田庄变成城市，除了要在加州政府正式注册外，还必须建设必要的基础设施，包括铺设街道，建设邮局、市场和学校，等等。好莱坞的第一条街道被取名为主街（Main Street），这是美国城市街道取名的惯例。通常主街日后会发展成为一个城市里最大、最繁华的街道，好莱坞的主街也不例外，这条当年的主街便是今天著名的星光大道。

完成基础设施建设之后，威尔考克斯夫妇就可以出售土地吸引居民了。到了 20 世纪初，好莱坞已有 500 多位居民了，并有一条有轨电车通往 10 千米外的洛杉矶市。但是单靠这点人口来建设好莱坞的各种基础设施，毕竟有点力不从心，尤其是在干旱的南加州地区，获取饮水是个大问题，于是好莱坞的居民通过公投决定加入洛杉矶市，以便解决供水和排水的难题。因此，今天已经没有好莱坞市了，好莱坞早已成为洛杉矶市的一部分。

好莱坞后来成为影城，很大程度上要归功于它的地理位置。它所处的南加州地区每年有 300 多天的大晴天，常年气候温暖而又不过于炎热，而好天气对拍电影来说非常重要。1907 年，芝加哥的一家名为塞力格多视镜（Selig Polyscope）的电影公司在拍摄电影《基督山伯爵》时，因为当地恶劣的天气而无法拍摄下去，整个剧组便来到南加州的伊登戴尔（Edendale）继续拍完了该片，从那个时候便开启了南加州的电影业。在此之后，陆陆续续有公司看上了南加州的好天气而到那里拍电影。不过，在南加州诸多新兴的小城中，好莱坞最初并没有什么特殊之处，它的电影业起步也不算早，但它的运气比南加州其他小城要好，因为电影史上一位富有传奇色彩的大导演看上了那里。

这位大导演就是大卫·格里菲斯（David W Griffith，1875—1948，电影界称呼他为 D. W. Griffith），他对好莱坞的作用，有点像后来肖克利对于硅谷的作用。如果说旧金山湾区变成硅谷在很大程度上是靠肖克利和他带去的十几位后来的 IT 精英（诺伊斯、摩尔、克莱纳等人——这些人共同开创了全世界的半导体产业）[1]，那么格里菲斯则在客观上促成了全美国电影业的重心从东海岸逐渐转移到小镇好莱坞。这位格里菲斯又是何方神圣呢？为何他能有这么大的影响力呢？为此，我们不得不多花些笔墨来介绍一下这位电影史上的传奇人物。

格里菲斯可以说是第一位对电影发展做出开创性贡献的人物，是他将电影从技巧变成艺术，从戏剧的仆从提高到与戏剧、音乐和舞蹈平等的地位。格里菲斯出身贫寒，为了糊口到处演出；后来加盟比沃格拉夫影片（Biograph Film）公司，开始作为导演拍摄影片。在 20 世纪初，电影艺术还远不如今天那么成熟。今天哪怕三流的导演也懂得基本的电影表现技巧，如今拍摄的随便一部电影放到当时都称得上是"大片"。而在那个时代，大家其实并不知道电影应该怎么拍，拍出来的电影也平淡得像一杯白开水，相比今天电影情节的跌宕起伏，那时的电影完全是平铺直叙。虽然很多导演都在不断尝试新的手法和技巧，有些新的技巧在获取观众方面也取得了成功，但大部分尝试被证明是毫无意义的，那些在一部影片中获得成功的技巧常常也无法复制到另一部影片中。总之，那时的电影怎么拍摄，很大程度上是导演们拍脑袋想出来的，没有什么规律可循。结果是，电影拍出来是否好看，完全靠运气；至于票房收入，更是一个随机数。

就在大家都在思考电影到底该怎么拍才好看的时候，格里菲斯找到了答案。在比沃格拉夫的 5 年多时间里，格里菲斯制作了几百部电影短片 [2]，通过这些尝试，他逐渐认识到需要将电影作为一门新的表演艺术来看待，而不仅仅是对舞台剧的录像。为了吸引观众，要把电影拍得跌宕起伏，而这必须采用电影特殊的技术手法，不能把电影拍得像戏剧一样。传统的戏剧，场景受限，场面是不能随意切换的，但是电影则不同，可以把摄制好的胶片剪下来重新组合，这样就可能得到不同于戏剧的效果。1908 年，格里菲斯第一次采用了平行剪辑（Parallel Editing）的手法，营造出紧张的气氛，电影变得高潮迭起。平行剪辑又称为平行蒙太奇（Parallel Montage）[3]，它通过两条以上的情节线并行地分别叙述，让两组以上的事件相互穿插，最后统一到一个完整的故事情节结构中去。有了蒙太奇，电影就和过去的戏剧不一样了，格里菲斯后来逐渐将这种手法运用得炉火纯青，并且推广到电影的普通叙事中，这样一来，他的电影就变得好看了。

格里菲斯在电影史上的另一大发明就是增加影片的镜头数量和片长，这样既能让故事变得完整，也便于导演把控情节的变化。据统计，格里菲斯电影中采用的镜头数目是同时代导演的两倍甚至更多。毫无疑问，格里菲斯对电影艺术的理解和表现技巧已经远远超越了同

[2]
在那个年代，电影都非常短，有的只有几分钟。

[3]
"蒙太奇"一词本意是拼装、组合的意思。

时代的电影人，他在当时的电影界享有崇高的声誉。

1910 年，格里菲斯来到西海岸拍摄电影《老加利福尼亚》（*Old California*）。他和演员们在考察了不少地方后，最后选中了好莱坞。如果格里菲斯选择了洛杉矶附近的另一个小镇，是否那里就取代了好莱坞今天的地位呢？完全有可能，世界上的很多奇迹离不开偶然性。在好莱坞的比沃格拉夫公司利用当地的气候条件，一口气拍摄了几部好片子带回纽约，并且获得了空前的成功。很快，电影界的人士发现好莱坞气候好，成本低，便于拍片，于是到好莱坞拍片的电影剧组越来越多，同时好莱坞也成立了自己的电影公司。这样，从 20 世纪的第二个十年开始，新泽西作为美国第一个电影之都的地位开始动摇了，美国电影业开始了横跨美洲大陆的大迁移，最终将重心从纽约周围移到了好莱坞。

当然，好莱坞的崛起必须伴随着好片子的出现，这又得说回到格里菲斯了。在好莱坞待了两年后，格里菲斯对电影的理解越来越成熟，他拍摄的影片的场景和规模越来越大。可是当时他的东家比沃格拉夫公司并不认可他的想法，认为电影太长了会伤眼睛，观众不喜欢。格里菲斯就和比沃格拉夫公司分道扬镳了。当然，比沃格拉夫公司的真实想法是不愿意在每部电影上投资太高，它一般的原则是一部电影的投资不超过 3 万美元；而格里菲斯认为只要电影拍得好就不愁票房，只有大投入才能大产出。

由于格里菲斯在电影界有着巨大的影响力，他离开公司后，一群演员追随他一同离开了，他很快便成立了自己的工作室（Reliance-Majestic Studios，后更名为 Fine Arts Studio）。1915 年，格里菲斯拍摄了美国电影史上第一部真正意义上的长片——《一个国家的诞生》。整部电影长达三小时，像史诗一般波澜壮阔。这部巨片以美国南北战争为背景，虽然因为内容上有种族歧视倾向，后来颇受争

图 31.2　《一个国家的诞生》剧照

议，但是其艺术成就至今仍得到认可，并被选入美国国家电影保护局典藏。美国国会图书馆认为此片具有"文化上的重要性"（culturally significant）。在《一个国家的诞生》中，格里菲斯采用了大量新颖的艺术表现手法。为了让战争场面更显逼真，格里菲斯还专门聘请了西点军校的工兵作为艺术指导，并且在拍摄中大量使用真实的枪炮，以增加影片的真实感。

放在当时，《一个国家的诞生》耗资巨大，超过了 10 万美元，是同期电影成本的三倍甚至更多。不过，巨大的投入让格里菲斯可以不受（成本）约束地表现艺术，最终也给他和投资人带来了巨大的回报。这部电影当时的票价高达 2 美元，在当时可以买 1/10 盎司黄金。即便如此，该片的上座率依然极高，在纽约首轮院线上映后连映 600 多场，毫无悬念地创下了当时的票房纪录，该纪录也保持了很长时间。据估计，《一个国家的诞生》的票房收入高达 5000 万美元到 1 亿美元之间；即便是 5000 万美元，也占了当时美国 GDP 的千分之一。

图 31.3　格里菲斯（右一）和卓别林（右二）、玛丽·皮克福德（左二）和费尔班克斯（左一）在一起

格里菲斯的这次成功对于电影的商业发展意义重大，他不仅向当时的制片人证明了高投入高质量的电影可能会获得更高的回报，而且第一次向全世界展示了电影作为一种新的艺术形式，有着过去任何其他艺术形式所不具备的大众传播效果，它可以让全国的观众去看同一部影片。这一点，不仅过去靠舞台表演或其他形式的表演都做不到，而且也是那种低质量的小电影办不到的。

格里菲斯的第二部大片《党同伐异》（*Intolerance*）在第二年（1916年）上映，它的艺术成就依然很高。但是在当时的人看来，其风格过于新颖，以至于观众难以接受，再加上这部电影因为内容有争议，后来被查禁，因此从票房结果来看，远不及《一个国家的诞生》。不过后世对这部影片的艺术成就的评价依然很高，1987年意大利还以这部电影的拍摄过程为背景拍了一部电影《早安，巴比伦》（*Good Morning Babylon*）。

后来格里菲斯依然拍出了好几部力作，但是他我行我素，渐渐远离了主流电影圈。

1948年，73岁的格里菲斯因脑溢血去世，他的葬礼冷冷清清。不过，历史最终记住了他对电影事业的贡献，电影界公认他是真正掌握电影艺术的第一人。在表现手法上，格里菲斯将剪辑原理推进到新的高度，这让后来的所

图 31.4 格里菲斯的纪念邮票

有从业者都从中受益。格里菲斯身后获得了很多荣誉，1975年在他诞辰100周年之际，美国为他发行了纪念邮票。当然，他被人记住的另一个原因，就是确定了好莱坞影城的地位。可以说，在好莱坞电影业起步的最初十年，格里菲斯是那个时代好莱坞的标志，因此

后人称他为"好莱坞之父"。

随着各个电影公司落户好莱坞，很多寻梦者也纷至沓来，小小的好莱坞开始繁荣起来。通常一个地区在一段时间里处于某个行业的领先水平并不难，但是要在上百年里不断领跑这个行业，就需要不断地创新了。在电影行业里，好莱坞做到了这一点。如果说20世纪最初十年的好莱坞靠的是格里菲斯的蒙太奇在世界影坛独树一帜，那么在格里菲斯的传奇结束之后的20年代，它对世界电影的第二大贡献，就是实现了电影从无声到有声的过渡。

今天在我们的印象中，对话和音响效果是电影必不可少的组成部分，但是早期的电影都是无声的，这一来受限于技术，二来很多人觉得并无必要在电影中加入声音。

先讲讲技术问题。将声音与电影的影像同步起来，在技术上比当时人们想象的要难得多。早在1888年爱迪生发明电影后不久，他就和另一位发明家埃德沃德·迈布里奇（Eadweard Muybridge，1830—1904）考虑如何在电影中加入声音。当时电影还远远没有商业化。但是这两位大发明家尝试了当时所有的技术，效果都不好。十年后，爱迪生发明的那种电影就被法国人卢米埃尔兄弟发明的投影式电影取代了，爱迪生等人也将研究的重点放在了可以连续拍摄的摄像机和投影式放映机上，有声电影的研究暂告一段落。1900年，法国举办了巴黎世博会，在那次博览会上，法国人用一台放映机和一台留声机同时播放电影和录音，勉强算是在电影中加入了声音，但是这和今天的有声电影完全是两码事。

有声电影存在三大技术障碍：摄制时录影和录音的同步，播放时二者的同步，以及留声机音量的不足。爱迪生在1913年终于研制出"新有声活动电影机"（New Kinetophone）——它可以通过一个联动装置同步声音和影像；但是同步效果非常差，而且音量问题也没有解决。在爱迪生之后，德国、匈牙利和美国的发明家不断改进有声电影的技术，单是把他们的名字列出来，足足有半页纸，但是谁都没有从根本上解决问题。他们的发明有些根本连样机也没做出来，其他的即便做出了样机，但效果都不能令人满意。

经过了很多发明家的不断尝试、改进之后，美籍波兰裔科学家泰克辛纳（Joseph Tykociński—Tykociner，1877—1969）在1922年实现了"临门一脚"。他发明了真正可以实用的音像同步摄影机和音像同步播放机，这才从根本上解决了有声电影中画面和声音自动同步的问题。一般来讲，人们习惯于把发明的功劳记在最后一位发明家的头上，因此今天人们都把泰克辛纳称为"有声电影的发明人"。不过，如果没有从爱迪生开始的很多发明家25年来的积累，就没有泰克辛纳的实用发明。

颇具讽刺意味的是，当科技界辛辛苦苦发明了有声电影之后，电影界人士的反应可能很让发明家们失望，因为他们对于具有革命性的有声电影并不感兴趣。当时的电影界普遍认为，在电影中加入声音会破坏电影的美感。苏联电影艺术先驱维克托·什克洛夫斯基（Viktor Shklovsky，1893—1984）当时曾经这样解释为什么电影不需要声音——"就如同翻开图书时不需要音乐一样"。

在有声电影被发明后的头几年里，只有少数娱乐短片在电影中采用了声音，而那些全长影片导演一直拒绝有声电影，因为他们认为观众已经习惯了看无声的电影（也称为默片），突然加进声音，会让已有的观众流失。

到了1927年，一个偶然的事件终于让首部有声的全长影片诞生，并一举获得了成功。那一段时间里，华纳兄弟电影公司面临倒闭的危机，于是兄弟二人决定将有声电影当作赌注，看看能否吸引观众。一年前他们曾经在影片中加入音乐，这一次他们决定加入人声。应该说，华纳兄弟选择了一个非常好的题材，作为从默片到有声电影的突破口，那就是拍摄一部音乐片——《爵士歌手》。整部电影里有 9 首歌，需要用声音唱出来，因此观众接受起来没有问题。除此之外，影片里还加入了两分钟的对白——仅仅两分钟而已，但是这两分钟已经标志着有声电影时代的来临。《爵士歌手》在当时是一部高投入的影片，一共花费了 40 多万美元，比 12 年前格里菲斯拍摄的《一个国家的诞生》要高出许多，不过，由于采用了配音，观众对它产生了新鲜感，《爵士歌手》的票房还不错，在美国和全世界一共获得了 600 多万美元的票房收入。这笔收入让华纳兄弟公司走出了财务困境。

《爵士歌手》里的对白其实很短，真正意义上的第一部有声电影是华纳公司第二年拍摄的《纽约之光》。《纽约之光》也是一部歌舞剧片，讲述了一个并不复杂的犯罪故事，整个片子只有 57 分钟，里面采用的对白与今天的电影非常相似。影片一出来，批评家们对它的评价很低，因为他们认为里面的对白让整部影片显得乱七八糟；但是观众们对它的热情完全不受那些电影评论的影响，仅纽约市第一周票房的收入（47000 美元）就收回了两倍的投资（23000 美元），最终票房收入达到了 120 万美元，投资回报率高达 50 倍，甚至超过了前一年的《爵士歌手》。

接下来，电影界就产生了分歧——今后的电影是否都应该加入声音，还是要延续过去的默片。2011 年奥斯卡最佳影片《艺术家》（*The Artist*）准确地再现了这段历史，当时很多电影制片人、导演和表演艺术家都是拒绝有声电影的，其中最有代表性的人物是著名的喜剧大师卓别林，他是少数在 20 世纪 30 年代还在拍摄无声电影的大师。不过，由于观众对有声电影十分喜爱，各个电影公司便纷纷效仿华纳兄弟公司，拍起了有声电影。商业的力量形成了一股不可阻挡的洪流，让电影业几乎在一夜之间迈入了有声时代。就在《纽约之光》问世仅仅两年之后，即 1930 年，美国 90% 以上的电影都是有声的了。

1936 年，卓别林拍完了最后一部默片《摩登时代》，标志着默片完全退出了历史舞台。《摩登时代》被认为是卓别林的代表作，至今电影界对它的评价依然很高，但是这部投资高达 150 万美元的大片，在美国的票房收入仅为 140 万美元，从商业上来讲是失败的。而在当年默片的市场还没有完全消失时，卓别林拍的另一部重量级作品《城市之光》（1931 年拍摄），同样的投资（150 万美元），票房则有500 多万美元。可见从 30 年代后期开始，观众对默片已渐渐失去了兴趣，不论片子拍得多么好，大家都不再愿意看了。到了 1940 年，卓别林拍摄了他的第一部有声电影 —— 以讽刺希特勒为题材的《大独裁者》。这部影片让卓别林名利双收，他个人获得了奥斯卡最佳男演员奖，而这部影片当年也获得了 500 万美元的票房收入（投资200 万美元）。

另一位默片时代的巨星，是被称为"默片女皇"的瑞典女演员葛丽泰·嘉宝（Greta Garbo，1905—1990）。嘉宝是电影史上最重要的明星之一。当好莱坞从默片时代进入有声时代时，嘉宝遭遇了演艺事业上的大挑战。米高梅公司一度非常担心嘉宝的语言问题，但天生就为表演而生的嘉宝并没有让公司和影迷失望。1930 年嘉宝出演了第一部有声电影《安娜·克里斯蒂》（Anna Christie），米高梅公司为此专门制作了"嘉宝说话了"的巨幅广告。在影片中，克服了语言障碍的嘉宝获得了巨大成功，并且获得了她的第一次奥斯卡最佳女主角奖提名。

最后值得一提的是，有声电影还带来了影片格式上的一个重要变化。

首先是华纳兄弟公司为了方便胶片携载声音，采用了每秒 24 帧的格式，取代原有的每秒 16 帧，让电影的连贯性得到了改进，这种格式一直沿用至今。

就在好莱坞电影业高速发展的同时，法国等欧洲国家的电影艺术也在独立发展，但一直没有像好莱坞那样形成电影产业。在二战之前，欧洲的电影大师们还停留在对电影艺术的探索中，而不是尝试去打造一个产业。

图 31.5 米高梅公司制作的"嘉宝说话了"巨幅海报

好莱坞在头十年里靠着格里菲斯的蒙太奇在商业上获得成功，第二个十年靠着有声电影，取得了在全世界电影行业的领先地位。这两件事情先后发生在好莱坞，从表面上看，可以说有很大的偶然性，而且彼此不相关，背后却反映出美国西部地区旺盛的创造力和敢于尝试新东西的开拓精神，直到今天，好莱坞依然保持了这一特点，而后来硅谷的崛起、拉斯维加斯的繁荣，也同样离不开创造力和开拓精神。

1923 年，一家建筑公司将几个白色的大字 HOLLYWOOD 树立在好莱坞后的山坡上 [4]，便有了今天游客们都看得到的这个标志 [5]。应该说，到了 20 年代末，好莱坞电影产业发展得很成功——它已经成了美国电影业的代名词。不过如果按照今天的标准来衡量，那时的好莱坞依然处于起步阶段，它真正的繁荣是接下来十年里的事情，主要靠的是抓住了一个历史契机。

[4] 本来这个字后面还有 LAND 四个字母，不过立起来之后没人管，以致被荒废了。1949 年好莱坞的商会才将它们修复，成为今天的模样。

[5] 这几个白色字母被注册成了商标，未经好莱坞商会的同意，不允许使用。

第二节 大萧条时代的繁荣

20 世纪 20 年代,美国一片繁荣,大家都在享受着进步运动带来的成果,以及一战之后短暂的和平欢乐时光。大家平时忙着工作,周末就出去度假。当时美国 80% 以上的人口集中在离海岸或者湖畔 80 千米(50 英里)以内的地区,一半左右的家庭拥有私家车,到海边或湖畔只需一个多小时的车程,于是周末度假成为一种时尚。1928 年是美国的大选年,民主、共和两党的候选人都在给大家描绘更美好的前景。但是和美国历次繁荣的尾声一样,当大家觉得世界如此美好、繁荣将永远持续下去的时候,随之而来的往往不再是进一步的繁荣,而是灾难。

从 1929 年到 1933 年,美国和整个西方世界经历了自工业革命以来前所未有的大萧条,所有的经济数据都被腰斩——GDP 失去了一小半,股票跌掉了一大半,成千上万人在一夜之间失去了他们曾经拥有的一切——工作、住房甚至是生存所需的基本食物。虽然 1933 年后实施的罗斯福新政暂时缓解了经济上的颓势,但是到了 1936 年,美国经济再次下滑,似乎没有人知道什么时候是萧条的尽头。通常在最困难的时候,人们不仅仅需要温饱,更需要能够看到希望,而好莱坞恰恰在那个时期编织了一个个美丽的梦幻,来抚慰美国民众几近绝望的心灵。因此,恰恰就在这哀鸿遍野的经济环境中,好莱坞却开始走向辉煌。我们不妨通过几个数字来了解当时的好莱坞有多繁荣。

- 1929 年美国经济最萧条的时候,美国电影的票房收入居然高达 7 亿美元,占 GDP 的 1%。
- 当时每个家庭在看电影上平均花费 25 美元,而一张电影票一般为 15 美分。也就是说,美国每个家庭每年平均看 150 场次的电影。

- 第一版《白雪公主》拍摄于大萧条时期，当时耗资高达 200 万美元，而票房更是高得惊人，最终超过了 4 亿美元。
- 就在大部分美国人为每个月 10 美元的水电费发愁时，一位名叫秀兰·邓波儿的童星成了百万富翁。

在这样的大环境下，成就了美国历史上那些伟大的电影公司，也成就了很多至今家喻户晓的影星，以及留下了经得住时间考验的不朽影片。当然，那些伟大的公司、电影大师和明星，也将电影艺术推向了前所未有的高度，并成功创造出一个巨大的大众娱乐市场。

说到电影产业的发展，很多人都会想到"米高梅"（Metro-Goldwyn-Mayer，简称 MGM）这个名字。它拍摄了电影史上不朽影片之一的《乱世佳

图 31.6　米高梅电影公司的狮子标志

人》、创造出历久不衰的银幕形象 007、拍摄了至今仍保持着获得奥斯卡奖数量纪录（11 项[6]）的《宾虚》（1959 年版[7]），以及深受全世界几代人喜爱的卡通电影《猫和老鼠》。同时，米高梅还发起成立了美国电影艺术与科学学院，并推出了该学院的电影奖——学院奖，而这个奖项在中国有一个更为人熟知的名称——奥斯卡奖。在前 20 届奥斯卡奖的 40 位影帝和影后中，有 11 位是因出演米高梅拍摄的影片而获奖的。可以说，米高梅的成就是电影史上一个不朽的传奇，它的每部影片开头的雄狮标志一度成为美国电影业的象征。因此，透过米高梅的历史可以了解美国电影产业腾飞的历程。

大家可能已经注意到，米高梅的英文名称是由 Metro、Goldwyn 和

6
《泰坦尼克号》（1997 年版）和《指环王：王者归来》（2003 年版）也获得 11 项奥斯卡奖，平了《宾虚》保持的纪录。

7
《宾虚》迄今拍了三个版本，即 1925 年版、1959 年版和 2016 年版。前两个版本的评价都很高，但是最近的 2016 年版评价非常低。

Mayer 三个单词组成的，这一组合正好反映出米高梅的发迹历史。20 世纪 20 年代是美国经济最繁荣、百姓生活最幸福的一段时光，史称"柯立芝繁荣"[8]。或许是因为经济繁荣时大家都忙于挣钱，然后到海边享受阳光和新鲜空气了，反而没有什么人看电影。1923 年，美国的米特罗电影制片公司出现严重亏损，它的老板马科斯·勒夫（Marcus Loew，1870—1927）不但没有退缩，反而看到了希望，因为其他电影公司也在亏损，于是勒夫果断地买下了同样濒临破产的高德温电影（Goldwyn Pictures）制片公司。这样，米高梅公司的"米"和"高"都有了。

8
柯立芝是当时的美国总统。

当然，简单的合并并不能解决问题，因为两个亏损企业简单的合并常常会使带来的问题比好处更多，一个企业的扭亏为赢关键要看领导者。接下来，勒夫并未直接管理这个合并后依然亏损的公司，而是在全行业物色一位经营能手；最后他找到了一家小电影公司梅耶电影制片公司（Mayer Pictures Corp）的老板路易斯·梅耶（Louis Mayer），并说服梅耶加盟，这样米高梅的"梅"也就有了。1924 年 4 月 24 日，米高梅（米特罗 - 高德温 - 梅耶）电影公司宣告成立，梅耶担任总经理。第二年（1925 年），梅耶投入巨资推出空前宏伟的历史巨片《宾虚》（1925 年版），创造了史无前例的票房纪录，不仅赚回了数倍的投资，也为米高梅公司赢得了巨大声誉。从此，米高梅开始制造出一系列神话，而梅耶则成为全世界电影产业最有权势的人，大家形容他像电影业的帝王。梅耶创造出了后来好莱坞电影业的三项铁律：高投入高产出拍大片，采用最新影视科技，培养明星。

在《宾虚》之后，1929 年梅耶投资 35 万美元（这在当时是一笔巨资）拍摄了第一部大型歌舞片《百老汇的旋律》。当时有声电影刚刚起步，米高梅为顺应这一历史潮流，采用了当时最好的声光效果、舞台布景和歌舞设计来拍摄这部影片。影片上映后轰动一时，并且摘取了第二届奥斯卡最佳影片奖，可谓名利双收。

米高梅在 20 世纪 30—40 年代拍摄的经典电影，如《大饭店》《乱世佳人》《费城故事》《叛舰喋血记》和《魂断蓝桥》，至今仍有很多观众，其中很重要的一个原因在于，这些电影无论是内容题材、场景画面，还是音响和配乐，放到现在依然堪称上乘。为了让观众享受到其他表演艺术形式无法提供的音像感受，米高梅的电影一直采用最新的科技成果。米高梅后来拍摄的 007 系列，更是将各种新技术的应用做到了极致。

当然，米高梅最为人津津乐道的，是它旗下如云的巨星们——有前面提到的嘉宝，以及克拉克·盖博、费雯丽、加利·格兰特、斯宾塞·屈塞、琼·克劳馥、凯瑟琳·赫本、伊丽莎白·泰勒、英格丽·褒曼等，这些明星至今仍深受影迷们的喜爱。

梅耶的三个铁律，集中体现在二战之前米高梅拍摄的经典之作《乱世佳人》中。这部影片根据美国小说家玛格丽特·米切尔描绘南北战争的巨著《飘》(Gone with the wind) 改编，反映了南北战争在彻底摧毁南方奴隶制后给当地带来的巨变，塑造了一个美丽、自私而又自强的南方女性郝思嘉（又译为斯佳丽）的不朽形象。影片贯穿了两个永恒的主题：战争与爱情。虽然《乱世佳人》后来堪称电影史上的奇迹，并且保持了 60 年的票房纪录，但是最初好莱坞对将《飘》这部即将问世的小说拍成电影并不感兴趣。最后，卓有远见的年轻制片人大卫·塞尔兹尼克（David O. Selznick，1902—1965）看中了这部小说的价值，并且花 5 万美元购得拍摄权。

塞尔兹尼克当时年纪不大，却算得上是好莱坞的老兵，他在米高梅和派拉蒙都工作过，还担任过当时著名的雷电华电影公司（Radio Keith Orpheum，简称 RKO）的制片主任。后来，他在朋友的帮助下创办了自己的电影公司。但是，塞尔兹尼克的公司规模很小，没有能力拍摄《乱世佳人》这部史诗般的巨作，既无合适的男演员，也缺乏资金；他必须找一家大公司合作，共同拍摄《乱世佳人》。

塞尔兹尼克看中了奥斯卡影帝克拉克·盖博，后者当时在米高梅旗下。但是米高梅的老板米特罗并不愿意出让盖博，当时的演员并不像今天那么独立，没有公司的同意，即便盖博愿意接戏也是办不到的。和米高梅态度不同的是，华纳兄弟公司主动找上门来要和塞尔兹尼克合作，并且带来了几位男演员候选人。但是塞尔兹尼克并不打算凑合，坚持要让盖博出演男主角白瑞德。最终，塞尔兹尼克说服了他的岳父，也就是米高梅的实际负责人梅耶，梅耶同意出借盖博，并且出了一半的资金。这时距小说问世已经过去两年了。

确定了男主角的演员后，塞尔兹尼克就有了底气，接下来他就开始海选女主角郝思嘉的扮演者。当时有 1400 人报名参加竞争，包括奥斯卡影后凯瑟琳·赫本和著名影星琼·克劳馥。海选的过程花掉了整整 10 万美元，这在当时是一部中等规模影片的投资，但没有结果。不过这笔花费却起到了很好的广告效果，媒体对此大肆报道，这让影迷们对《乱世佳人》有了极高的期望。虽然凯瑟琳·赫本使出了吃奶的气力想得到这个角色，但是塞尔兹尼克最终选中了当时名气并不大的费雯丽。事实证明他的选择是正确的，费雯丽扮演的郝思嘉成为电影史上不朽的形象。

电影的拍摄工作持续了整整一年，影片直到 1939 年底才杀青上映。为了表现这部电影中的宏大场面，塞尔兹尼克选择了当时技术尚不是很成熟的彩色影片，后来证明他的这个决定非常英明，这不仅为观众提供了更好的感官效果，也让该片成为半个世纪中都难以超越的传奇。

应该说,《乱世佳人》是塞尔兹尼克和米高梅合作的结晶,它既体现了塞尔兹尼克的艺术水平,也诠释了 20 世纪 30 年代以米高梅为代表的好莱坞电影的特点——大投入、高科技

图 31.7　电影《乱世佳人》风靡世界,二战后日本观众在排队买票看这部电影

和明星阵容。整部影片时长近 4 小时,场面宏大;投资高达 385 万美元,创下了当时的成本纪录,不过相比影片近 4 亿美元的票房收入,这些投资只是九牛一毛。这个纪录直到 58 年后(1997 年)才被《泰坦尼克号》打破。考虑到当时美国的 GDP 只有 1000 亿美元,《乱世佳人》的相对收入比后者要高得多。从艺术成就上来讲,《乱世佳人》也可圈可点,一举夺得了 8 项奥斯卡奖和两项特别奖,女演员费雯丽也因此一举成名。

与米高梅、华纳兄弟和雷电华同时代在好莱坞崛起的著名电影公司还有派拉蒙公司(Paramount)、二十世纪福克斯公司(20th Century Fox)、环球公司(Universal)、联美公司(United Artists)、哥伦比亚公司(Columbia Pictures)等 5 家公司。以上 8 家公司后来构成了好莱坞的主体。此外,迪士尼也诞生于那个时代。

好莱坞在制造明星和创造财富的同时,也让电影艺术达到了一个空前的高度,而最能够反映当时好莱坞艺术成就的,是雷电华公司的《公民凯恩》。我最早听说这部电影,是 20 世纪 80 年代在中国读中学时,因为它总是"又一次"被选为电影史上最优秀的十部影片之首。后来我注意到在很多历史最佳影片的评选中,第二到第十名经常随着评选方的不同和时间的推移在改变,而第一名基本上都是《公民凯恩》,因此到美国之后我就赶忙从图书馆借了这部电影观看。

《公民凯恩》根据美国历史上的报业大王赫斯特[9]的故事改编而成，是一部半纪实、半虚构的电影。影片一开始是报业大王查尔斯·凯恩在临死前说了一句话"玫瑰花蕾"（Rosebud），随后一朵玫瑰落在地上。白色的玫瑰在黑色的背景下缓缓落下时，镜头十分唯美，从这第一个镜头开始，观众就会产生一种受到震撼的感觉，同时也会对凯恩说的那句话在心里形成一个谜，影片就在这样的悬念中展开了。接下来，观众就会和记者（影片中的汤姆逊）一起去破解玫瑰花蕾的秘密。在这个过程中，凯恩这个传奇人物的生命片段一一展开，电影勾画出凯恩在个人性格、感情、事业和政治观念上的变化。最后，当记者已经一筹莫展时，一个偶然的机会让他得以破解玫瑰花蕾的秘密[10]。

《公民凯恩》在当年获得了 9 项奥斯卡奖提名，包括最佳影片、最佳男主角、最佳导演、最佳摄影、最佳艺术指导、最佳音响效果、最佳电影剪辑、最佳配乐、最佳（原创）剧本，不过最终只获得了最佳（原创）剧本奖。后世对它的评价则高得多，在学院派心目中，它是永远的第一。至于为什么大家对它有如此一致的好评，简单地讲，它是对当时所有电影艺术最高成就的借鉴、综合和发展，而这些艺术成就恰好日后又被证明是经得起时间检验的。一个专业的电影导演能够从至少八九个角度分析出这部经典之作的艺术特点；为了节省篇幅，这里只分析四个方面。

故事的讲述和编辑

影片采用了一种倒叙的手法，这在电影中是常见的。不过和很多影片不同的是，这部影片是通过五个人（凯恩的监护人、报社总经理、凯恩的好友兼专栏作家、他的第二任太太、管家）从不同的角度分别来展开凯恩的故事，然后再通过五个不同的视角聚焦出一个立体而生动的人物。

9
赫斯特是美国报业大王，曾经在很大程度上控制了美国的媒体和舆论，也是美国最富有的人之一。他以生活奢华、为人冷酷著称，曾经修建了全美国最奢华的庄园。今天从他留下的庄园赫氏堡，人们依然能够感受到当年的繁华景象。

10
最后工人在清理凯恩的遗物时，从燃烧的雪橇上浮现出"玫瑰花蕾"一词，原来凯恩至死仍忘不掉童年时的伤心往事。在雪地里玩雪橇时被迫与母亲分开，这成了报业大王终其一生的痛，最后他孤寂而终。

为了配合故事的讲述，影片采用了一种交叉蒙太奇的剪辑手法。与前面提到的按照一个时间轴剪辑的平行蒙太奇所不同的是，这种交叉蒙太奇在时间和空间上不受限制。在影片中，有时相隔多年的故事被编辑后放在同一个场景下，给人一种恍若昨天又恍如隔世的感觉。

在故事的讲述和编辑上，我们既能看到以往大师的影子，又能看到这部影片本身创新的一面。格里菲斯在看过这部电影后说："我喜欢《公民凯恩》，尤其是它从我这里得到的想法。"[11] 但是，《公民凯恩》显然又超越了格里菲斯拍摄的任何一部影片。

11
"I loved Citizen Kane and particularly loved the ideas he took from me."

拍摄

《公民凯恩》在摄影上的最大突破是大量采用了大景深。通常电影场景的拍摄会让背景虚焦或前景虚焦，以突出重点。但是在这部影片的绝大部分场景中，前景和背景（以及它们之间所有的景物）都是清晰的。从技术上讲，摄影师是通过光和镜头做到这一点的。

图31.8　《公民凯恩》中采用了大景深的摄影技巧，前景和背景都是清晰的

音响

《公民凯恩》在拍摄时采用了多声道录音，后期制作也非常复杂，而当时大部分电影都是单声道的。除了音响效果丰富，这部影片还通过声音控制了观众的距离感。

化妆

这部影片的化妆成为后来教科书里的经典案例。在影片中，男主角凯恩的化妆师山德曼（Maurice Seiderman，1907—1989）当时还只是一名助理化妆师，照例是没有资格给主角化妆的。不过这位美术生出身的年轻化妆师在之前的几部影片中出手不凡，因此得到了雷电华公司和男演员奥森·威尔斯（Orson Welles）的认可。在《公民凯恩》中，故事的跨度从凯恩的幼年一直讲到他去世，为此山德曼有一套十分完整的化妆想法来反映不同年龄凯恩的容貌。画过人体素描的山德曼很清楚不同年龄的人的皮肤特点，比如血管的深浅。他在设计化妆之前，给威尔斯的脸取了模具，在上面进行了多次试验，确定了最后的化妆方案。在影片中，凯恩的形象随着年龄的变化有着细微而准确的变化，从造型上来讲堪称完美。威尔斯后来在对媒体的感言中，感谢了每一类幕后工作人员的贡献，但是提到名字的只有化妆师山德曼一人。《公民凯恩》里的化妆技巧，后来成为很多电影的样板。

除上述特点之外，《公民凯恩》在布景、特技和主题音乐等方面都堪称经典。在电影的学院派们看来，还没有哪一部电影能将如此之多的成就集于一身。当然，还有很多评论家试图挖掘这部影片背后的诸多政治寓意，其中最常见的说法有两个。一是讲这部电影暗示着美国必须摆脱孤立主义的国策，加入世界大家庭中。《公民凯恩》拍摄的时间正是美国二战前孤立主义和干涉主义争锋最激烈的时期，

《公民凯恩》的结局预示着，如果美国像凯恩一样冷酷自私，最后的结果只能是孤独地死去，有再多的钱也没有用。另一个说法是，让民众警惕掌握媒体的传媒大亨们在左右舆论和控制社会方面的危险性，甚至后来有人一直拿凯恩来对比 20 世纪末的传媒大王默多克。当然，这些寓意是否确为制片人和导演的本意，如今也不得而知，毕竟当时他们并没有明确说出这些看法。

《乱世佳人》《公民凯恩》等优秀电影的成功，完全确立了好莱坞的一个发展方向，那就是用最新的技术（包括新的艺术手法和新的 IT 技术）拍摄高质量的电影，获得巨额的票房收入，并且通过票房收入让明星和大师们能够不为生计发愁，潜心拍出更好的电影。好莱坞从来没有拿过政府的补贴，从来没有为了政治目的去拍没有人看的电影。各大影视公司在盈利之后，会拿出一部分钱给年轻的艺术家，供他们拍一些前卫的、探索性的小影片，但那只是它们对于电影艺术研究的微小投入，而不是它们商业模式的主体。

如果说在 20 世纪 30 年代之前，欧洲的电影业还在和好莱坞平行发展，那么到了 30 年代之后，无论从艺术水平还是商业成就上看，那些国家的影视业都被好莱坞远远地抛在了后面。

好莱坞影视业在大萧条之际繁荣，这种现象在后来美国的经济危机中一次又一次地重现。20 世纪 70 年代，美国因石油危机陷入经济衰退，传统工业走到了尽头，这期间产生了《星球大战》系列和《ET》等高水平、高票房的科幻片，反映出人们对通过技术发展改变社会的一种希望。随后，美国因为引领了 IT 技术革命，又进入了新一轮的繁荣，这期间除了《泰坦尼克号》等少数影片，好莱坞可圈可点的票房大片反而不多。到了 2000 年以后，互联网泡沫破碎，好莱坞再一次推出了《星球大战前传》系列 [12]，《哈利波特》和《指环王》等科幻和神话大片出现在互联网泡沫破灭之后，也反映出人

12
《星球大战》系列在 20 世纪 70 年代推出的是四、五、六这三集；后来拍摄了之前的三集，取名为《星球大战前传》。

们对迷茫的未来需要有一种遐想的空间。2008 年金融危机之后，全世界把问题的根源归结为人类的贪婪，因此那个时期的代表作《阿凡达》反映了人类对公平和友善的渴望。经济学家们后来将这种现象总结为"萧条经济学"，因为大众在经济萧条时需要有寄托、有希望，而电影恰恰能够给予人们这样的希望，因此其反而在经济衰退期繁荣。

社会学家们则从另一个角度思考萧条经济学的现象。他们认为人们在得意时常常会忘乎所以，自以为是，不懂得反思和学习，只有在遇到困难和挫折时，才能够平心静气地看待自己，深入思考。受益于萧条经济的不仅仅是电影，也包括与阅读有关的产业，包括图书、杂志。在 1929—1933 年经济大萧条时，《读者文摘》杂志的订阅量从 25 万户增加到了 700 万户。对于没有钱买书订杂志的人来讲，图书馆是他们最好的去处。尽管在大萧条时图书馆缺少资金购买图书和杂志，新增的馆藏增长很慢，甚至在萎缩，但是到图书馆借阅图书的读者数量却增加了很多。

随着时间的流逝，经历了大萧条的一代人大多已经离世，除了经济学家外，很少还会有人关注当时的陈年往事。但是好莱坞在那个时代留下的经典名作，今天依然有人在一遍遍重温。从那些影片中，我们其实看不出经济萧条所带来的悲伤，也拼凑不出当时的情景，因为在大萧条时，好莱坞带给大家的是希望，而不是悲伤。

第三节　黄金时代与转型时代

从大萧条开始直到 1948 年的近 20 年里，被称为好莱坞的黄金时代（Golden Age），电影艺术和电影产业成熟起来便是在那个时代。今天，当人们无意中聊起和那个时代的电影有关的话题时，谈论最多的是关于那个时代的明星。的确，那是一个明星辈出的时代。尽管大部分明星已经作古，成为历史，但他们留下的那些不朽的银幕形象和个人的传奇，至今为人们津津乐道。

1999 年，在人类即将跨入 21 世纪之际，美国电影学院（America Film Institute）评选了男女各 50 位历史上最传奇的演员 [13]，并由当年著名的童星秀兰·邓波儿制作了一个节目，向观众介绍这些明星。其中被认定为最传奇的前 10 位男演员分别是：

1. 亨弗莱·鲍嘉（《卡萨布兰卡》《龙凤配》）
2. 加里·格兰特（《断肠记》《美人计》）
3. 詹姆斯·史都华（希区柯克大部分电影中的男主角）
4. 马龙·白兰度（《欲望号街车》《教父》）
5. 弗雷德·阿斯泰尔（大量的歌舞片）
6. 亨利·方达（《金色池塘》《战争与和平》）
7. 克拉克·盖博（《一夜风流》《乱世佳人》）
8. 詹姆斯·卡格尼（《胜利之歌》）
9. 斯宾塞·屈塞（《怒海余生》《老人与海》）
10. 查理·卓别林（《摩登时代》《大独裁者》）

对于电影明星的评价会因人而异，每个人在不同年龄阶段的看法也会不同，比如帅气而玩世不恭的盖博比较受大部分年轻人的追捧，但是阅历丰富的人往往会更喜欢深沉的鲍嘉。但是总的来说，综合大量评选者意见的结果还是比较准确的，除了上述名单中的银幕舞蹈家阿斯泰尔让我觉得略有争议之外，其他明星都让人信服。同一个评选中，排在前 10 位的女演员则分别是：

1. 凯瑟琳·赫本（《费城故事》《金色池塘》等，四届奥斯卡影后）
2. 贝蒂·戴维斯（两届奥斯卡影后，十度提名，美国电影艺

13
美国电影学院为了保证选出的这些演员是经得起时间考验的，只评选了那些第一部影片在 20 世纪 50 年代之前上映，或者已经去世、可以盖棺论定的演员，因此近年来的好莱坞明星不在其列。另外，这项评选不是以艺术成就或者得奖多少来衡量的，而是以明星在观众心目中的地位为标准的。

术与科学学会的第一位女性主席）

3. 奥黛丽·赫本（《罗马假日》《窈窕淑女》《战争与和平》）

4. 英格丽·鲍曼（《卡萨布兰卡》《美人计》《战地钟声》）

5. 葛丽泰·嘉宝（《大饭店》《瑞典女王》）

6. 玛丽莲·梦露（著名性感明星）

7. 伊丽莎白·泰勒（《埃及艳后》《灵欲春宵》）

8. 朱迪·加兰（《绿野仙踪》《一个明星的诞生》）

9. 玛琳·黛德丽（德国影星，1930 年来到好莱坞；她的社会影响力超过其艺术成就）

10. 琼·克劳馥（《大饭店》《欲海情魔》）

图 31.9　鲍嘉和奥黛丽·赫本主演的《龙凤配》剧照

14
玛琳·黛德丽是德国演员，二战期间拒绝了希特勒让她前往德国表演的邀请，留在好莱坞发展，期间经常到前线劳军演出。

15
http://www.afi.com/100Years/stars.aspx.

这个名单中既包括演技学院派的代表凯瑟琳·赫本和贝蒂·戴维斯，也包括大众娱乐明星梦露和以社会影响力及道德赢得尊重的玛琳·黛德丽 [14]。在这份名单中，邓波儿排在了十几名。更详细的内容可以参见美国电影学院的网站 [15]。

当然，美国电影学院的这个排名只有过去的老演员，而没有当下依然活跃着的演员，因此美国电影网站 IMDB 又评选出了一份包括所有时期演员在内的最佳演员名单（男演员 250 名，女演员 150 名）。这份名单与美国电影学院的排名有很多相似之处。在这份名单中，排名前十的男演员包括：

- 杰克·尼科尔森（《飞越疯人院》）
- 罗伯特·德尼罗（《教父 2》《猎鹿人》）

- 加里·库珀（《战地钟声》《永别了，武器》）
- 安东尼·霍普金斯（《沉默的羔羊》）

以上四位演员取代了格兰特、阿斯泰尔、盖博和卡格尼，不过后四位的排名依然非常靠前[16]。在女演员中，前十名的变化较大：

16
更多内容参见
IMDB 网 站 页
面：http://www.
imdb.com/list/
ls050720698/。

- 梅丽尔·斯特里普（《索菲的选择》《猎鹿人》《克莱默夫妇》）
- 奥利维娅·德哈维兰（《乱世英雄》《风流种子》《断肠花》）
- 费雯丽（《乱世佳人》《欲望号街车》《魂断蓝桥》）
- 葛丽亚·嘉逊（《鸳梦重温》）
- 苏珊·海沃德（《我要活！》）

以上五位取代了嘉宝、梦露、加兰、黛德丽、克劳馥。在被她们挤出前十名的五名演员中，除了梦露，其他人的排名也很靠前[17]。

17
http://www.
imdb.com/list/
ls057000570/.

类似上述的评选还有很多，不过都有一个共同的特点，那就是 20 世纪 30 年代开始活跃于好莱坞的男女演员占了绝对多数。而这些演员的成功，除了像卓别林和劳伦斯·奥利弗等个别人完全是靠天赋、努力和运气之外，其他都是好莱坞造星的结果。

好莱坞黄金时代的明星和之前的表演艺术家们不同，他们是历史上第一代通过媒体被全世界各个阶层的观众所熟知的演艺人士。他们不仅成为历史上的一道亮丽的风景线，反映出好莱坞电影的特点 —— 以个人为核心打造出一个产业，同时这也是好莱坞成功的一个重要原因。当时在整个资本主义世界，其他产业都是以资本为核心组织起来的，可就是在这样的大环境下，好莱坞的电影业却成为以个人（主要是明星们）为核心组织的产业。为什么好莱坞会这样做，而且在当时也只有好莱坞能够这样做呢？这就不能不说说美国人的生意经了。

美国人在商业上最成功之处有两点：善于创造出新的产业，善于进行品牌营销。具体到电影产业也是如此。

欧洲电影在很长的时间里，甚至直到今天，还只是被当作舞台艺术或其他表演艺术来发展，而不是首先被看成是一种商业行为，因此欧洲的电影依然没有形成全球化的产业。虽然欧洲的电影艺术家们拍了很多内容、艺术形式都堪称上乘的电影，但是总体而言，绝大部分电影都是针对特定人群的窄众市场。这可能与欧洲长期以来的商业习惯有关，今天欧洲拥有很多百年以上的窄众市场的老品牌，但是每个品牌的生意规模都不大。

好莱坞则不同，它追求的是拍一部电影让全世界所有的人都看，形成一个大众市场。至于好莱坞如何做到让不同文化背景的人都会喜欢它的电影，从而打开全球市场，在第四节再作专门介绍。这里我们着重介绍这件事情与制造明星的关系。

到了20世纪30年代，好莱坞完成了电影产业的整合，它从发展初期的几十家大大小小的电影公司，整合成8家主要的公司，竞争相对减少。其中的几家公司，比如派拉蒙和米高梅还拥有美国很多的电影院，这样就形成了轻微的垄断。垄断提供的利润，再加上我们前面讲到的萧条经济学提供的市场，让电影公司在将近20年的时间里得到了高速发展。在美国股市哀鸿遍野的20世纪30年代，米高梅是那个时期能给股东们派发股息的极少数公司之一。在这样一个平稳而健康、有限竞争的发展期，好莱坞创造出一个大众娱乐市场的条件开始成熟。为了做好大众娱乐市场，就不能像过去那样以小作坊的方式拍电影，必须形成规模经济。从20世纪30年代后期开始，各个电影公司不再追求电影的数量，而是追求每一部电影的票房。米高梅从30年代初每年拍摄50部全长度的电影，逐渐降至40年代末的每年25部，但是每部电影的票房收入则从平均几十万美元增长到 300 万美元。

当然，做好大众而不是窄众市场，不仅要靠产品的竞争力，更要靠营销水平。Google 一位资深营销经理私下里讲，其实美国真正的核心竞争力是营销，美国人居然能把糖水（可口可乐）卖得比啤酒还贵，不能不佩服美国人的营销能力。营销的关键是树立品牌，对于电影公司来说，品牌既不是公司的名称，也不是某一部电影本身，因为电影公司对观众来说并没有黏性，再热门的电影大家也不会一遍又一遍地观看（这一点和可口可乐不同），真正的品牌是电影公司旗下的明星。热情的观众可以排队买票观看他们所喜爱的明星的每一部电影，即便并非每一部都是精品。因此，好莱坞繁荣的秘诀之一，就是成功造星，再把明星作为品牌，将好莱坞的电影推销到全世界去。后来很多国家的影视产业也开始学习好莱坞，开始造星，当然这是后话了。

既然明星们是品牌，那么好莱坞电影公司的价值在很大程度上就反映在它所拥有的演员上，比如最辉煌时期的米高梅，旗下可谓巨星云集，这有点像今天很多超级体育俱乐部完全靠球星堆砌一样。在好莱坞的黄金时代，明星们和电影公司的关系有点微妙，大部分公司采用了类似今天中国一些传媒公司那样的签约制，也就是说演员完全或者部分隶属于某个电影公司。从这个角度上讲，演员受雇于公司。这也是为什么塞尔兹尼克要请盖博出演《乱世佳人》必须征得米高梅的同意，并且让米高梅参与拍摄。但是在那个年代，也有个别明星比较独立。即使是受雇于电影公司的演员，他们的自由度也要比受雇于传统的工商企业或新闻媒体的从业人员高得多。在电影发展初期，演员仅仅是公司里的一个螺丝钉，按照老板的意愿安排工作。但是到了 20 世纪 30 年代之后，公司需要围绕演员寻找和拍摄合适的影片，只有这样双方才能获得最大的利益。由于有着共同的利益，电影公司愿意培养和塑造明星，并且为他们打造独特的银幕形象和公众形象。

在这样的环境里，无数璀璨的明星才被创造出来，然后他们作为商标和品牌，将一部部电影推销给观众。在 20 世纪 60 年代以前，很多观众完全是因为自己所喜爱的明星而去看电影。比如玛丽莲·梦露拥有很多影迷，并不是她演得好，而仅仅是因为当时的人们喜欢她被塑造出来的形象而已。

一位演员能否成为明星，无法用几句话或者简单的理论解释清楚。个人的天分、机遇，公司的投入、社会背景，甚至是政治正确的要求，都是决定他们能否成功的重要因素。大部分演员都不可能像汤姆·汉克斯、梅丽尔·斯特里普、凯瑟琳·赫本或英格丽·鲍曼那样成为全能型的演员，因此好莱坞在造星时非常注重每一位明星的个性和差异，将他们塑造成个性鲜明的银幕形象。这里面最成功的，可能要算玩世不恭、长相帅气的盖博和窈窕淑女奥黛丽·赫本了。

尽管黄金时代好莱坞的明星性格特点鲜明，但都有一个共同的特点，那就是男影星都英俊潇洒，女影星都是绝代佳人。在那个年代，像汤姆·汉克斯这样相貌平平的演员不可能两获奥斯卡奖，因为他很难有机会出演男主角，更别提安东尼·霍普金斯这种长相独特的演员了。对于女演员的相貌，当时的好莱坞要求更高，要是奥斯卡影后海伦·亨特或朱迪·福斯特生在当时，恐怕就要被埋没掉了。好莱坞早期的审美，和任何艺术初期的审美如出一辙，强调美的客观性，这一点我们在本书第三册介绍绘画艺术和音乐发展时也介绍过。演员们开始彰显个性，则是在二战之后，特别是 20 世纪 60 年代强调个性解放之后的事情，这反映出从业者和观众审美的成熟。自 20 世纪 60 年代之后，好莱坞的明星就不再都是俊男靓女了。

好莱坞在造星的同时也在造富，只要拍好一部电影，票房收入就相当可观。从黄金时代开始，就不断有人在好莱坞因为一部电影而名利双收。通常，榜样的力量是无穷的，这不仅让无数年轻人前赴后继地涌入好莱坞淘金，也让制片人和导演们有动力拍好每一部影片。不过，在 20 世纪三四十年代，对于大部分明星、导演和制片人来说，他们最有保障的收入是高得出奇的片酬和薪金。根据《嘉宝传》的记述，早在 20 世纪 30 年代，葛丽泰·嘉宝的每部片酬便已高达 25 万美元了 [18]，这相当于一部中等投资影片全部的预算。要知道在 1930 年，美国一半的家庭年收入不足 3000 美元，只有万分之五的家庭年收入超过 25 万美元。当然，电影公司愿意支付这么高的片酬，除了对盈利有很高的预期外，还有一个原因，即合适的演员常常具有不可替代性，即便两个演员的容貌和演技相差不大。塞尔兹尼克在成功地拍摄了《乱世佳人》之后，第二年又拍摄了著名电影《蝴蝶梦》。该片由费雯丽的丈夫劳伦斯·奥利弗出演男主角，他和费雯丽都非常希望后者能够扮演女主角，但是塞尔兹尼克觉得费雯丽即便不打扮也太艳丽了，因此选中了给人感觉像邻家女孩的琼·芳登（Joan Fontaine，1917—2013），事实证明塞尔兹尼克的选择是对的。正是因为对于每一部电影都合适的演员非常少，所以制片人宁可多花钱也要为电影配上最合适的演员。应该讲，好莱坞是比较早就做到了公平分配经济利益的地方，这极大地调动了演艺界的积极性，让它保持旺盛的活力。

黄金时代的好莱坞，拍摄电影的过程是这样的：电影公司的制片人找到合适的原始剧本，然后请人改编成电影剧本，再从公司里找到合适的导演和演员；如需请其他公司旗下的演员出演，则需要和对方商量，因为大部分演员并不自由。当然，拍片的投资是由电影公司出，而大部分的收入直接归公司所有，这包括旗下影院的票房和向其他影院卖拷贝的收入。从这个角度讲，当时的电影公司和工业时代的其他公司没有什么区别，甚至有点像今天的国有企业，而不是今天的好莱坞。

18
参考文献 4。

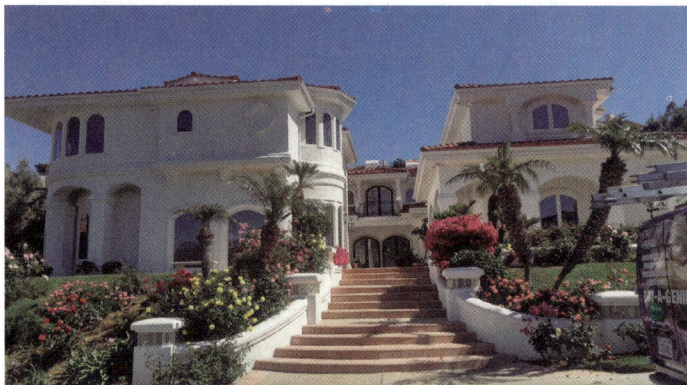

图 31.10　比弗利山庄的豪宅

好莱坞过去的这种商业模式实际上要承担相当大的风险 —— 并非每一部高投资的或者由明星们出演的电影都能大受欢迎。如嘉宝出演的最后一部大片《征服者》，投资将近 300 万美元，而票房收入只有 200 万美元出头。就连中国观众非常喜爱、主题曲《一路平安》家喻户晓的《魂断蓝桥》，在美国国内的票房收入也只做到了收支相抵（都是 120 万美元左右），后来是因为它的题材让其在二战时的各个同盟国备受欢迎，才让米高梅赚到了钱。在这种体制下要想能够长期稳定地挣钱，电影产业就只能是封闭的，由几家公司垄断。

黄金时代的好莱坞就是这样，几家电影公司包办了一切。对观众来说它们拍出了足够多的好片子，对于从业人员来讲，它使得一流明星和导演们迅速富裕起来。而低层从业人员，则有演职员工会保护他们的利益，这个工会的负责人里根后来成为美国总统 —— 他最早的从政经验便是来自于工会工作。好莱坞的成功让当地迅速富裕起来，好莱坞旁边的比弗利山庄（Beverley Hills）从过去一个默默无闻的社区，变成了全美国富豪最集中、房价最高的地段。今天，一些对刺探明星隐私感兴趣的游客，可以从小贩手里买一张明星家庭位置地图，找到那些好莱坞影星的住所，透过灌木丛的缝隙一窥豪宅。当然，受益于电影产业的远不止好莱坞和比弗利山庄。那些与电影相关的产业的发展，带动了周边很多地区的经济，当地的文化教育也因此繁荣。加州大学洛杉矶分校和南加州大学（University of South California）今天依然拥有世界上最好的影视和传媒专业，这得感谢好莱坞，同时好莱坞的明星们也是这两所大学最主要的捐赠者。

好莱坞这样的好日子在 1948 年突然走到了尽头，一件事情让好莱坞发生了天翻地覆的变化，那就是反托拉斯。我们在前面讲到，在美国，无论是民间还是公权力，都在警惕着某个行业中可能出现的"国王"，因为这样就剥夺了其他人进入这个行业的可能性，从而导致社会公平的丧失。在二战之后，美国电影业就处在一个由几家公司完全垄断电影的制作、发行和放映的状态下。当时好莱坞的 8 家电影公司根据规模被分为了"五大"（米高梅、华纳兄弟、20 世纪福克斯、雷电华和派拉蒙）和"三小"（环球、哥伦比亚和联美）。联邦政府对五大电影公司的反垄断诉讼从 1938 年就开始了，虽然后来五大电影公司与美国司法部达成了和解，但是根据和解协议，五大电影公司只要不改正它们的垄断行为，司法部就有权继续追究其法律责任。1943 年，司法部再次起诉这五家公司，官司在 1948 年打到了联邦最高法院。最后法庭裁定，五大电影公司必须剥离旗下的影院，并且开放短片市场（五大电影公司每年拍摄的短片不得超过五部，以便让小的独立工作室能够进入电影市场）。根据法庭的要求，五大电影公司剥离了院线业务，专注于电影的拍摄和发行。历史学家们认为，联邦最高法院的这次裁定，意味着好莱坞黄金时代的终结，从此诸多小工作室开始成立，外国影片也开始进入美国市场。

1948 年以后，美国电影业逐步开始了制（作）播（放）分离，这时正赶上电视产业的兴起，各大电影公司则开始江河日下。1951 年，实际执掌米高梅近 30 年的梅耶被迫辞职，这标志着一个时代的结束。1957 年，梅耶去世。也就是在这一年，从成立起连续盈利了 34

年的米高梅公司首次出现亏损，接下来它不断地被收购、剥离，至今也走不出这样一个怪圈：拍几部好片后繁荣几年，接下来便是几年连续的亏损。其他电影公司的光景比米高梅也好不了多少。1957年，曾经拍摄了《公民凯恩》的雷电华公司不再拍摄影片，转而成为单纯的发行公司。派拉蒙在 20 世纪 50 年代不断减产，在苦苦挣扎了十几年后，于 60 年代被出售。20 世纪福克斯公司一直试图在新的竞争环境中求生存，它几度想进入电视领域，一开始是因为反垄断的原因被禁止，到了 50 年代中期，它摇摇欲坠、濒临破产，这时虽然被允许进入电视市场，但是实际证明电影和电视是两回事，它这样的电影公司很难在电视市场中生存下去。

20 世纪 50 年代之后，整个好莱坞被迫进行转型，电影公司变成了轻资产公司。各大电影公司不再有足够的财力养活庞大的演艺队伍和行政人员，不断将各种工作外包，重心逐渐转变为投资和发行。当影院从电影公司中分离出去之后，很多电影的拍摄工作也被剥离出去，交给了独立的工作室。这时，电影公司所做的事情就是给工作室的拍摄工作投资，然后在电影拍摄完成之后，通过自己的发行渠道卖给院线。院线获得的票房收入则由工作室、电影公司和电影院按比例分配。当电影公司逐渐完成了制播分离以后，演员也就自然而然地与电影公司脱离关系，成为自由从业人员。

今天好莱坞的电影公司很像硅谷的风险投资公司，只不过投资的对象不是那些科技公司，而是电影。正是因为具有这种相似性，一些风险投资公司也投资电影的拍摄。电影公司的另一个性质则是销售，把拍好的电影卖个好价钱。今天电影公司里最多的从业人员是会计，他们需要精打细算，评估投资一部电影是否划算，还要和市场人员一起，与广告公司和电影院合作，保证投资的电影取得票房佳绩。至于拍摄成什么样，电影公司虽有发言权，但是具体工作则由工作室自行决定和完成。

今天的工作室，财力远远不能和当年的电影公司相比，只雇佣少数制片人加上少量的工作人员。真要拍电影时，它们会迅速扩大规模，然后在完成电影的拍摄后解散队伍。至于演员，他们会有片酬，但是片酬的结构和黄金时代也大不相同。在 20 世纪三四十年代，绝大部分影星的片酬与其身价有关，跟最后电影的票房关系很小。今天则不同，职级较低的演员和工作人员仍拿固定的薪酬，但是主要的演员，常常会选取从票房中分成（一般都有分成的上限）中赚取大头。很多著名演员干脆自己兼任制片人（比如汤姆·克鲁斯在《碟中谍》中就是这样做的）。截至 2015 年，好莱坞片酬排行榜上的前五位分别如下：

表 31.1　历史上片酬纪录的前五位

演员	影片	工资 （万美元）	分红 （亿美元）	总片酬 （亿美元）	票房 （亿美元）	主演 片酬比例
基努·李维斯	黑客帝国 （两部）	3000	1.56	1.86	11.6	16%
布鲁斯·威利斯	第六感觉	1400	1	1.14	6.7	17%
汤姆·克鲁斯	碟中谍2	0	1	1	5.5	18%
汤姆·克鲁斯	世界之战	0	1	1	5.9	17%
威尔·史密斯	黑衣人3	0	1	1	5.2	19%

从上表中可以看到，大明星的片酬很高，可以高达上亿美元，占影片票房的 1/6 甚至更多。其次，这些演员的大部分收入来自分成，而汤姆·克鲁斯和威尔·史密斯的几部获得最高片酬的电影，收入全部来自票房的分成。他们最后的收入很高，是因为拍摄的电影票房很好。因此，现在的好莱坞电影是由演员们和电影公司、制片人一起承担风险。

好莱坞这种新的分配方式使得人和公司的关系发生了根本性的变化，它由过去的雇佣关系变为了更合理的契约关系。这样，主要演员和电影公司在收入分配上不再是分配存量的零和游戏，而是通过契约分配增量，这一点与硅谷类似 [19]。可以说，好莱坞是硅谷之外另一个从传统工业时代迈入了信息时代的标志性地区。好莱坞新的分配方式，促使主要演员有动力把戏演好，赚更多的钱，而不会动不动就撂挑子。对于电影公司来讲，虽然看似被分走了很多利润，但是它也不用像过去那样承担全部的风险了。

至于低层级人员，他们今天依然是电影公司和制片人剥削的对象。全世界很多年轻人聚集到好莱坞周围，和中国的北漂族一样，做着明星梦，过着艰苦的生活。一个对白不过十句的小角色，也会有几百上千人竞争，为了出镜，很多人会用尽各种手段。反映好莱坞生活的电视剧《好莱坞丑闻》(*Hollywood Scandals*) 比较真实地再现了这种现象。在好莱坞，不仅底层演员很难立足，从事非演艺工作的人员同样不容易。年轻人要想在电影公司或工作室找一份工作，通常要从无薪酬的实习生做起，而且一做就是半年到一年。即便是这样的工作机会，往往还要找熟人介绍。在电影公司日进斗金、大牌明星名利双收的背后，是无数从业人员所付出的艰辛和汗水。

从 20 世纪 50 年代开始，经过 20 年左右的转型，美国的电影业终于稳定了下来，并且有了一直延续至今的第二次繁荣。在此期间，好莱坞的电影一直在走高端路线，它在内容情节、艺术水平、表现手法和视听享受等各方面都远远拉开了与电视节目的差距。好莱坞和华尔街一样，是硅谷之外最愿意采用新技术的地方，与影视音乐相关的各种信息技术，好莱坞都会率先采用，这让观众感觉今天好莱坞的电影非常好看。

不过，今天的好莱坞也存在很多问题。相比它的黄金时代，现在的好莱坞过分注重商业的成功，以至于很多票房很好的大片，几个月风头过后，留不下什么余味，更不要说多年后还会有人回顾它们了。欧洲的一些电影艺术家也因此看不上好莱坞的电影。很多大牌演员（像汤姆·克鲁斯）演技一流，但戏路很窄，深度不够，因此连好莱坞的学院派也对此看不上眼。这里面更深层次的原因，以及今天好莱坞的特点，在最后一节会作详细分析。

第四节 奥斯卡奖

讲到电影产业，就必须介绍这个产业历史最为悠久、权威性和影响力最大的行业奖项 —— 美国电影艺术与科学学院奖，简称"学院奖"，俗称"奥斯卡奖"。奥斯卡，既不是这个奖项的赞助者，也非电影界的知名人士，关于这个很严肃的奖项怎么会有"奥斯卡"这一毫不相干的名称，众说纷纭。

目前比较流行的说法是，奥斯卡的名称来自第三届学院奖颁奖前一件偶然的小事。1931 年，电影艺术与科学学院图书馆的一

图 31.11 奥斯卡奖的小金人

位工作人员看到即将颁发的镀金小人像时，无意中说了句："这雕像看上去多么像我的舅舅奥斯卡。"正巧，一位正在那里采访的新闻记者听到了这句话，便在第二天的报道里介绍小金人时提到，电影艺术与科学学院的工作人员称之为"奥斯卡"。

这种说法不太合乎情理，这样一个严肃的奖项不会因为一个工作人员的一句话而得名，而且采用"奥斯卡"作为学院奖俗称的文字报道直到 1934 年才有。另一种比较流行的说法来自曾经担任电影艺术

与科学学院院长的著名影星贝蒂·戴维斯所写的回忆录，戴维斯说这是因为她的第一任丈夫、好莱坞乐队的指挥奥斯卡·尼尔森而得名。当然，戴维斯的讲法是孤证，大家也不能信服。第三种说法是这一称呼出自动画片大师沃尔特·迪士尼，他在 1932 年曾经说，感谢学院给了他"奥斯卡奖"；至于他为什么这么说，不得而知。

不论奥斯卡这个名称的起源是什么，电影艺术与科学学院认可这种称呼是在 1939 年。今天，大部分美国人一直称呼这个奖项为"学院奖"而不用俗称"奥斯卡奖"，而外国人或许因为各种学院奖太多，反而倾向于称呼它为"奥斯卡奖"。为了适合中国读者的习惯，下面就统一采用"奥斯卡奖"。

奥斯卡奖在美国人和外国人看来，差别不仅仅在其称呼上，还在于对它的颁奖仪式的看法上。对外国人来讲，这像是一场比赛，大家都期待着"五（个提名者）选一"的结果。而对于美国人来讲，这相当于是他们的"春晚"，毕竟颁奖仪式上有很多艺术表演，也是各大明星集体亮相的时候，这是一台大戏；而从每年颁奖的时间上看，它正好在中国的春节前后。每年，奥斯卡奖颁奖和橄榄球的超级碗决赛，是美国电视收视率最高的节目。

奥斯卡奖最初是由米高梅的梅耶发起的，旨在加强电影行业的五类从业人员，即演员、导演、制片人、技师和编剧相互之间的合作，共同把电影拍好。梅耶认为，以荣誉的方式鼓励在各自岗位上成绩突出的人员，就会让大家为电影"卖命"（They'd kill them to produce what I wanted.）。后来证明，这种荣誉对从业人员真的很重要。奥斯卡奖最初设立了 12 个奖项，包括今天最受关注的"最佳影片"、"最佳导演"和"最佳男女主角"4 个奖项。

第一届奥斯卡奖是在 1929 年 5 月颁发的，候选对象是两年内的影片和参与人员。由于是第一次，评审、颁奖的过程和仪式都不是非常正规。提名和评选的过程基本上就是由电影艺术与科学学院的几个创始人讨论确定的。个人获奖也未必是因为在具体某一部电影中演得好，而是综合考虑其在这两年内的整体水平和对电影的贡献，比如第一届奥斯卡的影帝詹宁斯（Emil Jannings）就是因为他在多部电影中出色的表演而获奖。另外，对于电影大师卓别林，因为他作为编剧、导演和演员都有突出的表现，没法给他一个特定的奖项，只好给了一个"特别奖"。第一届的另一个特别奖给了华纳兄弟，因为他们在有声电影方面做出了特殊的贡献。第一届奥斯卡奖和后来的各届还有一个重大差别，就是在颁奖仪式之前三个月就公布了获奖者，因此在颁奖的典礼上毫无悬念，那其实是一次好莱坞演艺界的内部大聚会。当时没有电视，无线电广播和收音机也不太普及，因此那届颁奖仪式成为唯一没有被转播的一次。

经过了大约十年的演变，奥斯卡奖大致发展成今天这种形式。这中间，每一届的规矩和评选方法都不大相同。比如第二届没有搞正式提名，直接进入了评选；第三届和第二届放到了同一年，结果这一年（1930 年）搞了两次颁奖。再有，前六次都是对两年内的电影进行评选，直到第七次才是像今天这样只评选前一年的电影。根据学院奖评选的规则，学院的任何一位成员都有投票权。随着学院成员规模的不断扩大，评选活动由过去的几个人决定，变成了一项有6000 多人参加的民主表决。虽然学院根据各个成员的专长分为了不同的表决委员会，比如对演员的表决和对特技的表决等，但每一个委员会的成员仍很多。由于投票人数多，每次最终获得学院奖的影片或演员，基本上都是众望所归的。至于谁有资格进入学院，范围很广，包括电影行业所有的从业人员，从演员到制片人，甚至投资人。要知道，除去那些临时性的和低层级的从业人员，6000 名成员相比演艺界的人数，比例非常高，只要是在美国拍过还说得过去的电影（无论是作为制片人还是投资人），或者演过还说得过去的角色，都可以进入评委这个大圈子。我们有时看到报道介绍某个人是奥斯卡奖评委，这其实并不是什么太了不得的事情，这比成为美国电气电子工程师学会（IEEE）的资深会员（Fellow，有些地方将其翻译成"会士"）要容易得多，也比成为美国人文艺术学院院士更加容易。在硅谷，我们投资的朋友圈子里，不乏从事天使投资的奥斯卡奖评委和从风险投资人那里融资的评委；朋友们甚至到这些人家里去免费观看所有的参选电影。

是否有好莱坞的重量级人物在操纵奥斯卡奖的评选呢？公平地讲，即使有人想这么做，但想要操纵上千人投票的评选，可能性非常小。一些脱口秀节目说奥斯卡奖的评选可以操纵，并没有什么根据。不过，如果制片人、导演或者主演在好莱坞位高权重，与电影公司关系很好，他们可以把自己竞争奥斯卡奖的电影放到年底公映，在时间上捞点便宜。大部分评委对年初上映的电影在几乎隔了一年后已经印象不深了（虽然他们都有全部获提名电影的免费拷贝，可以随时观看），而对最近刚上映的电影会有深刻印象，因此年底上映的电影在评奖时会有很大的优势。2000 年（包含这一年）以后获得最佳影片奖的 16 部电影中的 14 部是在 9 月之后公映的，其中最多的集中在 9 月和 12 月。12 月份很容易理解，因为与评选的日期相隔非常近。9 月份也很特殊，因为美国的 6—8 月是大家度假的日子，即便还在工作，状态也都比较放松；9 月份是所有人回到工作岗位的时候，也是大家工作效率最高的时候，这时让评委们看到你的作品，时间点非常好。

至于谁能最终获奖，很大程度上要看运气。有些人获提名多次，最终难以获奖，有些人一提名就获奖，并没什么规律可循。保罗·纽曼（Paul Newman，1925—2008）从 20 世纪 50 年代起到 80 年代，6 次获得奥斯卡影帝的提名，但是均未获奖。1986 年他第七次被提名该奖项后，干脆不去现场了，结果恰恰是这一次他获得了奥斯卡奖。相比纽曼，在奥斯卡的道路上只陪跑了 22 年、第五次提名时就赢得奥斯卡影帝的莱奥纳多·迪卡普里奥则幸运得多。当然，有很多人要远比他们幸运，比如费雯丽、朱迪·福斯特等人都是两次提名两次获奖 [20]，但这是非常罕见的。

20
朱迪·福斯特在两次获奖后，第三次提名未获奖。

奥斯卡奖从 1929 年到 2016 年，共举办了 88 次。最初梅耶提出的通过荣誉鼓励从业人员的初衷完全得到了体现。对于很多电影行业的从业者来说，获得奥斯卡奖是他们在演艺事业上不断进取、保持巅峰状态的动力。像保罗·纽曼这样在半个世纪里都保持高水平的演员 [21] 并不在少数。不过在电影史上，将演艺水平长期保持在最高水准的，当数梅丽尔·斯特里普。这位耶鲁大学的高材生在电影行业里可谓大器晚成，28 岁才主演了第一部电影。但是从 30 岁第一次被提名奥斯卡奖以来，她在接下来 30 多年的演艺生涯中，19 次被提名，3 次获奖，这个纪录几乎难以超越，并因此创造出一个名词"斯特里普墙"（Stripe Wall），意思是她像一堵高墙一样，让后人难以超越。在历史上可以和斯特里普相比的是凯瑟琳·赫本，她一生获得过 4 次奥斯卡奖（提名 12 次），第一次（1934 年）和最后一次（1982 年）相隔了近半个世纪。这些演员到后来不只是为了功名来演戏了，而是出于对荣誉的追求和对自我的超越。

21
纽曼在五个十年里，每十年至少有一次获奥斯卡最佳男演员提名。

奥斯卡奖的设立，也让电影界在某种程度上做到了兼顾艺术和利润，很多导演和演员通过制作具有极高艺术水平而不是低俗的电影来赢得利润。汤姆·汉克斯被认为是电影行业学院派的代表人物，他两次获得奥斯卡奖，五次被提名，为世界贡献了《阿甘正传》、《费城故事》和《阿波罗十三号》等经典影片。汉克斯从来没有为了票房而演戏，但是他出演的影片贡献了 85 亿美元的票房。类似地，著名导演斯皮尔伯格的影片贡献了 90 亿美元的票房。正是汉克斯和斯皮尔伯格这样的从业人员，才让好莱坞优秀影片迭出。

第五节　好莱坞和硅谷

一个地区靠一种工业繁荣起来，在世界历史上并不少见，但是作为一个远离政治和商业中心的地区，能够繁荣近一个世纪，并且让那个产业不断焕发活力，这就是奇迹了。有趣的是，在美国加州，一南一北相隔 500 多千米的两个地区——好莱坞和硅谷，在不同的产业领域各自创造着类似的奇迹。加州是美国人口第一、面积第二的州，如果作为一个独立的经济体，它在世界上排在第六位，在法国之后，印度之前，更在巴西和俄罗斯之前。不过在加州，真正让外界最为关注的是好莱坞和硅谷这两个地方。

硅谷和好莱坞，一个从事科技产业，一个从事娱乐产业，在外人看来风马牛不相及 [除了乔布斯把皮克斯（Pixar）卖给了迪士尼之外]，其实两个地区有着很大的相似之处，而且两地的从业者惺惺相惜。硅谷的很多 IT 巨头和好莱坞的演员或导演都是很好的朋友。如乔布斯和马斯克有很多好莱坞朋友，而 Google 共同创始人佩奇结婚时请的嘉宾，很多都来自好莱坞。另一方面，好莱坞的大导演斯皮尔伯格和卢卡斯，也有很多朋友是硅谷的 IT 人士。非常有趣的是，好莱坞和硅谷的大部分人都是自由派人士，他们都愿意拥抱世界。

除了人的相似性之外，好莱坞和硅谷似乎在技术创新想法上也有一种天然的连续性。好莱坞科幻电影中想象出来的技术，常常在若干年后就在硅谷被实现了。20 世纪 70 年代《星球大战》里展现的那些技术，比如手指在空中一点就能和对方通话，今天的虚拟现实技术已能做到，而且要酷炫得多。卢卡斯如果是今天而不是在 2000 年拍摄《星球大战前传》，那么他会考虑加入 Google 眼镜等可穿戴设备。1998 年，威尔·史密斯主演了一部电影《全民公敌》（*The Enemy of State*）[22]，里面有（美国）国家安全局（NSA）通过声纹来追踪某个人的情节；今天，不仅声纹识别能够做到这一点，而且

22
这个名字翻译得非常不准确，无论是从字面上来讲，还是根据影片的内容来翻译，都应该是《国家的敌人》。

像苹果或者 Google 这样的公司根据手机和其他传感器（或监控设备）可以更准确地定位一个人。至于《007》里那些通过遥控器控制、自动开到你跟前的汽车，如今 Google 的无人驾驶汽车不仅做到了，而且做得好很多。因此，人们常常有一个印象，只要好莱坞想得到，硅谷就能做到。甚至硅谷的一些工程师在创业时，反过来从好莱坞电影里寻找发明创造的灵感。

图 31.12　以 Google 文化为主题、在总部园区拍摄的电影《实习》，是硅谷公司和好莱坞合作的产物

为什么好莱坞和硅谷似乎保持着一种高度的一致性，或者说好莱坞对技术的预言相当准确呢？这是因为它在幻想未来时，有一个基本的出发点，就是寻找人类所需但眼下暂时还没有的东西。寻找人类共同的、最根本的需求，是好莱坞电影在商业上成功的根本，它使得好莱坞的电影很容易被全球观众所接受。要理解这一点，先来看看什么是只能满足一部分人需求的电影。我们不妨听听我的朋友，一位奥斯卡奖评委对两部中国电影的评价。

2012 年春季，创造了中国票房纪录的电影《让子弹飞》登陆美国市场，但是上映一个多月，票房只有 6 万美元，与其在中国的票房表现有着天壤之别。这位奥斯卡奖评委说，这部电影美国人不可能看得懂，不仅仅是语言的问题，而是不生活在当下的中国就根本无法理解其中的寓意。接下来他向我解释，让全世界都能看懂的电影，通常围绕着三个永恒的主题：爱情、战争和人性的善恶。说到这里，我问他：为什么前两年在美国上演的华语片《赤壁》同样遭受了票房的噩梦呢？《赤壁》既有战争，又有爱情，但在美国 4 个月的票房只有区区 60 万美元，抵不上一些大片在纽约第一天的票房。这位评委解释道，这首先要排除语言障碍的问题，因为像《卧虎藏龙》这样的华语片票房非常好，《赤壁》的问题是加入了太多在中国人尽所知、但是西方人完全陌生的历史。美国人不仅无法理解影片里人物的关系和故事的缘由，而且对里面的一些观点不理解。至于片中的爱情故事，也是交代得没有缘由，显得生硬突兀。

接下来，我的这位朋友总结了好莱坞大片的一些特点。比如在中国很受欢迎的两部好莱坞电影《泰坦尼克号》和《阿凡达》，故事情节其实十分老套，也谈不上曲折动人。前者是一个《格林童话》式的爱情故事，加上一个悲剧的结尾而已；后者依然是一个王子与公主的爱情故事，加上抑恶扬善、人与自然和谐相处等老生常谈。但这种落入俗套的电影的好处是，全世界男女老少不需要任何背景知识都看得懂。这种看似有点傻气的电影却体现了制片人的精明之处——抓住了人类最基本的需求——爱情、对悲剧人物的同情、抑恶扬善，以及对大自然的关注，等等。当然，欧洲的一些电影艺术家则看不起这类过于通俗的电影，他们讲究内容深刻、艺术手法卓尔不群，但是那些电影常常只能吸引一小部分观众，不能成为全球化的产品。

好莱坞电影的这个特点，与硅谷的产品有类似之处。在硅谷，哪怕是一个十几个人的小公司，做的都是服务全球的产品。当然，为了能让全世界使用，那些产品的第一个版本往往需要把功能简化到极致，满足人类根本的、不可或缺的需求，这就是所谓的国际化。而当公司大了，资源多了，常常也会对个别大市场做本地化的优化，比如 iPhone 会在不同市场安装不同的基本软件。好莱坞的电影有时也是这样，内容会根据不同的市场进行增减，比如一些在大中华区上映的版本有不少中国人的内容，而国际版是没有的。

好莱坞电影对未来技术的展望，其实只集中在这样几个人类最根本的需求上。

首先是通信和信息技术。通信是人类最基本的需求之一，甚至被认为是早期我们的祖先现代智人能够超越尼安德特人的根本原因。而这个领域的技术发展非常快，因此让人感觉好莱坞的预言总是很准确。

其次是和机器智能有关的技术。让计算机（或者其他智能机器）为我们做更多的事情，实现人和机器之间自然的交流，也是人类的一个理想，从方便生活来讲这也同样是人类最基本的需求。在这些方面，机器智能进步的速度也很快，机器在解决很多智能问题方面已经超过了人类，因此和好莱坞衔接得很好。目前机器人的发展与好莱坞的想象差距比较大的地方，是机器人并没有任何情感。

另外就是与找人有关，这既包括在茫茫人海中定位一个人，也包括用那些神奇的手段确认一个人的身份，比如戴上特殊眼镜让化了妆的人现出原型，这些其实也是人们很常见的需求。应该说，这些想象基本上也做到了。麻省理工学院媒体实验室做了一个实验，在全球范围内随便给出 5 个有智能设备的人的照片，利用移动互联网和各种社交网络，在 24 小时内就找到了 3 个，比警察的办案效率还高。至于去除伪装识别人，今天的计算机也做到了。

好莱坞唯一缺乏想象力的地方是没有中国神话中的千变万化，变形金刚那点变化相比《西游记》《封神演义》里的各种上天入地的七十二变，水平可差太远了。

好莱坞之所以长盛不衰，一直保持蓬勃的创造力，还有一个原因，就是国际化做得好。好莱坞聚集了来自世界各国的从业者，在那里

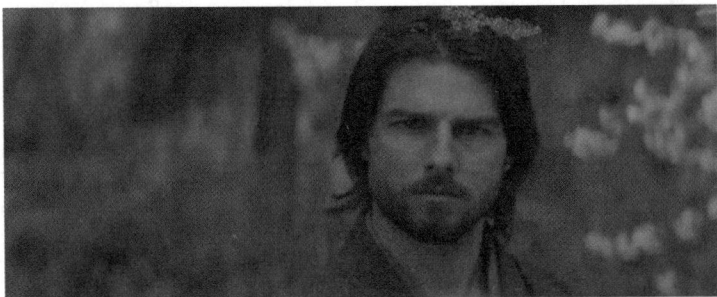

图 31.13　以西乡隆盛为原型拍摄的电影《最后的武士》（汤姆·克鲁斯主演）

进行短期合作的各国艺术家就更多了，大约三分之一的奥斯卡影后和四分之一的奥斯卡影帝出生在美国之外。在新的世纪里，中国的很多导演和演员都先后在好莱坞拍摄或出演过电影。虽然好莱坞总体来讲还是英语国家从业人员的天下，但是它相比世界其他地区或美国的电视产业，国际化算是做得很好的。不仅在人员方面不断吸引着全球精英，而且文化融合也是越做越好。好莱坞从 20 世纪 30 年代开始，很多电影的题材就来自欧洲国家；相比之下，当时的百老汇歌舞剧则完全是讲述美国自己的故事（或者神仙鬼怪），而同期欧洲的电影也只讲欧洲的故事。70 年代以后，好莱坞的电影引入了越来越多的亚洲题材。关于中国的题材最初只是武打，但逐渐开始全方位地涉及中国的历史和文化，出现了一些在世界上很受欢迎的影片，比如《花木兰》《功夫熊猫》《卧虎藏龙》。类似地，好莱坞也拍摄了不少日本和印度题材的优秀影片，比如《最后的武士》《艺妓回忆录》《少年派》等。

对比一下好莱坞和硅谷起源与繁荣的过程，我们也会发现一些共同之处。比如在初期，它们都不是后来所在产业（电影和半导体）最早起源的地方，都有将产业带到当地的传奇性人物，好莱坞是格里菲斯，硅谷则是肖克利。它们都有幸得到一块发展的土地，在好莱坞是尚未开发的处女地，在硅谷是斯坦福工业园。在这些基础上，它们都创造出了规模空前的新产业，并且不断盈利。在发展阶段，它们都没有从政府那里获得什么投资或支持，完全是靠自由市场经济发展起来的，它们将所谓的阳春白雪的艺术和科技，变成了老百姓可以享受的产品，从而具备了很强的市场竞争力。当然，在繁荣的过程中，除了天时和地利，最重要的是人的因素。好莱坞和硅谷都是以人为核心打造自己的产业的。尽管在 20 世纪 50 年代以前，在电影公司里从业人员受雇于公司，但是核心人员相对独立，这一点不同于传统产业。在 50 年代以后，好莱坞的影视业则变成了以自由人的自由组合为基础的产业，利益分配也是建立在契约关系上的，这一点和硅谷非常相似。关于硅谷的分配制度，读者朋友可以参阅拙作《硅谷之谜》。靠着这种新型的人与人的关系，好莱坞和硅谷一样充满了活力。

在商业竞争方面，无论是好莱坞还是硅谷，产业整合的速度都非常快。在硅谷，从一个新的市场出现，到英特尔、思科、苹果、Google 等行业巨人的诞生，用时很短，这些巨人让新的 IT 产业能够在高水平的基础上持续发展。好莱坞也类似，从 20 世纪 30 年代开始，好莱坞就完成了产业的整合，不再需要通过数量占领市场，从此走出了低水平的竞争，使得电影的质量有了飞跃。今天印度的宝莱坞号称当地的好莱坞，但仍停留在低水平竞争上，虽然每年都能产出大量的影片，可是真正有影响力的屈指可数。类似地，今天中国的电视剧也是如此，市场充斥着大量低水平的作品。

好莱坞和硅谷还有一个相似性，就是在资本的运作方面。硅谷的资本运作的特点是风险投资。一个公司在诞生时，没有人知道它能否成功，如果不成功，投资人不会去向创始人要债；如果运气好，公司成功上市或者被收购，投资人收回投资退出。今天的好莱坞也是一样，电影公司在某种程度上扮演着沙丘路风险投资基金的角色，每一部电影就是一个风险投资项目，它们通常会为每一部电影成立一个有限责任公司（LLC）或者有限合伙人公司（LP）。从法律上讲，每一部电影就等价于一个科技公司，投资人（既包括电影公司，也包括其他投资人）在电影上映后收回投资退出，这也和投资科技公司类似。一部电影中的主要参与者，比如制片人、导演和主演，有点像科技公司的创始人，与投资人一起共担风险和分享利益。以风险投资的形式运作电影产业，促使各方共谋利益的最大化。正是这样的合作方式，帮助好莱坞在黄金时代之后再度走向繁荣。

好莱坞和硅谷都给人以梦想和希望，但是它们中真正的成功者少之又少，因为不论是电影产业还是今天的科技产业，都是赢者通吃。我在拙作《浪潮之巅》中讲述了科技产业的"70-20-10律"，也就是说，最大的一家公司会拿走70%的利润，或者说通吃了市场。在好莱坞，赢者通吃也是一个普遍规律。1940年美国整体电影票房收入不到10亿美元，而《乱世佳人》一部就占了当年票房的两成以上。这种现象今天依然存在。2015年，美国电影票房年度总收入为110亿美元，其中《星球大战7：原力觉醒》一部就占了近10亿美元，前三部（另外两部是《侏罗纪世界》和《复仇者联盟2：奥创纪元》）加起来占到了两成左右。虽然不会有几个演员或导演通吃整个票房，但是在好莱坞真正的成功者极其稀少。我在《浪潮之巅》的"硅谷的另一面"一章里，用了"嗜血"二字描述低层次从业者艰辛的生活，而好莱坞对低层次从业者的盘剥远甚于硅谷地区。无论是在好莱坞还是在硅谷，每个人都有充分的择业自由，他们不必对某个公司或者某个老板忠诚，甚至不受竞业禁止的限制（关于这一点，读者朋友可以参阅拙作《硅谷之谜》），但是用美国人爱讲的一句话来说，那就是——"自由是有代价的"（*Freedom is not free.*）。

最后，好莱坞和硅谷还有一个共同点，就是它们都为世界贡献了物质或精神上的享受。

结束语

对于好莱坞的成功，我首先要把它归结于人的一种天性，即我们需要娱乐（尤其是在经济萧条之际），而好莱坞则把娱乐这件本来看似非常主观、非常个性化的事情变成了一个大家都能够享受的产业。至于为什么是好莱坞而不是其他国家或美国其他地区在电影产业获得如此的成功，我们在整整一章中分析了各种原因。要是只能找一个原因的话，我要将它归结于人类的创造力，或者说好莱坞这个地区让创造力得到了充分发挥。

斯坦福商学院的一位教授告诉我，他每次接待从中国到美国游学的EMBA 班，学员们（都是成功企业的创始人或企业的高管）刚到美国时，看到美国仍在使用那些 50 年前的基础设施，城市的高楼还比不上中国的县级市，便流露出一种不屑的神态。然后，他带着这些人深入地参观硅谷和好莱坞之后，学员们一开始的那种傲慢之气就不见了。有了这两个地区，人们就不敢小视加州乃至美国了。对于硅谷的作用，大家容易理解，它代表着高科技，代表着一个国家的竞争力。而透过好莱坞，大家则进一步看到了美国的创造力。

参考文献

[1] Gregory Paul Williams. 好莱坞的故事 (The Story of Hollywood: An Illustrated History). BL Press, 2011.

[2] Lindsay Anderson 主演 ,Kevin Brownlow 和 David Gill 导演 . 格里菲斯：电影之父 .D.W. Griffith: Father Of Film，DVD，2008.

[3] 吴军 . 硅谷之谜 . 北京：人民邮电出版社，2016.

[4] David Bret. 嘉宝：圣星 (Greta Garbo: A Divine Star).Biteback Publishing, Ltd，2012.

[5] 美国电影票房数据 http://www.boxofficemojo.com/weekend/chart/

第三十二章　我们从哪里来，我们是谁

基因的发现和作用

"龙生龙，凤生凤"这句俗语出自何处，什么时候出现的，如今已无法考证。不过，人们很早就发现自己和父母长得很相像。同样，人们也很早就认识到"种瓜得瓜，种豆得豆"的道理，但是我们的祖先一直不知道这背后的原因。再进一步思考上面这个问题，我们不禁会问：我们从哪里来？我们是谁？为什么我们和其他哺乳动物一样，有四肢，有两只眼睛、两个耳朵、一张嘴巴和一个鼻子？自古以来，人类就一直在思考着这些终极问题，但是在很长时间里都没有答案，甚至，在古代汉语里也没有"遗传"这个词。

最早试图回答这些问题的是一位教士，他坚信上帝创造了我们这个丰富多彩的世界，同时他又怀着一颗无比虔诚的心，试图找到上帝创造世界的奥秘，他就是生活在 19 世纪的奥地利的孟德尔（Gregor Johann Mendel，1822—1884）。孟德尔开创了我们今天所说的遗传学。

第一节　遗传的奥秘

孟德尔的两种身份看似颇为矛盾，他既是一位天主教的神职人员、神父，也是一位科学家。其实这两个身份并不矛盾，因为教会和科学并不矛盾，事实上早期的很多科学研究都是教会支持的，甚至大学的起源也与教会有关，关于这一点，有兴趣的读者可以参阅拙作《大学之路》。

图 32.1　遗传学的奠基人孟德尔

孟德尔生于奥地利的海因岑多夫（今捷克共和国的亨奇采）的一个贫苦家庭。1840 年，他从预科学校（相当于高中）毕业，进入奥尔米茨哲学院学习；1843 年因家贫而辍学，同年进入修道院做修士。几年后他成为神父，并且作为教会的教师去中学教数学。29 岁那年，孟德尔进入奥地利的最高学府维也纳大学，系统地学习了数学、物理、化学、动物学和植物学。1853 年，他从维也纳大学毕业后回到修道院，然后被派到布吕恩技术学校教授物理学和植物学，并在那里工作了 14 年。在此期间，孟德尔完成了著名的豌豆杂交实验。

早在孟德尔之前很多年，人们就知道植物是靠授粉繁殖的。有些植物是自花授粉，即同一朵花的花粉（雄蕊）落到它的雌蕊 [1] 上，就能结出果实；而另一些植物是异花授粉，即花蕊需要得到另一朵花的花粉才能结果，甚至需要得到另一株同种植物的花粉（又称异株繁殖）才行，比如樱桃，种樱桃树至少要种两棵才能收获比较多的樱桃 [2]。这两种方式各有优缺点：自花授粉比较容易，但是后代缺乏多样性，不容易适应环境的变化；异花授粉则借助风或昆虫的帮助，成功率会低一些，但是后代具有多样性，容易适应环境的变化。孟德尔选择豌豆做实验，主要有两个原因，首先豌豆有很多成对出现、容易辨识的特征，比如植株上有高矮植株两个品种，颜色

1
我们通常说的花蕊包括雌蕊和雄蕊（也就是花粉）。

2
现在售卖的人工培育的樱桃树，常常将几棵树的枝干插枝到一棵树上，因此单棵樱桃树也能结出果实。

上有黄绿两种，外形上有表皮光和表皮皱两种，不仅观察容易，而且可以做组合实验。其次，豌豆通常是自花受粉（而且是闭花授粉，不易受到其他植株的干扰），品种比较纯，便于做实验比较。否则，实验的品种是杂交过的，实验结果就不可信了。从孟德尔这样一个非职业科学家设定实验的过程可以看出，当时欧洲不少人的科学素养很高，科学的方法（详见本系列第二册第十二章"科学时代"）在学术界是深入人心的。当然，孟德尔选择豌豆还有一个原因，就是豌豆比其他植物更容易种植。

3
孟德尔针对豌豆的不同特征进行了多组独立的实验。一般生物教科书中以豌豆花颜色这个特征举例，因为这个特征本身受到外界的影响小，具有代表性。

孟德尔在几年的时间里先后种了 28000 株豌豆，做了大量实验。我们不妨看看他做的诸多实验中很简单的一个，即红花和白花豌豆的杂交实验 [3]。孟德尔将开红花豌豆的品种与开白花豌豆的品种进行人工授粉杂交，然后观察收获的种子将来会长出什么样的豌豆。他发现，这样杂交的种子长出来的豌豆植株都开红花，如图 32.2 所示。

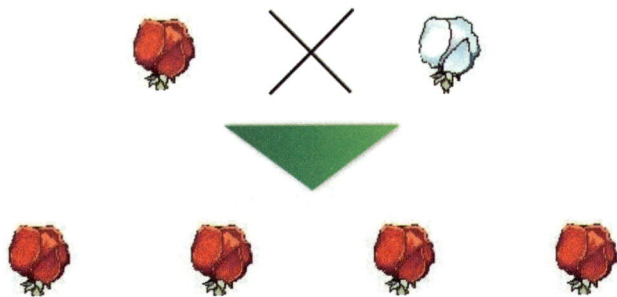

图 32.2　纯种红花豌豆和纯种白花豌豆进行杂交，后代均为红花豌豆

然后，孟德尔再用这些杂交得到的红花豌豆繁衍后代，这一回，有意思的事情发生了：并非所有的后代都是红花的，有大约四分之一变回了白花的，如图 32.3 所示。

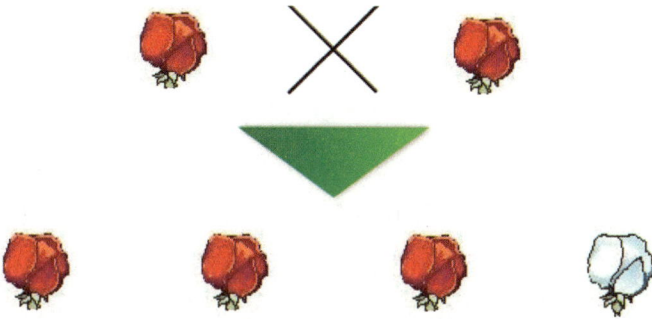

图 32.3　杂交得到的红花豌豆继续繁殖，只有四分之三依然是红花的，另外四分之一变回白花的

到了第三年，孟德尔将这样产生的白花豌豆继续进行繁殖，则总是繁育出同样的白花后代，以后也一直是这样。到了第三年，孟德尔再把第二年获得的红花豌豆的种子种下去，他发现有三分之一的种子得到的后代都是红花的，有三分之二依然以 3∶1 的比例长出红花、白花两个品种，如图 32.4 所示。

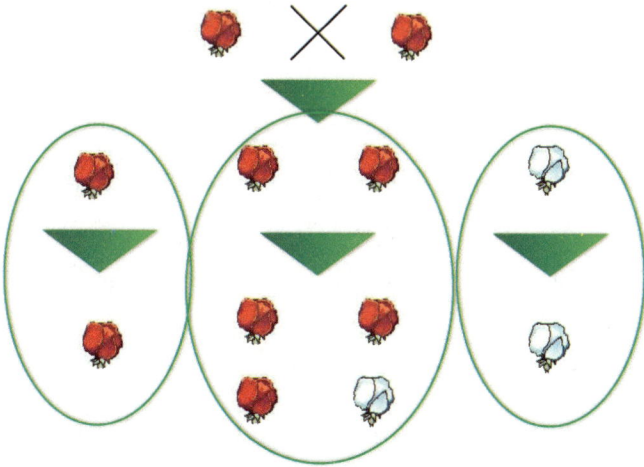

图 32.4　第三代豌豆花颜色的遗传表现

孟德尔也对其他对应的遗传特性做了同样的实验，比如豌豆的颜色（黄色对应绿色）、表皮特性（光表皮对皱表皮）、植株的高矮等，也得到了同样的结果。

孟德尔的了不起之处，不仅仅在于发现了这种现象，更在于为这种现象找到了一种合理的解释。他想到了决定豌豆花颜色的应该有两个而不是一个因子（当时他还不知道"基因"这个概念），其中一个是显性的（红花），另一个是隐性的（白花），这被他称为"显性原则"。在授粉时，每一亲体分离出一个因子给予后代；对于后代而言只要有一个是红花的因子（显性的），它就呈现出红花的特性，而白花的因子是隐性，除非两个都是隐性的白花因子，否则表现不出来。也就是说，豌豆从双亲获得的因子对和植株在颜色上的表现如表 32.1 所示。

表 32.1　豌豆遗传因子和花的颜色的对应关系

遗传因子对	植株表现
红、红	红
红、白	红
白、红	红
白、白	白

这样就解释了为什么第一代杂交后花的颜色全都是红的，因为它们的遗传因子为一红一白，而第二代有四分之一白的，是因为有四分之一的遗传因子是两个白的。这个解释是基于父辈植株在传递遗传因子时，将自身的一对分离开来，只向后代传递一个，因此这个规律也被称为遗传学的"分离定律"。

当然，生物的遗传特征不止一种，如果有两种以上的特征，在遗传时将会怎样向后代传递呢？为此孟德尔做了植株高矮和豌豆颜色两个特性的混合杂交实验。他发现，每一颗豌豆各自的特点在遗传时没有相互影响，每一个特征都符合显性原则和分离定律，他把这个发现称为自由组合（Independent Assortment）定律[4]。孟德尔的研究成果最初是在当地布尔诺的自然历史协会（Natural History

4　后来人们发现，自由组合定律并非在任何时候都成立，它的成立是有条件的。

Society of Brno）的两次讲座中向外界报告的，第二年他以《植物杂交试验》为题在该协会的会刊上发表了自己的研究结果。需要说明的是，那份会刊并不是一个权威的学术杂志，而他的观点与植物学界的主流观点也不相同[5]，因此，学术界并未关注孟德尔的工作。在随后的 20 多年里，孟德尔的论文仅被引用了三次，就连当时的大生物学家达尔文都不了解孟德尔的研究成果。当时达尔文也在进行遗传学方面的研究，却一直没有找到一个解释遗传现象的正确理论。后世一些人认为，如果达尔文当时读了孟德尔的论文，遗传学作为科学可能会起步得更早。孟德尔还用蜜蜂做了动物实验，但是实验结果已经丢失，只是有一次在其他文献中间接地提及他的研究成果。孟德尔晚年成为修道院的院长，不再有时间和精力继续他的科学研究了。作为一个高职位的神职人员，他获得了人们相当的尊重。1884 年孟德尔去世时，葬礼办得风风光光，但是没有人提到他的科学研究成果。

为什么今天大名鼎鼎的孟德尔在当时的科学界默默无闻，不被认可呢？这不仅仅是因为他发表论文的杂志太没有名气，而且因为他的研究方法在当时的学术界看来很"山寨"。今天，根据研究方法大致可以把研究生物学的学者分为两类。一类学者是研究生物系统[6]的结构，对于任何一个生物学现象都要从生物结构上找到原因。比如研究血液循环的，就要解剖心脏，搞清楚心脏工作的原理，在此基础上提出一套理论，这样大家才能信服。随着生物学家对生物世界的了解越来越细微，他们逐步从器官、组织、细胞一直深入细胞内部更小的单元，一一研究。相信这一类研究方法的人在方法论上都是笛卡儿和牛顿的信徒，他们认定凡事有果必有因，而这个原因是可以通过科学研究发现的。另一类生物学家是通过大量的样本总结生物学规律，以此来解释生物学的现象。今天那些利用大数据方法进行生物学研究的人，很多都属于这一类。但是，统计的相关性和因果关系并不是一回事，因此，即使在今天统计生物学已经成为

[5] 当时植物学界关于"遗传"的主流观点是"混合遗传"，参见饶毅《孟德尔：孤独的天才》。

[6] 既可以大到整个宇宙，也可以小到一个蛋白质分子。

7

统计学出现在 17 世纪，但直到 19 世纪末才成为一门完整的学科。

8

早期人们并不知道应该做多少次实验、收集多少数据后才能获得可信的结论。所幸的是，孟德尔只需分析数量关系，无须检验统计的置信度，因此需要的数据量不用太大。

9

华尔瑟·弗莱明和后来发明青霉素的英国医生亚历山大·弗莱明（Alaxendra Fleming）没有任何关系，他们的姓氏的拼写相差一个字母 m。

10

染色体在希腊语中是 chromasoma，即颜色 chroma 加上小体 soma 的意思。

生物学一个重要的分支，但研究结构的生物学家有时还是会看不起搞统计的，认为统计学只能发现规律，无法说明规律背后的原因。而在一个多世纪前，统计学本身还没有成熟 [7]，像孟德尔这样通过统计来得到一些生物学的规律，不仅被看成是不入流的，而且被认为不可信 [8]。孟德尔在发表论文之前也曾将自己的研究成果展示给当时的一些科学家，但是他们认为他的研究仅仅是经验的总结，理论水平不够高。当时除了科学界不认可孟德尔的研究方法和对现象（而不是本质）的分析外，孟德尔不被重视的另一个原因，是他作为神职人员，长期游离于主流学术圈之外。在科学界有一个科学家的共同体，很多理论需要这个共同体的认可。一个学者长期游离于共同体之外，即便成果再了不起，在短时间内也难以得到重视，这也可以说是科学界的游戏规则。

那么在孟德尔的年代，主流生物学家们在寻找生物遗传因子方面又有什么发现呢？生物学家们对细胞核的了解在施莱登（细胞学说的主要提出者，详见本系列第二册第十四章"科学时代"）那个时代就开始了，但是对于它的作用却不甚了解。1875 年，德国生物学家奥斯卡·赫特维希（Oskar Hertwig，1849—1922）在研究海胆交配时观察到，精子的细胞核在受精的过程中与卵子的细胞核融合了。四年后（1879 年），德国生物学家华尔瑟·弗莱明（Walther Flemming，1843—1905）[9] 发现了细胞核中的染色体 [10]，并猜测染色体与遗传有关。应该说，当时其他遗传学家的工作和孟德尔的工作是在没有交集的情况下并行开展的。

孟德尔的研究成果到了 1900 年才得到学术界的认可，这距孟德尔去世已经过去 16 年了。当时荷兰、德国和奥地利的三位生物学家分别证实了孟德尔的研究成果，并且引用了孟德尔的论文，这才使得我们今天能够知道孟德尔这个人。今天在生物学界，孟德尔被尊为"现代遗传学之父"。

孟德尔的贡献首先是提出了遗传因子（就是后来的基因）的概念，以及显性和隐性性状等重要特征，然后才是发现了分离定律和独立分配定律这两个遗传规律，后人统称它们为孟德尔定律。但是孟德尔所说的遗传因子到底是什么，能否与赫特维希、弗莱明等人的研究成果统一起来呢？ 1903 年，沃尔特·萨顿和鲍维里观察到，在杂交试验中遗传因子的行为和受精中染色体的行为非常吻合，便提出了一种后来以他们的名字命名的假说（萨顿－鲍维里假说），即认为遗传因子在染色体上，或者说染色体是遗传物质的载体。这种假说可以圆满地从细胞结构上解释孟德尔的两大遗传规律，因此在学术界被普遍接受。1909 年丹麦遗传学家约翰逊（W. Johansen 1859—1927）在《精密遗传学原理》一书中首次提出了"基因"的概念，从此算是给了孟德尔所说的"遗传因子"一个正式的名称。基因这个词在遗传学中一直被沿用至今。约翰逊还提出了"基因型"与"表现型"这两个含义不同的术语，初步阐明了基因与性状的关系。不过，此时的基因仍然是一个未经观察佐证的、仅靠逻辑推理得出的概念。

就在孟德尔的理论被遗传学界普遍接受之后，大家依然有一个疑问，那就是孟德尔所发现的遗传学规律是通用的，还是只针对个别物种或个别特征的[11]。从理论的逻辑来看，它没有理由不是通用的，但是大家又很容易找出它的反例，比如后来摩尔根想到了人类的性别问题。性别遗传到底是显性的还是隐性的？如果男性（或者女性）特征是显性的，那么男女比例应该是 3∶1（或者 1∶3），而不是 1∶1。另外，人类很早就发现很多遗传疾病和性别有关，比如男性色盲的比例要远远高于女性。如果孟德尔的独立分配定律成立，那么发病率应该和男女无关，这些现象又如何解释呢？其实，孟德尔非常幸运，他所观察到的很多遗传特征是独立向后代传递的，彼此之间没有干扰，这才让他能够总结出独立分配定律。而事实上并非所有的遗传特征相互之间都有这个特性，是否能够独立分配，取

11
事实上孟德尔本人也认为那些遗传规律可能只适用于某些物质的某些特征。

决于相应的基因在染色体上的位置，这一点当时的遗传学家并不知道。就在孟德尔发表他的论文的那一年（1866年），他的"接班人"摩尔根（Thomas Morgan，1866—1945）在大西洋彼岸的美国出生了，这似乎是天意。后来就连摩尔根自己也拿这个巧合说事儿。

摩尔根这个名字，在英语里其实和J.P.摩根的"摩根"是同一个词，他们应该都来自威尔士或者爱尔兰，但是这两个人没有什么亲戚关系。摩尔根出身于美国南方的一户名门望族，父母双方上几辈中出过很多政治家、将军和其他名人。他母亲的外祖父是美国国歌的作者弗朗西斯·斯科特·基（Francis Scott Key，1779—1843），母亲的祖父约翰·霍华德（John Eager Howard，1752—1827）是马里兰州州长，曾经被华盛顿提名为国防部长（当时叫作"战争部长"，Secretary of War），但是未接受任命——今天在巴尔的摩还有一条大街以霍华德的名字命名。摩尔根的伯父是南北战争中南方的将军，他的伯祖父则是当地第一个百万富翁。但是在南北战争后，由于南方战败[12]，等到摩尔根出生时，他们已经家道中落了。

尽管摩尔根的父母希望他能够中兴家族，但是摩尔根从小就对大自然中的一切都充满了好奇，却对政治没有兴趣。他可以趴在地上半天不起身，观察昆虫，或者捉虫、鸟回家去研究，在自家书房里一待就是一整天。虽说摩尔根父母的家族出了很多名人，但就是没有搞科学的，而他一生致力于科学研究。后来他自嘲道，他的基因变异了。16岁时，摩尔根进入肯塔基大学学习自然科学，毕业后进入约翰·霍普金斯大学研究生院继续学习生物学。

约翰·霍普金斯大学是美国第一所研究型大学，也是第一个创办研究生院的学校，尤其以生物学和医学见长。当时，美国大部分大学的生物专业，教授与农业和医学应用有关的知识，只有约翰·霍普金斯大学注重基础研究，学校还非常重视通过实验培养学生严谨的科学精神和严肃认真的工作态度。这段时间的学习令摩尔根受益一生。

1890 年，摩尔根从约翰·霍普金斯大学获得博士学位，然后在一所女子学院任教并担任生物系主任。摩尔根最初十多年的研究方向是胚胎学，包括研究决定性别的因素，直到 1904 年他去哥伦比亚大学担任教授之后，才转做遗传学的研究。

图 32.5 著名遗传学家摩尔根

通常科学家做研究的第一步是重复前人的实验，这也是科学界的规矩。科学素养很好的摩尔根当然明白这一点，自然也是这么做的。摩尔根首先做的是老鼠实验[13]，结果杂交得到的后代五花八门，以至于摩尔根一度对孟德尔的理论产生了怀疑。当然摩尔根也想到了，这可能是用于杂交的老鼠彼此之间的基因相差太大所致，最好能找到遗传因子大致相同、只有很少几个特定基因不同的物种来进行杂交。最理想的物种必须是基因简单（这样噪声少）、繁殖快，而且特征明显的。摩尔根想到了果蝇，这种小飞虫两个星期就能繁殖一代，而且只有四对染色体。那么，又如何找到基本特征都相同，只是某一个特征不一样的果蝇呢？受荷兰遗传学家德弗里斯（Hugo Marie de Vries，1848—1935）[14]的启发，摩尔根设法让遗传因子发生突变。为了实现果蝇某个遗传特征的突变，摩尔根和助手想尽各种方法让红眼果蝇发生基因突变，什么 X 光照射、酸碱盐刺激等都用上了。他们一连养了两年果蝇，但是那些果蝇的基因就是不变异；直到摩尔根自己的孩子出生后不久的一天，他终于在一堆红眼果蝇中发现了一只白眼果蝇。比起刚出生的儿子，摩尔根甚至

13
做动物实验都需要找那些繁殖比较快的动物，这样在较短的时间里能做好几代的实验。

14
德弗里斯提出了遗传突变论，比达尔文的渐变论更好地解释了物种遗传和变异的原因。

更看重这个宝贝。他拿这只白眼果蝇与原先的红眼果蝇杂交，后代都是红眼果蝇，表明红眼是显性特征。然后将这些杂交得到的红眼果蝇再行交配，后代中红眼和白眼的比例正好是 3∶1，从而证实了孟德尔的研究成果。

摩尔根在显微镜下再次观察白眼果蝇时，他惊讶地发现那些白眼果蝇均为雄性，也即突变出来的白眼基因伴随着雄性个体遗传。摩尔根终于从果蝇身上看到了孟德尔在豌豆上观察不到的现象。摩尔根知道，果蝇的 4 对染色体中，有一对是决定性别的。当时遗传学家们已经知道雌性动物的性染色体是两条一样长的，为了方便起见，把它表示为 X；雄性动物的性染色体有一条比较小，记为 Y，也就是说雌性有 XX 染色体，而雄性有 XY 染色体。摩尔根推断，白眼基因位于 X 染色体上，而在 Y 染色体上缺失。对于第一代杂交的果蝇，雌性后代会有一条带有红眼基因的染色体和一条带有白眼基因的染色体，红眼是显性特征，因此看不到白眼雌性果蝇。但是雄性后代只有一条带有白眼基因的染色体，没有红眼基因的压制，白眼的特性也就显现出来了。

摩尔根把这种白眼基因跟随 X 染色体遗传的现象，叫作"基因连锁"（Genetic linkage），被连锁到性染色体上的基因所显示的特征在不同性别的后代中表现不同。这样，摩尔根便成功地解释了困扰人类几千年的伴性遗传疾病问题。

在发现第一个突变果蝇之后，摩尔根的好运气便接踵而至，其他突变类型的果蝇不断出现，其中对他后来的研究帮助最大的来自一种翅膀的突变——由于基因突变，出现了小翅膀的果蝇。这种遗传特征也是伴性的，对应的基因应该在 X 染色体上。摩尔根和他的学生们想看看白眼基因与小翅基因一同向后代遗传时结果会怎么样，于是他们让携带这两种基因的果蝇繁殖后代。根据他的基因连锁理

论，既然这两种基因都是连锁在 X 染色体上，那么白眼和小翅这
两个特征要么同时出现，要么都不出现，也就是说，后代只能有两
种——白眼小翅的（同时出现）和红眼正常翅的（均不出现）。但
是，实验结果却产生了四种果蝇，除了白眼小翅和红眼正常翅的，
还有白眼正常翅的和红眼小翅的。这个现象与摩尔根的基因连锁理
论似乎产生了矛盾，这就需要有新的理论来补充基因连锁理论。

摩尔根根据这个实验结果，提出了互换（Crossing Over）理论[15]，
具体来讲，就是染色体上的基因连锁群并不像铁链一样牢靠，有时
染色体会发生断裂，这样该染色体上的一段基因就和对应的另一条
染色体上的相应部分互换。摩尔根还发现，如果两个基因在染色体
上的位置相距比较近，它们通常一同传给后代；如果两个基因在染
色体上相距很远，中间出现互换的可能性则较大，这两组基因对应
的特征就会相对独立地传递给后代。恰巧，白眼基因与小翅基因虽
然同在一条染色体上，但是相距较远，因此基因在向后代传递时彼
此互换，使得后代中就会出现新的组合类型。后来人们把摩尔根的
这个理论称为基因的连锁互换定律[16]。

[15] 一些书中翻译成"交换理论"。

[16] 一些书中译成"连锁交换定律"。

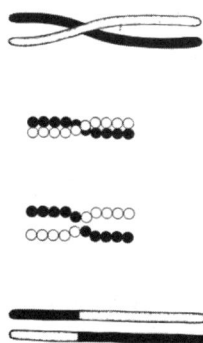

Fig. 64. Scheme to illustrate a method of crossing over of the chromosomes.

图 32.6　摩尔根在论文中绘制的基因连锁互换示意图

与孟德尔不同的是，摩尔根虽然也做了大量的实验，但更是一位理论大家，他把完整阐述自己的遗传学理论的论文发表在著名的《科学》杂志上。在那篇论文中，摩尔根完全是进行理论阐述，并未引用他的实验数据。他的理论缜密而符合当时遗传学领域的各种实验结果，

很快就被西方学术界接受。在苏联出了一个与摩尔根同时代、研究物种杂交的米丘林。出于对西方意识形态的抵触，苏联宣布米丘林的理论为正统，摩尔根来自帝国主义国家，因此他的理论是唯心主义的，是错误的。事实证明摩尔根的理论不仅是正确的，而且有非常完备的理论和实验基础，而米丘林的理论反而是对现象的简单总结，漏洞百出。当然，这件事的始作俑者并非米丘林本人，而是伪科学家李森科。更可惜的是，中国（和除了东德之外的社会主义阵营）在 20 世纪 50 年代也跟着苏联一同批判摩尔根的理论，导致中国在遗传学研究上严重落后于世界。

17
由于"摩尔根"这个单位太大，大家更多地使用的是厘摩（Centimorgan，即百分之一摩尔根）。1 厘摩大约相当于 100 万个人类基因中的碱基对。最早使用这个单位的是摩尔根的学生、著名生物学家阿尔弗雷德·斯特蒂文特（Alfred Sturtevant），他发明了基因图谱。

当然，摩尔根在学术界的泰斗地位并不会因为苏联的批判而动摇。1933 年的一天下午，正在自家后院读书的摩尔根收到一份来自瑞典的电报，上面写道，在诺贝尔诞辰一百周年之际，"摩尔根博士由于对遗传的染色体理论的贡献而被授予诺贝尔奖"。不过，摩尔根并没有去瑞典出席颁奖仪式，因为他不善于在公众场合亮相，便借口工作忙而推脱了。摩尔根将这笔不菲的奖金一分为三，自己只留下一份，他下面两个实验室的学生和工作人员各得一份。摩尔根认为，荣誉和奖金应该与大家共享。除了诺贝尔奖，摩尔根还获得了许多其他的大奖和荣誉，包括英国皇家学会授予的达尔文奖章（1924 年）和科普勒奖章（1939 年）。他创立的基因理论实现了遗传学上的第一次理论综合，并且在胚胎学和进化论之间架设起了遗传学桥梁，促使生物学研究从细胞水平向分子水平过渡。为了纪念摩尔根对遗传学的贡献，今天学术界使用他的名字"摩尔根"作为衡量基因之间距离的单位[17]，全世界遗传学领域的最高奖也被命名为"摩尔根奖"（Thomas Morgan Medal）。摩尔根 1926 年所著的《基因论》，至今仍是大学里教授遗传学课程的参考书。

相比摩尔根，今天已经没有多少人听说过米丘林这个名字了，而李森科则早已成为科学史上的笑料。今天人们回顾李森科之流批判摩尔根这桩科学史上的公案时不禁感慨，在科学上，并非人多、嗓门大、权位高甚至在学术界名气大的一方就掌握着真理。真理就是真理，它笑看各种跳梁小丑们的表演，将这些人交给历史去评述。这也应了杜甫的一首诗："王杨卢骆当时体，轻薄为文哂未休。尔曹身与名俱灭，不废江河万古流。"[18]

18
杜甫《戏为六绝句·其二》。

第二节　基因的结构

摩尔根给后世留下了一系列的谜团：基因到底是由什么构成的（或者说它里面的遗传物质是什么），它的结构是什么样的，是什么力量让它能够连接在一起，在遗传时又为什么会断开，基因又是怎么复制的……

今天我们知道基因里面的主要遗传物质是脱氧核糖核酸（Deoxyribonucleic Acid，即 DNA），人类从观测到 DNA 到确定它为基因的遗传物质并搞清楚它的结构，花了将近一个世纪的时间。早在 1869 年，一位瑞士医生就在显微镜下观测到细胞核中的 DNA，由于 DNA 是在细胞核中被发现的，"核酸"一词因此得名。但是当时人们并没有将它和遗传联系起来。过了半个世纪，美国俄裔化学家利文（Phoebus Levene，1869—1940）提出了 DNA 的化学结构，其中部分假说是正确的，比如 DNA 包含四种碱基、糖类和磷酸核苷酸单元，等等。但是 DNA 分子是怎么排列的，利文并不清楚。

到了 1927 年，苏联伟大的生物学家尼古拉·科尔佐夫（Nikolai Koltsov，1872—1940）最早提出了细胞的遗传物质是"两个镜像链，每一个以对方作为模板，保持原特性复制"的理论，这和今天遗传物质 DNA 复制的理论已经非常相近了。不过，作为一个从旧时代过来的科学家，科尔佐夫不断受到苏联政府的迫害，1920 年他就曾经被契卡（克格勃的前身）逮捕，后来还是列宁知道后亲自指示才得以获释，安排在实验生物研究所工作。正是在这一期间，科尔佐夫提出了遗传物质的理论。遗憾的是，20 世纪 30 年代，李森科上任后，科尔佐夫被作为反动学术权威受到批判和迫害，并于 1940 年被人民内务部的秘密警察毒死，而他的夫人也于当天自杀。科尔佐夫之死和他的学生被迫害、被打压，导致苏联在生物学研究上几十年停滞不前。

科尔佐夫没有能够证实 DNA 就是他所说的遗传物质，这件事直到十多年后才由美国洛克菲勒大学（当时叫洛克菲勒医学院）的三名科学家埃弗里（Oswald Theodore Avery Jr., 1877—1955）、麦克劳德（Colin Munro MacLeod，1909—1972）和麦卡蒂（Maclyn Mc-Carty，1910—2005）证实。埃弗里等人的实验颇为复杂，前后做了 9 年时间（1935—1944 年），简单地讲，就是采用层层剥离的方法寻找遗传物质。埃弗里等人找到了一种细菌（肺炎球菌），然后不断地用乙醇和水解酶将里面的各种成分（蛋白质、荚膜多糖、RNA等）去除，最终得到纯化的"遗传因子"。经过鉴定，剩下来的遗传因子就是 DNA。

19
论文题为《对引起肺炎球菌类型转化的物质化学特性的研究 —— 从肺炎球菌 III 型分离出来的脱氧核糖核酸引起的转化》，发表在《实验医学杂志》上。

1944 年，埃弗里等人发表了一篇论文[19]，在论文中，他们措辞非常谨慎地给出了一个结论 —— 有证据表明脱氧型的核酸是基因的基本单位。后来科学家们发现，除少数 RNA 病毒外，所有已知生物的遗传物质都是 DNA。埃弗里的实验在遗传学史上非常有名，后来被称为"埃弗里 - 麦克劳德 - 麦卡蒂实验"。在埃弗里之前，一些科学家认为遗传物质应该是分子结构比较复杂的蛋白质，而不是比较简单的核酸。很多生物学家认为，确定 DNA 为遗传物质是 20 世纪生物学最重要的发现之一。但是很遗憾埃弗里等人却没有获得诺贝尔奖。这是因为埃弗里并不善于宣传自己，以致诺贝尔奖委员会没有意识到他们工作的重要性；尤其是个别评委对这个领域不是很擅长，于是就早早地将埃弗里等人的工作筛选掉了。后来，诺贝尔奖委员会就此专门向埃弗里道了歉[20]。

20
参考文献 5。

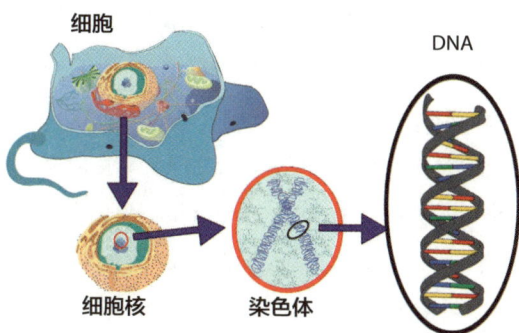

图 32.7　细胞、细胞核、染色体和 DNA 的层层包含关系

在确定了 DNA 是遗传物质之后，科学家们的研究方向就集中在寻找 DNA 的分子结构及其复制原理上。这个秘密的破解有着极其重要的生物学和哲学意义。在生物学上，它可以让我们了解生命的本质和生命的起源；从哲学上讲，它有希望回答"我们从哪里来，我们是谁"这一难题。

第二次世界大战结束后的十年，即从 20 世纪 40 年代末到 50 年代末，是生命科学和医学发展最快的时期，很多重要的发现都源于那个时代，除了前面介绍的有关抗生素的很多重大发明和发现外，还包括接下来即将介绍的 DNA 结构的发现，包括利用限制酶切割 DNA 的技术、RNA 双螺旋结构和 DNA-RNA 杂交，以及人工合成维生素、胆固醇，克隆青蛙，等等。促进生物学大发展主要有两个原因。首先是仪器的突破，特别是电子显微镜（包括 X 射线衍射仪）的出现，使得生物学的研究从细胞级别进入到分子级别，上述很多发明、发现都和电子显微镜有关。其次，可能是更重要的原因，就是大量顶级的物理学家和一些顶尖的化学家（比如莱纳斯·鲍林）转行到了生物领域，大量年轻学者也选择了生物专业，这使得生物物理作为一个学科出现了。而这个趋势的形成，主要有两个契机。

第一个契机是原子弹的使用。1945 年，美国在日本投下的两颗原子弹，夺取了大量平民的生命，这让很多科学家不再愿意从事可能

21
关于西拉德，在本
书第二册第十五章
"打开潘多拉的盒
子"中有更详细的
介绍。

被用于制造武器的物理或者化学的研究，转而研究能够造福人类的生命科学，包括一些诺贝尔奖级别的科学家，比如薛定谔（Erwin Schrödinger，1887—1961）、威廉·劳伦斯·布拉格（William Lawrence Bragg，1890—1971），也包括很多曼哈顿计划或其他军工项目的主要人员，比如起草著名的爱因斯坦 - 西拉德信件的西拉德[21]、英国雷达项目的负责人约翰·兰德尔（Sir John Randall，1905—1984），等等。第二个契机则是来自薛定谔的号召力。

我们都知道薛定谔是著名的物理学家，但他对生物学发展的贡献也很大，这倒不是因为他在生物学或生物物理学上做出了多大的具体贡献，而在于他在二战结束之前写了一本生物学的科普读物，这本书引导着物理学家们投身生物学研究。

薛定谔的这本书名叫《生命是什么》，这是他根据自己二战期间在都柏林大学三一学院讲课时的提纲整理出来的一本科普读物。很多读者可能会疑惑不解，薛定谔是著名的物理学家，凭借量子力学中的薛定谔方程斩获诺贝尔物理学奖，为什么他要研究生物问题？而没有生物学背景的他又怎么敢大谈生物学的问题？事实上，这恰恰是薛定谔这本书及其思维方式的影响力之所在。薛定谔不是生物学家，甚至不是化学家，这才不会从大家已经习以为常的角度来看待生物学所涉及的问题，也才可能用通俗易懂的语言来讲述生物学。薛定谔的这本书，第一部分是他的讲义，也是相对更重要的部分，第二部分是后来他的一些思考、心得。在第一部分的七章中，只有三章的内容涉及生物学，而且主要只集中在遗传学领域，其他四章主要讲述统计学和量子物理。

《生命是什么》一书不仅让非生物专业的读者得以了解当时生物学最前沿的研究领域，尤其是遗传学，也促使生物学专家跳出思维定式，从另一个角度思考生物学的问题。薛定谔作为一个"局外人"，从"大道"的层面讲述了什么是科学，强调了重要的是科学的思维方式和研究方法，而非结论和简单的知识。作为物理学家，薛定谔强调定量研究的重要性，而在此之前，生物学界以定性研究为主。作为研究微观世界的学者，薛定谔强调生物和非生物之间在微观层面上的共性，而不仅仅是过去生物学家们所强调的区别，这就促进了分子生物学的诞生，也让新兴的生物学界能够借鉴相对更为成熟的物理学界的研究方法，并运用到生物学的研究上。当然，最重要的是，薛定谔通过这本书，向大家表明未来生物学将是一个最重要的学科，这不仅让二战后迷茫的物理学家们转向生物学的研究，也让很多在校的大学生选择了生物学作为自己今后的研究方向。很多学者，比如华盛顿大学（University of Washington）的切卡雷利（Leah Ceccarelli）博士，都认为薛定谔的《生命是什么》给生物学革命带来了契机，堪比《汤姆叔叔的小屋》为解放黑奴的南北战争带来契机[22]。1946 年，受薛定谔的影响，在二战中负责盟军雷达技术的物理学家兰德尔将他所负责的伦敦大学国王学院（King's College, London）物理系的研究方向转到生物物理上。20 世纪 40 年代，科学家们已经知道 DNA 中有四种碱基，即腺嘌呤（A）、鸟嘌呤（G）、胞嘧啶（C）和胸腺嘧啶（T），但是不知道它们是怎样组合在一起的、形成了什么样的结构。谁要是解决了上述问题，谁就能成为破解遗传奥秘的第一人，因此兰德尔将这个课题确定为物理系的重点研究方向。

22
参考文献 4。

兰德尔手下两位最重要的科学家是女化学家罗莎琳德·富兰克林（Rosalind Franklin，1920—1958）和他过去的博士生、物理学家威尔金斯（Maurice Wilkins，1916—2004）。富兰克林当时正在研究其他课题，也是整个国王学院在 X 射线衍射方面的专家，因此她就被兰德尔安排负责研究 DNA 结构的项目。威尔金斯的特长也不是生物，而是雷达和放射性，在二战期间他参加过曼哈顿计划。二战后，和很多物理学家一样，威尔金斯不再研究核物理，而是利用自

图 32.8　罗莎琳德·富兰克林是世界上最早在电子显微镜下观察到 DNA 双螺旋结构的科学家。遗憾的是她 38 岁就英年早逝，错过了诺贝尔奖

已对辐射技术的了解，借助 X 射线衍射技术在分子级别研究生物学。关于 X 射线衍射技术的更多细节，请参阅本章的附录。

富兰克林和威尔金斯的工作基本上是独立进行的。1950 年，威尔金斯和富兰克林的博士生戈斯林（Raymond Gosling，1926—2015）从瑞士科学家鲁道夫·席格纳（Rudolf Signer，1903—1990）手上无偿得到一种纯 DNA 样品（来自牛胸腺），其性质比较适合做 X 射线衍射分析。最初，大家得到的 X 射线衍射图像是一片模糊的东西，后来兰德尔提醒戈斯林 DNA 的主要成分是碳、氧、氮原子，而空气中充满了氧和氮，因此会干扰观察结果。于是，戈斯林把 X 射线衍射仪放到氢气的环境中，图像果然就清楚了。

富兰克林和戈斯林发现了 DNA 的两种形态：在干燥状态下 DNA 链显得短粗，他们把它称为 A 型；在潮湿状态下 DNA 链则会变得较长较细，称为 B 型。后来富兰克林和戈斯林研究 A 型，B 型则交给了威尔金斯。

1951 年 11 月，富兰克林公布了 A 型 DNA 的 X 射线衍射图模型，并进行了一场演讲。同年，威尔金斯小组的科学家提出 B 型 DNA 应该是螺旋结构，富兰克林也在考虑 A 型 DNA 是否也是双螺旋结构。1952 年 5 月，富兰克林和戈斯林获得一张非常清晰的 B 型 DNA 的 X 射线晶体衍射照片，证实它应该是双螺旋结构。这张照片标号为

51 号，因此在遗传学历史上有一个特定的名称"照片 51 号"。X 射线衍射的先驱贝尔纳（John Desmond Bernal，1901—1971）称赞这张照片几乎是有史以来最美的一张 X 射线照片。但是富兰克林和戈斯林对 A 型 DNA 的结构拿不准，因此并未发表该成果。同年 11 月，富兰克林提交了一份研究报告，说明 A 型 DNA 是对称性，即这种形态的 DNA 在翻转 180 度之后看起来还是一样。这一发现对后来克里克的工作非常有启发，他认为这显示出 DNA 拥有方向相反的两股螺旋。

那么克里克又是谁呢？他的经历非常复杂，简单地说他是一名英国物理学家，后来又成为一名生物学家。克里克早年申请大学时拉丁文不好，未被剑桥大学录取，于是在伦敦大学的国王学院学习物理。本来他已经开始在国王学院读博士了，但是二战爆发后，他终止了学业，开始为军方服务。他精通磁学和水声学，参加了英军水雷的研制工作。二战结束后，克里克决定继续读完博士，这时他受薛定谔和兰德尔等人的影响，转而研究生物学。那是 1947 年，克里克已经 31 岁了。在此之前，克里克并未接受过系统的生物学训练，只是小时候曾经对生物很有兴趣而已。

当时英国主要有两个实验室从事 DNA 结构的研究，一个是兰德尔领导的国王学院物理系，另一个是剑桥大学著名的卡文迪什实验室，当时该实验室的负责人是兰德尔的导师布拉格（William Bragg，1890—1971），他至今仍保持着获得诺贝尔奖的最年轻纪录（25 岁）。作为国王学院原来的博士生，克里克在这所学校继续求学原本顺理成章，但是兰德尔并没有录取他，于是他就去了剑桥大学读博士。当时剑桥卡文迪什实验室的生物学家佩鲁茨（Max Perutz，1914—2002）正在筹建自己的生物实验室，需要博士生，这样克里克就来到卡文迪什实验室，在佩鲁茨的指导下完成博士论文，研究 DNA 的结构。

克里克在卡文迪什实验室里遇到了从美国前来学习 X 射线衍射技术的沃森（James Watson，1928—）。沃森出生于一个普通的美国家庭，父母都是普普通通的美国人，但是小时候父亲教给他的价值观是"知识使人摆脱迷信"，这对他的一生有着重大影响。沃森从小对大自然充满了好奇，而且聪颖好学，15 岁便进入著名的芝加哥大学学习，19 岁大学毕业。在大学期间他读了薛定谔的《生命是什么》一书，受其感召，决定研究生物学。但是，他本科毕业后的求学之路却并不顺利，他申请到加州理工学院和哈佛大学读博士，均被拒绝，最后只能进入离家不远的印第安纳大学读博士。三年后，沃森博士毕业，年仅 22 岁。1950 年，他游学欧洲，了解到威尔金斯的工作，便在 1951 年以博士后的身份来到卡文迪什实验室工作。当时克里克已经 35 岁了，还在读博士，而沃森只有 23 岁，却已博士毕业一年。不过两个人年龄和身份的差异并没有妨碍他们成为非常好的合作伙伴和朋友。

谁能找到 DNA 的结构，谁就在很大程度上破解了遗传之谜。因此，大家都想第一个破解这个秘密。除了布拉格和兰德尔师徒各自率领团队在暗地里较劲之外，在大洋彼岸，著名的物理学家和化学家莱纳斯·鲍林（Linus Pauling，1901—1994）[23] 也几乎找到了答案。鲍林是科学史上少有的全才，他在物理、化学和生物三个领域都做出了突出的贡献，尤其是搞清楚了化学键的原理，他的名著《化学键的性质》是沃森闲暇时最爱翻阅的书，同时鲍林也是世界上唯一两次独享诺贝尔奖的人。在生物学领域，他也是最早提出蛋白质 α螺旋模型（即蛋白质的肽链在空间中呈螺旋形排列）的科学家。

23
量子化学的奠基人，提出了化学键的理论，提出蛋白质中的肽链在空间中呈螺旋形排列的 α 螺旋模型。

相比鲍林或兰德尔的团队，布拉格手下的两个新人沃森和克里克不仅显得稚嫩，而且他们当时的生物学造诣都不是很高，也不是 X 射线衍射方面的专家，在观察 DNA 结构、获取实验数据（照片）方面，自然比不上国王学院。不过，作为生物学领域的新人，两人都敏于好学，不耻下问，心态开放，愿意接受新的理论。沃森在回忆录中写道，他当时不仅跑去听富兰克林的讲座，还专门跑到牛津大学去请教通过 X 射线衍射发现了青霉素结构的著名科学家霍奇金[24]。此外，沃森和克里克还试图从威尔金斯那里了解一些国王学院关于DNA 研究的情况。威尔金斯对沃森很有戒心，沃森对前者也一直没有好印象。沃森不喜欢这个人，但却关心他的数据。不过克里克和威尔金斯私交甚笃，因此威尔金斯并没有向克里克保密自己的实验结果和数据。

另外，沃森和克里克也有他们的学科优势。沃森在学生物的人中间，化学基础算是好的（当然，用他自己的话来说，没法和鲍林相比）。而克里克的物理学背景对他在生物学上的研究帮助很大。克里克后来回忆说，长期的物理学研究帮助他掌握了一整套科学的方法，这种方法与学科无关。另外，克里克还认为，正因为他原本不是学生物的，才会比典型的生物学家更加大胆。更重要的是，沃森和克里克与富兰克林和威尔金斯等人的思维方式不同，后者希望通过 X 射线衍射看出 DNA 的结构，而这两个初出茅庐的人则不断想象着 DNA 可能的合理结构，他们是先构想结构，然后再用 X 射线衍射图片去验证。

沃森和克里克受到鲍林 α 螺旋模型的启发，设想出一种三个螺旋的 DNA 的结构模型。当富兰克林等人来到剑桥进行学术讨论时，沃森和克里克抛出他们的想法，向富兰克林请教，富兰克林对此显然兴趣不大，而克里克还自顾自说个没完；最后富兰克林听得不耐烦了，打断了他们，表示他们这个模型和实验数据根本对不上。富兰克林的批评使得布拉格一度要求终止沃森与克里克对 DNA 结构的研究。这件事是否导致日后沃森一辈子都对富兰克林抱有偏见，并且没有肯定过富兰克林的研究成果对他们的帮助，我们不得而知。在沃森的回忆录中，他甚至没有对他的上级布拉格、这位历史

24
关于霍奇金的故事，读者朋友请参阅前面第二十九章"从 1 到 N 的创新——抗生素的发明"。

上最年轻的诺贝尔奖获得者表示出应有的敬意。

受到同行的否定之后，沃森和克里克并不想放弃研究，而是进一步修正他们的模型。好在做理论研究并不需要太多的经费和实验条件，因此，即便布拉格及克里克的导师佩鲁茨都不支持，他们依然可以自行研究。当然，沃森和克里克研究出来的模型离不开数据的验证，他们自己并没有数据，不过他们可以"借"用富兰克林的数据。富兰克林等人自然不会直接把数据提供给沃森和克里克使用，不过兰德尔拿了英国政府医学研究委员会的研究经费，需要向委员会汇报研究成果，而克里克的导师佩鲁茨恰好是委员会的成员，通过这个途径，克里克和沃森获得了富兰克林的数据。

接下来，沃森和克里克根据兰德尔提供的研究资料，对他们原先设想的 DNA 骨架结构稍作改动，最终确定了反向双螺旋的结构。最后他们还要确定这些碱基是如何连起来的，恰巧在 1952 年底，美国科学家查戈夫（Erwin Chargaff，1905—2002）将他刚提出的"查戈夫法则"[也称碱基当量规则，即 DNA 中，鸟嘌呤（G）与胞嘧啶（C）的比例为 1∶1，腺嘌呤（A）与胸腺嘧啶（T）的比例也为 1∶1] 告诉了他们二人。沃森后来突然意识到，A∶T 这一对和C∶G 这一对的结构很相似，它们都一样长，且每一对里的两个分子都是由氢键连起来的。最终，沃森和克里克在综合了很多科学家的工作后完成了 DNA 分子结构的研究。

1953 年，在布拉格和兰德尔的协调下，4 月的《自然》杂志同时发表了关于 DNA 研究的三篇重要论文，它们分别是沃森与克里克的《核酸的分子结构》、威尔金斯等人的《脱氧核酸的分子结构》和富兰克林与戈斯林的《胸腺核酸的分子结构》。这三篇重要的论文每篇都只有两页纸。需要指出的是，沃森与克里克在论文中虽然提及他们受到了威尔金斯与富兰克林等人的启发，但在文中并未做详细说明，也没有致谢。而威尔金斯与富兰克林则在论文中表示自己的数据与沃森和克里克的模型相符。对于这一点，学术界一直对沃森和克里克有微词。

当年另一个有希望破解 DNA 奥秘的科学家鲍林，因为二战后致力于反核武器的和平运动，并且同情共产主义，受到麦卡锡主义的迫害，50 年代初无法参加欧洲学术会议，因而错过了了解富兰克林和威尔金斯研究成果的机会[25]，也失去了在沃森和克里克之前发现 DNA 分子结构的可能。不过后来他获得了诺贝尔和平奖，从某种程度上弥补了他失去一个可能的诺贝尔生理学或医学奖的损失。

在破解了 DNA 分子结构之后，这些科学家的命运各不相同。1958 年，富兰克林英年早逝，年仅 38 岁。威尔金斯一直留在国王学院，后来接替了兰德尔的位置。克里克于第二年获得了博士学位，接着在各地游学数年，后来回到剑桥大学继续做研究。而沃森在游学几年后，成为哈佛大学的助教授，并在获得诺贝尔奖的前一年成为哈佛大学的正教授。

1962 年，沃森、克里克和威尔金斯因为发现 DNA 分子结构而获得诺贝尔生理学或医学奖，有趣的是克里克的导师佩鲁茨获得了当年的诺贝尔化学奖，师生二人同一年分别获奖，这在历史上是唯一的一次。女科学家富兰克林英年早逝，无缘获奖。不过要是她还健在，诺贝尔奖（除和平奖外）无法授予四人

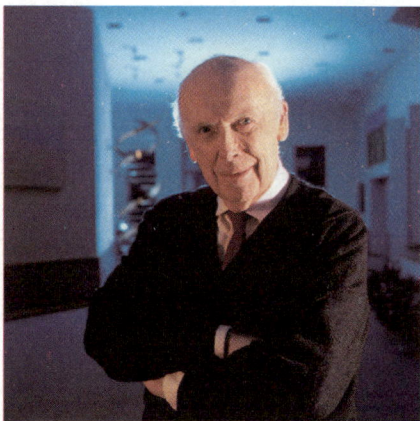

图 32.9　颇有争议的科学家沃森

以上，为了公平起见，威尔金斯就可能无法获奖。通常，诺贝尔奖倾向于授予从事理论研究而非搞实验科学的学者，出现人数关系难以协调谁能获奖的情形，通常牺牲掉的是用实验验证理论成果的人。

沃森晚年将他在剑桥大学研究 DNA 的经历写成了一本自传，书名为《双螺旋》。这本书把当年各位科学家在研究 DNA 结构时的表现描写得绘声绘色，但是他的描述带有不少偏见，很多细节都与事实不符，该书一出版便受到了科学家们的广泛批评。为此，沃森又做了道歉。科学家为自传中的言论而道歉，史上罕见，也让人怀疑其自传内容的可信度。不过，大家也觉得，沃森的言行与其为人一致，他本来就口无遮拦、快言快语。沃森的一些言论给自己造成了很多麻烦，比如 2007 年他公开表示黑人先天智力不如白人，对非洲的前途未敢乐观，引发了大范围的抗议，世界多地撤回了对他演讲的邀请。沃森还多次发表对肥胖者、相貌不佳的女性、"蠢笨的人"有着明显歧视的言论，这些言论最终让他丢掉了研究所的职务。之后，沃森的事业也每况愈下，最终为了生计不得不拍卖诺贝尔奖的奖牌。一位俄罗斯富豪以 260 万英镑的价格拍下了奖牌，然后又把奖牌还给了他。这位富豪表示，出钱参加竞拍，只是希望支持沃森的科研。

在 20 世纪 50 年代发现 DNA 的分子结构是历史的必然，即便没有沃森、克里克、威尔金斯和富兰克林等人，也会有其他人在一两年之后破解 DNA 的奥秘。当时，除了英、美科学家，法国巴斯德研究所的科学家也几乎发现了 DNA 的螺旋结构。如前所述，生物学界当时群星璀璨的首要原因，是实验技术和设备的突破——在二战结束后的十几年里，X 射线衍射带来了生物领域的许多重大发现。第二个原因则是二战后许多一流的物理学家和化学家进入生物领域。此外，由于对 DNA 分子结构的研究在当时已经到了取得重大突破的边缘，全世界在短时间里向这个领域聚集了许多聪明的大脑，因此这个难题很快就得到了解决。

了解了 DNA 的分子结构，不仅破解了生物遗传的奥秘，而且有助于解决很多医学、农业和生物学领域的难题。

第三节 神奇的基因

我们从哪里来 —— 各种古代的神话或宗教都说我们是神或者上帝创造的。中国有盘古开天辟地和女娲造人的神话，《圣经》里则说上帝造天地万物，并且在最后一天创造了人，这与中国的神话颇为相似。古印度的文化中，宇宙是梵天做的一个梦，梵天一醒，世界就幻灭了。和这些神话稍微有些不同的是中国道教的宇宙观，它认为有产生于无，所谓道生一、一生二、二生三、三生万物，这与宇宙大爆炸的学说看似有点相像，但要是硬把它们联系起来却也牵强附会，更何况道教也说不清人是从哪里来的。

达尔文第一次系统地提出了物种起源和进化的理论，这让很多困扰人类上千年的问题迎刃而解。根据他的理论，人类是从古猿进化而来的。达尔文从动植物化石中找到了很多物种演化的证据，并且找到了一些人类与其他灵长类相似的证据，以表明我们可能拥有同一个祖先。进一步来讲，灵长类动物和其他哺乳动物也可能拥有相同的祖先，哺乳动物则又是动物大家族的一个分支。

但是达尔文的证据是如此的脆弱，以致很多人拒绝接受他的观点，尤其是宗教派人士。到了 1925 年，在达尔文发表进化论 66 年之后，美国的田纳西州依然颁布法令，禁止教师在课堂上讲授进化论。随后，当地发生了轰动美国乃至整个世界的历史性案件 —— 猴子审判（Monkey Trial）—— 这是支持进化论的人士和反对者的一次对决 [26]。这个案件之所以得到"猴子审判"这样一个诨名，是因为一

26
关于这个案件，请读者朋友关注本人将来的新书《美国十案》。

些人拒绝承认我们是从猿（猴）进化而来的。这个案件的判决结果，是在田纳西州（和其他一些州）的中小学里禁止教授进化论。直到1958年，美国受苏联成功发射了人类第一颗人造地球卫星的刺激，担心美国的科学教育落后于苏联，于是通过了国防教育法，这才同意由美国生物科学协会编撰教科书时，将进化论作为生物的必修内容写进教科书。而田纳西州则在1967年才废止禁止教授进化论的规定，那时距离达尔文提出进化论已经过去一个多世纪了。

进化论受到如此强烈的挑战，一方面是由于保守的宗教人士强烈反对，另一方面则是因为达尔文早期的理论可以说是千疮百孔，而且很多结论都缺乏强有力的证据支持。很多时候，我们不能简单指责宗教总是站在科学的对立面反对科学，而是要看到很多科学理论在一开始也确实不完善，甚至漏洞百出，再加上它颠覆了很多人的惯性思维，难以被人们接受也很正常，从日心说到进化论，早期都是如此。当这些科学理论不断被完善之后，即便宗教想反对，世人也倾向于相信科学理论而不是宗教。

在达尔文时代，支持进化论的证据主要来自现存的物种之间，以及它们和已经灭绝的物种的化石在形态等外部特征上的相似性，还有渐变发展的轨迹。应该说这种证据是相对较弱的，更何况并非能找到进化过程中的所有中间物种的化石。另外，达尔文没有讲清楚物种渐变的原因，只是发现了渐变的现象，虽然这个发现也很了不起，却相当于只发现了规律而没有找到原因。而孟德尔的遗传学定律则相当于阐明了进化的原因。因此，很多人认为如果达尔文能早一点看到孟德尔的论文，遗传学的发展就会提前，这是有道理的。当然历史是无法假设的。今天达尔文的进化论已经被全世界广泛接受，就连当今的教皇圣方济各（St Francis，1936—）也公开说，进化论和《圣经》并不矛盾，标志着天主教正式认可进化论了。这倒不完全是因为今天的教皇就比当年的宗教人士更加相信科学[27]，而

27
在历任教皇中，圣方济各是比较开明而愿意接受新事物的人。

是因为在过去的一个多世纪里，捍卫进化论的学者们不断替达尔文补充、修正和完善进化论；同时，DNA 结构的发现和围绕物种 DNA 的研究，为进化论提供了最有力的证据。

DNA 就像是大自然用来记录物种演化的语言，反映了每个物种进化和演变的历史，以及它们之间的关系。如果根据各物种的差异用一棵多权的树来表示它们的 DNA，把差异最小的物种放在最靠近的枝叶上，就可以得到一个全球各物种之间的关系图。顺着枝权向主干回溯，就能找到每个物种的祖先是什么、从哪里来。

本世纪初，对"北京猿人是否为中国人的祖先"这一重大问题，科学家们并无明确的答案，因为采用传统的生物学方法，利用化石比对头骨的形状、脑量、腿骨的形状等生物特征来判定进化关系，是非常不准确的，没有从基因遗传变异方面来说明进化的根本原因。但是，当人类掌握了 DNA 技术之后，诞生了一门新的科学——分子人类学，今天科学家更多地是采用 DNA 分析的方法进行人类学研究，而不是比较化石和骨骼，于是，上述问题一一迎刃而解。通过 DNA 分析我们得知，全世界的人类源自 25 万年前的非洲。这在今天已经成为共识[28]。因此，我们并不是北京猿人的后代。不仅如此，今天全世界的 70 多亿人，都拥有一位共同的老老祖父，他叫"Y 染色体亚当"；也同样都拥有一位共同的老老祖母，她叫"线粒体夏娃"。因此，尽管我们每一个人的肤色、外表和相貌各异，但我们其实都是兄弟姐妹——我们实乃同根同源。

DNA 不仅可以给我们找到人类的老祖宗，还可以找到我们的灵长类近亲，以及我们和它们共同的祖先，让我们了解人类在自然界的位置。过去我们总是讲"人类是万物之灵"，我们总是强调自己与其他物种不一样，甚至在动物分类上，我们也将自己和其他所有动物分开，把自己放到单独的一类——"人科－人族"中，而把其他

28 关于人类是如何走出非洲、来到世界各大洲的，在《文明之光》第一册"引子"部分有详细的介绍。

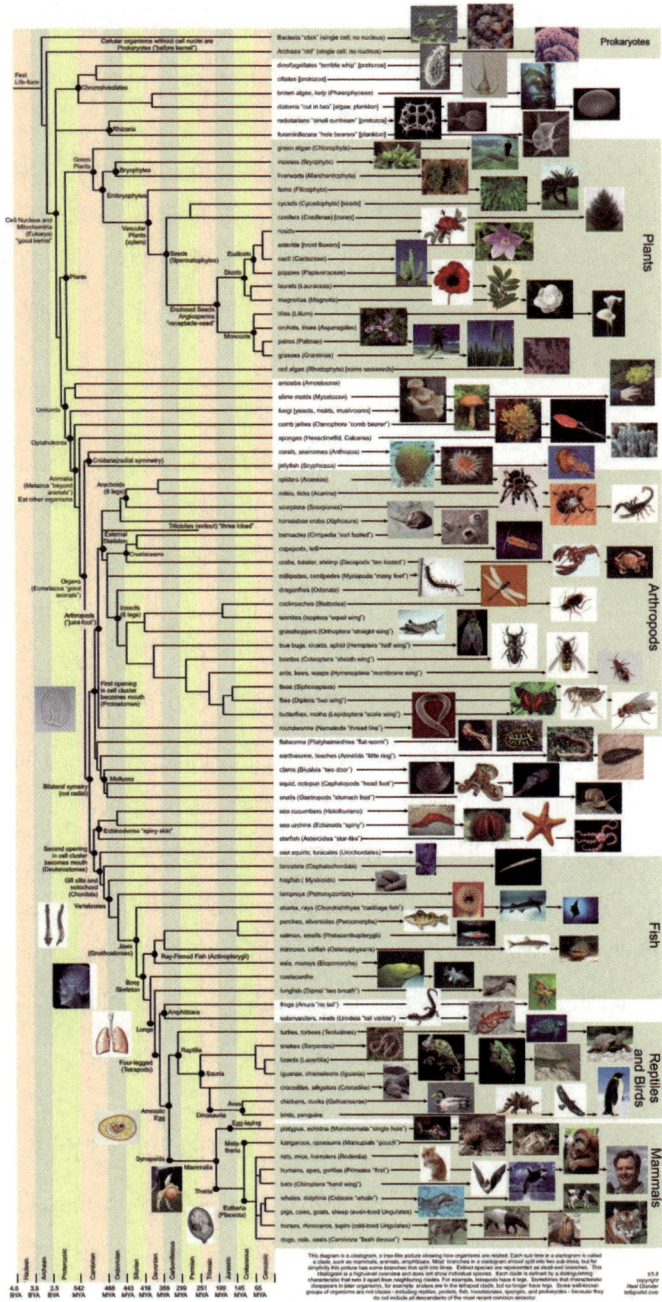

图 32.10　根据基因绘制的物种树

灵长类动物 —— 大猩猩、黑猩猩等，根据它们的外表放入其他种类中。这就是我在中学时学到的动物分类法，与我同时代的人们也是这样学习的。

有意思的是，物种之间的 DNA 差异远没有它们的外表看上去那么大，人类和一些物种的差异也比我们想象的要小很多，比如我们和蘑菇居然有一大半 DNA 是一致的，大肠杆菌的几乎所有基因都可以在人的基因组中找到。因此，从 DNA 的共性来看，我们在生物界的地位就没有那么特殊了。与大猩猩（3% 左右的差异）相比，黑猩猩的 DNA 更接近人类（只有 1.2% 左右的差异[29]）。为了更直观地展示黑猩猩和人的接近程度，科学家们把大猩猩、人类、黑猩猩和矮黑猩猩的基因挑出来，让它们和人类的基因进行比较；如果一个基因片段中 DNA 碱基的差异大于 6%，就用红点表示，如果在 3% 以下，就用黄色的点来表示（黄色的深浅表示差异的程度）。这样一来，所有的基因就拼成一个黄点和红点的序列。由于这个序列很长，为了方便大家观察，我们把它们折叠到一个二维的图中，如图 32.11 所示。从图中可以看出，将大猩猩大约一半的基因里的 DNA 碱基的次序和人类的相

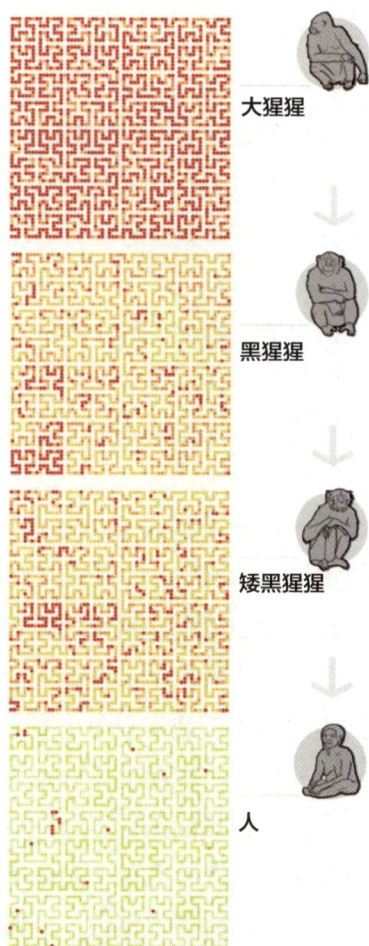

29
两个 DNA 序列的差异，是根据它们的编辑距离测定的，详见附录。

大猩猩

黑猩猩

矮黑猩猩

人

图 32.11　大猩猩、黑猩猩、矮黑猩猩和人类（从上到下）基因的比较

比，差异超过 6%，另一半和人类的几乎一致。人类不同个体之间
其实也存在少量的基因差异（红色的点，大约千分之一）。黑猩猩
和矮黑猩猩，在基因上和人类的差异都要远远小于与大猩猩的差异
（否则它们对应的图就应该有比较多的红色）。科学家们根据 DNA
的相似性，推翻了过去根据解剖学所做出的物种分类，对所有物种
重新进行了分类。至于黑猩猩和矮黑猩猩，与人类一样都属于"人
科—人族"，只是到了亚人族才有差异。类似地，大猩猩和人类的
相似程度，也远高于它和很多其他猩猩的相似程度，因此它被分到
了人亚科。

30
尽管坚持进化论的
科学家一直都把黑
猩猩看得和人很相
关，但是大部分人
在意识上还是把我
们作为人，把黑猩
猩作为其他动物，
比如我们会把它们
关到动物园里。

不同物种之间 DNA 的相似性表明，生命应该具有共同的特性。基
于此，很多生物学家开始采用全新的视角来看待生命、物种和我们
自身。在今天坚持进化论的生物学家看来，黑猩猩和人类的进化史
大约有 99.5% 是共同的，因此它们不再是与人类毫不相干的怪物[30]，
而认为某一物种比另一物种更高贵是毫无客观依据的。不论人类还
是黑猩猩，抑或爬行类乃至真菌，都是经过长达约三十亿年之久的
自然选择的过程进化而来的。

今天，进化论的代表人物是生态学家和生物学家道金斯（Clinton
Richard Dawkins，1941—），他的代表作《自私的基因》一书曾经
轰动一时。道金斯利用基因对进化论做了非常好的解释，他认为看
似是我们这些生物主宰着这个世界，但实际上我们的基因才是这个
世界的主宰，我们只是它的载体而已。生物的基本行为，如生存、
成长和繁殖，实际上不过是为了将基因一代代流传下去，很多生物
的生命期正好能保证基因传承一代。因此，从表象上看，物种在不
断进化，越来越高级，实际上在背后是基因在进化。今天即便是我
们认为非常低等的细菌，也比几亿年前更能适应环境了。尽管这种
理论不代表所有生物学家的观点，但它是目前能够最好地解释进化
论和很多生物学现象的理论。

大部分生物学家，即使不像道金斯那样认为基因决定一切，也非常肯定基因对我们的决定性作用。我每次和生物学教授或医学家聊天，讲到什么现象（包括疾病、行为和习惯）时，他们总要说："哦，基因使然。"如果一定要回答"我们是谁"，遗传学家最爱给出的答案是"我们是基因的载体"。我们知道，很多疾病和先天遗传或后天基因的变异有关。有些病是由先天基因的缺陷直接造成的，比如色盲和癫痫，更多的疾病则会因为基因的缺陷而被诱发，如心血管疾病、癌症和糖尿病等。另外还有一些疾病则可能是某些基因后天的突变所造成的，比如帕金森综合征和老年痴呆症，但是致病的基因还没有找到[31]。了解和治疗这些疾病，成为今天很多生物学家和医学家从事科研的动机，而大量的工作则是在基因层面展开的。有趣的是，随着人类对自身基因的了解越来越多，科学家们发现人在成年之后的很多特质都和基因密切相关，比如智力水平和其他天分、大致的身高和其他体征、老年时期可能得的疾病，等等；甚至人的很多行为也是如此，比如有些孩子注意力不易集中。过去，我们常常看到家长和老师指责孩子不努力、没有毅力、不合群、不集中注意力，今天我们知道，大部分时候不能怪孩子，很多行为和结果都跟基因密切相关。科学家们甚至还发现，人的一些坏习惯或一些弱点，比如酗酒、容易激动和忧郁，也都会受基因的影响。

为什么基因会对我们产生如此巨大的影响？因为基因里的 DNA 决定了我们细胞中 RNA 的合成（生物上称之为"DNA 到 mRNA 的转录"），而 RNA 决定了蛋白质的合成（生物学上称为"翻译"），如图 32.12 所示。

不同的人，身体中合成出来的蛋白质略有不同，在一些特征和天分上就会显示出细微的差异。这里举一个在遗传学界非常有名的例子，看看 DNA 是如何影响人们的身体功能的，这就是语言基因

31
总的来讲，像色盲这种由单基因错误导致的疾病，人们容易找到对应的基因；而像心脑血管疾病，一般认为是由多基因决定的（当然也和生活习惯等相关），研究起来难度就非常大。

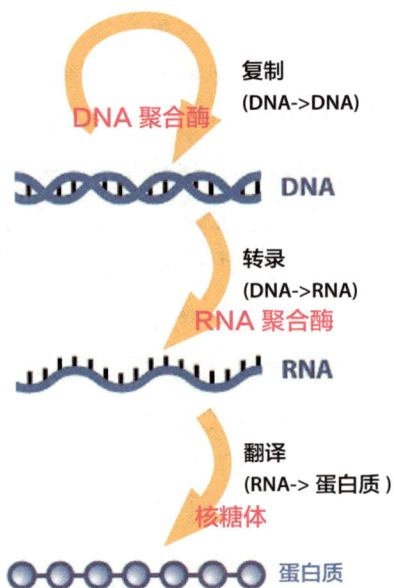

图 32.12 从 DNA 到 RNA 再到蛋白质的过程

FOXP2 的发现。

本书第二十五章"知识使人自由"中提到,语言能力是人类特有的能力,动物可以通过叫声传递信息,而只有人类能够用变化细微的发音构造含义复杂的句子,即使我们的近亲黑猩猩也做不到这一点。为什么只有人类才具有如此强的语言能力?是因为我们的智力比其他动物更发达,还是因为我们有着其他动物所没有的基因?

32
赫斯特(Jane Hurst)、费舍(Simon Fisher)、摩纳哥(Anthony Monaco)、赖(Cecilia Lai)、普莱贝(Marcus Prembey)和瓦格-哈德姆(Faraneh Vargha-Khadem)等。

为了搞清楚这个问题,牛津大学的一群科学家[32]从一个有着语言障碍的家族(遗传学家称之为 KE 家族)入手,对比其中语言能力正常和有语言能力障碍的成员在基因上的差异,最终发现这种差异仅仅体现在 FOXP2 基因上,由此科学家们猜测 FOXP2 和语言能力有关。FOXP2 是哺乳动物的一个古老的基因,连老鼠都有这个基因。这种基因在各类哺乳动物身上(包括在黑猩猩身上)变化得很慢。对比黑猩猩和老鼠,这个基因所"指导"合成出的 715 种蛋白质,只有一种是不同的。也就是说,从 7000 万年前人类和老鼠的共同祖先算起,到 500 万年前人类和黑猩猩走上不同的进化道路,中间的 6500 万年,该基因的变化微乎其微。但是当人类和黑猩猩在进化上分开之后,这个基因的变化却突然加快。经过了 500 万年之后,人类身上与 FOXP2 相关的蛋白质已完全不同于黑猩猩了。

拥有正常语言能力的人,都有相同的 FOXP2 基因。但是在 KE 家族里，由于一些人在 FOXP2 基因的近 27 万个 DNA 碱基中出现了一个碱基的错误（碱基 G 变成了 A），于是这些人所产生的蛋白质分子中本来该是精氨酸的，却变成了组氨酸，导致在大脑中与语言相关的区域（布罗卡区）的神经元比正常人要少，最后造成了语言障碍。

为了进一步证实这一点，牛津大学的科学家们还研究了曾经生活在地球上的其他人类和我们周围的一些"善于说话"的动物。研究表明，尼安德特人和其他人类在 FOXP2 基因上和我们的祖先现代智人略有差别，而他们相互之间则没有区别，因此尼安德特人和其他人类的通信能力比我们的祖先要弱得多。很多人类学家认为，这可能是人类最终在竞争中超越尼安德特人的原因。另外，善于发音的一些动物，如蝙蝠和鸣禽（Songbird）在 FOXP2 上部分与人类相似，这也间接说明了这个基因对语言能力的作用。

掌握基因的作用，有助于我们进一步了解自身，理解每个人的差异。我们无法责备很多人的行为方式如此与众不同，因为这在很大程度上是由他们身体里的 DNA 决定的。很多人在读完道金斯的书之后，既有一种顿悟，又有一丝恐惧，因为包括我们在内的物种进化的故事似乎完全不由我们来支配，我们的生命不过是基因为了遗传而暂时赋予我们的，生命在命运面前是如此的脆弱无力。如果是这样，我们生命的意义何在？或许，正是因为生命的虚无才衬托出生活的可贵，但进化了几十亿年的基因激活了我们的生命，让我们有幸看到这样一个充满生机的星球和满天繁星。或许我们所做的就应该是在阳光下平和地享受我们短暂却令人陶醉的生命，而不是为了满足私欲而蝇营狗苟、斤斤计较。

第四节 我们往哪里去

了解 DNA 的奥秘之后，我们是否就能更好地掌握甚至改变自己的命运呢？一定程度上这是有可能的。我们不妨先通过一个生物制药改善人类健康的例子，来看看改变我们的命运需要什么样的基因技术。

33
我们人就是真核生物。

1976 年，加州大学旧金山分校的教授博耶（Herbert Boyer，1936—）成功地将细菌的基因和真核生物 [33] 的基因拼接在一起，这实际上是一种转基因技术。随后在风险投资人的帮助下，他成立了基因泰克公司（Genentech）。两年后（1978 年），博耶和他的同事利用这种技术成功地将大肠杆菌的基因和人类胰岛素基因合成在一起，然后送回到大肠杆菌中，这样大肠杆菌就产生出了人的胰岛素。接下来，基因泰克利用人工合成的胰岛素开展治疗糖尿病的临床试验。1982 年，FDA 正式批准了将这种合成的胰岛素作为治疗糖尿病的药品，从此极大地改善了成千上万糖尿病患者的生活质量，并延长了他们的寿命。透过这个例子，我们可以了解到媒体常说的基因技术、基因工程或生物制药是怎么回事。

34
戈德尔的视频短片：https://www.dnalc.org/view/15087-Genentech-s-approach-to-making-insulin-David-Goeddel.html。

据第一位加入博耶人工合成胰岛素团队的科学家戴维·戈德尔（David Goeddel）介绍 [34]，在找到了产生胰岛素的基因后，要完成上述人工合成胰岛素的过程，大约需要 13 个步骤，需要掌握以下核心技术。

首先，要将染色体从细胞核中取出。这在今天并不是一件难事，这里就不介绍了。

其次，要从染色体中找到控制合成胰岛素的那一小段基因。这项工作非常复杂，后面会作专门介绍。

然后，要将人的胰岛素的基因从人体细胞的 DNA 长链中准确地剪切下来。这显然不可能使用一般的剪刀或手术刀，需要使用分子级别的剪刀。

接下来，要将人体内产生胰岛素的基因加到一个被称为质粒（Plasmids）的载体上，然后通过一些转化方法，将质粒转到大肠杆菌细胞中（戈德尔用了 Assembling 这个词）。

余下的还有很多步骤，比如从细菌细胞中分离出胰岛素。这些是工艺的过程，就不细说了。

人类是怎样解决上述一个个难题的呢？我们先从切割基因说起。在切割基因之前，首先需要知道一个基因从染色体的什么位置开始、到什么位置结束，这个过程叫作寻找基因的位点（Gene Locus）。接下来，要找到一把分子级别的"剪刀"来裁剪基因。1968 年，美国和瑞士的科学家[35]找到了这种特殊的"剪刀"——限制性核酸内切酶（也称为限制酶），它能将 DNA 长链从所需要的地方切开。这项发明后来在 1978 年获得了诺贝尔奖。从 20 世纪 70 年代至今，科学家们已经分离出 400 多种限制酶，基本上可以对 DNA 长链进行随意切割了[36]。在合成胰岛素的研究中，科学家们就是用限制酶从人体细胞中切下胰岛素基因，加到大肠杆菌的 DNA 上的。

当然，最后还剩下一个关键问题，即如何确定哪一段基因正好是控制产生胰岛素的[37]，或者更广泛地讲，如何找到控制生物某个功能或特征（Biological Trait，也被称为 Phenotypic Trait）的基因——这个过程被称为对应（Mapping），比如找到眼睛颜色和基因的对应。找对应是一件非常有意义的事情，因为每找到一个功能（或表象）的对应，就有望治愈很多疾病。但这也是一个难题。在发现了

35
美国约翰·霍普金斯大学的内森斯、史密斯和瑞士日内瓦大学的阿尔伯。

36
其实还达不到想切哪儿就切哪儿的程度。

37
具体地讲，这段基因在人的第 11 对染色体上。

DNA 结构的半个多世纪里，科学家们花了大量精力（和经费）来寻找对应。虽然找到了一些对应，比如前面提到的牛津大学摩纳哥团队发现了语言基因 FOXP2，但是这样的发现数量非常有限。对于一些常见的疾病，比如老年痴呆症，科学家和医生们明知这种疾病与基因有关，而且全世界的科学家和医生都试图找到对应的基因，但是几十年过去了，进展却并不乐观。我在约翰·霍普金斯大学读书时，有个实验室雇了大量的博士生和博士后，天天用白老鼠做实验，试图找到导致老年痴呆的基因。一度他们以为快要找到了，整个实验室都非常兴奋，所有的人都夜以继日地加班工作，结果却不遂人愿。美国国家卫生研究院每年都会招一些对生物和医学感兴趣的本科生和高中生来实习，能够进入这个计划的都是有意向从事生物研究而且成绩非常优秀的年轻人。但是，经过一个暑期的实习后，通常大部分人反而失去了对生物的研究兴趣，因为他们在天天与果蝇或白鼠打交道后，发现想要找到控制某种功能的基因位点简直比登天还难。相反，进入 Google 或 Facebook 这样的公司实习的年轻人，绝大部分人第二年还想回去工作，毕竟比起生物研究，IT工作简直太轻松简单了。

38
萨尔兹伯格因对人类基因组计划（Human Genome Project，简称 HGP）的重大贡献而获得 2013 年富兰克林奖。

那么，怎样才能发现决定某个功能的基因对应呢？用约翰·霍普金斯大学萨尔兹伯格（Steven Salzberg）教授[38]的话来讲，大部分基因对应的发现都是靠运气。萨尔兹伯格认为，人类基因中碱基的数量是如此之多（30 多亿对），想要找到某个功能的基因无异于大海捞针。一些研究人员水平和运气都很好，可能在研究过程中发现了导致某些疾病的基因，从此成了学术权威，甚至获得诺贝尔奖；另外一些人水平并不差，但运气不佳，做了很多年科研，最后走进了死胡同，可能在大学里连终身教职都提不上；而运气更差的人，可能在做了多年博士后也没有什么发现，只能离开生物领域。历史上像摩纳哥研究组那样，恰巧能找到一个足够大的家族——一半人有某种疾病而另一半没有，这种运气非常罕见。很多科学家带着一群博士后做了十几年的果蝇实验，有时虽然能发表一些论文，但是却没有实质性成果。具体到合成胰岛素的基因，是由加州大学旧金山分校的几位科学家在 20 世纪 70 年代末发现的，当然也有运气的成分。也正是因为找到了合成胰岛素的基因，制造人工合成胰岛素才最终得以实现。

既然寻找某个功能的基因对应如此之难，而且没有普遍规律可以遵循，科学家们就在设想其他的途径了：能不能倒过来，我们先把人类（或者其他物种）的基因都读出来，也就是进行今天常说的基因测序（Genome Squencing），然后再去确定每一个基因的功能，而不是像过去那样从功能出发来寻找基因？于是，在一些世界知名生物学家的倡导下，人类从 20 世纪 80 年代末起，开始了一个宏大的计划——人类基因组计划（Human Genome Project，简称 HGP），目标是花 15 年的时间将人体细胞常染色体中的基因（占基因总数的 90% 左右）都读出来。它将成为发现和使用与基因相关的技术来解决生命科学问题的基础。

人类基因组计划的工作量和花费甚巨。在这个项目开始以前，基因测序的成本是每对碱基 10 美元，那么测序一个人全部的基因需要300 亿美元。虽然科学家们估计由于采用批量处理和技术带来的进步，成本可降到原来的 1/10，然而 30 亿美元也依然是一笔巨款。可是，由于这项计划对于生命科学研究的重要性，以及对未来改善人类健康状况存在的巨大潜力，美国政府最终批准了这项预算高达30 亿美元的计划，并于 1990 年拨付了第一笔款项。这个项目是美国继阿波罗计划之后最重要的政府资助科研计划，由国家卫生研究院（NIH）和美国能源部领导，参与的单位有很多大学和研究所。这项计划最初是由发现 DNA 结构的沃森来领导实施的。

这项计划工作量巨大，仅凭美国一国之力，或世界各国各自为战，那么研究的进展就不会有多快，成本也会非常高。所幸的是，人类基因组计划很快就扩展为一个国际合作科研计划。最早加入该计划的是美国长期的合作伙伴英国，随后是日本、法国、德国和中国。多国共同合作，使得基因测序工作进展很快，而这种合作对参与的各国也有着很大的好处。中国从 1999 年正式加入该计划后，承担 1% 的基因测序工作（人第 3 号染色体上的 3000 万个碱基对），这项科技合作对中国意义重大，让中国在生命科学研究方面有了一个很高的起点，从此中国的生物学研究跻身于国际前沿。另外，中国在开展基因测序方面的研究的同时，培养了一大批专业技术人员，以致今天世界上许多制药公司和孟山都这样的生物公司，都将基因测序的工作交给中国来做。

既然是国际合作，就不免要触及这项研究成果的知识产权归属、使用的问题。为此，科学家之间存在着巨大的争议，再加上人类基因组计划开始之前，很多公司和科学家已经开始了部分工作，发现了某段基因的作用，并申请了专利（以便日后利用这些发现获得经济或学术上的利益），因此人类基因组数据的知识产权问题就必须讲清楚。2000 年，在时任美国总统克林顿的亲自协调下，主要的私营研究机构塞雷拉基因组（Celera Genomics）和美国国家卫生研究院向全世界宣布，人类基因组的数据乃是全人类共同的财富（Public Domain），不允许专利保护。决定甫一公布，很多生物制药公司的股票便暴跌，而生物技术股占很大权重的纳斯达克也一度大跌。但从长远来看，这个决定意义十分重大，我们由此可以最大限度地利用基因技术来改善人类的生活。

39
这一工作草图覆盖了基因组序列的 83%，包括常染色质区域的 90%。

40
人类有 23 对染色体，但是考虑到男性和女性的性染色体不同，一共需要测 24 条。

在各国齐力合作下，人类基因组计划的进展比预期要快。2000 年 6 月 26 日，克林顿与英国时任首相布莱尔共同宣布，人类基因组计划工作草图完成[39]。2006 年，人类基因组计划宣布全部 24 条[40]染色体的测序工作完成。不过很多科学家都不同意这种说法，并不是因为人类基因草图只覆盖 90% 左右的常染色体，还有 10% 没有测序，主要是大家对"完成"的定义看法不一致。比如每条染色体的中心区域（称为"着丝粒"）含有大量看似重复的 DNA，用现有技术进行测序的难度很大，这部分工作并未开展。但无论如何，这项工作的基本完成让人类首次了解了自身的遗传密码。

在各国科学家共同努力绘制出第一份人类基因的全图谱的同时，作为这项研究的副产品，各个科研机构在基因测序算法研究和设备等各方面也取得了重大突破，基因测序的成本迅速下降。在 2000 年之后的 10 多年里，平均每 18 个月基因测序的成本就降低一个数量级（降到原来的 10%），这比摩尔定律所描述的半导体芯片价格下降的速度还要快得多。到了 2015 年，高准确率全图谱的人类基因测序成本降至 5000 美元左右，而在 2000 年之前则是 30 亿美元。

不过，人类基因图谱[41] 的绘制和 DNA 序列的测定其实还只是利用基因技术的第一步，而且相对容易，接下来需要为每一个基因找对应，即弄清楚每一个基因的作用到底是什么，控制什么功能，或者用医学家的话讲，了解"它们产生的结果"（Outcomes）。我们不妨把基因测序看作是对一本书进行了印刷体的文字识别（俗称OCR），即从一张张书页的图片中识别出了一串串的文字，只不过DNA 的语言仅有四个字母而已。但是，不知道每个字的含义，就无法读懂人类基因这本书。要读懂这本书，就需要一个字典，让这本字典把文字符号及其含义对应起来。编写这本字典的工作，远比识别出文字困难，因为目前它还完全是靠手工进行的。

能否利用云计算和机器学习的方法让计算机帮助我们寻找基因和功能的对应关系呢？答案是"有可能"，为此 Google 还投巨资成立了一家大数据医疗公司 Calico，专门来做这件事。Google 希望利用大量的人类基因数据，通过机器学习，找到导致衰老的基因（也

41
包括遗传图谱和物理图谱。

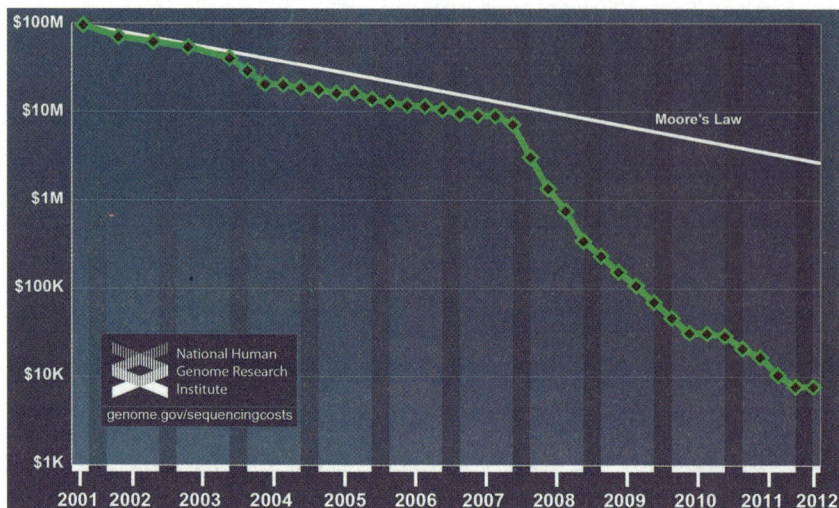

图 32.13　基因测序的成本下降的速度（绿色）要远远快于摩尔定律（白色直线）（数据来源：人类基因组研究所）

还仅仅是寻找一个基因和功能的对应）。为了在一开始就有一个非常高的起点，Google 聘请了基因泰克董事会主席、前 CEO 李文森（Arthur Levinson）为首的一大批最优秀的基因科学专家。2013 年 Calico 成立时，外界对它寄予厚望，《时代》周刊还以 "Google 能否让人类永生" 为标题予以专门介绍。但是，几年过去了，Calico 的工作进展缓慢，这倒不是因为 Calico 里面的人水平不够，或者说这条路走错了，而是找到每个基因的用途这件事本身太难。除了技术上的难度外，还有一个致命的问题是，像 Google 这样的非医疗机构无法获得大量的临床数据（包括可能的病变），很难把基因和功能对应起来。这些临床数据大多掌握在医院手里，绝大部分医院不肯或者不被允许将它们拿给研究机构共享，虽然各大医院的理由是保护患者的隐私，但这从客观上造成了数据的割裂。而作为掌握数据的医院或者医疗系统，目前还不具备处理海量数据的能力。

Calico 主要的竞争对手则是独立的基因技术公司人类长寿（Human Longevity）公司，从这家公司的名字就可以看出它的主要业务。

人类长寿公司的创始人是世界著名的基因遗传学家文特尔（Craig Venter，1946— ），他也是世界上最早进行基因测序研究的人之一。该公司负责机器学习和大数据处理的则是来自 Google 的著名科学家、全世界最优秀的机器翻译和机器学习专家之一的奥科（Franz Och）。相比 Calico，人类长寿公司要幸运得多，它是从加州大学圣地亚哥医学院派生出来的，掌握有大量临床数据，后来文特尔又动用自己的影响力要来了大量完整的临床数据。今天，它已经开始为包括基因泰克在内的很多生物制药公司提供服务了。

随着我们对基因的了解越来越全面，随着与之相关的科学的进步与发展，医学的研究方法将会逐渐被改变，这最终将对整个人类社会产生无法估量的深远影响 —— 它会给我们带来很多惊喜，比如治愈癌症。

要谈利用基因技术治愈癌症的方法，先要说说为什么癌症难以治愈。我们不妨看看李文森博士针对这个问题的观点，他概括出了两个主要的原因。首先，癌症的发病与人有关。癌细胞不像细菌那样来自外部，而是我们的正常细胞在复制时基因出了错而产生的，因此它和每个具体的人都有关系。同样一种癌症，在不同患者身上基因复制的错误可能并不相同，这也是为什么很多抗癌药对一些病人比较灵，对另一些人却不起什么作用。实际上，大部分医生在给癌症患者用药时，要对患者做基因比对，以确定是否能使用某种抗癌药。其次，癌细胞本身也是变化的，既然细胞在复制时基因会出一次错，就有可能错第二次。对一个患者而言，曾经管用的药物会变得不再管用。

要想彻底治愈癌症（或者说跟癌细胞共存），就需要针对不同的患者设计特定的抗癌药，并根据患者癌细胞每一次新的变化研制新药；只要研制速度赶得上癌细胞的变化，即使无法彻底杀死所有的癌细胞，患者也可以长期和癌症共存。从理论上讲，这种方法是可行的，但是这么做的成本太高。首先要有一个专门的研发团队围绕着每一个患者进行药品研制，而且研发的速度还要足够快。其次，它的耗费至少为每人 10 亿美元以上。除了个别的亿万富翁，都不可能用这种方法来治疗癌症。这就是目前人类在抗癌方面遇到的困境，这个困境无法通过传统的医学进步来突破。事实上，在过去的 20 多年甚至更长的时间里，全世界医学界对癌症机理的理解和治疗方式的改进是非常有限的。

那么出路在哪里呢？李文森博士认为需要将最新的基因技术和 IT 技术（尤其是大数据）相结合。目前在人类和动物身上发现的可能导致肿瘤的基因错误不过在"万"这个数量级，而已知的癌症不过在"百"这个数量级。也就是说，即使考虑到所有可能的恶性基因复制错误和各种癌症的组合，也不过是几百万到上千万种，这个数量级在 IT 领域是非常小的，但是在医学领域则近乎无穷大。如果能利用大数据技术，在这不超过几千万种组合中找到各种真正导致癌变的组合，对每一种组合都找到相应的药物，那么所有人可能产生的病变都能够得到治疗。针对不同人的不同病变，只要从药品库中选一种药即可，比如对患者约翰，他原本是使用第 1203 号药品，如果发生新的病变，经过检查确认后，改用 256 号药品……这样并不需要每一次重新研制药品。如此一来，癌症就变成了像感冒那样的普通疾病，不再会对生命产生威胁。虽然开发出成千上万种药，总的研发成本不低，但是摊到全世界每一个癌症患者身上，李文森博士估计只需人均 5000 美元左右。

李文森博士所倡导的为每一个患者设计个性化特效药的思路，如今已被制药行业和医学界普遍认可了，而医学界乐观地估计这一天到来的时间要比预想的早。在美国著名的加州大学旧金山分校医学院里，巴特（Atul Butte）教授建立了医学大数据中心，专门从事利用大数据寻找个性化药品的研究工作。据该中心的陈斌副教授介绍，美国只有七分之一左右的临床证明有效的药品最终能够走完FDA全部审批过程而上市，余下的七分之六的药品，虽然在小范围内使用时对一些病人疗效很好，但是在使用到大量患者身上时，平均效果并不显著，最终被FDA刷下来了。他们所在的中心通过研究发现，不少药其实是对特定的人群有效，现在的关键是找到那些特定的人群，让那些在研制过程中被淘汰的"废药"经过改造后能够重新利用。在未来，可能一种疾病会采用不同的药品来医治，而不同的人会有不同的特效药。

今天的制药业已经和当年弗莱明、弗洛里和钱恩等人发明青霉素时有了很大的不同，很多新药的研究都离不开基因技术，同时很多新药是否灵验也取决于患者的基因，那种靠好运气偶然发现的万灵药几乎已经看不到了。今天的制药公司同时必须是生物科技公司。比如前面提到的基因泰克，成功合成了胰岛素之后，其第二款重要的药品是利用基因技术合成出来的生长素。在20世纪90年代以后，基因泰克公司专注于利用基因技术研制抗癌药上，并且成为全球最主要的抗癌药生产公司。

和基因泰克直接竞争的，是位于南加州的安静（Amgen）公司。1980年，生物学家拉斯曼（George Rathmann，1927—）等人成立了应用分子基因技术（Applied Molecular Genetics）公司。由于这个名字太长，他们便用这三个单词的前几个字母合成一个新的词Amgen作为公司的名称。进入中国市场时，他们为公司起了一个比较平和的名称——"安静"。这是今天世界上仅次于基因泰克的第二大生物技术公司，它利用基因组合技术合成出很多新药，包括许多抗癌药。

除了像基因泰克和安静这样的大公司，在加州还有许多小规模、早期的生物科技公司，利用基因技术制药或改进医疗方法。一些大的制药公司则通过收购这些生物科技公司，进入生物制药领域，比如2016 年 8 月，著名的辉瑞制药斥资 140 亿美元收购位于旧金山的生物科技公司 Medivation，从而获得了治疗前列腺癌的新药。今天的硅谷，生物的成分可能比半导体的更多一些，很多人觉得叫"生物谷"比叫"硅谷"更加名副其实。

对于基因里的信息及其作用，目前人类的了解其实还非常有限。比如我们每个人在人之初，都只有一个受精卵，经历由一个细胞分裂成两个、两个变成四个的过程；但是分裂到一定阶段，有些细胞就发展成大脑，有些发展成肝脏，这是为什么呢？科学家们知道，这是因为 DNA 中有很多"开关"，不同的开关打开，它就发展成不同的组织和器官，但是其中的机理到底是怎么回事，科学家们并不清楚。搞清楚这件事的意义非常重大，比如可以用这种方法克隆器官，当我们需要做器官移植时，可以使用自己的器官。萨尔兹伯格教授在谈到这件事的现实意义时常说："我希望我们能尽快地克隆出一些器官，这样我在打网球伤到膝关节时，可以更换自己的软骨 [42]。"

42
很多运动员都饱受膝关节软骨组织损伤的痛苦。

43
突破奖由布林夫妇、扎克伯格夫妇、米尔纳夫妇（俄罗斯著名投资人）以及马云夫妇设立。这是迄今为止金额最高的科学奖项。和诺贝尔奖不同的是，它所授予的研究成果强调新颖性，而不是看是否被证实或产生效益。

假如彻底了解人类和其他物种的基因，以及基因位点和功能（特征）的对应，并且掌握了越来越多的基因技术，我们能否改变自身的基因呢？或者从更高的哲学层面讲，我们能否按照自己的意志改造自己呢？从治疗疾病的角度来讲，这种想法有其合理性。比如，一旦发现身体因为基因突变而产生了癌细胞，或者因为基因的错误而患上了其他疾病（比如帕金森综合征和老年痴呆症），那么应该考虑通过修正基因而根治疾病。这就涉及一项非常关键的技术 —— 基因编辑。幸运的是，今天人们已经在这项技术上看到了曙光。2015年，突破奖 [43] 的生命医学奖授予了两位从事基因编辑技术研究的美国科学家詹妮弗·杜德纳和法国科学家艾曼纽·卡彭特，以表彰她们在基因编辑技术（CRISPR）上的重大贡献。实际上，同期在这个领域取得重大突破的还包括麻省理工学院的华裔科学家张锋，他的工作在 2013 年被《科学》杂志评为当年十大科技突破之首。

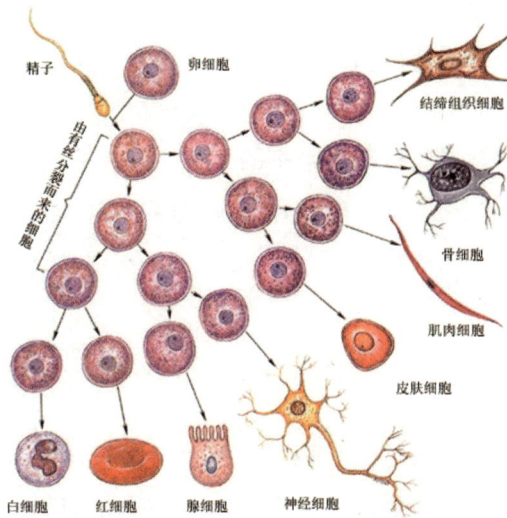

细胞通过分化过程，产生出不同种类的细胞

图 32.14 细胞通过分化，产生出不同种类的细胞，形成组织和器官

对于很多患有遗传疾病，或者因为基因发生突变而致病的人来讲，这项技术无疑是一个福音。但是，它同时也可能在伦理上引起很大的争议，并且已经引发了很多人的恐慌。比如很多犹太裔的科学家表示，必须确定这种技术不会用来对人进行改造，或许是他们对二战时纳粹德国试图改造犹太人的那种噩梦记忆犹新。更广泛地讲，各种基因技术（包括克隆技术）的使用，在伦理和道德方面一直争议不断，比如很多人担心大多数人的命运会从此掌握在少数人手里（当年纳粹就试图这么做）。即便不编辑改变基因，仅仅对患者进行基因测序，都有可能损害个人的潜在利益，比如保险公司一旦获得一个投保人的基因数据，它就很清楚这个人将来有无可能比其他人更容易得致命的疾病，继而拒绝承保或者大幅提高保费。这样一来，很多（可能有缺陷的）人一出生就会受到社会某种形式的歧视。在美国，上至政府下至国家卫生研究院（NIH），对基因技术的使用都非常保守，而且一直在研究和监测这些技术带来的各种影响，他们不仅仅只看好的影响。

DNA 结构的发现，可以被看成是人类开始有可能把握自身未来的一个重要转折点。今天，人类仍在不断破解 DNA 的密码，揭开遗传学的奥秘，并且以此为突破口，希冀对我们人类自身，甚至对生命的本质有越来越多的了解。终有一天，人类要从造物主那里接过人类发展的方向盘，那么我们必须回答一个问题：人类打算把自己带往何处？

结束语

自然界经过几十亿年的演变，让物种的 DNA 不断适应环境，才催生出今天丰富多彩的世界。而在基因的演变过程中，不知是什么机缘让人类有了产生好奇心的基因，这或许是大自然给我们现代智人最好的礼物。好奇，引领人类了解宇宙，这才有了牛顿、爱因斯坦和希格斯等人的重大发现，这才让我们知道宇宙是如何产生的、将向何处去。另一方面，人类还对自身（以及这种物种）非常好奇，因此，孟德尔、摩尔根等人才会试图解破遗传的奥秘，而富兰克林、威尔金斯、沃森和克里克等人才会穷根溯源，力图搞清楚物种遗传物质的结果。在众多科学家前后几代人的努力下，人类总算初步了解了构成我们生命的物质基础。

现代遗传学的成就，回答了我们从哪里来的问题，它不仅为进化论提供了最直接的证据，也为考古学提供了极大的帮助。分子人类学家通过母系遗传的线粒体 DNA 和父系遗传的染色体 Y 确定了非洲确实是人类起源的摇篮，证明了人类是从非洲大陆迁徙到其他大洲的事实。同时，分子人类学也帮助我们了解到在没有文字记载的时期人类的简史，并且也成为今天考古工作非常重要的依据。通过这些技术，历史学家破解了很多历史上的谜团，比如俄国沙皇并没有留下所谓"逃脱的公主"。

基因技术的发展也无疑将影响人类往何处去，当然，我们希望它会带来好的结果。今天，人类对进化和生命意义的理解已远超当年那个在"贝格尔"号船上苦思冥想的青年的想象，但是人类对这些问题的思考仍未停止，也永远不会停止。生命是一部在不断书写的大书，永远读不完，却能让我们不断去品味。

参考文献

[1] 埃尔温·薛定谔.生命是什么.罗来欧，罗辽复，译.长沙：湖南科学技术出版社，2005.

[2] J.D. 沃森.双螺旋.刘望夷，译.北京：化学工业出版社，2009.

[3] 理查德·道金斯.自私的基因.卢允中，译.长春：吉林人民出版社，1998.

[4] Leah Ceccarelli. 用修辞塑造科学 (Shaping Science with Rhetoric).University Of Chicago Press，2001.

[5] Ute Deichmann，Early responses to Avery et al.'s paper on DNA as hereditary material，Historical Studies in the Physical and Biological Sciences 34: 207–32，2004.

[6] Cecilia S. L. Lai，Simon E. Fisher，Jane A. Hurst，Faraneh Vargha—Khadem & Anthony P. Monaco，A forkhead—domain gene is mutated in a severe speech and language disorder，Nature 413, 519—523 (4 October 2001).
http://www.nature.com/nature/journal/v413/n6855/abs/413519a0.html

[7] Alexander Rich，Discovery of the Hybrid Helix and the First DNA—RNA Hybridization，http://www.jbc.org/content/early/2006/02/07/jbc.X600003200.full.pdf

[8] The Chimpanzee Sequencing and Analysis Consortium[44]，Initial sequence of the chimpanzee genome and comparison with the human genome，Nature 437, 69—87 (1 September 2005).

[9] Wolfgang Enard, Molly Przeworski, Simon E. Fisher, Cecilia S. L. Lai, Victor Wiebe, Takashi Kitano, Anthony P. Monaco & Svante Pääbo，Molecular evolution of FOXP2, a gene involved in speech and language，Nature 418, 869—872 (22 August 2002).

[10] DAVID OWERBACH, GRAEME I. BELL, WILLIAM J. RUTTER & THOMAS B. SHOWS，The insulin gene is located on chromosome 11 in humans，Nature 286, 82 — 84 (03 July 1980).
http://www.nature.com/nature/journal/v286/n5768/abs/286082a0.html

[11] Suzanne Clancy & William Brown，Translation: DNA to mRNA to Protein，Nature Education，2008，101.
http://www.nature.com/scitable/topicpage/translation-dna-to-mrna-to-protein-393

44
包括 25 所大学和研究所。该文没有署名作者。

后记
写书心得

终于完成了《文明之光》第四册的写作。从最初构思这套丛书算起，历经整整四年，即便从前两册面世算起，也已过去两年多了，如今终于可以松口气了。回顾这四年来创作《文明之光》的过程，我很乐意将一些写书的心得拿出来与大家分享，也算是回答一直关注我的读者们经常问起的问题：作为理工科生，何以能够写出那么多像《文明之光》这样介绍历史和文化的书。

我写书其实是为了表达我的想法。每个人都有想法，关键是怎样有效地表达出来。有的人乐于且善于表达，大家愿意听他讲故事，内容足够生动，道理也深刻，对大家有启发，就有可能变成书。当然，写书毕竟不同于讲单口相声，结构要严谨，内容要丰富，寓意要深远，方能赢得读者的喜爱。我写书是仿照科研的一套方式来的，在我看来，学习理工科的人既然能够做科研，也应该能写书。

做科研首先要选题，写书也是如此。我写的书从科技到教育，再到人文，看似涉猎范围广泛，其实我选题并非随意为之或只是根据读者的兴趣来选，而是遵循一个严格的过程。具体到《文明之光》第四册的八个专题，都是我挑了又挑，选了又选。最后之所以选定书中这些专题，依据的是如下原则。

第一，必须是我比较熟悉的专题，而且在这些专题的研究中，我必须能得到其他作家得不到的资料。换句话说，不仅是不熟悉的内容我不会写，那些别人比我更合适写的内容，我也不会去写。

第二，必须是读者感兴趣的题目。我求学时就不喜欢讲台上的老师不顾下面学生的兴趣如何，自顾自地灌输想法，因此我写东西一定会顾及读者的兴趣，而且要用大家爱读的方式写出来。

第三，必须是具有现实意义的内容。《文明之光》写的是历史，但是我在选择专题时，要看那些内容对当下大部分读者有没有现实意义；如果没有，即便内容再精彩，我也不会涉足。比如，明朝建文帝到底是否死于靖难之役这一类故事，对历史学家很有意义，但是对普通老百姓来说，了解了这样的真相只不过是多一点茶余饭后的谈资。总的来讲，我虽对历史感兴趣，但更会向前看，我不会沉溺于历史故事中，更希望通过了解历史，帮助我们看清未来。

例如，在《文明之光》第四册中，我用了三章的篇幅分别介绍印刷术（及其对宗教改革的影响）、启蒙运动和明治维新。它们的现实意义在于，能够让人们懂得知识使人自由，社会总是不断进步的。我还介绍了美国的进步运动，它对认识和解决中国当下的很多社会矛盾有借鉴价值。

第四，我一贯主张以和平方式解决各种问题（包括人与人、国与国之间的问题），并一直在强调文明的力量。作为文明的一个重要组成部分，科学技术是我非常看重的，其实它可以被看成是我所有作品的主线。

在确定选题之后，通常我会立即列出一份大纲。有了大纲，就可将一本书分解为章节，一点一点地写作了。大纲的另一个作用是保证每一章有一个明确的观点，章与章之间有一个连贯的主线，并且随着一章章内容的展开，不断强化同一个主题观点。写大纲对我来说并不是很困难的事情，毕竟在长期构思全书内容期间，我对大纲已反复推敲多次。但是写大纲是一个习惯，很多时候一件事能否做好，不仅要看本事，还要看习惯。

接下来就要做很多功课了，和一些作家不同，我会把写书看作是研究课题之后写论文，动笔之前必须要做足功课。我一般要做这样三类功课。

第一类功课是读书，我一般会把与每一个题目相关的书籍读一读，看看别人从哪个角度入手。如果一个视角已被普遍采用，我就要换一个角度。通常，我读英文相关书籍比中文的要多，当然有时候也会读一些中译本。不过中国讲述事实的书居多，有作者独到观点的书还不够多，而且有些中文图书讲述事实时会因种种原因被迫做一些删节或断章取义。在这些方面，英文书有其优势。

第二类功课是要查阅和组织材料，与做科研时的查阅文献完全一样。今天互联网比较发达，查阅资料比较容易。为了了解事件的来龙去脉，或者搞清楚科学原理的细节，有时要阅读很专业的文献。比如在写这套书第四册介绍 DNA 的一章时，我把那些著名科学家在《自然》和《科学》上发表的论文都读了一遍。所幸，他们的论文简短而又清晰（常常只有两三页纸），连我这个生物专业门外汉读起来也不觉困难。

第三类功课就是真正地上课学习了。为了写好与遗传有关的内容，我真的通过 MOOC 平台在 MIT 和约翰·霍普金斯大学修了一些课程。之前为了写与物理学相关的内容，我在斯坦福大学听了一些在线课程（那时还没有 MOOC）。现在 MOOC 平台为大家的学习提供了便利，学一门课也就 100 美元左右，还能拿到一个证书。

做完这些功课，我有时会和相应领域的世界一流科学家们讨论他们研究领域的课题，如果我们之间能够深入讨论，说明我已经掌握了足够多的知识。前面提到，我只喜欢写那些我有独特资源的主题，其中的一种独特资源就是这些各行各业的精英朋友。尽管我不可能做他们研究的课题，但是至少我能够把相应的内容写清楚了。

做完功课后便开始写作。我写作一般都会利用零碎时间，包括在飞机上、等小孩、和朋友约了吃饭之前，等等。有时候只有三五分钟，也就写上几十个字，但是积少成多，平均半年就能写出一本20 万字的书。有些人见我写书比较快，便质疑我是不是没在公司里好好工作，实际上那些人要是将平时无所事事地玩手机、K 歌、逛街，或者在公司里做无用功的时间攒起来，恐怕比我写书的时间要多出很多。

这样利用碎片时间写出来的文字可能显得七零八碎，全书写就之后，我会坐下来把每个章节重新写一遍。这时候我就需要绝对安静、不受打扰的环境了。以前我的夫人有时看我坐在桌子前很长时间，好心地给我端杯水，我会告诉她这个时候除非地震了，否则不要走近我，不要和我讲话，有事情等我起身后再说。打那以后，她只要看到我一个人在冥思苦想，就不再来打扰我了。我曾经和朋友们讲，最后修改书稿时，要如同古代犹太人抄写《圣经》一样虔诚而心无杂念。

即使这样完成的书稿，相比大家看到的书，还是非常粗糙的。接下来我会征求编辑和一些读者的意见，调整框架结构。有些时候，重新调整完框架结构，整个章节读起来和原来的完全两样了。与此同时，我和编辑会找一些领域的专家看看内容有无常识性错误，比如张首晟教授帮我看过关于物理学的内容，这本书中涉及生物学领域的内容，我请了我的合伙人、生物学博士徐霄羽女士把关。等得到所有的反馈意见后，我会修订一遍，到此，书稿就可以正式交给出版社去做文字细节的编辑处理了。之后来来回回的编辑校对，都是一些事务性工作，处理起来相对容易。

对我而言，每写完一册书，其实就等于学完了一门课，或者做完了一个课题，而书本身则相当于课题的研究报告，只不过我会想方设法写得生动有趣，让读者爱看。我一直觉得，做事情成功与否，不完全靠灵感、靠智力，更要有一套系统的方法。上面这些心得，是我对自己写书方法的一份总结与回顾。

2017 年 2 月于硅谷

索 引

图书在版编目（CIP）数据

文明之光. 第四册 / 吴军著. -- 北京 ：人民邮电
出版社，2017.4
ISBN 978-7-115-44856-9

Ⅰ．①文… Ⅱ．①吴… Ⅲ．①世界史－文化史 Ⅳ.
①K103

中国版本图书馆CIP数据核字(2017)第030447号

内 容 提 要

计算机科学家吴军博士暨创作《浪潮之巅》、《数学之美》之后，将视角拉回到人类文明史，以他独具的观点从对人类文明产生了重大影响却在过去被忽略的历史故事里，选择了有意思的几十个片断特写，有机地展现了一幅人类文明发展的画卷。

作者所选的创作素材来自于十几年来在世界各地的所见所闻，对其内容都有着深刻的体会和认识。第四册是《文明之光》系列的最后一本，每个章节依然相对独立，分八个专题介绍了影响近代文明发展的科技、艺术和政治领域的重要进步，并重点介绍了从 1 到 N 的发明创新过程。

吴军博士的《文明之光》系列，为读者全面了解人类文明史中那些绚烂多彩的璀璨文明，提供了一个崭新的视角。该系列荣获第六届中华优秀出版物图书奖。

◆ 著　　　　　　吴　军
　　责任编辑　　　俞　彬
　　审稿编辑　　　李琳骁
　　版式编辑　　　胡文佳
　　策划编辑　　　周　筠
　　责任印制　　　焦志炜

◆ 人民邮电出版社出版发行　　北京市丰台区成寿寺路 11 号
　　邮编　100164　　电子邮件　315@ptpress.com.cn
　　网址　http://www.ptpress.com.cn
　　临西县阅读时光印刷有限公司印刷

◆ 开本：720×960　1/16
　　印张：24.5
　　字数：330 千字　　　　　　　2017 年 4 月第 1 版
　　印数：163 501 –169 500 册　　2024 年 10 月河北第 22 次印刷

定价：69.00 元
读者服务热线：(010)81055410　印装质量热线：(010)81055316
反盗版热线：(010)81055315
广告经营许可证：京东市监广登字 20170147 号